MINERVA
人文・社会科学叢書
215

戦前期早稲田・慶應の経営

―近代日本私立高等教育機関における教育と財務の相克―

戸村 理著

ミネルヴァ書房

戦前期早稲田・慶應の経営——近代日本私立高等教育機関における教育と財務の相克　目次

図表一覧

凡　例

1. 漢字表記については、旧字体は原則として新字体に改めた。
2. 慶應義塾の表記については、原則、「慶應」としているが、引用文献や史料等で「慶応」と表示されている場合は、そのように記した。
3. 本書では漢数字と算用数字を併用した。文章中では基本的に漢数字を用いたが、図表中の数字を説明する箇所では、適宜、算用数字を用いた。
4. 年号表記は西暦（和暦）とした。

序章　「大学経営」を視る

1　問題の所在

本書は、明治後期から大正期における我が国私立高等教育機関の経営構造を、教育と財務の関係性に着目し、教育機能の発展に不可欠であった資金の調達と配分という観点から歴史的に考察することで、その発展の実態を明らかにするものである。(1)

周知の通り、我が国に大学が誕生したのは、東京大学が設立された一八七七（明治一〇）年である。その東京大学は、一八八六（明治一九）年の帝国大学令公布に伴い帝国大学へと改組された。それは国家原理に基づく「国家ノ須要」に応じる機関へと目的を規定するものであった。一般に大学の起源は中世ヨーロッパにあるとされ、大学設立には「自生型」「分派型」「設立型」の三類型があるとされる（横尾、一九九九、一三頁）。我が国に誕生した最初の大学である東京大学・帝国大学は、自然発生的に誕生した「自生型」でも、そこから枝分かれして派生した「分派型」でもなく、近代国家建設に伴う政策的意図の下で設置された、官立の「設立型」大学であった。

こうして我が国では官主導の近代大学が誕生したわけだが、明治後期から大正期という期間は、現代まで続く我が国高等教育システムの基盤が構築された期間であった。現代まで続くとしたのはなぜか。それは官立（国立）のみならず公立の、いや当時はもちろん今もなお圧倒的収容力を持つ私立の高等教育機関が誕生し、それが高等教育人口の大部分を担うまでに拡大する基盤が形成されたからである。制度上の変容をみれば、私立高等教育機関は、私塾や外国語学校、宗教主義学校、そして医学・政治・法律系学校として多様な専門教育を提供する教育機関として産声を上げた。しかしこれらは、正規の学校系統の外に置かれ、制度上の法的根拠を欠いたまま、一様に専門学校の名称で呼ばれていた（天野、一九八六、二六頁）。だが一九〇三（明治三六）年公布の専門学校令により、上述の多様な専門学校は、学校体系上の公的な地位を得て、高等教育機関の一類型となると同時に、大学名称を自称することさえ可能となる。そしてついには一九一八（大正七）年公布の大学令により、自称ではなく、国家の公的認可を得た私立大学へ昇格するまでに発展したのであった。その発展の様相を規模という指標で『日本帝国文部省年報』から確認する。すると明治後期から大正期における大学数は、一九〇三（明治三六）年時点では東京・京都の両帝国大学だけであったのが、一九二六（大正一五）年には三七校（うち私学二二校）にまで拡大した。在学者数も一九〇三（明治三六）年の両帝国大学生四五四三人から、一九二六（大正一五）年には五二一八六（うち私学二九六五九人）人へと、全体で約一一・五倍、そのうち私学が半数を超える（約五六・九％）までに拡大した。こうした私立高等教育機関を中心とした量的拡大は昭和期に入っても継続され、戦間期には、戦後の高等教育大衆化へ連なる「初期的大衆化」なる事態を迎えたのであった（伊藤、一九九九）。つまり明治後期から大正期という期間は、戦前期における我が国高等教育の量的拡大の到達点である初期的大衆化が醸成された期間であり、実質的な意味での高等教育機関、つまりは大学を目指し、量的拡大、質的発展を志向した私立高等教育機関の存在が特徴的であった期間なのである。

では明治後期から大正期にかけての私立高等教育規模の拡大は、どのように説明することができるのか。先行研究の成果を総合すれば、近代化に伴う社会経済的な構造変動と、加熱する進学需要を背景に、政府の一連の高等教育政策と、それに対応した個別機関の経営行動の帰結であったといえよう。(2) ここで明治・大正期における高等教育政策、とりわけ私立高等教育機関の制度化を規定したそれを確認しておく。(3) 近代日本の高等教育において私立高等教育機関が制度化、すなわち学校系統上の正規の機関として法的根拠を得たのは、前述の通り一九〇三（明治三六）年公布の専門学校令による。同令は帝国大学、高等学校、高等師範学校を除いたすべての高等教育機関を対象とした勅令であり、その第一条で「高等ノ学術技芸ヲ教授スル学校ハ専門学校」とした。同令に加えて、設置基準に相等した公立私立専門学校規定（同日施行）を満たした私立学校は、各種学校ではなく私立専門学校という高等教育機関としての制度的地位が保障されたのである。私立専門学校は予科を設置することで、私立「大学」を自称することが許されたが、さらなる要求として、帝国大学と制度上同等に位置する私立大学への昇格を要求した。こうした中、学制改革を目的とする内閣直属の諮問機関として一九一七（大正六）年には、臨時教育会議が設置された。同会議の答申を反映して、一九一八（大正七）年には私立大学の設立を認める大学令が公布された。各私立専門学校は大学令と、その施行規則（設置認可要件）である大学規定および大学設立認可内規が定めた供託金をはじめとする財的条件の他、専任教員の確保、大学予科の設置、図書館等の施設設備の整備といった人的・物的条件をクリアすることで、実際の機能的実態はともかく、制度上は帝国大学と伍する私立大学へと昇格したのである。(4)

この間、設置形態に関する諸規定も着実に整備が進められた。一八七二（明治五）年に発布された学制では、私立学校の設置形態に関する規定は存在しない。一八七四（明治七）年の文部省布達二十二号によって学校名称が官立・公立・私立に三区分され、私立学校は「壱人或ハ幾人ノ私財ヲ以テ設立スルモノ」とだけ規定された。その後、文部行政は教育令から第二次教育令へと転換し、私立学校に対する監督を強化したが、設置形態については一八九八（明治三一）年の民法施行が一つの転換点であったといえる。同三四条は、営利を目的としない学術機関の法人化（社団法人または財団法人）を認めた。それを受けて文部省は、一八九九（明治三二）年に「文部大臣ノ主管ニ属スル法人ノ設立及監督ニ関スル規定」を定め、法人化手続きを規定した。同年、私立学校制度を包括的に規定した私立学校令が施行、一九一一（明治四四）年には改正され、その際に追加された第二条の二により、私人が専門学校を設立する場合には、民法に拠り財団法人を設立するよう規定されたのである。この方針は大学令にも引き継がれ、同第六条では「私立大学ハ財団法人タルコトヲ要ス」と規定された。以上を背景に私立高等教育機関は、近代日本の高等教育システムの確立とその規模拡大を下支えする存在へと発展した。この一連の構造変動を示した天野郁夫は、「専門学校令から大学令までの一五年間の助走期間がなかったら、我が国の「大学の誕生」は異なる軌跡をたどることになっただろう」と述べている（天野、二〇〇九b、一四三頁）。

翻って高等教育政策の展開は、帝国大学を頂点とする国家原理を基軸とした高等教育システムに、私立高等教育機関が包摂される過程でもあった。すると天野のいう「助走期間」において、制度政策が課した諸条件に対し、個別機関がいかなる経営行動を展開したのかに関心が及ぶ。公的学校体系の外に置かれた機関が、その体系の中に置かれるがために、高等教育政策が課した財的、人的、物的条件をいかに克服したか。それはつまり量的拡大の牽引役であった各私立高等教育機関が、機関内でどのような調整を行って、解決を導いたかという歴史的事実を明らかにすることである。人的及び物的条件は、財務上の問題が克服できれば、すべてではないが、克服可能である。しかしながら原則として、私立高等教育機関は、政府からの財政支援を得ることがなかったから、財的条件の克服こそが、最も困難な問題であった。しばしば見落とされるが、それは高等教育機関としての機能の水準を意味する教育機能の充実と、それと相対する財務の健全化という経営上の相克をいかに調整・解決するかという問題を意味する。当然、この相克の調整・解決には機関差が生じる。したがって明治後期から大正期は、「私立セクター内部での格差、序列構造が、社会的に可視化」（天野、二〇〇九b、二一二頁）した時期だったのである。

このように明治後期から大正期は、高等教育規模が拡大し、我が国の高等教育システムが確立する中で、その主要なアクターであった私立高等教育機関が創立当初の家塾的性格を脱し、経営構造を近代化させていった期間であった。それでは一体、私立高等教育機関の経営構造はどのような実態であったのか。本書では教育と財務との関係性に着目し、私立高等教育機関内部で行われていたであろう教育機能に対する資金の調達と配分という観点から考察することで、その経営構造の実態を明らかにする。奇しくもこの関係性、すなわち教育と財務の相克は、大学経営の現代的課題である。本書の出発点は、そうした大学経営における現代的課題に端を発しており、その現代的課題の端緒を我が国高等教育システム確立期の私立高等教育機関に求め、歴史的課題として考察するものである。それは戦前期私立高等教育機関の経営構造の共通性や差異性の実態を明らかにし、従来の大学史・高等教育史研究に「大学経営」という視座を加える試みでもある。

2　先行研究の検討

本書は明治後期から大正期を分析期間に、私立高等教育機関の経営構造について、教育と財務の関係性に着目し、機関内部で行われていた資金の調達と配分を、教育機能との関係から考察するものである。そこで本節では先行研究の検討を行って、本書の研究史上の位置付けを明確にし、本書の分析視点を明示したいと思う。ただし近代日本を対象とした大学史・高等教育史研究は、既に一定の蓄積がある。事実、研究動向に関する包括的な報告（レビュー論文）も、複数発表されている。よって以下では、まず既刊の研究動向に著者の見解を交えて、これまでの大学史・高等教育史研究の趨勢を量的かつ質的に概観し、その到達点と課題を明示する。この考察を通じて、本書の大学史・高等教育史研究における位置を示したい。その上で分析期間における私立高等教育機関を対象とした研究を中心に、「制度・政策」、「財務・経営」、「教育・教員」という三つの観点から先行研究の整理を行う。上記の観点は、本書の目的である「教育と財務の関係性」や、「教育機能に対する資金の調達と配分」にも該当する観点である。だがこうした上記三つの観点による研究は、一定の蓄積を有するものの、それぞれが独立して研究されてきたきらいがある。だが本書でいうところの経営構造の実態解明という位置に立てば、これらの観点は相互に関連するものであって、包括的な分析が求められる。そこで以上の観点からそれぞれの整理を行うことで、各観点での到達点と課題を明らかにすると同時に、それらを相互に捉えた場合にのみ見えてくるものであり、検討が可能である研究課題を析出したいと考える。なお大学史・高等教育史研究では、当然ながら各機関が刊行した沿革史の記述も見逃すことができない。そこで沿革史の研究動向（レビュー論文[5]）や、明治期から大正期に存在または大学に昇格した官公私立諸機関の沿革史も、検討対象とした。

（1）近代日本を対象とした大学史・高等教育史研究の動向

我が国の大学史・高等教育史研究は、大学史研究会の発足により本格的に始発した[6]。そうした中で、近代日本を対象とした大学史・高等教育史研究の研究動向は、戦後、大学史研究の立場から寺﨑（一九六五）が、高等教育（史）研究の立場から天野・新井（一九七一）が、文献目録を兼ねた研究動向を作成して整理した。それを機会に、以後は寺﨑（一九八〇、一九八六a）、有本・金子・伊藤（一九八九）、伊藤（一九九三、二〇〇六）、谷本（二〇〇二、二〇〇七）、羽田（二〇〇七）等によっても報告された[7]。以下ではこれらの論稿に著者の見解を加えて、研究動向を概観する。

戦後の大学史・高等教育史研究は、いくつかの年代に区分することが可能である。伊藤（一九九三、二〇〇六）

は、高等教育史研究の展開を年代区分によって整理した。一九六〇年代初頭までを前史的時代、一九六〇年代半ばから七〇年代までを研究本格化の時代、一九八〇年代を専門化（各論研究）の時代、八〇年代末から九〇年代を再隆盛の時代と区分し、その再隆盛は二〇〇〇年代も継続されて、かなりの量的・質的な発展をみせたとの見解を示した。羽田（二〇〇七、三三頁）も、九〇年代末からの研究成果の量的拡大について同様の見解を示しており、一九九七年から二〇〇六年の一〇年間に、一〇〇〇点近い研究成果が産み出されたとした(8)。

ところで本書では大学史・高等教育史研究というように、大学史研究と高等教育史研究とを併記している。一般に、前者は大学を研究対象とし、後者は大学を含めた他の各高等教育機関、さらにはすべての高等教育機関を研究対象とするものである。当然ながら両者はともに大学を研究対象とする以上、相重なる部分が多い。だが両者では、問いの設定や分析方法の他、そもそもの研究対象である大学の認識にまでも差異が伴う(9)。一九六〇年代半ばに大学史・高等教育史研究が本格化した際、ともに制度・政策や、社会・経済変動との関連性の中で大学や高等教育機関をとらえようとしたものの、その分析目的と対象とする大学の認識は大きく異なった。例を挙げれば、大学史研究の研究の立場をとる寺﨑昌男は、我が国における大学の原型＝モデルであり、唯一無二の存在であった東京（帝国）大学に着目した。そして後々の範型となる同大学の管理運営や大学人の気質（心性）について、大学内外でみられた制度的・学術的な葛藤や相克、そして教育の相からみた大学自治（オートノミー）という観点から考察したのである。他方、高等教育史研究の立場をとる天野郁夫は、帝国大学とは対照的で種々雑多な存在であった専門学校、とくに私立専門学校に着目した。そして学生収容力が大きく、学校間格差の激しい（私立）専門学校を、総体的に一つの集合（小システム）とみなして、それらが我が国高等教育システムの生成に果たした構造と機能を解明した。官学と私学、（帝国）大学と専門学校という設置形態と学校種の差異からなる二元・二層の階層性を伴った高等教育システムの存在を指摘し、量的にそのシステムの多くを占めた私学の意義を、現代の高等教育大衆化の基底として顕在化させたのである。一九六〇年代に入り大学進学率が上昇し、政治的・経済的・社会的変動と相まって大学制度をめぐる議論が喧しくなる中、大学史研究と高等教育史研究は、ともに当時の現代的課題を歴史的課題に捉え直し、「過去から現在に至る構造変動という視角」を採用したことで（広田、二〇〇六、一四三頁）[10]、以後の研究史の隆盛を導く端緒を切り拓いたのである。その隆盛は早くも七〇年代に『日本近代教育百年史』（国立教育研究所編、一九七四）や、『学校の歴史』（第四巻 大学の歴史）（寺﨑・成田編、一九七九）といった通史の刊行が相次いだことが、何よりの証左であろう[11]。同一の研究対象を異なる学術的視点で分析し、それが前述の大学史研究会という知的アゴラで有機的に交流、ときには衝突したことが、大学史・高等教育史研究の隆盛をもたらしたわけである。

他にも研究インフラの整備、とくに沿革史の編纂が相次いだことを指摘しておく必要がある[12]。とくに一九八〇年代から二〇〇〇年ごろにかけては、新制国立大学の「二十五・三十年史」や私立大学の「百年史」、そして国立医科大学の「十年史」が続々と刊行された（西山、二〇〇七）[13]。西山（二〇〇七、四一頁）は、良好な経済環境、大学紛争後の反省、大学進学率が三〇％前後で落ち着いていたという諸要因から、各大学では学内一次史料を多用して学術的評価に耐え得る沿革史を編纂したとの見解を示している。最近ではそれら沿革史の内容を、学術的見地から総合的に検証・評価する試みも実施されている（学校沿革史研究会、二〇〇八、二〇一三）。加えて沿革史刊行は、各機関内の大学文書館・アーカイヴス機能の充実を促進させた。それは二〇〇〇年代に入って情報公開法や公文書管理法への対応が迫られる中で拍車がかかった。沿革史の編纂と研究インフラの充実は、個々の研究者の研究進捗の迅速化と一次史料へのアクセス改善を導き、それが八〇年代末からの研究成果の量的拡大に大きく寄与したと考えられる。

ここで質的な観点に注目を移そう。すると一九九〇年代以降の研究動向で指摘された課題の多くは、今なお克服されたとは言い難い状況である。伊藤（一九九三、二〇〇六）、谷本（二〇〇二）、羽田（二〇〇七）、西山（二〇〇七）等がそろって指摘した課題は、大別して二つであった。一つは通史（一般史）の作成である。これは管見では、わずかであるが、天野郁夫が二一世紀現在の現代的課題を踏まえて、自身が切り拓いた高等教育史の補訂を行った（二〇〇九a、二〇〇九b、二〇一三a、二〇一三b）。だがもう一つの点、研究動向で研究の停滞が苦慮された、管理運営、財務・経営、教育・教員に関する現代的視点から出発した歴史的課題の探求は、ほとんど進捗していない状況にある。天野は前述の通史の中でそうしたトピックに言及しているが、記述は総花的であり、沿革史の知見を超えるものではない。そもそもそれらのトピックは、沿革史においても言及が少ない（西山、二〇〇七、五一頁、学校沿革史研究会、二〇〇八、一六一―一六二頁）。詳細は後述するが、それらを扱った単著論文も存在するものの、量的にも質的にも不十分であり、とくに私立高等教育機関を対象としたものはなおさらである。高等教育史研究によって学問的に優良な生産性を誇った教育の歴史社会学研究も、「問いの空洞化」と称されるように、現実的課題を反映した歴史研究の新しい問いの設定に苦慮している（広田、二〇〇六）。大学アーカイヴスの設置による研究インフラの整備により、研究環境は大幅に改善された。であるならば、制度・政策やシステムといったマクロレベルの分析に対して、機関内部（ミクロレベル）の実態を色濃く反映する上記トピックに対する精緻な研究が求められているのではないか。前述の専門学校令や大学令により高等教育機関として「上からの制約」が課される中で、私立高等教育機関はどのような経営行動を選択したのか。機関内で生じた相克や葛藤を、「苦難」の一言で片付けるのでは不十分であり、その実態を定量的に把握する方法で明らかにすることが肝要である。こうした観点で実態面に着目することは、マクロレベルでみたこれまでの研究成果を再検証する可能性をも有しているのではないか。本書は以上の大学史・高等教育史研究における到達点と課題とを踏まえた上で、大学経営という観点から、機関内部の実態、とくに近代日本の私立高等教育機関において教育機能の向上に不可欠であった資金の調達と配分に注目して考察するものである。ではこれより「制度・政策」、「財務・経営」、「教育・教員」といった観点から、先行研究の整理を行うことにしよう。

（2）制度・政策に関する先行研究

これまでの大学史・高等教育史研究の多くは制度史を中心としていたから、制度・政策に関する先行研究は、最も研究蓄積が多い領域である。その中で本書に関連する先行研究としては、①私立高等教育機関の設置認可（基準判定）に関する研究、②設立者・設置形態に関する研究、といった項目が挙げられる。②は本来、①に内包される項目ではあるが、近年、新たな視点からの研究蓄積が増えていることを考慮し、別途、検討することにした。

第一節で言及したように、戦前期の私立高等教育機関は、専門学校令から大学令という法制上の変遷を経て、私立大学という制度的地位を獲得した。しかし制度的地位を獲得するには国家が定める基準判定を含めた設置認可をクリアする必要があり、そのハードルは最低限度の水準とはいえ、達成が極めて困難であった。この設置認可要件の厳しさは、大学史・高等教育史研究でしばしば指摘されている。端的に指摘したものとしては、天野（一九八六、二〇〇九a）が挙げられる。天野は、その主たるものとして、専門学校令では入学者資格、教員資格、施設設備の整備を、大学令では基本財産の供託[14]、高等学校と同水準の大学予科の設置、施設設備の整備、一定数の専任教員の確保を設置認可要件として挙げた。これらの設置認可要件のうち、基本財産の供託に関しては、後述する財務・経営に関する先行研究の箇所で言及するように、各機関の沿革史を用いて、その「困難の歴史」を整理した。

だが個々の高等教育機関でこの期間に、（専任）教員の確保や施設設備の整備がどれほど、そしてどのように実現していたのかといった点は、十分に検討されていない。これらは高等教育機関における人的・物的資源であり、教育機能を規定する要因である。また経営上、資金の調達と配分に大きく関係する。よってその実態を明らかにすることが肝要と考えられる。

次に②設立者・設置形態に関する研究である。これについても第一節で概述したが、一八九八（明治三一）年の民法施行によって学術機関の社団法人化または財団法人化が認められ、一九一一（明治四四）年の私立学校令改正で財団法人の設置が義務化された。その後は大学令第六条でも「私立大学ハ財団法人タルコトヲ要ス」と規定された。こうした設置者・設置形態の変遷については、関連法令それ自体の研究も含めて、長峰（一九八五）、蔵原（一九九七）、大迫（二〇〇三、二〇一二）が指摘している。だが近年の設置形態に関する研究は、設立者である法人と大学との関係、すなわち法人即大学（一体型）であるか、法人が大学を設置する（分離型）のであるかの考察や、法人化をめぐる各私立高等教育機関の経営行動を検討する考察が増えている。まず法人と大学との関係については、中野（二〇〇三a）や藤井（二〇〇六a）の研究がある。中野は、大学令公布文を審議した枢密院審査委員会での修正過程を、藤井は私立学校の設置形態について規定が存在しなかった一八七二（明治五）年の学制期から、大学令までを範囲に検討した。そして大学令で法人即大学（一体型）を原則としたのは、大学経営の重視、すなわち大学そのものを財団法人とすることで、資産を大学経営以外の用途に使うことを防ぎ、財務基盤の強化につながるためであったと結論づけた。なお藤井（二〇〇六b、二〇〇六c）は、大学令により戦前期に昇格した私立大学の寄附行為を考察した。そして同令で原則とされた法人即大学（一体型）の形態をとっていた機関は極めて少数であったこと、文部省の大学令の運用実態を確認しても、一体型を特段に配慮した形跡がないこと、むしろ一体型を避け、分離型を基本としていたことを指摘した。次に法人化をめぐる各機関の経営行動については、大迫（二〇〇四、二〇〇九）が慶應義塾、同志社、関西学院を事例に検討した。大迫は、法人化が組織基盤の整備を第一としていたとした上で、「建学の精神とそれにもとづく財務基盤の構造によって、私立高等教育機関の自立性にとっては非常に異なる意味をもつもの」（大迫、二〇〇四、一〇〇頁）であったとして、各機関それぞれの独自性を指摘した。なお機関内部の管理運営組織の研究は、制度・政策と財務・経営の境界に位置するトピックであり、本書では次項の財務・経営に関する先行研究の箇所で整理する。

最後に①・②の区分に含まれないものの、森川（二〇〇八a、二〇〇八b）の研究についても言及しておく。森川は一九一九（大正八）年三月二一日に成立した「私立学校用地免租ニ関スル法律」について検討した。そして当時の政府が、「私立学校振興への政策のいわば初歩的な一歩を踏み出した」としながらも、「せいぜい税制面において官立・公立・私立学校間の均衡を図るという程度の目的に留まった」（森川、二〇〇八b、二七頁）と評価した。森川の研究は、従来の大学史・高等教育史研究で十分に指摘されてこなかった高等教育機関を含めた戦前期私立学校に対する税制上の政府の補助奨励政策を指摘したものである。さらなる研究の深化が求められるトピックであるといえよう。

（3）財務・経営に関する先行研究

財務・経営に関する先行研究は、大別すれば、帝国大学を対象とした研究と、私立高等教育機関を対象とした研究とに分けられる。財務・経営に関する研究の蓄積は、制度史と比較して極めて薄い。しかし統一的な財政制度が存在した分だけ、帝国大学を対象とした研究が、量的にも質的にも私立高等教育機関を対象としたものと比べて豊富である。本書は帝国大学の財務・経営を直接の分析対象とはしていない。だが財務・経営に関する研究蓄積が少ないことや、本書の着想の背景にあったことを考慮し、以下でその整理を行うこととする。

①帝国大学を対象とした研究

帝国大学の財務・経営研究については、①帝国大学財政制度に関する研究、②個別機関の財務経営に関する研究、③帝国大学財政自立に関する研究、の三つに分類できる。まず①である。

戦前における帝国大学財政制度を規定した法体系は、一八九〇（明治二三）年に官立学校及図書館会計法、一九〇七（明治四〇）年に帝国大学特別会計法、[15]一九二一（大正一〇）年に大学特別会計法、[16]一九四四（昭和一九）年に学校特別会計法と変遷をたどった。この帝国大学財政制度の主たる特徴は、官立学校及図書館会計法で導入された特別会計の形式が一貫して採用された点と、帝国大学特別会計法によって導入され、続く大学特別会計法によって廃止された定額制（政府支出金額の法定化）という点である。以下、この二点に関して先行研究を整理する。

帝国大学財政制度に関する研究は、佐藤（一九六四）、島（一九六四a、一九六四b）に始まり、国立学校特別会計研究会編（一九七六）、羽田（一九七八、一九七九、一九八〇、一九八一、一九八二、一九八三、一九九六a、一九九六b、一九九八、二〇〇一）、天野（二〇〇三）などがある。ここで特徴の一つである特別会計について上記の先行研究から確認する。官立学校図書館会計法で採用された特別会計とは、文部省の直轄学校ごとに独立した特別会計とし、さらに学校ごとに維持資金と特別資金からなる資金（資産とほぼ同義。金銭の他、教育研究用の固定資産を含む）制度を設け、政府支出金や授業料その他の収入の他に、年々蓄積を図る維持資金から生じた利子を経常経費に充てることで安定経営を目指した会計である。こうした帝国大学財政制度に関する歴史的研究の先鞭をつけたのは、上述のうち、佐藤と島であった。とくに島（一九六四a、一九六四b）は特別会計が存立した法制上の根拠は、個別大学が有した資金の独立であるとし、それは財産の保有によって政府財政（一般会計）及び議会からの相対的な独立を保つという考え方であったと評価した。その島に続いたのが羽田の一連の論稿である。羽田は官立学校図書館会計法の成立過程や予算の審議過程を、大学、政府、議会、官僚、社会といった多様なアクターの視点を交えて分析し、明治憲法体制下における財政基盤確立の理念と構造及び挫折を実証した。羽田はその見解に加え、帝国大学施設整備費が一般会計文部省所轄臨時部によって支出された点も考慮し、官立学校及図書館会計法によって土台が形成された帝国大学財政制度が、国家財政から分離することは、困難であったと評価した。また歳入歳出に関する個々の予算科目の分析から、帝国大学財政制度の官僚的性格・非立憲的性格をあぶりだし、研究教育機関としての独自な予算制度の未確立を指摘した（一九八一、六七頁）。なお京都帝国大学教授で財政学者であった神戸正雄は、昭和初期の時点で、国家財政において特別会計が複雑多岐にわたること(17)、しかもその金額が一般会計以上であることが、国家財政予算の全体像の把握を困難にしている要因であると、指摘していた。そして特別会計を整理する必要性、とくに文化施設特別会計（帝国大学、官立大学、学校及図書館、対支文化事業の四つ）は、一般会計に移す必要があると主張した（神戸、一九三一）。

もう一つの特徴であった定額制とは、東京帝大と京都帝大の毎年度の政府支出金を法律によって定額とし、その範囲内での裁量を認めたことである。当初、東京帝大が年一三〇万円、京都帝大が年一〇〇万円と定められた。法定化により予算編成において閣議決定の制約を受けることがなくなり、財政運用の独自性が担保されたとして、財政独立の観点から肯定的な評価を下した先行研究もある。しかし羽田（一九八三）は、定額制導入は両帝大の財政保障ではなく、政府支出金額の抑制という論理から登場したものであるとし、財政規模を経年比較することでその見解の正当性を実証した。加えて講座研究費との関係についても、「定額制は講座増という研究教育の発展に対し、財政的に保障する機能を果たせず、政府支出金を抑制し、大学の「経営」努力を要求するものにしか成りえなかった」と結論づけた（羽田、一九八三、二〇頁）。結局、一九二五（大正一四）年に定額制は廃止され、東京・京都帝大においても他の帝国大学と同様に、予算基準は講座を単位とするようになったのである(19)。(18)

次は②個別機関の財務経営に関する研究である(20)。これについては、各大学の沿革史に確認できる。分析内容は、経常経費の経年分析の他、大学創設時における資金調達（寄附金）問題が中心といえよう。既刊の東京、京都、東北帝国大学の百年史では、資料編に経費一覧が収録され(21)、通史編では歳出の分析が不十分であるものの、政府支出金や授業料、病院収入といった歳入（自己収入）を中心に経年での分析を行っている。とりわけ『京都大学百年史』（総説編）第二編第一章第一節では、創立から現在（一九九六年）までを六つの時代に区分して、財政制度、歳入歳出、校地という共通指標から経年で財務実態を考察している。[22]『東北大学百年史』では創設時の資金調達の他、理科系大学の特徴として研究費調達に関する記述も散見される。以上の沿革史の記述に対して、単著論文も若干ではあるが存在する。例えば高木（一九九六）は、戦時体制下における名古屋帝国大学の財政状況について、他の帝国大学との比較分析を行った。そして多額の創設費資金（九〇〇万円）と病院収入とによって国庫負担の軽減を予定できたことが、名古屋帝国大学創設の実現に大きく寄与したと指摘した。他に大西（二〇〇八）は一八九九（明治三二）年の文部省の「八年計画」で構想された東北・九州帝国大学の設立について、学校設立の財源を県・市・個人の寄附金に頼る過程を考察した。

最後に③帝国大学財政自立に関する研究である。帝国大学は政府支出金に依存する経営構造であったがゆえ、帝国議会開設後は、「民力休養・政費節減」を掲げた政党勢力やジャーナリズムによる帝国大学批判と相まって、予算削減が唱えられた。寺﨑（二〇〇〇）は、東京大学内で国会開設前の明治一〇年代半ばと明治二二年に検討された財政自立案についてそれぞれ検討した。[23]そして財源は異なるが、ともに基本財産を獲得し、その果実によって安定経営を図る構想であったこと（しかし結果として挫折したこと）を示した。

②私立高等教育機関を対象とした研究

戦前期の私立高等教育機関には、帝国大学でみられたような統一的な財政制度は存在しなかった。したがって授業料分析がほとんどであり、収入・支出や資産・負債といった個別機関の財務構造全般を考察した研究は少ない。そこで以下では、①私学経営の全般的特徴を指摘した研究、②個別機関の財務分析を行った研究、③資金調達活動に関する研究、④機関内部の組織体制に関する研究について整理する。
①私学経営の全般的特徴を指摘した研究における前提は、現在もそうだが、戦前期における我が国私立高等教育機関が経営上、十分な財務基盤を有することなく開学したということである。政府による助成は、基本的に皆無であった。創立者の私財により誕生した機関が多く、学生から徴収する授業料収入を唯一かつ最大の安定的財源に、それを教職員給与に充てるという「手から口へ」の「自転車操業」ともいえる経営をせざるを得なかった。したがって機関の経営維持には、授業料収入の最大化と教（職）員人件費の抑制が求められたのである。こうした視点から私立高等教育機関の経営形態（パターン）を抽出したのが、天野（一九八六、一九八九、一九九三a）の研究群であり、他に尾形（一九七八、四二―五六頁）、丸山（二〇〇二、三一―四〇頁）、両角（二〇一〇、五三―五八頁）が挙げられる。天野は私立高等教育機関（私立専門学校）の学生収容力という量的側面に注目し、私学が本科（正規課程）だけでなく、予科や別科といった課程を設け、社会的要請にかなう学科を設置することで学生数の増加を図ったこと、そして非常勤教員の雇用により人件費を抑えた経営であったことを指摘し、「私学経営の〝原型〟の成立」（天野、一九九三a、二五一頁）とした。丸山は以上の経営形態のうち、ワンランク下の（予科）課程の授業料収入が、その上に位置する（本科・大学部）課程の教育を支えた点を内部補助方式（cross-subsidization）であるとし、予科、別科、専門部が大学部に対して財務的貢献を為したと指摘した。両角はこうした私学経営の特徴を八点にまとめている。[24]
以上は私学経営の原型を端的に指摘したものである。だがこれらの知見は、戦前期にも指摘されていた。東京帝国大学教授であった阿部重孝は、一九三五（昭和一〇）年に「學制改革と私學の問題」という論稿を発表した。そこで阿部は、私立高等教育機関が経営的側面から学生数が多く、文科系学部偏重であり、専任教員が少ない安価な教育が実施されていることを、天野が根拠史料とした『日本帝国文部省年報』の統計情報を用いて実証した（阿部、一九三七）。阿部の論考は、問題関心にはじまり分析視点・方法（根拠とした史料）、さらには結論についても、戦後

に発表された上記の諸研究とほぼ近い水準にある。この事実は、当時から私学経営の構造に学術的関心が及んでいたこと、そして何よりも私立高等教育機関の教育を、財務との関係で捉える相が存在していたことが垣間見えよう。ただしその阿部の論稿を踏まえてもなお、資金の支出面、具体的には資金の配分に相当する人件費の分析はほとんど行われていなかった。この点については、次の②個別機関の財務分析の箇所で分析の方向性を示すこととする。なお金子（一九八八）や羽田（二〇〇〇）は、授業料そのものの変遷を検証している。とくに金子は、帝国大学の授業料増額を待って早慶両校が増額し、その後も帝国大学、早慶の順で増額が続いた授業料上昇のメカニズムを指摘した。

②個別機関の財務分析については、研究蓄積は少ない。沿革史の記述も、量的にも質的にも機関間で大きな差がある。[25]先述したように大学史・高等教育史研究における財務・経営研究は、一九九〇年代以降も低調であった。これは費目単位の検討を可能にする財務史料が現存すること、それを理解できること、そしてそれに容易にアクセスできることが求められるからであろう。一般に私立高等教育機関は、時代を遡れば遡るほど創立者（集団）を中心とした「家内的」経営であったため、財務実態の数量的分析は、困難な傾向にある。加えて統一的な財政制度も存在していなかったから、複数の私立高等教育機関を対象に、比較財務分析を試みた研究はほとんどない。わずかに戦時期を対象とした伊藤（二〇〇八、二〇一三）が確認できる程度である。伊藤は戦時期から戦後改革期の私立高等教育機関を対象とした。そして経営面に限定すれば、戦時期初期・中期は財務状況が好転した経営状態であったこと、[26]戦時期後期は学生納付金が減少したものの、政府補助金や戦災保険金が経営に寄与したことを実証した。また経常経費（フロー）だけでなく資産と負債（ストック）の分析も行い、戦時期を通して概ね資産は増加し、借入金等比率や金融資産比率を低下させた大学が大半であったことも明らかにした。[27]単一事例の研究では明治一〇年代の慶應義塾の財政難を分析した西川（一九九九）や、早稲田の明治・大正・昭和期を分析した染谷（一九九二）、早稲田

の前身である東京専門学校時代を分析した松本（二〇〇七）がある。西川は明治一〇年代前半に福澤が試みた「維持資金借用計画」（結果は挫折）について、多額の借入金は財政危機を乗り越えるだけでなく、その果実で経常費を賄い、その分歳入を積み立てることを想定した「資本金」積立プランであったとした。他方、染谷は『早稲田大学百年史』の財政部分を執筆した経緯から、収入と支出、資産と負債、寄附金について財務諸表より経年分析を行った。明治、法政、同志社、日本、専修、立命館といった機関の沿革史にも機関財務を扱った箇所を確認できるが、史料的制約もあり、管見では、染谷の研究が最も詳細なものであるといえる。だがその染谷の研究でも、費目単位での分析は十分でなく、より詳細な検討を行う余地を残している。とくに人件費の分析では、教員給与と職員給与とを区別すること、さらに教員給与分析の場合、専任教員か時間教員（非常勤教員）かといった教員の雇用形態の区分はもちろん、教員配置、授業負担時間や、担当授業科目の違いといった教育機能を考慮した分析が求められよう。

③資金調達活動に関する研究であるか、ここでの資金とは概ね寄附金を意味する。戦前期の私立高等教育機関では、頻繁に寄附募集事業を実施していた。その実施目的としては、機関・学校の創設、法人化、周年事業、施設設備の更新、学部等の新設、大学令に伴う供託金納入、震災復興（関東大震災）といった点が挙げられる。[28]授業料収入のみでは十分な資本蓄積ができないため、私立高等教育機関では教育（研究）環境の改善の原資として、寄附金に期待していたのであった。少なくとも戦前に私立大学へ昇格した各機関の沿革史には、程度の差こそあれ、この寄附募集事業に関する苦難の歴史が叙述されている。それを包括して天野（二〇〇六）は、総論として日本の大学のファンドレイジングの困難を強調した。なお寄附金について、沿革史・単著論文ともに蓄積が多いのは、大学令に伴う基本財産の供託を扱った論稿である。主なものに秋谷（一九九二）、天野（一九七二、二〇〇六、二〇〇九a、二〇〇九b、二〇一三a）、高橋（一九八九）、藤原（一九九〇、一九九四、一九九五）があり、高橋は中央大学を、藤原は

日本大学をケースに、寄附募集事業の一連の過程や、仏貨公債での納付によって設定金額より安価に済ませていた事実を指摘した。また秋谷は、大正期に昇格を果たしたすべての私立高等教育機関を大学昇格認可年月から三つの類型に分け、昇格運動の展開と資金調達の達成度の特徴を整理した。大学昇格認可が後年となった機関ほど、経営陣の自発的な昇格要求が薄く、関係者のカリスマ性や集金ルートも有しておらず、資金調達が難航したことを示した。だが供託金のケースも含めて、寄附募集事業に関する論稿のほとんどは、その苦難にあたって各機関が選択した運動的側面を強調する傾向がある。それゆえ寄附募集事業計画の策定過程や成功および失敗要因の検証、また②で述べた、寄附金が果たした教育や財務への貢献とを総合して捉える経営的観点での考察が、十分に行われていない現状にある。

最後に④機関内部の組織体制だが、これは私立高等教育機関が社団法人ないしは財団法人化され、私立専門学校から私立大学へと発展したのに伴い、ひとつの組織体（経営体）として管理運営組織がいかにして整備されたかを明らかにした研究を対象とする。だが私立高等教育機関の管理運営組織を扱った先行研究は、ほぼ皆無といってよい状況である。各機関の沿革史には、法人化に際して策定した定款や寄附行為が記載されているが、そこから管理運営組織の機能や構造を考察したものは少ない。例外として『早稲田大学百年史』は、法人略史を別段改めてまとめているものの、経営と教学の関係性を考察するまでには至っていない。佐藤（二〇〇七、六七―六九頁）や大坪（二〇〇九、九九、一九―二〇頁）も早稲田大学の法人組織の発展過程を整理しているが、同校の沿革史を超える知見には至っていない。一方で、天野（二〇一三b、七七―九三頁）[29]は、複数機関の沿革史から私立専門学校の管理運営の仕組みは、設置主体の性格の違いにより多様であったとし、経営と教学の関係は未分化であったことと、大学経営に対する教授会の発言権や人事権が制約される傾向にあったことを指摘した。だが天野の指摘は各機関の定款や寄附行為そのものの検討を十分に行っておらず、検討の余地を残している。大学経営の観点に立てば、教学部門と経営部門の構造と機能の変遷およびその関係性を、経年で考察することが求められよう。

（4）教育・教員に関する先行研究

大学史・高等教育史研究において「教育」を研究対象とした研究は、カリキュラム分析が中心であった。具体的には当時の各機関が発行した「大学一覧」や「学則」、沿革史に記載された教育課程一覧といった類の史料の分析があてはまる。もちろん潮木（一九八四）のように教育組織を焦点に、ドイツ大学教育モデルの導入をめぐる大学人の心性や葛藤を斟酌した研究も存在する。だがそれは稀有であり、実際にはカリキュラム分析すらも蓄積は薄い。カリキュラム分析を行った研究の多くは、特定の大学、特定の学部（学科）を分析対象に、比較的長期の分析期間からある時点を選定して、教育課程（科目の配当方法や実際の配当科目）の他、履修方法、授業形態、試験制度、進級・卒業条件等の変遷を、社会・経済状況やその機関の特性（例えば建学の精神など）を踏まえて整理・考察している。関（一九八二、一九八八）は東京帝国大学の法・医・工学部を、菅原（一九七二、一九七三）は東京、京都、九州、東北帝国大学の理工系学部や、早稲田・慶應といった私立大学工学系学部のカリキュラムを分析・考察した。そして時代状況を反映しながらも、各機関独自のカリキュラムが構成されていった過程を明らかにした[30]。

他方、大学学部（本科）課程ではなく、予科課程を対象とした研究も散見される。実際にはこちらの方が、蓄積は厚い。戦前期「大学予備教育」（高等普通教育）の機能を考察した二見（一九七八）は、大学令によって各機関に設置された私立大学予科を、カリキュラムから三つの類型に区分した[31]。そして予科ごとに形式・内容ともに相当の開きがあり、「大学予備教育」を行う高等学校と規定上は同一であっても、カリキュラムの実態からみれば、相対的独自に存在していたと述べた。そして江津（二〇〇三、二〇〇九）は予科教育について機関別の詳細な比較分析を行い、とくに私学については慶應義塾と早稲田を比較事例に、専門学校令による予科と大学令による予科とで比較分析を行った。慶應義塾では予科の学科課程に、大学学部（本科）で学ぶ専門課程の導入科目が配置されるといった独自性が一貫されていたのに対し、早稲田では専門学校令下の予科では大学部門への進学を想定した科目配置が取られていたが、大学令下の予科では次第に官立高等学校高等科と教育課程が類似していき、独自色が薄まっていったことを指摘した。こうした私立大学予科の機能について、村松（二〇〇八、三八頁）は「多分に大学の経営資本の脆弱さから生じた貧弱な設備や人的手当、マスプロ教育といった多くの問題を抱え」るも、「大学の専門的予備教育を行うと同時に、広く学生を受け入れ、高等教育の大衆化に一定の寄与を果たした」と評価した。(32)

なお教育と並び大学及び高等教育機関の機能の一つである研究については、第一次世界大戦のインパクトや、一九三二（昭和七）年に設立された研究費補助機関である日本学術振興会の役割から、近代日本における科学研究の制度化過程が、科学史研究によって明らかにされている。(33) そうした中、伊藤（一九九一）は高等教育機関に限定して、研究費補助制度と講座制を代表とする研究組織の整備から、(34) 学術研究の成立過程を示した。伊藤によると、研究費補助制度は大正時代に始まり、昭和時代に本格化したこと、しかしそれは帝国大学の自然科学系が対象であったことが、研究費配分から実証されている。なお各機関の沿革史をみれば、私立高等教育機関においても小規模ながら学術研究に取り組んだ形跡が確認でき、そこには人文社会系も含まれていた。(35) だが前述の伊藤が指摘したように、本書が対象とする明治後期から大正期における私立高等教育機関では、研究よりも教育に重点が置かれていた。一部で行われていた研究活動は、まだ小規模であったということができよう。(36)

次に実際に教育を担当した教員に関する先行研究の整理を行うが、教員を対象とした研究もいくつかの類型に区分できる。そこで以下では、①沿革史の教育課程の整理にみられた教員配置に関する研究、②教員個人に関する研究、③近代日本を対象としたアカデミック・プロフェッション研究、といった順で整理する。

最初に①沿革史の教育課程の整理にみられた教員配置に関する研究は、前述のカリキュラム分析の延長上にあるものであり、研究というよりも史料の分類・整理に該当するものである。各機関の沿革史には、学科課程の改編が行われた際の教育課程（学科科目名）が掲載されており、そこには担当教員名も併記されていた。場合によっては、教員個人の簡単なキャリア（学歴等）も記載されていた。だがこれらは、歴史的事実を示すことに重点が置かれ、分類・整理以上の考察は行われていない場合が多い。

次に②教員個人に関する研究は、各機関を代表する教員を対象に、その人物史を明らかにしたものである。とくに明治・大正期に活躍した教員は、所属機関の学風の醸成や学問の制度化に大きく寄与していた。よって、個人史を超えて、各機関の教育実態や学問史の理解にもつながる。これらは各機関の文書館やアーカイヴスが発行する紀要等で毎年蓄積される傾向にあり、特に慶應、早稲田、明治、中央、日本、立命館といった私立のそれでは、しばしば特集が組まれた(37)。

最後に③近代日本を対象としたアカデミック・プロフェッション研究だが、これは新堀（一九六五、一九八四）やカミングス（一九七二）が行った、学閥人事及び終身雇用といった日本の大学教授職の非移動性・閉鎖性に関する研究の系譜を為すものであり、その歴史的端緒を歴史社会学的考察によって明らかにした研究である。主な研究に、天野（一九七七、二〇〇九a）、伊藤・岩田・中野（一九九〇）、岩田（二〇一一）が挙げられる。天野（一九七七）は一八七七（明治一〇）年から一八九三（明治二六）年に至る、東京大学（帝国大学）の各分科大学の教授集団のキャリアを考察し、外国人教員主体から邦人教員主体へと教員スタッフの「自国化」が成し遂げられたとした。そして「自国化」を支えた邦人教員の多くは海外留学経験者であって、彼らが一八九三（明治二六）年に導入され、以後の大学教授職の持続的で自律的な発展を保障した講座制という機構の完成を担った教授陣であったことを指摘した。岩田（二〇一一）は、こうして出来上がった教授集団が、非移動的で閉鎖的な日本型大学教授市場を構成するようになった要因を、教授職のみならず下級教授職である助教授と助手からの昇格過程を含めて、明治・大正・昭和と長期の期間を設定して考察した。その結果、明治期は学卒後直ちに、もしくは大学院での待機時間を経て助教授に任用され、後に教授となる養成体制をとっていたこと、大正期以降は助手や講師といった助教授より下位の職階から始まり、帝大の中で完結する形で大学教授職の養成が行われる傾向が強まったことを明らかにした。これを受けて、大学教授市場の非移動性が高まったと結論づけた。さらに岩田は、私立高等教育機関の教員キャリアについても考察した。そして母校出身専任教員の自家養成体制を確立できた機関は、慶應義塾などに限定され、実務経験者を非常勤の教授職に採用したケースが多いことを示した。

ところで対象時期は大きく異なるが、アカデミック・プロフェッションの歴史的研究には、近代日本を対象としたものの他に、中世・近代ヨーロッパを対象とした横尾（一九九九）や別府（一九九八）の研究がある。そしてこれらには存在し、上記の日本を対象とした研究には存在しない分析項目・視点に、教員給与研究（サラリー制）がある。(38) 横尾（一九九九、七八頁）は「大学の場合にも、他の集団や組織と同様そのカギを握るものは人と金である」とし、サラリー制の普及によって、大学が人事と予算の両面で政府に依存する組織へ変化したと指摘した。別府もドイツの複数の大学の教授職給与を、職階や担当科目を考慮して明らかにしている。近代日本の私立高等教育機関が専任教員の確保に苦心した最大の理由は、資金不足である。一方、専任教員を雇用することができた機関では、どのような基準によって給与を適切に配分し経営を維持していたのか。先の②教員個人に関する研究の中には、極めて少数だが、人物史研究の側面から給与に言及したものも確認できる。(39) しかし経営的観点から機関内の全教員を対象に、教員の給与管理を考察した研究は、管見ではみあたらない。現代のアカデミック・プロフェッション研究では、教員給与研究がにわかに注目されている。(40) それならば歴史的観点による研究も行われるべきであり、しかも教員給与という財務上の観点を、教員が担った教育機能、すなわち授業負担等の観点をふまえて考察する必要があるのである。

（5）先行研究のまとめと問題点

これまで、近代日本を対象とした大学史・高等教育史研究について検討を行ってきた。総論として研究対象が制度やシステムといったマクロレベルから、個別機関を単位とするミクロレベルへ移行している傾向にあるが、個別に検討した知見を整理すれば、①制度・政策に関する先行研究のうち、設置認可（基準判定）については、専門学校令及び大学令で課された人的・物的・財的条件が極めて厳しい水準であったこと、だが実際の水準の実態は考察されていないこと、また設立者・設置形態については、実態は異なったものの、大学令で法人即大学の一体型を原則としたのは財務基盤の整備と経営の安定のためであり、各機関の法人化をめぐる経営行動についても財務基盤の構造と関係があったことを確認した。②財務・経営に関する先行研究では、帝国大学については沿革史の記述を含めて、会計制度とそれに基づく個別機関の財務分析が一定程度行われていることを確認した。他方、私立高等教育機関を対象とした研究は、授業料収入依存、収容学生数の拡大志向、文科系学部偏重、非専任教員（非常勤教員）の雇用といった私学経営の総体としてのパターンは明らかにされているものの、個別機関の財務分析の蓄積は非常に薄く、費目単位の詳細な分析に至っては、ほとんど行われていないのが現状であった。高等教育機関の経営は、教育と財務の関係性を考慮する必要がある。ならば調達した資金が、どのように配分され、どれほど教育機能の向上に寄与していたのかを考察する必要があろう。また機関内部の組織体制については、経営と教学の関係性を精緻に考察した研究が見当たらないことを確認した。最後に③教育・教員に関する先行研究では、カリキュラム研究は教育課程の概述にとどまっていた。アカデミック・プロフェッション研究にしても、私立高等教育機関を対象としたものは一例しかなく、従来の研究関心であるキャリアの把握に終始していること、そして資金配分に関して近代日本の高等教育機関に所属した教員の給与分析はほとんど行われておらず、教育課程や雇用形態との関連性もほとんど検討されていない状況にあることを確認した。

つまり①～③より自明なのは、大学史・高等教育史研究で長らく研究蓄積に欠けると指摘されてきた管理運営や財務、教育（課程）や教員といった研究領域が、未だ十分に研究されていないという事実である。そしてより強調すべきは、これらの研究領域は相互に関連した領域であるにも関わらず、経営的観点から総合的に考察した分析が行われていないことである。明治後期から大正期にかけて私立高等教育機関が抱えていた課題は、単科大学ではなく総合大学となること、しかも形式だけなく、機能上も実質的な意味での大学となることであった。その課題の克服には、管理運営組織を整備し、教学組織と経営組織との権限関係を整理すること、そして教育機能の向上と財務の健全化とを同時に達成することが求められた。そのため資金の調達と配分は最も大きな経営課題であったわけだが、教育資源も財源も乏しかったため、目標達成には教育と財務のバランスを考慮した上での効果的かつ効率的な経営が求められたと推察する。したがって当時の私立高等教育機関の経営実態の解明には、個々の私立高等教育機関をそれぞれ異なる一つの経営体として認識し、以上の問題点を総合的に考察する枠組みが求められるのである。

3　本書の視座

(1)　分析視角

前節までの議論を踏まえ、ここでは本書の分析視角を提示する。一般に高等教育機関の経営に関する歴史研究は、国内外を問わず、高等教育機関の経営行動を規定する社会経済的背景や、制度・政策といった外的要因に配慮しながら、個別機関の経営方針に基づく内部資源、とくに定量的な分析が可能な財務に焦点をあてて考察するのが基本的枠組みであった。その際、対象となる機関は、史料の制約や比較可能性を考慮し、単一ないしは少数の機関に限定され、対象機関の学生数や学部学科等の基本的な組織構成をふまえた上で、史料に基づいて収入と支出、資産や負債といった観点から財務構造全体での大枠の分析が行われていた。こうした枠組みは、これまでに取り上げた伊藤（二〇〇八、二〇一三）や染谷（一九九二）の研究、さらにはアメリカやイギリスの大学を対象としたFoster（1962）, Dunbabin（1975）, Neild（2008, 2012）の研究においてもあてはまる。だがこの枠組みでは、機関レベルの大枠での財務分析に留まることが懸念される。高等教育機関は私学であっても、基本的に営利機関ではなく、収入は限定されている。だが各機関の日々の活動は、年々拡大する傾向にあって、財務的には増分主義となる傾向にある。限られた収入と増え続ける支出とをどのように調整するのか。この教育機能の向上と財務の健全化を同時に達成するには、機関内でどのように資金の調達と配分とが行われていたのか、その資金管理の実態を明らかにする必要がある。

そのためには学生数や学科構成、管理運営組織や財務構造といった機関レベルでの分析を行った上で、財務構造上の特徴的な費目を抽出し、その費目について、より微細な視点で検討する必要がある。例えば収入面、つまり資金の調達に関しては、授業料、寄附金、事業収入が、支出面である配分に関しては、人件費に注目する必要があるだろう。それらがどのように調達され、他方でどのような基準で配分されていたのか。また調達や配分について前提となる計画があったのであれば、その計画と実績との間に差異が生じたのか否か。こうした視点の下、本書では、各費目について財務諸表上の集約化された数値となる以前の情報（一次史料）を把握し、教育機能との関連性の中で分析を行うこととする。これは言い換えれば、教育と財務の両者を射程とした分析視角を取ることであり、具体的には資金の調達と配分の考察を行うこととである。

（2） 分析課題

教育と財務の両者を射程とした分析視角の下、本書で明らかにする分析課題は、以下のとおりである。

まずは分析対象とする私立高等教育機関について、機関レベルでの経営構造全体の実態把握を行うことである。具体的には学生数や学部構成といった基礎的な指標を抑えた上で、学内管理運営組織及び財務構造の実態を解明することである。学生数や学部構成は、裏返せば分析対象機関の学生募集の現れでもある。既述の通り多くの機関では、授業料収入に依存していた。ゆえにより多くの学生を誘引する学部学科を構成し、十分な学生数を確保することこそが経営上必須となる。そして適切な学生数を確保した場合、教育機能の向上にしても、資金の調達と配分にしても、それを機関として決定するには、学内管理運営組織での折衝を経なければならない。そのため私立高等教育機関の経営構造を把握する前提として、まずは学内管理運営組織の構造と機能を把握する必要があると考える。その際、経営部門だけでなく、教学部門の管理運営組織についても考察を行い、両者の関係性を判断する一つの指標として、教員人事に関する権限について明らかにすることが求められる。その上で本書では実際にどのように資金が調達され、いかに配分されて経営が為されていたのかを、財務構造の分析から明らかにする。これまでの高等教育史研究のスタンダードである授業料収入のみならず、その他の収入や支出、また資産と負債および純資産の観点から費目単位で検証することで、財務構造の特徴を明らかにする。そしてそこから各論で詳細に検討する二つの分析課題を析出する。

その析出される分析課題の一つは、私立高等教育機関の最大の支出項目であった教員給与の実態を、教育条件や教員配置といった教育課程（言い換えれば教育負担）との関係性から明らかにすることである。先行研究にみた通り、教員給与はほとんど分析が行われていない。これは従来の研究が、近代日本における高等教育システムの量的拡大とその社会経済的インパクトという点に重きを置き、私立高等教育機関をその受け皿として認識する側面が強かったためであるといえる。史料上の制約もあり、大部分は資金の調達、すなわち学生規模から算出される授業料収入の分析に偏り、配分を意味する支出、つまりは教員給与の分析を行わずにいた。だがアーカイヴス等の整備により、一部の機関では教員個人を単位に、経年で給与額を把握することが可能である。それならば分析期間における教員給与は一体どの程度であったのか、その実態を明らかにすることが求められる。というのも教員という存在は、経済的には抑制すべき「コスト」であるが、機能的には機関の教育の質を決定する「リソース」であって、適切な対価が支払われる必要がある。つまり教員ないし教員給与は、経営的には相対する二面性を有しており、財務上、限られた資金がどのように配分されて、教育機能が維持・発展したのかを明らかにしなければならない。その際、近代日本の高等教育機関の経営問題の一つであった、専任教員確保の問題を無視できない。すなわち専任教員または時間教員（非常勤教員）といった雇用形態に配慮すること、さらに教員給与との関係性が推察される授業負担時間や、担当授業科目の特徴といった教育課程との関係をも考慮して分析を行う必要がある。(41) なお職員給与は教員給与に比べれば、総額でも個人でも一般的に低額であった。だが一部役職者の給与は相応の金額であったし、職員の中には教員と兼務した者も存在した。そして何よりも職員の存在なくして、機関の経営は立ち行かない。ゆえに教員給与同様に経営実態の考察に必須であると判断し、本書では考察対象とした。(42)

析出される分析課題のもう一つは、寄附金が資産形成に果たした役割である。既述のとおり授業料収入による経営では「手から口へ」の「自転車操業」であり、財源に余裕はない。そのため専門学校令や大学令で設置認可要件とされた施設設備の充実は困難であったと想定できる。施設設備の充実は、大学史・高等教育史の研究関心が十分に及ばない点である。だが、その充実なくして、高等教育機関としての教育機能の充実は期待できない。ゆえに授業料収入とは別の資本目的の財源が求められたのであり、結論を急げば、それは寄附金であった。もちろん寄附金の調達には機関差が伴ったが、授業料収入とは異なる臨時（資本目的の）財源である寄附金をどのように調達し、いかに配分して施設設備の充実に貢献したのか。寄附募集事業の策定過程、計画と実績との差異の検証、そして達成要因に至るまでの広範な分析が求められる。さらに実際の寄附金を納めた人物の特徴についても明らかにする必要があろう。そうした経営を支えた人物の特徴をも踏まえることで、分析期間における経営体としての実態が明らかになるものと考える。

以上の三つの分析課題は、財務、管理運営、教育・教員といったこれまでの大学史・高等教育史研究が研究領域として十分に取り組んでこなかった点を、確実に進展させるものである。また財務分析を中心に、教育と財務の双方を射程とした経営構造の実態を把握する意味において、従来の大学史・高等教育史研究にはみられない挑戦的な試みであるともいえる。

ただし以上の視点に基づいた分析を行うには、分析視角の箇所でも指摘したように、個別機関を対象に、管理運営、財務、教育・教員に関する多くの一次史料を入手し、分析することが必須となる。前述のとおり、個別機関を対象に各論研究を行うことは、大学史・高等教育史研究でしばしばみられたことだが、歴史研究のみならず、高等教育研究全体においても一つの趨勢でもある（大崎、一九九八、金子、一九九八）。やみくもに明治後期から大正期に存在したすべての私立高等教育機関を分析対象としても、それは本書の目的を満たすことにはならない。というのも網羅的であっても、表層的な研究に留まる可能性が高いからである。明治後期から大正期は、我が国の高等教育システムが確立し、私立セクター内部の格差、序列構造が顕在化した時期である。本書が対象とすべき機関は、その時期の私立セクター内で少数であっても「格差」を生み出し、その「格差」を顕在化させた機関である。すなわち自助努力による資金の調達と配分の結果、教育と財務の相克を徐々に克服し、帝国大学と伍する総合大学化を成し遂げ、他の私立高等教育機関の範となり得た機関であり、その経営構造の実態を実証し得ることが、本書に求められる分析対象であると考える。後に多くの私立高等教育機関がそれに追随したことを考慮すれば、そのような分析対象は、我が国私立高等教育機関の原型事例ともみなすこともできよう。

したがって明治後期から大正期という時代性を考慮した上で、他校に先駆け総合大学化を成し遂げた私立大学、

表序－1　分析対象の選定理由

	慶應義塾大学	早稲田大学
①大学部の設置	1890（明治23）年	1902（明治35）年
②学部構成	理財（経済）・法（含政治）・文・医	政治経済・法・文・商・理工
③専任教員養成	1899（明治32）年より派遣開始	1900（明治33）年より派遣開始
④一次史料の有無	利用可能	利用可能

さらには単に総合大学化を成し遂げただけでなく、「私立大学」として実質的な教育機能を有していた機関を分析対象として選定しなければならない。すると大正期までに存在した二二の私立大学のうち、分析対象となる機関は自ずと限定されよう。そこで本書では、慶應義塾大学（以下、慶應）と早稲田大学（以下、早稲田）を分析対象に選定し、数量的分析による比較事例分析を行うこととした。比較事例分析及び数量的分析を行った理由は次節に預けるとして、まずは慶應と早稲田の両校を分析対象とした理由と、その妥当性について説明しておく。

表序－1は分析対象の選定理由を簡易にまとめたものである。理由の一つ目は、大学部の設置である（表序－1の①）。明治後期から大正期という時期が、戦前期の我が国高等教育の発展に極めて重要な時期であったこと、そしてその発展の量的拡大に大きく寄与したのが私立高等教育機関であったことはすでに概述した。そうした中で多くの私立高等教育機関は、帝国大学と同様の大学となることを目指した。大学令公布に伴い各機関が昇格運動を展開したのは、その証左である。そのような時代背景の中で、両校は大学令以前、すなわち「大学」名称の自称を認めることになった専門学校令以前の段階で「大学部」を発足させていた。これはもちろん高等教育制度の範囲外での、括弧付き「大学」であった。だが政府の高等教育政策を先行し、他の私立高等教育機関に先鞭をつけた結果となり、後の「私立大学」誕生の端緒を築いたといっても過言ではない。加えて理由の二つ目だが、両校は大学令以前の段階で、自然科学系学部を設置して、総合大学化を実現していた（表序－1の②）。一九一七（大正六）年に設置された臨時教育会議の答申によって単科大学が認められ[43]、大学令に反映されたが、慶應では医学科予科を、早稲田では理工科を大学令以前に設置しており、政府が原則として定めるところの大学である帝国大学と同様の形態、すなわち総合大学化を実現していたのであった。理由の三つ目として、大学の教育機能を大きく左右する専任教員の養成・確保にも専門学校令以前から取り組んでいた（表序-1の③）。他の私立高等教育機関が非常勤教員に依存していたことは、これまでの先行研究が指摘するところであり、まさに両校は「私立大学の範型」ともいえる存在であった。最後に理由の四つ目をあげれば、本書の分析課題の解明にかなう一次史料が存在し、かつ利用できることも条件である（表序-1の④）。二〇一四年時点でそのような諸史料を分析期間にわたって入手できる私立高等教育機関は、管見では慶應と早稲田のみである。実証分析である以上、一次史料の有無と利用は必須条件である。もちろん一次史料の有無だけでは、妥当性が問われ、適切な選定理由とはならない。また一九二六（大正一五）年時点で私立大学は二二大学あり、両大学はその中の二大学に過ぎない。だが以上の理由が示す通り、両校は自助努力によって他校に先駆けて高等教育機関としての質的充実を達成していた。ゆえに両校は、他校の範となった日本型私立高等教育機関の「原型事例」として、適切な考察対象であると判断し、比較事例分析の対象として適当であると考えられるのである。

4　史料と方法

(1)　史　料

本書は慶應と早稲田を対象に比較事例分析を行うが、分析に用いる史料は多岐にわたる。史料の詳細については各章で取り扱うが、ここでは大まかな説明を行っておくこととする。本書で利用する諸史料は、a.両校の沿革史、b.分析期間に刊行された両校の広報誌、c.学内保存一次史料の三つに大別できる。そのうちa.は『慶應義塾百年史』・『早稲田大学百年史』等の各機関が発行する沿革史の類であり、説明は割愛するが、b.とc.について

表序-2　本書で用いた主たる史資料一覧

対象	機能	慶應義塾	早稲田
機関	管理運営	【沿】「慶應義塾仮憲法」・「慶應義塾規約」	【沿】「早稲田大学校規」
		【学】「評議員会記録」	
	財務	【広】「慶應義塾学事及会計報告」	【広】「早稲田大学報告」
	教育	【広】「大学部規則」	【学】「学科配当表」
個人	管理運営	自伝、回想録等	自伝、回想録等
	財務	【学】「給料帳」	【学】「講師俸給台帳」
		【広】「寄附者芳名録」	【広】「寄附者芳名録」
	教育	【学】「給料帳」記載の教員別時間負担	【学】「講師別時間表」

注1：表中の略記は、【沿】= a. 沿革史、【広】= b. 広報誌、【学】= c. 学内保存一次史料を意味する。

注2：表中の史料名の名称は、年度によって変更されていた場合も多い。よって本書で使用した史料の正式名称は、一覧にして巻末に付した。

は以下に概要を述べておく。なお**表序-2**に、以下で説明する諸史料を対象別・学校別に一覧にした。

b.の分析期間に刊行された両校の広報誌とは、両校の沿革史等によると、慶應では『慶應義塾学報』・『三田評論』、『慶應義塾総覧』を、早稲田では『早稲田学報』を意味する。『慶應義塾学報』は一八九八（明治三一）年三月に創刊された月刊広報誌で、一九一五（大正四）年一月より『三田評論』と改題され現在に至る。また『慶應義塾総覧』の初刊は一九〇三（明治三六）年四月に『慶應義塾学報』の臨時増刊第六四号として刊行され、一九二〇（大正九）年までは年刊、それ以後終刊となる一九五九（昭和三四）年までは不定期に刊行された。他方の『早稲田学報』は慶應に先んじて一八九七（明治三〇）年三月に月刊誌として刊行された。こちらは改題されることなく現在に至る。これらの広報誌には時事論説、学問および研究動向、大学の近況報告、卒業生の動向など多くの情報が掲載されているが、本書ではそれらに年一度掲載された「慶應義塾学事及会計報告」[44]および「早稲田大学報告」と、寄附者芳名録を主に利用する。前者の「慶應義塾学事及会計報告」および「早稲田大学報告」は、現行の事業報告書や会計報告書に相当するもので、学部学科別学生数や教職員一覧の他、大学財務（収支決算表と貸借対照表）や学科の教育課程が報告されていた。後者の寄附者芳名録は、寄附募集事業の実施に対して、寄附申込者の氏名、所在地、申込額が毎号掲載されたものである。両校の広報誌は信頼性が高く、沿革史編纂にも多用されている。また「史料的宝庫」としてさらなる活用が期待されている（佐藤、二〇〇三、二五〇―二五一頁）。したがって本書では経営実態を考察する史料として利用する。

c．の学内保存一次史料については、慶應では慶應義塾福澤研究センターが編集・整理した『慶應義塾関係資料』を、早稲田では早稲田大学大学史資料センターが保有する諸史料を利用する。『慶應義塾関係資料』は史料的価値の高い多くの一次史料を、マイクロフィルム化したものである。本書ではその中でも学内の最高議決機関であった評議員会の議事録（史料名「評議員会記録」）と、全教職員の給与額が月額単位に記録されていた「給料帳」を主に利用する。他方で早稲田大学大学史資料センターでは、学内の一次史料を直接閲覧することが可能である。そのうち本書では教職員給与が記載された「講師俸給台帳」[45]や「職員・給仕・小使俸給台帳」と、学部学科ごとに授業科目と週当たり授業時間、担当教員名が記載された「学科配当表」を主として利用する。これにより教育課程を考慮した教員給与の分析が可能となる。

本書では以上に掲げた諸史料を、分析期間にわたって広く収集して分析を行う。

(2) 方法

本書の方法上の特徴は、第一に比較事例分析を行うこと、第二に数量的分析を行うこと、そのために第三として、一次史料を幅広く収集・統合し、数量的分析を可能にするデータベースを作成したことである。以下ではこれら方法上の特徴と意義について説明する。

第一の比較事例分析は、同一の分析指標により単一事例研究では不可能な、経営実態の共通性と差異性を明らかにするために採用した。先に言及したように大学史・高等教育史研究における分析対象はマクロレベルからミクロレベルへと移行しつつあり、学内一次史料を用いて、個別機関レベルの実態を詳細に明らかにすることには一定の意義が認められる。一方で「単一」の事例研究では、近代日本の高等教育システム内でみられ機関別の共通性や差異性を明らかにすることはできない。そこで「比較」事例分析を採用する。慶應と早稲田は、ほぼ同時期に同地域で相互に影響を与えあった私立高等教育機関であり、福澤諭吉と大隈重信という創立者が社会的な知名度を有していた点でも共通する。こうした背景から従来の大学史・高等教育史研究では、しばしばともに「成功事例」として「同様」に認識されてきた。だが本書で明らかにしてゆくが、両校の発展過程を振り返った際、同時期の同地域に同様の高等教育政策下で「私立大学」を目指すといった共通の命題を抱えつつも、両校の経営的判断とその行動には共通性と差異性が見出せる。比較という手法を採用することは高等教育（史）研究のスタンダードであるが[46]、本書では「構造的な、焦点を絞った比較[47]」を行うことで、この共通性と差異性がどのようなものであったかを明らかにする。

第二は数量的分析についてである。これは本書の課題設定及び使用する史料の性質から当然の方法である。歴史研究における数量的分析の採用には長短さまざまな意見があるが（Peter 訳書、二〇〇九、四八－五四頁、斎藤、二〇一〇、六九－九〇頁）、経営実態の解明には最適な分析方法である。むしろ数量的分析なくして、その実態を実証することは不可能であろう。にもかかわらず、これまでの大学史・高等教育史研究では、機関の財務・経営について一次史料に基づいた実証性に富む数量的分析は、十分に行われてこなかった。もちろん数量的分析には一定の限界が伴う。ゆえに本書では、同一の分析指標を設定して比較考察することで精緻な分析を目指す[48]。また数量以外の諸史料、例えば言説等を利用して数量的分析の結果を補完し、実証性の向上を目指す。

第三のデータベースの作成は、史料の特性による。**図序-1**に示したように、本書では個人単位の史料を多用す

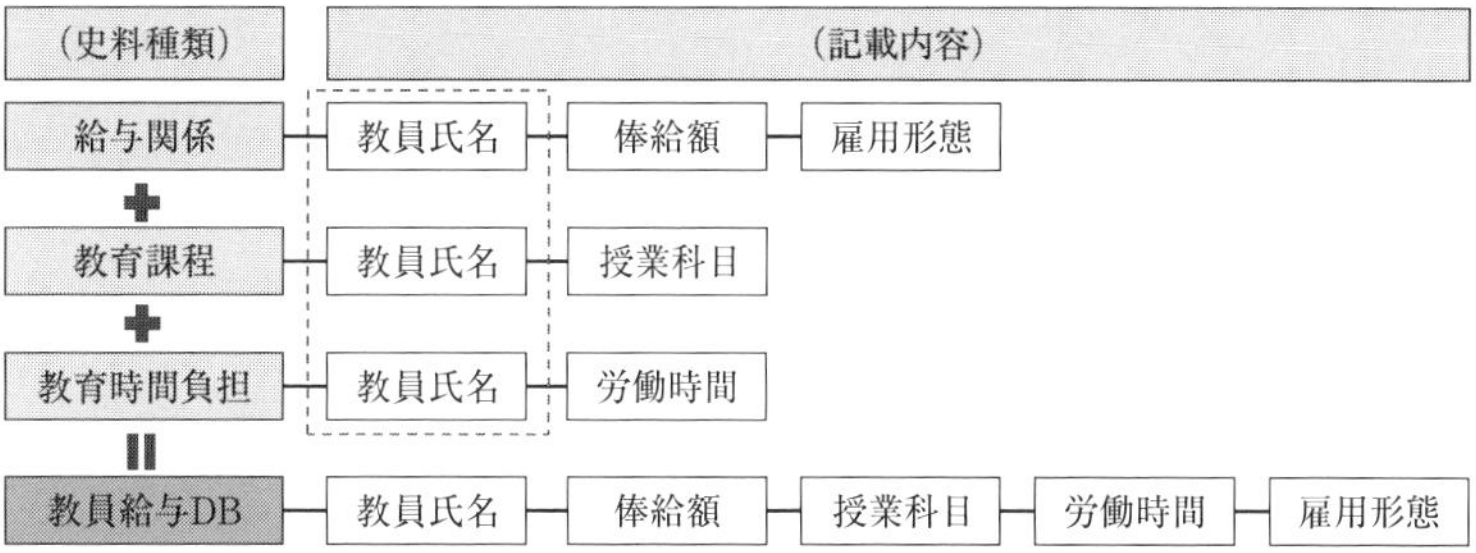

図序-1　データベースの作成方法：教員給与

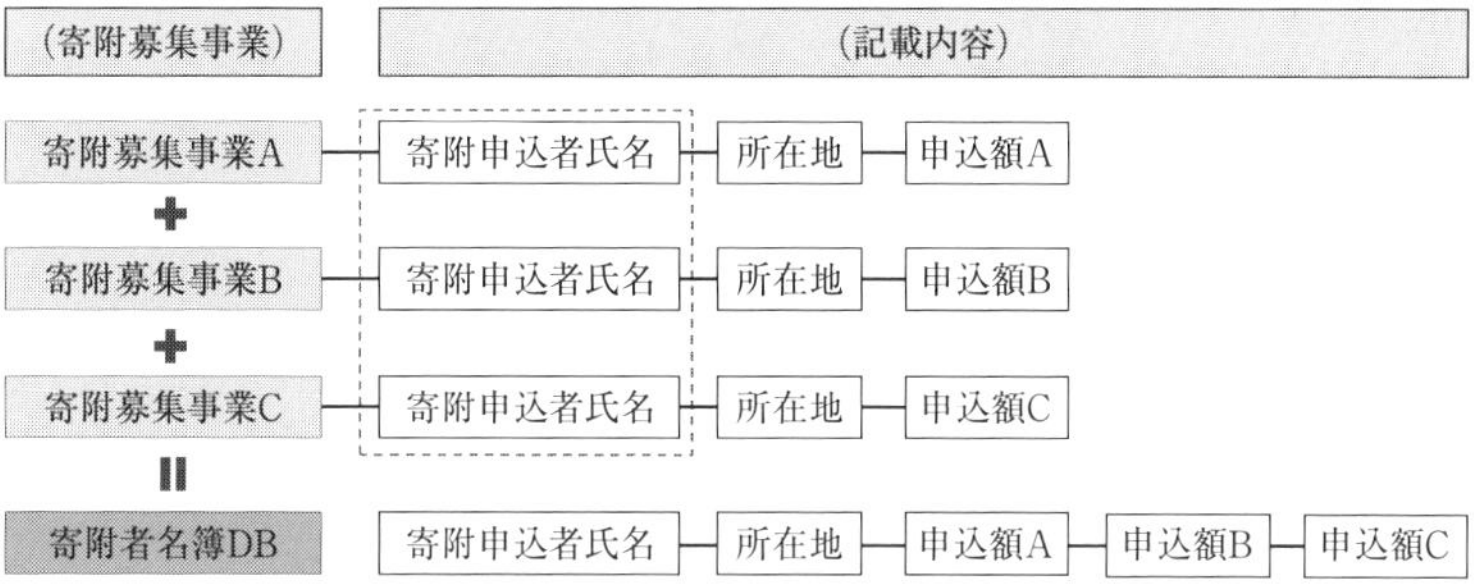

図序-2　データベースの作成方法：寄附者名簿

る。これらは一見すると瑣末で、それぞれが独立した史料群である。だが各史料には共通箇所があるため、統合することが可能であり、横断的な精緻な分析が可能となる。図序-1には、教員給与データベースの作成方法を示した。給与関係、教育課程、教育時間負担を示す各史料には教員氏名が記載されており、その一致を条件に統合したのである。こうして完成した教員給与データベースは、教員個人を単位に教育と財務の双方の点から分析する際に極めて有用なデータベースとなる。なお本書では寄附金分析においても、複数の寄附募集事業を検討するために、同様の手順で寄附者芳名録をデータベース化する（**図序-2**）。こうした一次史料を統合・データベース化し、数量的分析を試みるのは、教育社会学における歴史研究（歴史社会学研究）でしばしば選択された分析方法である（山田、一九九〇）。だがその多くは近代エリート研究や、アカデミック・プロフェッションのキャリア形成の解明を主としていた。したがって教育と財務の関係性を視野に、私立高等教育機関の経営実態を探る財務分析を行う本書は、稀少なケースといえよう。

5 本書の構成

本書の構成は以下のとおりである。

まず第一章と第二章では、明治後期から大正期における慶應・早稲田の発展過程を明らかにする。第一章では、両校の学科構成や学生数の変遷を確認する。加えて、管理運営組織の構成と機能を、機関別かつ部門別（経営部門と教学部門）に検討する。その際、教員人事をめぐる、経営部門と教学部門との関係性についても考察を行う。第二章では、分析期間の両校の財務構造を明らかにする。収入と支出、資産と負債を構成した会計費目の比較分析を行って財務構造の特徴を明らかにする。そして教育資源に対する資金の調達と配分という観点から、次章以降で分析すべき分析課題を析出する。

第三章以降は各論研究であり、第一章及び第二章の分析結果から折出された分析課題を機関別に検討する。第三章と第四章は慶應を、第五章と第六章は早稲田を分析対象とし、教育課程と教員給与との関係、寄附金と資産形成の関係をそれぞれ考察する。前者については、両校は他の私立高等教育機関に先駆けて一般に高コストとされた専任教員の養成に努めた。だが両校といえども決して経営に余裕があったわけではなかったから、経営上、専任教員の給与管理には何らかの工夫がみられたはずである。本書では第一に教員の雇用形態に着目し、学部別に専任教員の配置状況を検討する。その上で第二に機関の最大の支出項目であり、資金の配分に相当した教員給与について、教員個人の負担時間という観点から考察することで、給与管理の特徴を明らかにする。後者については、分析期間に両校が実施した複数回の寄附募集事業について、まずはその実施目的や事業実施の策定過程を整理する。そして財務諸表の分析から寄附金が資産形成に果たした実績を明らかにし、財務的観点からそれぞれの寄附募集事業の計画達成度を検証する。両校の寄附募集事業の成功要因や、寄附者の特徴についても検討を行うことで、授業料収入とは異なる資金の調達と配分という観点で、早慶両校の経営実態を明らかにする。

なお、職員給与は第七章で扱う。学部学科の新設等により学生数が増え、機関の規模が拡大する中で、両校の事務機構がどのように発展したのか。その過程を確認した上で、役職者や常勤職員を中心に給与額を明らかにする。後述するように職員給与は早慶両校の総人件費の一～三割程度を占めており、経営的には注目すべき支出項目であった。だが両校の沿革史においても教員給与以上に、言及がなされていない。そこで本書では基礎的考察ではあるが、一次史料を用いて事務機構の発展過程と職員給与の実態を明らかにする。

終章では以上の検討結果の整理を行った後、明治後期から大正期という現代にまで続く我が国高等教育システムの基盤が構築された期間において、両校の資金の調達と配分という観点からみた、近代日本における私立高等教育機関の経営について考察を行う。

注

（1）　近代日本の高等教育史研究において「高等教育機関」として扱われる機関には、大学、専門学校、実業専門学校、大学予科、高等学校、高等師範学校、女子高等師範学校、師範学校がある。そうした中で本書では大学と専門学校（とくに私立大学の前身である私立専門学校）を考察対象としており、それを前提に高等教育という用語を利用する。

（2）　伊藤（一九九九、一〇四頁）は、明治期の私立高等教育の拡大に関して、私立学校令・専門学校令による設置認可統制がなされたものの、基本的には自由放任状態に置かれていたとした。だが続く大学令による私立大学の公認は、私学の社会的地位の上昇が背景にあり、国家の私立高等教育への統制・介入は、政府の私学に対する態度変化のあらわれであると指摘した。

（3）私学高等教育行政については、第二節の先行研究の整理の部分でも言及するが、主として倉沢（一九七三、一九七五、一九七八、一九八〇）、長峰（一九八五）、蔵原（一九九七）、大迫（二〇〇三、二〇一二）等に拠っている。

（4）大学令による私立高等教育機関の設置認可要件の詳細は、本章第二節で言及する。

（5）大学沿革史の研究動向（レビュー）についても数多くの論稿が発表されている。本文中で指摘するものも含めて代表的なものを列記すれば、寺﨑（一九八〇、一九八六b、一九九九）、中野（二〇〇三b）、寺﨑・別府・中野編（一九九九）、西山（二〇〇七、二〇一二）、学校沿革史研究会（二〇〇八、二〇一三）、鈴木（二〇一〇）などが挙げられる。また教育史学会第五五回大会報告集「大学史と教育史研究――沿革史を手がかりに（教育史研究における大学史研究の位置）」も参考になる。

（6）大学史研究会は横尾壮英、中山茂、寺﨑昌男らによって一九六八（昭和四三）年に誕生した研究会である。参加者は多様なディシプリンで構成され、現在の大学史・高等教育史研究の礎を築いた。詳細は『大学史研究通信（復刻版）』（一～三巻）に詳しい。

（7）教育史学会機関誌『日本の教育史学』には、二〇一一（平成二三）年に発刊された第五四集までは「研究動向」が掲載されており、いくつかの大学史・高等教育史研究の論稿や著作が取り上げられていた。特に注記はしないが、本書ではそこで得た知見も利用していることを予め断っておく。

（8）米田俊彦と谷本宗生による調査では、一九八〇年代後半から二〇〇〇年代前半における日本高等教育史研究の研究成果を総計五〇〇点以上としている（谷本、二〇〇七、八七頁）。著者もCiNiiや国立教育政策研究所教育図書館の教育研究論文索引等のデータベースの他、関係学会誌（日本教育学会、日本教育社会学会、教育史学会、日本高等教育学会、大学教育学会、大学行政管理学会、日本科学史学会）や、大学及び研究会の紀要類（『大学論集』、『大学史研究』、『日本教育史研究』等）を検討したが、米田と谷本の見解を首肯する。米田・谷本と羽田との研究成果数の違いは、おそらく羽田の調査が近代に限定せず、近世から現代、さらには各機関の沿革史も含めたことに起因すると推察される。

（9）大学史研究と高等教育史研究の分析視角及び方法論の違いについては、天野（一九九三b）が整理している。折しもそれ以来二〇年を経過した二〇一三年に広島大学高等教育開発センターで「高等教育研究としての歴史研究の現在と未来」をテーマに研究員集会が開催されたが、そこでも天野（二〇一三d）は同様の指摘を行い、分析視角及び方法論の違いが今なおみられると指摘した。なお海外の高等教育史研究の動向をつかむ一例として一九～二〇世紀の米国のそれをみると、高等教育の歴史研究は三つの学派（The Romantic School, The Policy School, The Cultural School）と一五のアプローチに分化できる（Lester F. Goodchild and Irene Pancner Huk 1990, p.219）。

（10）広田はこの「視角のずらし」について「教育の歴史社会学研究」のレビューの中で言及しているが、それは高等教育史研究だけでなく、一部の大学史研究にも共通してみられた視角であり、私見ながら横尾壮英や寺﨑昌男、羽田貴史の諸研究はそれを強く表していると思われる。

（11）「通史」には大久保利謙（一九四三）による『日本の大学』がある。だが制度史上の区分に疑問が多く、また大久保自身が大学史・高等教育史研究を直接の専門とはしていなかった点を考慮し、除外した。また永井道雄による『日本の大学』（一九七二）も通史とみなせるが、一九七〇年代以降に刊行された「通史」とは、記述内容の深さと広がりに大きな差があるため、これも除外した。

（12）大学沿革史に加えて大学アーカイヴスに関する論考も近年急増しており、記載内容も多岐にわたる。代表的なものとして、大学沿革史については前述のとおりであるが（本章の注5）、大学アーカイヴスの役割や活動については、寺﨑・別府・中野（一九九九）、中野（二〇一三b）、全国大学史資料協議会（二〇〇五）、鈴木（二〇一〇）、菅（二〇一三）が挙げられる。本書では主としてこれらの知見に拠っている。

（13）大学沿革史の刊行動向を調査した学校沿革史研究会（二〇〇八、六八―六九頁）によれば、一九〇七～二〇〇五年の九九年間に一一三二冊の沿革史が刊行されたが、うち八一三冊（約七一・八％）は一九八〇～二〇〇五年の二六年間に刊行されたとある。

（14）大学令（第七条）では、「大学ニ必要ナル設備又ハ之ニ要スル資金及少クトモ大学ヲ維持スルニ足ルヘキ収入ヲ生スル基本財産ヲ有スルコトヲ要ス」とされ、これに相等する基本財産は、「現金又ハ国債証券其ノ他文部大臣ノ定ムル有価証券トシ之ヲ供託スヘシ」と規定された。そして「大学部設立認可内規」によって、一学部の大学は五〇万円、さらに一学部増設することに一〇万円を供託することが定められた。

(15) 帝国大学特別会計法に加えて学校及図書館特別会計法も制定された。これらは前法である官立学校及図書館会計法で総計三二にも達した特別会計の整理を目的の一つとしており、帝国大学を除くその他の学校の特別会計は、学校及図書館特別会計法に一本化された（国立学校特別会計研究会編 一九七六、九頁）。なお資金も共通のものとした（島、一九六四a、六頁）。

(16) 一九二五（大正一四）年の一部改正によって、政府支出金の法定化が廃止され、各帝国大学別に区分されていた特別会計も一本化された（国立学校特別会計研究会編、一九七六、一一頁）。

(17) 神戸論文が発表された一九三一（昭和六）年時点で、特別会計の総数は三四であった。

(18) 講座制に関する代表的な先行研究には、戦前、名古屋大学事務官の職にあった須川（一九五六）によるものや、山本（一九六八）、寺﨑（二〇〇〇、三七一–四一一頁）がある。寺﨑は講座制の導入と展開について井上毅の制度構想を分析し、講座給による教官待遇の合理化や、文部大臣による行財政権の掌握は、帝国大学に対して間接的かつ柔軟な統治体制を始める契機であったと述べている。

(19) 本質的に大学の教育研究活動は拡充するものであり（国立学校特別会計研究会編、一九七六、一〇頁）、予算は増分主義であるのが常である。したがって定額制は大学にとって、馴染みにくい制度であった。

(20) 島編（二〇一一、二五〇頁）でも指摘されているが、市川（二〇〇八）は大学財務を、「個別の学校法人・国立大学法人等に日常的な資金調達や会計処理活動」としており、本書でいう個別機関の経営構造とは、こうした大学の財務構造を教育との関係で考察することを意味する。

(21) 各帝国大学の経費一覧について参照箇所は以下のとおり。東京帝国大学（東京大学百年史編集委員会、一九八四、五三〇–五七一頁）、京都帝国大学（京都大学百年史編集委員会、一九九八、六六七–六九七頁）、東北帝国大学（東北大学百年史編集委員会、二〇〇九、八一七–八三一頁）。

(22) 東京帝国大学の戦前期の財政部分は羽田貴史が執筆しており、本文中、①帝国大学財政制度の箇所で挙げた諸論文と内容を同じにする部分も多い。参考までに該当箇所は以下のとおりである。『東京大学百年史』（通史1）四四四-四五〇頁、同（通史2）二三-五七頁、三六五-三八三頁、六六三-六七九頁、同（通史3）一七五-一九六頁、五五四-五九四頁。

(23) 明治一〇年代半ばのものは、東京大学内に蔵された無題の建議書であり、下関事件賠償金の超過収金が返還された場合、東京大学基金として下附されることを要求したものである（寺﨑、二〇〇〇、八六-九四頁）。他方、明治二二年に立案されたものは「帝国大学独立案私考」と「帝国大学組織私案」であり、東京大学が政府や大学から管理運営的及び財政的に独立することを目指した案である。なお、ともに東京大学内部から提起されてはいるが、立案者は異なり、前者は上層部の役職者（評議員等）が、後者は少壮教授陣が立案していた（寺﨑、二〇〇〇、一八六-二〇九頁）。

(24) 両角（二〇一〇、五四頁）によれば、八点は以下のとおり。①低授業料と非常勤講師依存による人件費抑制、②授業料依存の収入構造、③規模の拡大志向の強さ、④非正規学生の積極的受入れ、⑤「安上がり」の専門分野（文科系では特に法、商、経）への集中、⑥大都市集中、⑦経営の多角化、⑧多角経営の結果、可能となる内部補助システム、の八点である。なお以上の記述は、一部表現を変えて転載した。

(25) 海外の高等教育の歴史研究について、財務経営研究に限定して整理すると、財務分析というアプローチをとった研究は、各種のレビュー論文でそれほど大きくは取り上げられておらず（Lester F. Goodchild and Irene Pancner Huk、一九九〇、二四八-二五〇頁）、研究蓄積の薄い分野である。また各機関の沿革史でも財務経営内容に触れているとはいえ、史料内容の整理や解説にとどまり、十分な分析対象とはなっていないように思われる。だが一方で、Foster（一九六二）は一七、一八世紀のハーバードを対象に学内一次史料を用いて、収入と支出、資産と負債の個々の費目に注目し精緻な分析を行った。また英国でもオックスブリッジの一八七一年から一九一三年までのカレッジ財政を比較的に考察した研究や（Dunbabin 1975）、近年では Neild（2008, 2012）が、トリニティカレッジ及び、一八五〇年から二〇一〇年頃までのケンブリッジ大学を事例に、政府財政支援の推移と大学の財務経営実態について考察している。

(26) 伊藤（二〇〇八）は早稲田、明治、中央、日本、龍谷、立命館、拓殖、駒澤、東洋、関西学院の一〇大学を事例に検

証し、龍谷を除く九大学で収入と資産が増大したことを確認した。

(27) 伊藤（二〇一三）は中央、立命館、立教、東洋、東京農業、慶應義塾の借入金等比率や金融資産比率の推移を考察し、支援母体からの補助金が打ち切られた立教を除き、これらの指標が戦時期に好転していたことを確認した。

(28) 戦前期における私立高等教育機関の周年事業をまとめた論考に、村松（二〇一〇）がある。

(29) 天野（二〇一三b、七九頁）は設置主体を、①大きな社会的威信（カリスマ）・権力を持つ創設者、あるいはその周囲に集まる協力者集団（慶應義塾・同志社・早稲田など）、②複数個人の同志的結合（明治・専修・中央など）、③宗教団体（キリスト教・仏教・神道系の諸学校）、④世俗的団体・各種協会（拓殖など）とに四区分し、①と③のタイプは比較的早期に管理運営組織の整備が進んだと指摘した。

(30) 他にカリキュラムや学科構成について言及した研究として、藤原（一九九〇）や浅沼（二〇〇五）があるが、本書で指摘した分析視角や方法に類するものであると思われる。

(31) 三類型の特徴と該当する校名は以下のとおり。第一類型：進学予定学部にあわせた型。対象校は慶應、立教、関西学院の三校。第二類系：三年制と二年制の併置型。対象校は早稲田、明治、法政、中央、日本、同志社、専修、立命館、関西、拓殖、日本医科の一一校。第三類型は単一課程型。対象校は龍谷、大谷、立正、駒澤、大正、國學院、高野山、東洋、上智、東京慈恵会医科、東京農業の一一校。

(32) 以上は機関側の視点に立った教育に関する先行研究であるが、他方で学生側の視点に立った先行研究も存在する。これについては各機関の沿革史等に当時の学生の言説が散見されるが、総体的にまとめたものに伊藤（一九九九、一四一―一六四頁）がある。伊藤は大正時代末から昭和初年にかけての学校騒動の類型、要因、影響等をまとめており、その中で「教育やその環境にかかわる不満も騒動の主要な発端となった」とし、「教授陣、カリキュラム、教育方法、施設設備（教室、食堂、寄宿舎等）の不満、さらには卒業資格問題、実態に反した誇大宣伝への不満などといった事柄が騒動を引き起こした」としている（伊藤、一九九九、一四六頁）。

(33) 科学史による研究のうち一例を挙げれば、廣重の一連の研究（二〇〇二、二〇〇三）や、理化学研究所や日本学術振興会の創設に尽力し、近代日本の学術振興に大きな貢献を為した櫻井錠二の生涯を科学史の観点から考察した山中（二〇一二）などがある。

(34)　講座制については、前出の寺﨑（二〇〇〇）、羽田（一九八三）、工藤（二〇〇七）等がある。

(35)　慶應では、明治三〇年代初頭に学内において三田理財協会、三田経済学研究会、三田法学会、三田文学会等を設立して学術研究活動を開始した。これらの組織は三田法学会を除いて、すぐに活動を停止したが、一九〇三（明治三六）年から再び活動を開始し、『三田学術雑誌』を発刊した（慶應義塾、一九六〇、六二〇-六二四頁）。こうした機関内での学術研究活動は、多くの私立高等教育機関で、大学令による昇格前から実施されていたようである。

(36)　このように明治後期から大正期における私立高等教育機関の機能的側面の中心は、教育機能であった。これより本書では、研究機能については直接の考察対象から外した。

(37)　慶應義塾福澤研究センター『近代日本研究』では、「慶應義塾における知的伝統」として、慶應大学部各科主任教員の教育者および研究者としての足跡を考察している。一例をあげれば、板倉卓造については（内山、一九九二、大森、一九九一）が、神戸寅次郎については（内池、一九九一）が、田中一貞については（川合、一九九〇）が、田中萃一郎については（佐藤、一九九〇）が、堀江帰一については（玉置、一九九〇）が、林毅陸については（小野、一九九〇）がある。また早稲田大学関係者についても、早稲田大学大学史資料センター（二〇〇二）編集により、総長職にあった高田早苗に関する研究がある。

(38)　他に給与ではないが、一例として一九世紀から二〇世紀初頭の北米でみられた大学教員の年金制度に関しては、Nelson K.（一九九七）による研究がある。

(39)　早稲田大学で長らく教授職を務めた坪内逍遙（雄蔵）については小松（一九八二）が、同じく教授職を務めた浮田和民と煙山専太郎については増田（一九八三）が、その年俸額を明らかにしている。とくに小松は授業負担時間も考慮した分析を行って、坪内が相当の処遇を得ていたことを人物史的な観点から考察した。なお中等教育機関の教員給与については、山田（二〇〇二）の研究がある。

(40)　現代の大学教員を対象としたアカデミック・プロフェッション研究では、教員給与の実態調査結果が報告されている。代表的な研究には相原（二〇〇四、二〇〇六）、天野智（二〇〇八、二〇一一）、樋口（二〇一〇）、藤村（二〇〇二）、間渕（二〇〇三）がある。本書は現代を対象としたこれらの研究からも着想及び分析上のヒントを得た。
(41) 先にも言及したが、本書では「教育・教員に関する先行研究」で触れたように、分析期間において研究活動が本格化していなかった実態を考慮し、教育機能に焦点をあて、研究機能を直接の考察対象とはしていない。
(42) 近代日本を対象とした大学史・高等教育史研究において大学職員の歴史的研究はほとんど着手されていない（伊藤二〇〇六）。だが口述記録の他、近年では関連論文が若干数ではあるが発表されており、その研究動向については職員給与を検討する箇所で言及する。
(43) 臨時教育会議諮問第三号「大学教育及専門教育ニ関スル件」の答申には、「一、大学ハ綜合制ヲ原則トスルモ単科制トナスヲ得シムルコト」とある（文部省編、一九七九、一〇八頁）。
(44) 「慶應義塾学事及会計報告」は一九一二（明治四五）年度からの名称であり、それ以前は「慶應義塾学事報告」と「慶應義塾収支勘定決算報告」の形式で学事報告と決算報告が区分されていた。だが本書では「慶應義塾学事及会計報告」で記述を統一する。
(45) 史料名称は年度によって異なる。正式名称は巻末の史料・参考文献の「史料一覧」を参照のこと。
(46) 高等教育（史）研究における「比較」の重要性については、馬越（一九九三）、小川（二〇〇六）、山内・南部（二〇一三）らを参照。比較事例分析の手法を採用した大学史・高等教育史研究の一例として、鳥居（二〇〇八）は占領期の東京商科大学と東京工業大学とを事例に、機関レベルの組織運営改革の構想と実践の実態を明らかにした。
(47) 歴史学研究における比較史の方法と視角については福井（二〇〇六、一一七–一二七頁）を参照した。なお福井のいう比較方法は、マルク・ブロックの『比較史の方法』にしたがったものであり、同書において、ブロックは比較史の定義を「一定の類似性が存在すると思われる二つあるいはそれ以上の現象を選び出し、選び出された現象それぞれの発展の道筋をあとづけ、それらの間の類似点と相違点とを確定し、そして可能なかぎり類似および相違の生じた理由を説明すること」としている。
(48) 本書で採用した数量的分析は、著者本人が作成したデータベースに基本的な会計知識を用いて、記述統計的な分析を行うものである。したがって推測統計による分析を行うものではないことを予め断っておく。

第一章　早稲田・慶應の発展過程

序章で指摘したように明治後期から大正期は、専門学校令や大学令に代表される高等教育法制により、我が国の高等教育システムが整備された期間であった。この間、各高等教育機関は進学需要を吸収して規模を拡大するとともに、高等教育機関としての水準を満たすべく教育機能の充実に努めていた。本書が対象とする早慶両校は、その最たる私立高等教育機関であった。そこで本章では次章以降の分析に先立ち、分析期間における早慶両校の機関レベルでの発展過程を把握する(1)。詳細には両校の沿革史や当時の広報誌等の史料を用いながら、学部学科構成や学生数、経営と教学に関する管理運営組織の発展過程について考察する。以下、本章の構成である。第一節では、早慶両校の学部学科構成の変遷と学生数の推移を、大学部を中心に検討する。それにより、ともに大学部設置当初から複数学部を有し、自然科学系学部をも設置して「総合大学」を目指して規模を拡大させた点は共通したものの、その拡大は質的に異なっていた点を明らかにする。そのうえで第二節では、両校の経営を支えた管理運営組織の構造と機能の変遷について考察する。管理運営組織は経営部門と教学部門とに大別できる。考察の対象となる組織は、前者は慶應では理事会や評議員会、早稲田では維持員会や評議員会が該当し、後者はともに教授会が相当する。機関別に各組織の構造と機能とを整理した上で、教員人事の側面から両組織の関係性についても考察を行う。最後に機

第三節では、これらの発展過程からみえた両校の経営行動の差異を言及し、次章の課題を示す。

1　学科構成の変遷と学生数の推移

(1) 学科構成の変遷

本節では早慶両校の学科構成の変遷を確認するが、慶應では幼稚舎や普通部、早稲田では専門部や高等師範部、工手学校など、大学部の他に初中等教育や職業教育を行う部門及び附属学校を有していた。とくに早稲田では学科構成が頻繁に変更され、その改編はやや複雑であった。機関全体の経営という点では、これら大学部以外の部門及び附属学校についても、考慮することが求められる。ゆえに本節では、大学部の学科構成の変遷を中心に考察しつつも、大学部以外のそれについても必要な範囲で言及することとする。以下では表1-1を参考に、次にあげる三つの時点、大学部の設置時点、専門学校令施行一年後の一九〇四（明治三七）年時点[2]、大学令によって私立大学へと昇格した一九二〇（大正九）年時点での学科構成を確認する。

①大学部の設置

先行して大学部を設置したのは、慶應であった。慶應では一八八九（明治二二）年一〇月一〇日開催第一期第一回評議員会において、大学部の新設が協議された。「評議員会記録」（以下、「記録」）によれば、後に塾長を歴任した鎌田栄吉[3]や教頭を務めた門野幾之進[4]らを中心に、大学課程編成委員が組織されている[5]。福澤諭吉、小幡篤次郎、小泉信吉らの連名によって大学資金募集「慶應義塾資本金募集」が実施されたことで、一八九〇（明治二三）年に文学科、理財科、法律科の三科で構成される大学部（三年制）の設置が実現した。だが開設当初は入学（許可）者数

表1－1　早慶両校の学科課程の変遷

慶應	早稲田
大学部設置　1890（明治23）年	大学部設置　1902（明治35）年
【大学部】　文学科、法律科、理財科	【研究科】
	【大学部】　政治経済学科、法学科、文学科
【普通部】　正科（予科、本科）、別科	【高等予科】　第一、第二、第三、第四
【幼稚舎】	【専門部】　政治経済科、法律科、行政科、国語漢文科、歴史地理科、法制経済及英語科（法制経済専修科）
1898（明治31）年 大学部—普通部—幼稚舎の一貫教育制度の整備	【政学部】　英語政治科
	【文学部】　国語漢文及英文学科、史学及英文学科
専門学校令による「大学」認可　1904（明治37）年	
【大学部】　本科（3年）文学科、理財科、法律科、政治科 予科（2年）	【研究科】
	【大学部】　政治経済学科、法学科、文学科、商科
【普通部】	【高等予科】　第一、第二、第三、第四
【幼稚舎】	【専門部】政治経済科、法律科
【商業学校】	【高等師範部】国語漢文科、歴史地理科、法制経済科、英語科
【商工学校】　※注1	【文学部】　国語漢文及英文学科、史学及英文学科
大学令による大学昇格　1920（大正9）年	
【大学】　大学院	【大学】　大学院
文学部（文学科、哲学科、史学科）、経済学部、法学部（法律学科、政治学科）、医学部	政治経済学部（政治学科、経済学科）、法学部、文学部（哲学科、文学科、史学科）、商学部、理工学部（機械工学科、電気工学科、採鉱冶金学科、建築学科、応用化学科）、別格※注2
予科（第一班：文学部、経済学部、法学部） 予科（第二班：医学部）	
【普通部】	【早稲田高等学院】文科、理科
【幼稚舎】	【専門部】　政治経済科、法律科、商科、高等師範科（国語漢文科、英語科）
【商業学校】	
【商工学校】	【高等師範部】　国語漢文科、英語科
【医学科附属看護婦養成所】	【早稲田工手学校】　機械科、電工化、採鉱冶金科、建築科、土木科
※略　旧課程（大学部）	※略　旧課程（研究科、大学部、高等予科）

注1：商工学校は1904年に認可を得たものの、日露戦争勃発により開校を翌年へ延期した。

注2：別格制度は大学令による学制変更に伴い取られた措置であり、1920年時点で旧課程大学部の一学年修了者が、新制学部卒業者と同等の資格を得るとしたこと。

出典：慶應義塾については『慶應義塾百年史』（中巻：前）107頁、『慶應義塾総覧』（『慶應義塾学報』臨時増刊第79号）、『慶應義塾百年史』（中巻：後）17-38頁、『慶應義塾史事典』842-844頁を参照。また早稲田については松本（1985、1990）を参考に著者作成。なお早稲田では大学部、予科、専門部を除く課程で、学科編成の改編が頻繁に行われていたが、その改編の詳細については割愛した。

が少なく、支出超過の経営状態が続き[6]、評議員会では大学部の存廃をめぐる議論が行われた。しかし福澤が大学部の維持・拡張を主張したため、評議員会は教育体制の中心を従来の普通部中心から大学部卒業を目的とした体制に移すことを決定した[7]。この一連の経過は、「大学部存廃論」（慶応義塾史事典編集委員会、二〇〇八、五五―五六頁）といわれ、これを契機に慶應内の各学校段階の接続も整備され、幼稚舎（小学課程六年）、普通学科（中学課程五年）、大学科（大学課程は五年で、うち前期が共通課程二年、後期が専門課程三年。前期二年の共通課程は後の予科に相当）の一貫教育制度が確立した[8]。後期三年の専門課程には一八九八（明治三一）年に政治科が新設され、大学部の整備は着実に進められた。また従前と異なり大学科卒業をもって「慶應義塾卒業」としたことで大学部学生数は増加し、一九〇二（明治三五）年度以降は余剰金が生じて、大学部の黒字経営が実現した（収支については第二章参照）。

他方の早稲田では、一九〇〇（明治三三）年二月七日の評議員会で大学部設置が可決された。そして東京専門学校を大学部と専門部との二部門（ともに三年制）に分け、さらには大学部の予備門として高等予科（一年半）を新設して、一九〇二（明治三五）年九月には校名を早稲田大学と改称した（早稲田大学大学史編集所、一九七八、九七二―九七五頁）。早稲田と慶應とで異なる点は、慶應が一貫教育制度という特徴を有していたのに対し、早稲田は大学部の他に高度な専門教育を広く多くの学生に提供する専門部を設置したことである。大学部が「深ク学理ノ研究ヲ為サシムルト同時ニ二種以上ノ外国語ニヨリ参考書ヲ解読スルノ力ヲ養ハシム」としていたのに対し、専門部は「専門学ヲ修メントスル者ノ為メニ設ケ、専ラ邦語ヲ以テ教授ス」（傍点は筆者）とされた。専門部でも外国語教育が行われており、英語や支那《ママ》語は必修科目であったが、仏語や独語を履修した大学部とは求められる外国語能力（水準）が異なっていたようである。こうして早稲田では、大学部が政治経済学科、法学科、文学科の三科、専門部が政治経済科[9]、法律科[10]、行政科、国語漢文科、歴史地理科、法制経済及英語科（法制経済専修科）の六科の体制となり、他に研究科、高等予科、旧課程の政学部、文学部とを併設して、「大学」としてのあゆみをはじめたのである[11]。

②専門学校令の施行後——一九〇四年時点

両校の大学部は、一九〇三（明治三六）年施行の専門学校令を受けて規則及び学則を変更し、「高等ノ学術技芸ヲ教授スル」専門学校、すなわち私立高等教育機関として国家の公的な教育体系に位置づけられた。また予科を設置することで「大学」名称の利用が認められ、両校は教育課程や施設設備の質的充実を図り、「実質的な大学」を志向した。慶應の大学部では修業年限五年のうち、前期二年は予科として一般的教育を、残りの三年は文学科、理財科、法律科、政治科に分け、専門教育を実施した。一九一六（大正五）年には本科医学科設立の認可を得て、翌年に医学科予科の授業を、一九一九（大正八）年には同本科の授業を開始した。

一方の早稲田では従来の政治経済学科、法学科、文学科の三学科に加え、一九〇四（明治三七）年に商科を、一九〇九（明治四二）年には理工科を新たに設置した[12]。理工科は機械工学科、電気工学科、採鉱（冶金）学科、建築学科、応用科学科（一九一八年度開設）と多様な学科を編成して、多くの学生を収容した。専門部は学生数の多い政治経済科と、法律科を除いた学科で改廃が行われ、高等師範部へ編入された。なお慶應では一九〇七（明治四〇）年、早稲田では一九〇八（明治四一）年に財団法人の登記を行った。

③大学令による私立大学昇格——一九二〇年時点

最後に一九二〇（大正九）年時点の学部学科構成を確認する。一九二〇（大正九）年二月、両校は大学令のもとで、私立大学としての公的認可を受けた。周知の通り、同令による私立大学への昇格には厳しい設置認可要件が課されていた。具体的には「一学部五〇万円、一学部増すごとに一〇万円の追加を求めた基本財産の供託」、「高等学校と同水準の大学予科の設置」、「施設設備の整備」、「一定数の専任教員の確保」といった複数の設置認可要件をクリアする必要があった[13]。両校では後述する寄附募集事業や、それまでの専任教員養成、予科設置の実績によってそれらの要件をクリアしたのである。このとき慶應では、文学部（文学科、哲学科、史学科）、経済学部（旧理財科）、法学部（法律学科、政治学科）、医学部の四学部編成とし、予科と大学院も付設した。修業年限は医学部のみ四年で、他は本科・予科ともに三年であった。また従来の普通部、幼稚舎、商業学校、商工学校に加え、医学科附属看護婦養成所も設置された。

他方で早稲田は、政治経済学部（政治学科、経済学科）、法学部、文学部（哲学科、文学科、史学科）、商学部、理工学部（機械工学科、電気工学科、採鉱冶金学科、建築学科、応用化学科）の五学部編成とし、予科課程は従来の高等予科を早稲田高等学院[14]と改称して、大学院も付設した。修業年限は学部三年、高等学院は二年または三年であった。他に専門部は政治経済科、法律科、商科（一九四四年に経営科と名称変更するも、一九四六年に再び商科とする）、高等師範科（国語漢文科、英語科[15]）の四科で編成され、早稲田工手学校は多くの学生を収容した。なお両校ともに大学令施行前の旧課程在籍者が存在しており、該当者が卒業するまで旧課程の大学部は存続した。

以上、三つの時点から両校の大学部学科構成の変遷を確認した。両校は大学部設置当初より複数学部を設置し、専門学校令および大学令と高等教育制度が整備されていく中で、私立高等教育機関としては設置が困難であった自然科学系学部の設置も実現させた。ここに「総合大学」を展望し、拡張を図ったという共通の経営行動が確認できる。だが学部学科構成に注意すれば、その拡張の方向性は大きく異なった。慶應では幼稚舎、普通科、大学部という一貫教育制度（タテ）の確立に尽力したのに対し、早稲田では大学部と専門部、さらには高等師範部など多様な中等後教育課程（ヨコ）の確立に努めていた。経営的視点でみれば、学部学科構成の管理は、学生数の管理と裏表の関係である。学部学科構成の管理は、学生数の推移にどのような影響を及ぼしたのであろうか。学生数の管理は授業料収入に直結するわけで、大学経営における資金調達の観点から注目する必要がある。そこで次項では以上の学科構成の特徴を踏まえ、分析期間における学生数の推移を確認する。

（2）　学生数の推移

学生数の推移は、両校の沿革史でも言及されている。[16] とくに早稲田に関しては、大学令以降を対象とした藤井（一九九〇）の研究もある。本書ではそれらを援用しつつ、大学部の各学科にも注目して学生数の推移を考察する。学生数は、慶應は『慶應義塾学報』・『三田評論』所載の「慶應義塾学事報告」（一九〇七年まで）・「慶應義塾学事及会計報告」（一九〇八年以降）を、早稲田は『早稲田学報』所載の「早稲田大学報告」所載の統計史料を利用した。[17]

以下ではまず課程別に機関全体の学生数の推移を確認し、続いて大学部各学科のそれを考察する。

図1-1と**1-2**は学生数の推移を機関全体の観点から課程別に整理したものである。両校では各課程の呼称が異なるが、比較分析を試みるため、対応する課程を次のように整理し、示すことにする。

- 大学部専門課程→慶應：大学部（本科）、早稲田：大学部
- 大学部予科課程→慶應：大学部（予科）、早稲田：高等予科（学院）
- 上記大学部二課程の合計→慶應：大学部合計、早稲田：大学部＋高等予科（学院）
- それ以外の課程の合計→（両校ともに）その他合計
- 機関全体の学生数→（両校ともに）機関全体（早稲田には専門部も含まれる）

なお早稲田は専門部を有していたが、慶應はこれに相等する課程を有していなかった。そこでこれより以下で示す図中には、早稲田に限っては、別途、専門部のみの情報も加えた。

まず機関全体のトレンドをみると、両校とも大正前半（一九一二～一九一九年）の増加が顕著であり、私立大学に昇格した一九二〇（大正九）年あたりを目処に、増加が鈍化していた点が共通する。機関全体の学生数は慶應が一九〇三（明治三六）年に二三〇五人、一九二六（大正一五）年に一万三六八人と約四・七倍に増え、早稲田では順に三六九九人、一万四二五八人と約三・八倍に増えた。両校の学生数の格差は、一九〇三（明治三六）年で約一・八

倍、一九二六（大正一五）年で約一・四倍であり、規模の格差は縮小しつつも一貫して存在していた。

次にこの機関全体の学生数の格差をもたらした要因を検証するために、課程別に学生数の推移をみていく。まず慶應では本科と予科とを合算した大学部合計の学生数が一九〇三（明治三六）年の六八二人から、一九二六（大正一五）年には五九八五人へと約八・八倍増加した。そして大学部の本科と予科とを区分すると、一九〇三（明治三六）年では慶應の大学部（本科）学生数が二四九人、同（予科）が四三三人であり、一九二六（大正一五）年では順に二八四九人、三一三六人であった。本科で約一一・四倍、予科で約七・二倍も拡張したが、本科と予科との学生数の格差は二三年間で縮小した[18]。この大学部の学生数の増加を、機関全体の学生数との関係で図示したのが**図1-3**である。これによると大学部合計／機関全体の構成比が一九〇三（明治三六）年にわずか三〇・九％であったのが、一九二六（大正一五）年には五七・七％にまで上昇した。それに対してその他合計／機関全体は、一九二〇（大正九）年に最低値となった後上昇するものの、六九・一％から四二・〇％へと下降した。つまり慶應では、分析期間において機関全体の学生数が約四・七倍も増加したわけだが、それは大学部の拡張、とくに本科の拡張が大きな要因であったことが理解できるのである。

他方の早稲田はどうであろうか。図1-2をみると、早稲田では慶應の大学部合計に相等する大学部と高等予科（学院）を合算した学生数は、一九〇三（明治三六）年の二六四四人から、一九二六（大正一五）年には六三六七人へと増加したが、増加率は約二・四倍と慶應ほどではなかった。そして大学部と高等予科（学院）とを区分すると、一九〇三（明治三六）年が大学部三五八人、高等予科二二八六人であり、一九二六（大正一五）年は順に三一七六人、三一九一人であった。大学部で約八・八倍、高等予科で約一・四倍の伸び率であり、同様にして求めた慶應のそれとは、とくに予科部門（高等予科）の伸び率の低さが顕著である。さらに**図1-4**からこれも同様に機関全体の学生数との関係を確認しておくと、慶應と異なり大学部＋高等予科（学院）／機関全体の構成比は、一九〇三（明

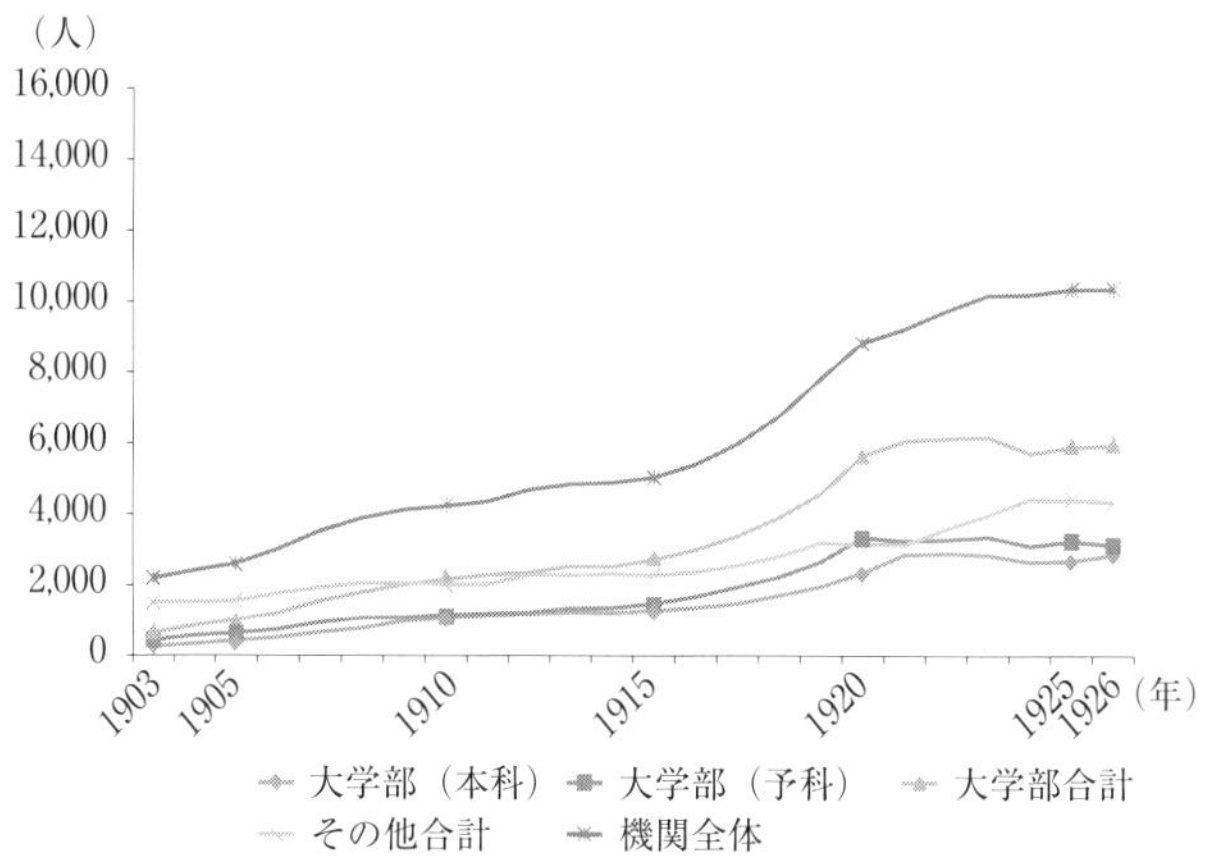

図１－１　慶應の学生数の推移

出典：『慶應義塾学報』『三田評論』各年度所載「慶應義塾学事報告」「慶應義塾学事及会計報告」より著者作成。

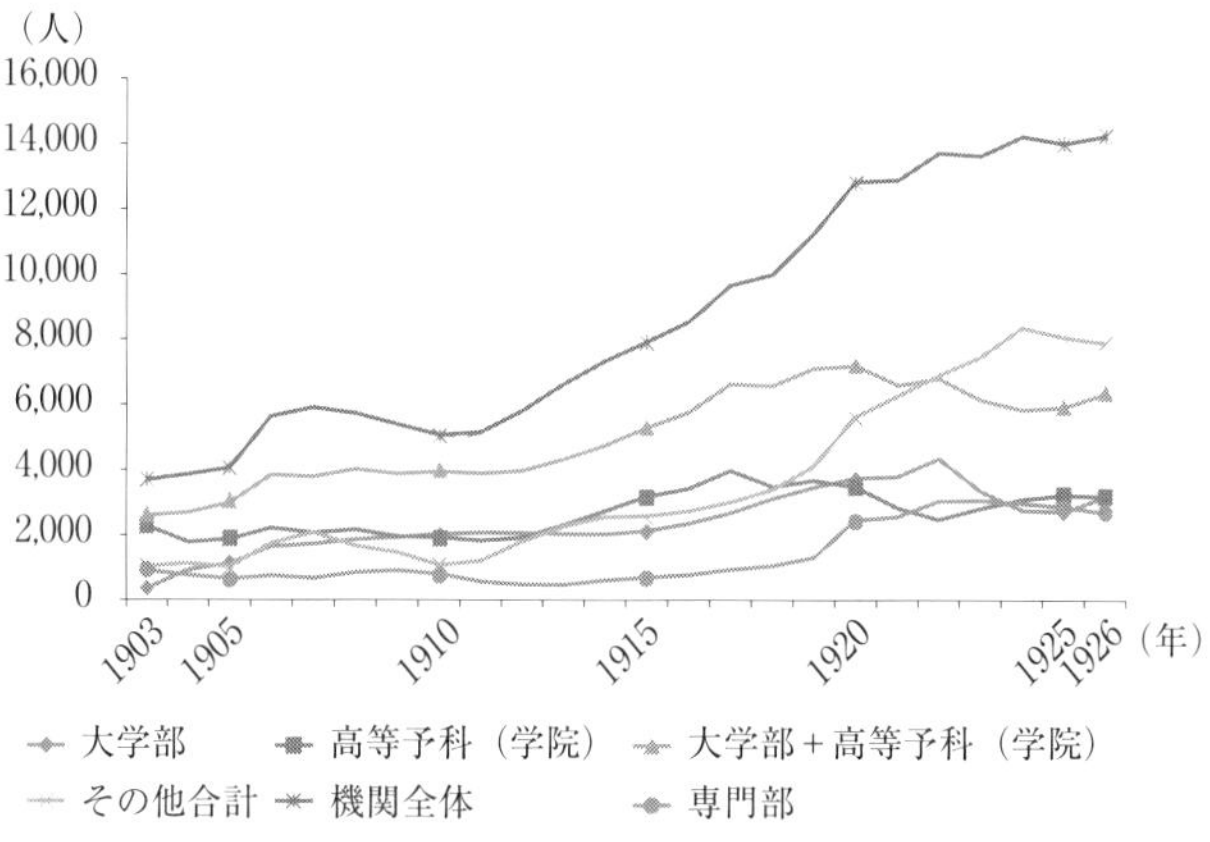

図１－２　早稲田の学生数の推移

出典：『早稲田学報』各年度所載「本大学創立以来学生表」より著者作成。

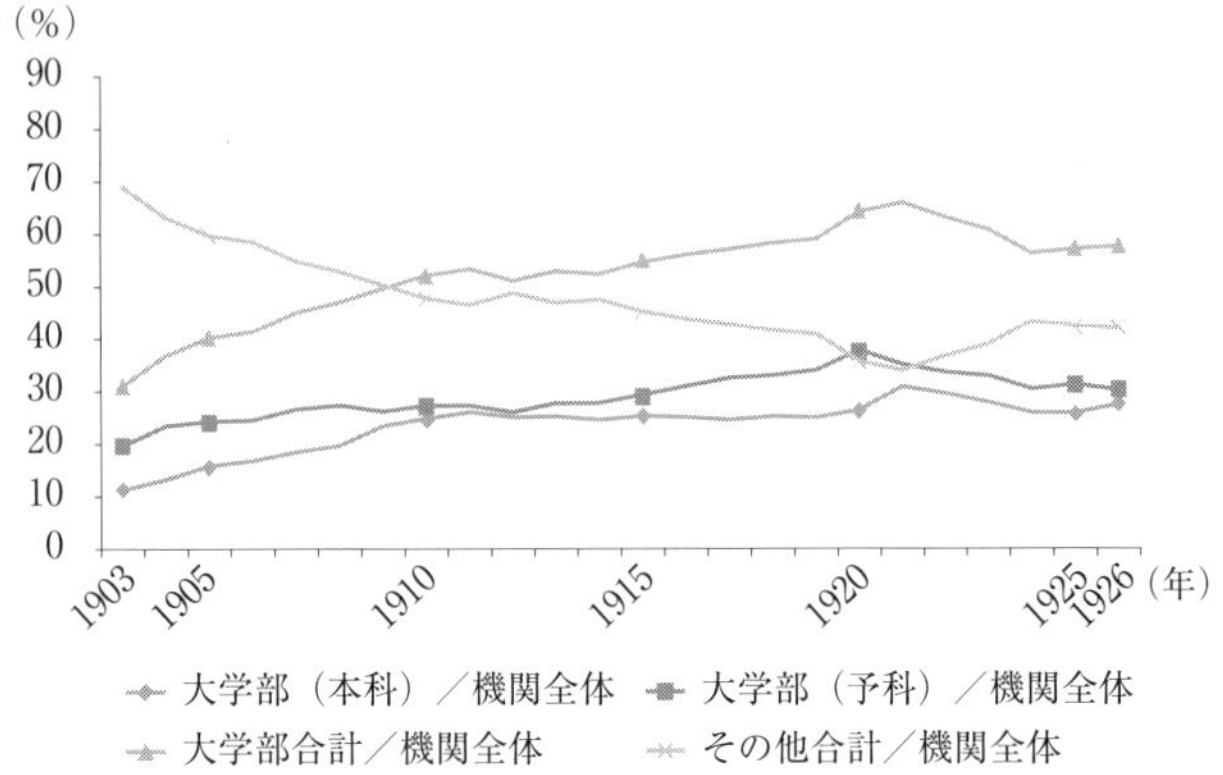

図1－3　慶應の機関全体に占める課程別学生数の構成比の推移

出典：『慶應義塾学報』『三田評論』各年度所載「慶應義塾学事報告」「慶應義塾学事及会計報告」より著者作成。

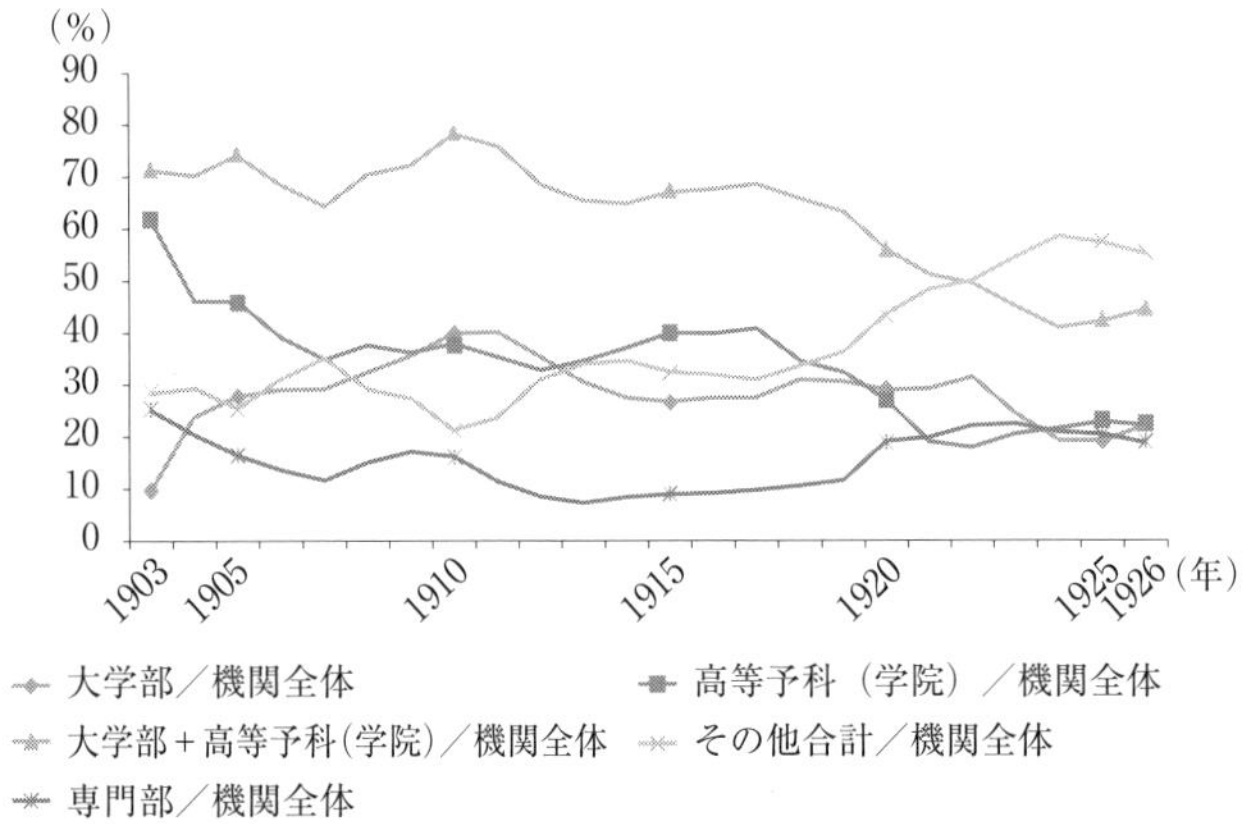

図1－4　早稲田の機関全体に占める課程別学生数の構成比の推移

出典：『早稲田学報』各年度所載「本大学創立以来学生表」より著者作成。

治三六）年に七一・五％であったが、大正期に入って下降し、一九二六（大正一五）年には四四・七％となっている。逆にその他合計／機関全体は、一九〇三（明治三六）年の二八・五％から上昇して、一九二六（大正一五）年には五五・三％となった。つまり早稲田では、分析期間において機関全体の学生数が約三・八倍増加しているが、慶應と同様に大学部、とくに予科課程よりも専門課程の増加が確認できた。しかし機関全体としては、専門部やその他の付属学校の学生数の伸びが、規模拡張の大きな要因であったことが理解できるのである。

最後に大学部の学科ごとに学生数の推移を確認しておく（図1-5と1-6）。図1-5によれば、慶應では分析期間を通じて、理財科（経済学部）にほとんどの学生が集中していた。一九二〇（大正九）年に新設された医学部は年々学生数を増やし、法学部、文学部を超えて慶應大学部内で二番目の学生数を収容するまでに拡張した。他方、早稲田では大学部開設当初から存在した政治経済学科（学部）、法学科（学部）、文学科（学部）よりも、一九〇四（明治三七）年に設置された商科（商学部）、さらには一九〇九（明治四二）年に新設された理工科の学生数が多いのが特徴であった。図1-6で確認できる商科（商学部）及び理工科の設置後数年の急増は、新設後、三学年がそろったことに起因すると考えられる。また一九二〇（大正九）年から一九二五（大正一四）年度にかけての急増・急減は、大学令に伴う学部の発足当初における過渡的事情が反映していたとされる[19]。しかしこうした変動を通じて大正末期には各学部の学生数のバラつきが小さくなった。これについて『早稲田大学百年史』（第四巻）には、「学生分布を商・理工突出型から各学部均等型へ移行させる狙いが学苑当局にあったものと推定して誤りない」としている（早稲田大学大学史編集所、一九九二、八〇四頁）。

以上、本節では学科構成と学生数の推移を、とくに大学部に重点をおいて確認した。両校は自然科学系学部を含めた複数学部を設置し、多くの学生を収容した。だが大学部を中心に学科構成の変遷を整理したところ、機関レベルでの学生数管理には明らかな違いが確認できた。慶應では時間が経過するにつれ、一貫教育体制、とくに大学部

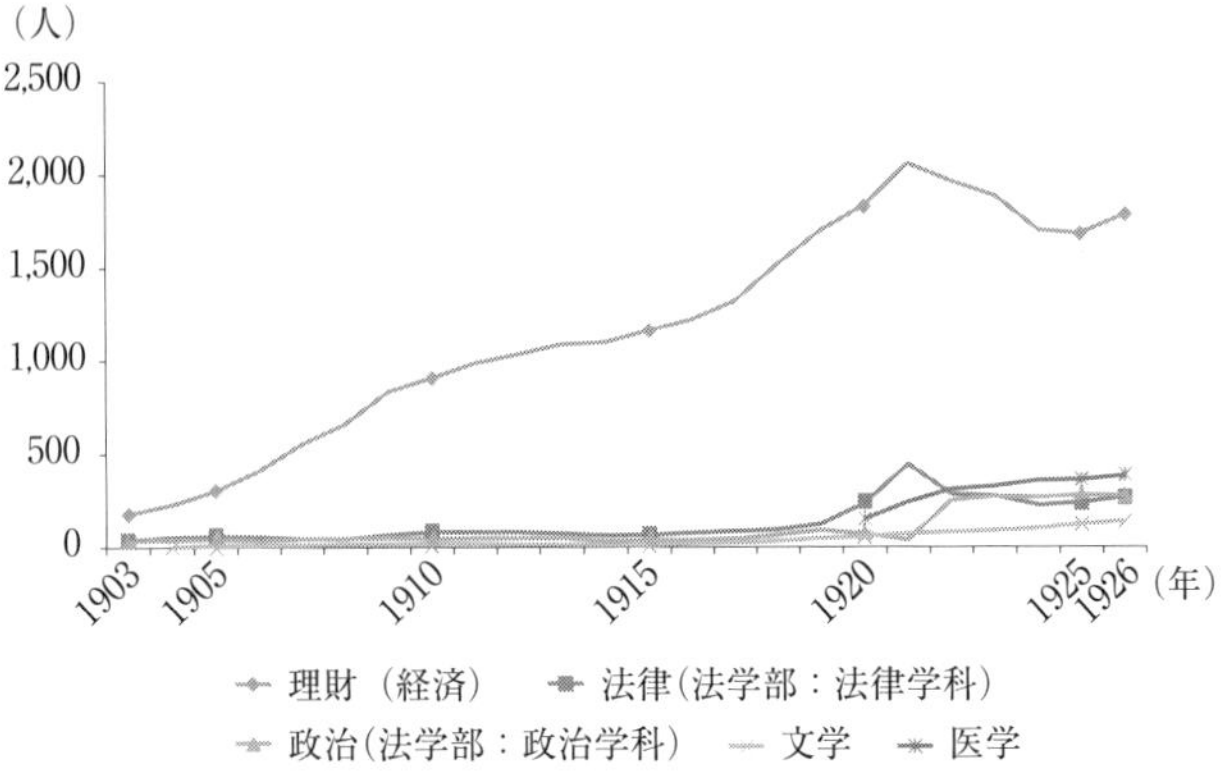

図1－5　慶應大学部（本科）の学科別学生数の推移

出典：『慶應義塾学報』『三田評論』各年度所載「慶應義塾学事報告」「慶應義塾学事及会計報告」より著者作成。

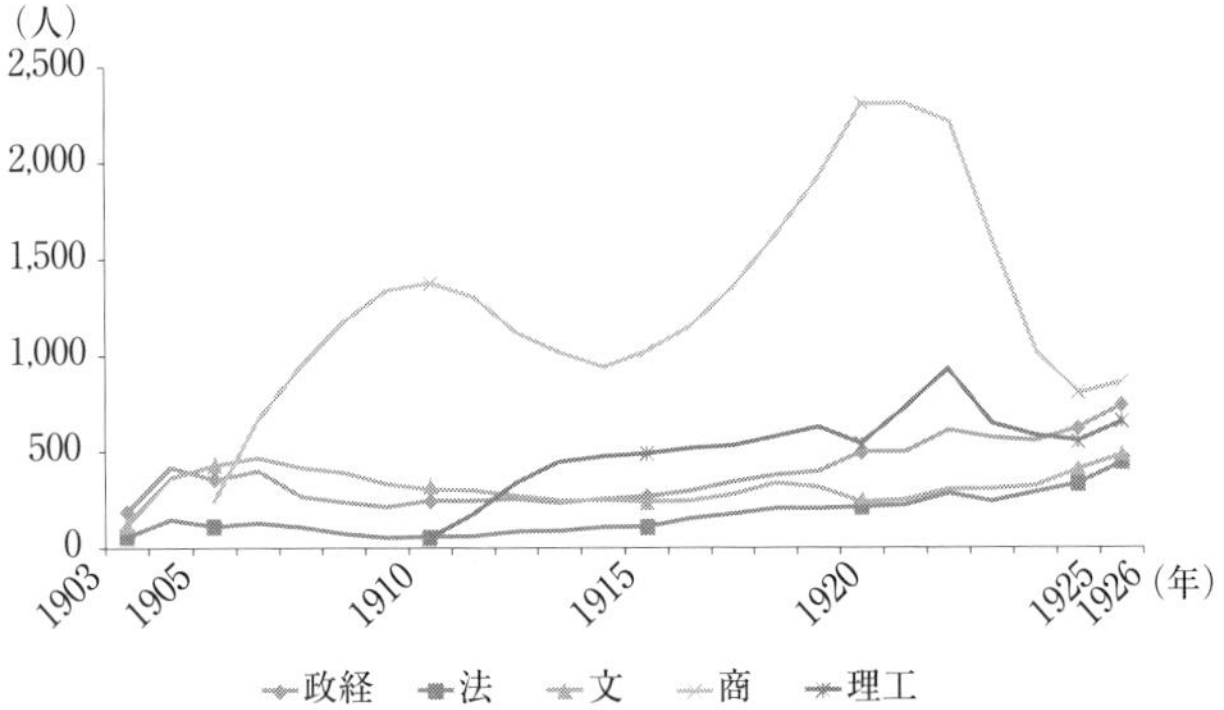

図1－6　早稲田大学部の学科別学生数の推移

出典：『早稲田学報』各年度所載「本大学創立以来学生表」より著者作成。

を中心とした「タテ」の一貫教育体制の確立に努め、中でも理財科に特化して学生確保に尽力していた。一方の早稲田では、大学部とは「ヨコ」の関係にあって並列された専門部やその他の附属機関、具体的には高等師範部や工手学校などといった、非大学部門である中等後教育で多くの学生を確保していた。そして大学部の学科間でみられた学生数の格差も是正される方向にあった。経営上、学生の確保は、進学需要を吸収し授業料収入を確保することであった。これに対して早慶両校が取った経営行動は、総体的には規模拡張という同じ経営行動にみえたものの、局所的には本節でみたような異なる経営行動を展開していたという歴史的事実が確認できるのである。

2　早慶両校の管理運営組織の構造と機能

前節では学科構成の変遷と規模の拡張を確認した。ではそれらの発展を先導し、両校の経営と教学を支えた管理運営組織は、どのような体制であったのか。本節では、分析期間における早慶両校の管理運営組織の構造と機能について、経営および教学部門の実態を明らかにする。さらに教員人事の観点から両部門の関係性も考察する。

前節で指摘したが、これまでの大学史・高等教育史研究において私立高等教育機関の管理運営組織の考察は、十分な検討がなされてこなかった。これは（寺﨑、二〇〇〇）が、明治期東京大学および帝国大学の学内管理運営組織の構造と機能を、法制・政策・慣行・社会背景との関連の中で、役職者の人事権を含む職務権限の変遷まで明らかにした状況と大きく異なる。近年、私立大学の管理運営問題は、関心の高いテーマである。だが歴史的過程を詳細に考察した研究は、ほぼ皆無といえる(20)。研究蓄積に欠ける要因は複数推察されるが、その一つに帝国大学が帝国大学令という単行勅令の下に設置され、同令が役職者の職務権限や管理運営組織の運営細則までも規定していたのに対し、私立高等教育機関の制度的位置付けを明確にした専門学校令や大学令は包括的なものであり、細則を規定していなかったことが挙げられよう。もちろん帝国大学令も、後年、帝国大学官制により職制事項は別個の勅令へ分離された（寺崎、二〇〇〇、一二五頁）。だが専門学校令と同年に公布された公立私立専門学校規定（省令）や、大学令の翌年に公布された大学規定（省令）、または大学設立認可内規（秘）は、入学者や（専任）教員の資格、予科設置、施設設備、基本財産の供託金など人的、物的、財的条件を規定したにとどまり、管理運営組織という機関内部の経営条件については規定していなかった。法令ではわずかに設置形態上の条件として、一九一一（明治四四）年の私立学校令中改正の第二条二や、大学令の第六条が財団法人化を条件としていたにすぎない[21]。したがって当時の私立高等教育機関の管理運営組織の実態を検討するには、個別機関の規約、定款、寄附行為等を蒐集して検討する他に手段はなく、史料的制約が伴う。こうした実態が、研究蓄積の停滞という状況を生み出したと考えられる。

ただし前章で挙げたように、大迫（二〇〇九）や天野（二〇一三b、七七-九三頁）など、いくつかの先行研究は存在する。とくに天野は沿革史の記述から、機関別に法人化の制定過程や管理運営組織の実態を考察し[22]、経営と教学の関係性と、制約された教授会自治について試論的考察を行った。本節は管理運営組織の構造と機能の分析に主眼を置くことから、天野の研究と同様の関心にある。だが天野は管理運営組織の在り方を規定した各機関の規約定款等を直接分析しておらず、その変容過程や各役職の職務権限を十分に分析するまでには至っていない。したがって教授会をはじめとする教学部門と経営部門との関係性については、教員人事の側面など分析可能な余地を多く残している。そこで以下では、早慶両校の規約、定款、寄附行為、教授会規約等を史料に、明治期から大正期の学内管理運営組織の構造と機能の実態を考察する。

（1）慶應の管理運営組織の構造と機能——経営部門

慶應では一八八一（明治一四）年に慶應義塾仮憲法が制定された。これは慶應の運営方式の基本を成文化して運営の主体と責任を表した規則である（慶応義塾史事典編集委員会、二〇〇八、三九頁）。だが一八九〇（明治二三）年に大学部が創設されたことで、管理運営組織の体制を整備し、各役職者の職務権限についても明確にする必要が生じた。そのため慶應義塾仮憲法は、一八八九（明治二二）年に慶應義塾規約に取って代わられた。以後、慶應義塾規約は改正を重ねて現行に至る。

慶應義塾仮憲法や慶應義塾規約には、慶應の経営を担う管理運営組織の構造と機能が明記されていた。これらは複数回改正されたが、**表1-2**は明治後期から大正期にかけて節目となった改正を取り上げ、管理運営組織の変遷をまとめたものである。以下、これを参照しながら構造と機能の特徴を四点列記する。

第一点として、慶應の経営を担う管理運営組織は、まず理事委員会から評議員会へ、次に評議員会から理事会・評議員会へと改編された[23]。慶應義塾仮憲法では家塾的な管理形態を脱して、二一名の理事委員による組織化が進められた。続く慶應義塾規約では、大学部創設に伴い評議員会を設置し、今日まで続く組織とその運営方法の原型が誕生したのであった。そして一九〇七（明治四〇）年には民法三七条及び同三九条の下で評議員会のほか、財団法人の認可を得て理事を置き、塾長を含めた理事で構成される理事会が設置された。これ以降、執行機関としての理事会、議決機関および監督機関としての評議員会という体制で、慶應の経営が実施されたのであった。

第二点は、上記組織の構成員ならびにその選出方法の改編である。理事委員および評議員の選出は、まず一部醵金者から卒業生全員へ、次に卒業生全員から「大学部」卒業生を選挙人とする方法へと改正された。またその過程では、教職員が評議員となる資格（被選資格）を喪失した[24]。順にみていけば、理事委員会を構成する理事委員は、慶應義塾維持法案において醵金した人物から構成される慶應義塾維持社中（以下、維持社中）とよばれた者たちの選挙で選出された。理事委員二一名中には、社頭（福澤諭吉）と塾長（浜野定四郎）も含まれた。この理事委員は一八八九（明治二二）年に設置された評議員の前身であるが、評議員会を構成する評議員は、先の維持社中ではなく、

表1－2　慶應の経営部門に関する管理運営組織の構造と機能

日付	1881（明治14）年 1月23日	1889（明治22）年8月	1902（明治35）年 11月21日	1907（明治40）年 5月21日	1922（大正11）年 10月26日
規定	「慶應義塾仮憲法」制定	「慶應義塾規約」制定	「慶應義塾規約」改正		
組織	理事委員会	評議員会	評議員会	理事会・評議員会	理事会・評議員会
背景	「慶應義塾維持法案」に伴い、義塾の組織と運営方法を整備	大学部創設に伴い、「慶應義塾仮憲法」に代わり義塾の組織と運営方法を明確に規定	福澤諭吉死去、少壮塾員の義塾経営参加等、転換期としての規約改正	創立50周年を機会に既定方針である財団法人化。それに伴い大幅改正	塾長鎌田の辞任、義塾発展に伴い生じた管理上の不便を是正するため大幅改正
構成員	【理事委員会】 社頭（1名） 理事委員（21名）※社頭含	【評議員会】 塾長（1名） （評議員会会長を兼任） 評議員（20名）	【評議員会】 評議員会会長（1名） 評議員（30名）	【理事（会）】 理事（5名以内）※塾長含 【評議員会】 評議員会議長（1名） 評議員（30名）	【理事（会）】 理事（3名）※塾長含 【評議員会】 評議員会議長（1名） 評議員（40名）
選出方法	【理事委員】 慶應義塾維持社中（醵金者）による選挙で選出 【社頭（＝理事委員長）】 理事委員中より互選 【塾長】 理事委員の協議を経て、現任教員中より選出	【評議員】 慶應義塾塾員（卒業生と社頭が特選する人物）中より塾員が選挙で選出 【塾長】 評議員の投票記名により選出	【評議員】 慶應義塾塾員（大学部卒業生と社頭が特選する人物）中より塾員が選挙で選出※社頭、副社頭、塾長、教員、職員の評議員就任が不可 【評議員会長】 評議員中より互選 【塾長】 評議員の記名投票	【評議員】 慶應義塾塾員（大学部卒業生と社頭が特選する人物）中より塾員が選挙で選出※塾長及教職員は不可 【評議員会議長】 評議員中より互選 【理事（塾長を除く）】 評議員中より互選 【塾長】 評議員による選挙	【評議員】 30名は慶應義塾塾員（大学部卒業生と社頭が特選する人物）中より塾員が選挙で選出。 残り10名は評議員が塾員より選挙で選出（複線方式の採用）※理事、職員及教員は不可 【評議員会議長】 評議員中より互選 【理事（塾長を含む）】 評議員会で塾員から選挙
機能	【理事委員会】 本塾の学事会計一切の事務処弁を嘱託 現任教員から塾長を選出	【評議員会】 塾中学事会計及庶務の重要事件の議決	【評議員会】 塾務の議決	【理事会】 塾長は教員職員を統率し評議員会の決議により之を進退 理事は評議員会の決議に基き一切の塾務を処理 評議員会より会計予算と決算の協賛と承諾を得る 【評議員会】 塾務及財産に関して議決を為す	【理事会】 塾長は評議員会の決議に基き教職員の進退其の他一切の塾務を処理 他の理事は塾長を補佐し塾務を分担 評議員会より会計予算と決算の協賛と承諾を得る 【評議員会】 塾務及財産に関して議決を為す 主査委員を互選
在職年限	【理事委員】1年（連期重任可）	【評議員】2年（重任可） 【塾長】4年（重任可）	【評議員】4年（重任可）	【評議員】4年（重任可） 【塾長】4年（重任可）	【理事】6年 【評議員】4年
開催頻度	4、7、12月に定期会開催 毎年11月維持社中の総会を実施	毎月一次定期会 塾長の招集で臨時会開催	毎月一次定期会 会長の招集で臨時会開催	評議員会は毎月1回理事が招集し、必要に応じ理事が臨時会を招集	評議員会は毎月1回理事が招集し、必要に応じ理事が臨時会を招集

出典：上の表は、以下の参考文献より著者作成。「慶應義塾仮憲法」：『慶應義塾百年史』（上巻）769-774頁、「慶應義塾規約」制定（1889年）：『慶應義塾百年史』（中巻：前）30-34頁、「同」改正（1902年）：『同』533-537頁、「同」改正（1907年）：『同』549-561頁、「同」改正（1922年）：『慶應義塾百年史』（中巻：後）93-101頁、また全体を通して『慶應義塾百年史』（付録）89-94頁および『塾監局小史』108-115頁も参照した。

卒業生と社頭の特選による人物で構成される「慶應義塾塾員」（以下、塾員）の中から選出された。その後塾員資格は、同じ卒業生の中でも「大学部」卒業生に限定されるが、構成員の選出方法に極めて大きな変更が生じたのは、一九〇二（明治三五）年の規約改正であった。この改正規約第八条には「社頭、副社頭、塾長、教員、職員は総て評議員たらざるものとす」とあり、以後、社頭・副社頭は名誉職となり、塾長や教職員も評議員資格を喪失した。(25)さらに一九〇七（明治四〇）年には、財団法人化に伴って評議員中から互選する形式で理事が選出され、評議員会の他に理事で構成される理事会が設置された。理事の人数は一九二二（大正一一）年の改正で五名以内から三名へと削減され、評議員による互選から、評議員が塾員中より選挙する形式へ改定された。なお同年の改正では、評議員の選出方法にも工夫が施された。塾員による選挙の他に、選出された評議員が塾員から選出する方法が取り入れられたのであった（複線方式の採用）。

第三点は、管理運営組織の機能の変容である。一八八一（明治一四）年に設置された理事委員会は、「本塾の学事会計一切の事務処弁を嘱託」（以下、傍点はすべて筆者）するとされた。続く評議員会も一八八九（明治二二）年の規約では、「塾中学事会計及庶務の重要事件を議決」するとされていて、経営と教学の双方を管轄する旨が規定された議決機関であった。また塾長が構成員であったことから、執行機関としての機能も有していたと推察される（塾長の職務権限は後述）。しかし一九〇二（明治三五）年の改定時には、「塾務を議決するもの」と包括的な表現に改定され、一九〇七（明治四〇）年と一九二二（大正一一）年の規約では「塾務及び財産に関して議決を為す」と、「学事」の文言は追加されずに「財産」の文言のみが追加された。この「塾務」が具体的にどの範囲までを含めたかは明らかではない。だが一方で財団法人化により設置された理事会の機能は、「評議員会の決議に基き一切の塾務を処理す」とされた。そして一九二二（大正一一）年の改正によって塾長兼務理事の権限が、「評議員会の決議に基き教職員の進退其の他一切の塾務を処理す」と規定されていたことを考慮すると、一九〇二（明治三五）年以降、評議員会は執行機関としての機能を縮小させ、とくに財団法人化後は塾長を中心とした理事会に執行機能を移譲して、議決機関としての機能に限定されたとも考えられる。評議員会の目的に「学事」が追加されなかったことは、その証左であるとも、または教学に関しては特に権限が縮小した根拠とも考えられる。第二点で示したが、一九〇二（明治三五）年の改正は教職員が評議員となることを禁じた。これに伴い経営と教学が分離し、評議員会は、議決機関としての機能と、唯一最高の執行機関となった理事会を、卒業生集団によって監視する監督機関としての機能とを有す組織へと変容したと考えられるのである。

第四点は、役職者の職務権限の変容である。まずは社頭である。社頭は福澤諭吉が長らく務め、福澤逝去後は小幡篤次郎、福澤一太郎がその任を務めた。社頭の職分が明文化されたのは、一八八九（明治二二）年の規約制定によってであった。そこでは「社頭は慶応義塾の事を監督し、塾員を特撰し、評議員会の同意を得て塾賓を嘱托するの事に任じ、又評議員会の議決に対し之を再議せしむるを得」と規定されていた。しかしこの規定は、一九〇七（明治四〇）年の財団法人化時に改定され、職分はわずかに「塾員の特撰」のみに限定された。社頭は第二点で示したとおり、一八八九（明治二二）年の規約改定時に評議員会の構成員から除外され、評議員と同様に無給与の名誉職とされた。だが先述したように財団法人化前までは、評議員会の議決に対する再議請求権を有しており、管理運営組織の構成員でなくとも、大きな権限を有していたと考えられる(26)。したがって形式的だけでなく実質的な意味でも名誉職となったのは財団法人化後であり、これ以後、法人経営における社頭の権限は縮小したといえる。

次に塾長であるが、本書の分析期間において最も長く塾長を務めたのは鎌田栄吉であった。その塾長の職分が明文化されたのも社頭と同様に、一八八九（明治二二）年の規約制定によってである。そこでは「塾長は一切の塾務を総理し、評議員会の協議を経て教員役員を進退し、及塾有の財産を監守すべし」と規定された。塾長は財団法人化により民法の規定上、理事を兼務した。だが、評議員会の決議に基づき一切の塾務を総理（処理）したこと、教員職員（役員）の進退に関与したことは、規約改正によっても不変の権限であった。ゆえに塾長は経営と教学の双方に極めて大きな権限を有していたといえる。その塾長が一九〇二（明治三五）年に評議員会の構成員から外れ、理事会を率いることになったことは、評議員会の権限縮小と理事会の権限拡大とに大きく関係していたと想像するに難くない。

（2）慶應の管理運営組織の構造と機能――教学部門

経営部門の管理運営組織が整備される中、慶應では教員を構成員とした教学部門の管理運営組織の整備も進められた。以下、経営部門と同様に、「慶應義塾規約」や教授会規定等の文面から、その構造と機能の特徴を三つに分けて確認する。その上で経営部門と教学部門との関係性を、教員人事の観点から検討する。

第一に教学部門の管理運営組織は、管轄部門ごとに設置されていた（表1-3）。慶應では一八九八（明治三一）年に幼稚舎から大学部に至る一貫教育体制が整備された。沿革史の記述によれば、明治三〇年代には大学科各科に主任が置かれ、教員を構成員とした会議が存在したようである[27]。だが規定から明確な管理運営組織の存在が確認できるのは、一九〇四（明治三七）年の『慶應義塾総覧』所載「総則」第一章の五にある「教員会議」である。この「教員会議」は「本塾各学部に教員会議を設け」と規定され、教員が介して学事を審議する組織であった。そして一九一〇（明治四三）年には評議員会で「主任に関する規定」が議決され、大学部本科各科、同予科、普通部、商工学校、商業（夜）学校、幼稚舎各部を代表する主任一名が塾長によって任免された[28]。この教員会議および主任体制は長く続いたが、慶應の教学に関する管理運営組織の基礎が確立したのは、一九一七（大正六）年の「学長及び主任に関する規定」によってであるといえる。この規定により、大学部予科および附属機関には、従来通り主任が置かれ、教員会議が設置された。一方で大学部本科各科には、主任に代わって学長（旧主任のこと。単なる名称変更と考え

表1-3　慶應の教学部門に関する管理運営組織の変遷

規定等	1904（明治37）年 「総則」第1章の5	1910（明治43）年 「主任に関する規定」	1917（大正6）年 「学長および主任に関する規定」	1920（大正9）年 大学昇格（それぞれの規定）
各科各部	【教員会議】 →	主任設置	→【教授会】 → 大学部本科各科に設置 → 名称を主任から学長へ 【教員会議】 → 予科以下、附属学校に設置 → 名称は主任のまま	→【教授会】 「教授会規定」 →【教員会議】 例「大学予科教員会議規定」
特定部門			【学長会議】（大学部）※予科主任含 → 【主任会議】（大学部以外の附属学校）	1920（大正9）年5月18日 →【大学評議会】 「慶應義塾大学評議会規則」
機関全体	1908（明治41）年1月21日 【学事評議会】 →			1923（大正12）年5月8日 →【慶應義塾協議会】 「慶應義塾協議会規定」

出典：『慶應義塾百年史』（中巻：前）及び（中巻：後）の記述から著者作成。

て支障がないと思われる。一九二〇年からは「部長」と改称。なおこれらはすべて現行の学部長に相当する）が置かれ、教員会議ではなく教授会が設置された。加えて大学部全体の教育課程を審議する学長会議と、大学部予科および各附属機関の主任から構成される主任会議を新設した。なお慶應では、一貫教育体制を敷いていたことから、学事に関して機関全体で統一的に審議する組織が必要であった。それを担ったのが一九〇八（明治四一）年に設置された学事評議会であった。学事評議会は大学昇格に伴い一度は廃止されたが、一九二三（大正一二）年に新たに慶應義塾協議会として新設された。こうして各科各部レベルの教授会と教員会議、それらの責任者によって構成される学長会議と主任会議（後年には大学評議会へ改編）、そして全学の調整を行う学事評議会（後年には慶應義塾協議会へ改編）という管理運営組織の体制が確立したのであった。

第二に構成員だが**表1-4**より特徴的な点を列記すると、①各科各部に配置された教授会のみ塾長が招集者でなく、塾長が構成員から外れていたこと[29]、②教授会の構成員は大学部本科各科の全教員ではなく、学長（部長）の推薦に基き塾長（総長）の命を受けた教員であったこと、③機関全体を対象とした学事評議会並びに慶應義塾協議会でも、大学部本科教員が最も多く構成員に名を連ねていたことが特徴に挙げられる。教授会の設立と同時に大学部予科および附属学校の主任を構成員に設置された教員会議は、前述の「学

表1－4　慶應の教学部門に関する管理運営組織の構造と機能

各科各部を対象とした審議組織		
	教員会議	教授会
年月日	1904年　→［1917年］	1917年→（1920年「教授会規定」）
目的	本塾の各学部［大学部予科及各附属機関］に設置された審議機関	大学部本科各科［大学各学部］に設置された学事に関する審議機関
構成員	議長は塾長。各学部の教員［其部の教員］が参加	議長は学長。学長の推薦に基き塾長が命じた教員で構成 ［議長は部長。部長の推薦に基き総長が命じた教員で構成］
招集者・頻度	毎月1回開催［主任が招集］	学長が招集［部長が招集］
審議事項	①学科課程及授業法に関する件　②学生生徒の管理に関する件　③学生生徒の処罰に関する件 ［①試験に関する件　②学科課程、学生の管理及処罰に関する件　③其他塾長より諮詢の件］	①試験に関する件　②学生の管理及処罰に関する件　③学科課程に関する件　④海外留学生に関する件　⑤教員の任免に関し学長（部長）より諮詢の件　⑥其他塾長より諮詢の件［⑥部長選挙に関する件、⑦大学評議会員互選に関する件、⑧学位請求論文審査に関する件、⑨其他総長より諮詢の件］
備考	「大学予科教員会議」（1920）の規定は教員会議（1917）の規定と同様	―
大学部全体を対象とした審議組織		
	学長会議	大学評議会
年月日	1917年	1920年
目的	予科を含めた大学部全体に関する審議機関	大学(部)全般または各学部間に共通する重要事項に関する審議機関
構成員	大学部本科各科学長と同予科主任	総長（1名）、大学各学部長（4名）、大学予科主任及副主任（2名）、大学各学部教授各2名（計8名）（全15名）
招集者・頻度	塾長が招集	塾長（＝総長）が招集（議長兼務）し、毎学期少なくとも1回開催
審議事項	①各科教授会で審議した学科課程、学生管理及海外留学生に関する件　②各科予科入学に関する件　③本科並に予科の予算に関する件　④其他塾長より諮詢の件	①大学々則に関する件　②各学部教授会に於て審議した海外留学生に関する件　③各学部予科入学に関する件　④学位授与に関する件　⑤其他塾長または総長より諮詢の件　※義塾の学事については、塾長を経て理事会へ建議可
備考	―	1926（大正15）年に図書館監督を構成員に追加
機関全体を対象とした審議組織		
	学事評議会	慶應義塾協議会
年月日	1908年	1923年
目的	慶應義塾全体の学事に関する審議機関	学風の統一を目的に理事の諮詢により各部間に関する事項を審議
構成員	塾長（議長）、主任（大学部予科・普通部・幼稚舎・商工学校・商業学校）、大学部幹事、図書館長、大学部各分科教員各3名以内、大学部予科教員・普通部教員・商工学校教員・幼稚舎教員・商業学校教員各2名、寄宿舎舎監1名 （下線は任期1年）	塾長（議長）、大学各学部長、同教授（各2名）、主任（大学予科・専門部・普通部・幼稚舎・商工学校・商業学校）、大学予科副主任、大学予科及専門部教員（各2名）、普通部・幼稚舎・商工学校及商業学校教員（各1名）、図書館監督、体育会理事、寄宿舎主任舎監（下線は任期2学年）
招集者・頻度	塾長が招集し、隔月1回開催	塾長が招集し、毎学期少なくとも1回開催
審議事項	①義塾の学事に関する件　②理事会より諮詢の件 ※義塾の学事に関する事項に付、意見を理事会に建議することが可能	理事の諮詢により各学部間に関係を有する事項を審議 なお、構成員は諮詢以外の事項について意見を述べ審議することが可能
備考	後に大学部本科各科主任、体育会理事、医学科事務長を構成員に追加 教員、舎監は各部で互選	構成員については名称変更等によりしばしば修正 教員は各部で互選

注1：上図表中の［　］は改正後を意味する。
注2：主任会議については省略した。
出典：『慶應義塾百年史』（中巻：前）及び（中巻：後）より著者作成。

長および主任に関する規定」で「教員会議は其部の教員を以て組織し」とあり、所属する全教員を構成員としていた。[30] だが教授会は、②のとおり全教員の参加を認めず、塾長（総長）から任命を受けた教員によって運営されたのである。この教授会のみにみられた「特異性」については、教員人事をめぐる塾長と教授会との関係性から後で検討する。第三に各組織の機能、すなわち審議事項は、表1-4にあるとおりである。末端の組織である教員会議および教授会ではともに学科課程や教授法、学生生徒の管理・処罰を審議した。だが学生の海外派遣の選定や、学長（部長）の諮詢を受けて行われた教員の任免については、教授会のみ審議が認められていた。学長会議・大学評議会ではそれらの審議内容の調整を行うことを目的とし、学事評議会・慶應義塾協議会では理事会の諮詢に基づき、慶應全体の学事に関する審議を行うことを目的としていた。

以上が教学部門の管理運営組織の構造と機能の特徴であるが、最後に経営と教学の関係性を把握するために、管理運営組織の基礎が確立した一九一七（大正六）年以降の教員人事の在り方について考察する。とくに塾長の職務権限を考慮しつつ、「特異性」がみられた末端の各科各部の管理運営組織である教授会・教員会議に焦点をあてて考察する。まず一切の塾務を総理（処理）し、教職員の進退に関与することが認められていた塾長の職務権限のうち、教授会および教員会議に関係する権限を確認する。塾長は、①大学部本科各科の代表である学長（部長）と、大学部予科および附属機関の代表である主任の任命権、②教授会構成員の任命権、という二つの権限を有していた。一九一九（大正八）年から学長（部長）に限っては各教授会の互選で選出されるよう変更されたが、主任と教授会構成員の任命権は、引き続き塾長が有していた。つまり塾長は、教授会の構成員でなくとも、構成員の人選という権限で審議に間接的に影響を及ぼすことが可能であったのである。この塾長の職務権限を踏まえた上で教員の任免手続きを確認すると、**図1-7**に示したとおり、教授会は教員の任免手続きを審議する権限を有していたが、教員会議は有していなかった。「学長および主任に関する規定」によると、教授会は「教員の任免に関し学長より諮

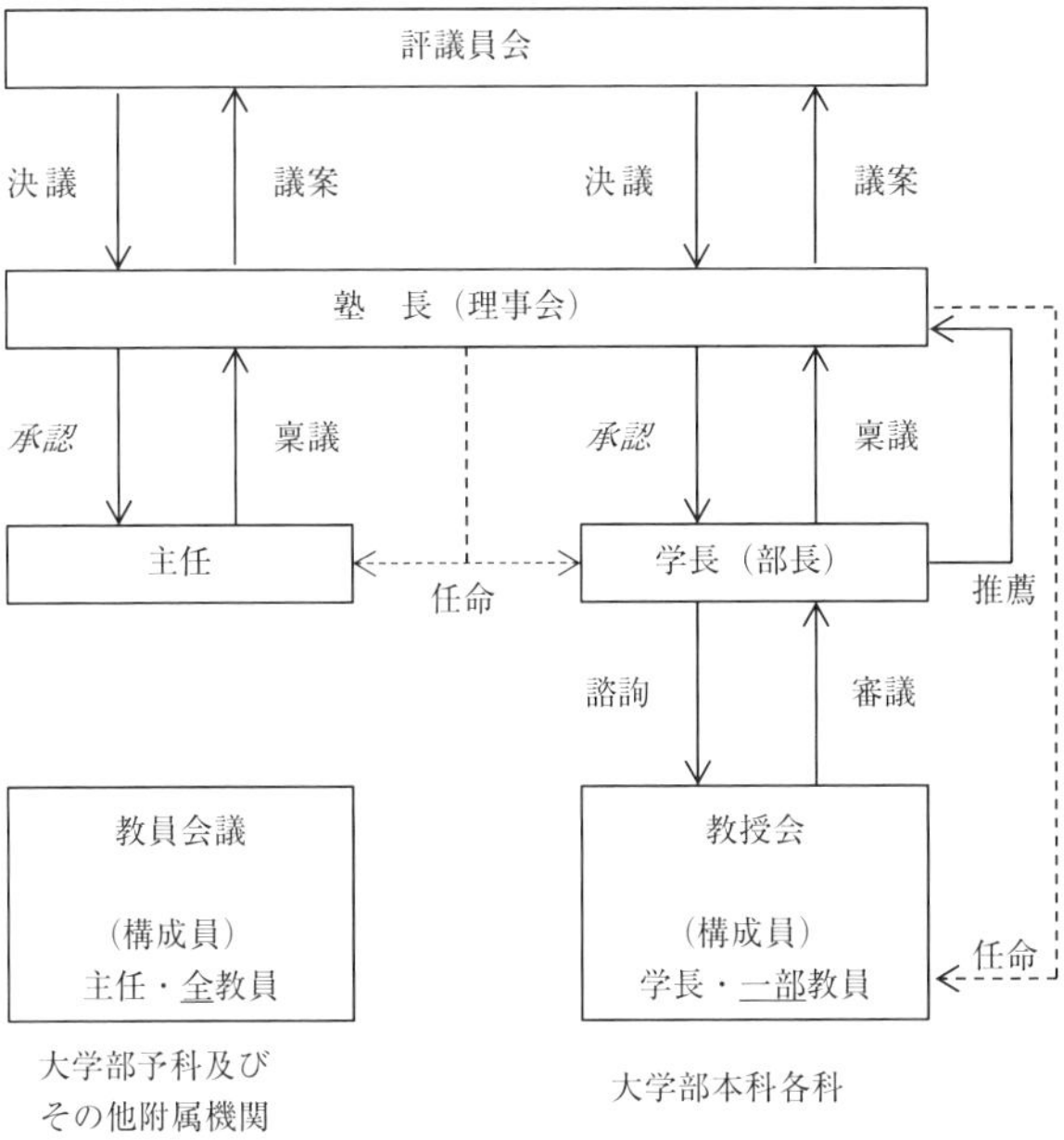

図 1-7　慶應の教員任免手続きと塾長の権限

注 1：点線は塾長の権限を、実線は教員任免手続きを指す。

注 2：1919（大正 8）年より学長は教授会において互選された。

注 3：斜体文字は規定上の条文にはない表現であり著者が挿入した。

出典：「学長及び主任に関する規定」より著者作成。

詢」を受け、それを審議し、学長は「教員の任免に関しては塾長に稟議するものとす」と規定された。そしておそらくは、この稟議事項の最終的な承認を得るべく、塾長は評議員会に人事案件を議案として提示し、承認を得るというプロセスを辿ったと推察する。なお同規定では主任にも「教員の任免に関しては塾長に稟議するものとす」とあったが、教員会議が教員の任免に関して主任より諮詢を受けるとは一切規定されていない。つまり教授会（大学部本科各科）では、教授会構成員である現職教員に教員人事権を認めたが、教員会議（大学部予科及びその他附属機関）では、「慶應義塾規約」で教員の進退に関与するとされた塾長と主任との間で教員の任免手続きが完結したため、構成員である現職教員に対して教員人事権を認めなかったのである。これは明らかに大学部本科にのみ「自治権」を認めた優遇措置であったといえよう。だが既に確認したように、この「自治権」を行使する教授会の構成員は、塾長が任命した。つまり塾長は、大学部本科に設置された教授会の優位性と自治権を認め、教員人事の審議そのものには関与しないものの、そもそもの教授会構成員の選定については自身の意向を反映させることが可能であった。これは「間接統治下での教授会自治の容認」とみなすことができる。分析期間における慶應では、経営と教学とが分離されていたが、唯一、塾長のみが両者に関与できた。ゆえに慶應では塾長を中心とした管理運営体制が構築されていたといえる(31)。

(3) 早稲田の管理運営組織の構造と機能——経営部門

早稲田の経営部門については、『早稲田大学百年史』（総索引・年表）（早稲田大学大学史編集所、一九九七、九七―一〇五頁）が、戦前期早稲田の管理運営組織の変遷を、①私塾時代（一八八二年～一八九八年）、②社団法人時代（一八九八年～一九〇八年）、③財団法人時代（一九〇八年～）に区分して概観している。以下では経営部門の管理運営組織の構造と機能を、社団法人化または財団法人化に伴い規定された「早稲田大学定款（校規・寄附行為）」に基づいて四点に分けて考察する(32)。

第一点として、表1-5によれば早稲田の経営を担う管理運営組織は、まず小所帯の合議制から評議員会、次に評議員会から社員会・評議員会、そして社員会・評議員会から維持員会・評議員会へと改編された。詳細にみると、私塾時代はとくに管理運営組織を編成せず、関係者による家内的な小所帯の運営形態をとっていた(33)。この運営形態の構成員であった「議員」が、一八八九（明治二二）年ごろに「評議員」へと名称変更し、評議員会が組成された。そして社団法人化に際して、民法第三七条の規定に従い社員を構成員とする社員会が設置された。それが一九〇三（明治三六）年の「早稲田大学定款」改正により維持員会と改称されたことで、維持員会・評議員会という

表1－5　早稲田の経営部門に関する管理運営組織の変遷

区分 年	私塾時代 1882～1898	社団法人時代前期 1898～1903	社団法人時代後期 1903～1908	財団法人時代 1908～
組織変遷	小所帯の合議制（1883？）→【評議員会】（1889？）→	【社員会】→ 【評議員会】→	【維持員会】(1903)→ →	→ →

出典：『早稲田大学百年史』（総索引・年表）97-114頁より著者作成。

体制が完成した。なお社員会から維持員会への改称は、単なる名称変更にとどまらない。社団法人時代前期の社員会の機能を継承したのはもちろんだが、評議員会の機能も一部移譲される形式で再編されており、早稲田大学の経営に最も重要な機能を果たす組織となった（早稲田大学大学史編集所、一九九七、一〇四頁）[34]。早稲田では、維持員会と評議員会という組織体制が確立したことで、社団法人時代後期には、管理運営組織の原型が確立したといえるのである。

第二点は、上記組織の構成員と、選出方法の改編である。**表1－6**によれば、維持員会を構成する維持員は、全員が終身維持員であった時期から終身維持員と有期維持員の混合であった時期を経て、有期維持員のみへと改編された。一方の評議員会を構成する評議員は、大隈重信および維持員の推薦と、校友会選出者という選出区分であったが、一九一八（大正七）年の改正以降、教授会選出の教員が加わるよう改編された。

まずは前者の社員または維持員から検討する。維持員は社員を変更したものだが、全員が終身であった一八九八（明治三一）年の社団法人登録時の社員、一九〇三（明治三六）年の定款改正時および一九〇八（明治四一）年の財団法人設立時の維持員、そして一九一八（大正七）年の五名の終身維持員は、すべて大隈重信の任命によって選出されていた。終身維持員は一九二三（大正一二）年の改正で廃止されたが、新たに功労者から推挙される維持員会推挙維持員（一一名）が設置された。この維持会推挙維持員には終身維持員であった人物が多く任命されており、結果として高田早苗や坪内雄蔵といった創立以来の重鎮（ブレイン・トラスト）は、選挙を経ずして要職を歴任したのであった。なお早稲田騒動後の一九一八（大正七）年の改正以降は、[35]評議員会から選出された一四名の有期維持員（内七名の教授会選出維持員を含む）が選出されるようになり、卒業生である校友や教員が、大学経営に直接参加する体制が整備された。そして評議員会も一九一八（大正七）年からは、教授会選出の教員（三五名）が加わり、大隈重信や維持員の推薦による評議員と同数（三五名）を構成することになった。つまり維持員会・評議員会ともに、教員の参加を認めるようになったこと、とくに維持員会では維持員会推挙の維持員が保障されたが、終身維持員を廃して、選挙による有期維持員を中心へと移行したことで、創立以来の一部の人物から構成された組織運営から、校友や教員を交えた広範な構成員から構成される組織運営へと変革したのであった。維持員と評議員とを兼務する教員も多く、早稲田では教員が経営に参画する機会が年々増えたのである。

第三点は、管理運営組織の機能である。社団法人時代後期以降、維持員会は小規模ながらも、「本大学ニ関スル重要ナル事件ヲ決定ス」と規定され、維持員中から互選された理事を中心に、教学を含めた一切の経営を執行機関として担当した。他方で評議員会は「本校（本大学）の事業を監督・助成する機関」（早稲田大学大学史編集所、一九八一、三五〇頁）と規定されていた。だが一九二三（大正一二）年の寄附行為の策定によって「評議員会ハ学事並ニ会計報告ノ承認及諮問事項其他ニ付決議ヲ為ス」と改められ、決議権を有すなど職務権限が拡大された。つまり法人としての早稲田の経営は、大学令以後、評議員会の権限が高まることで、維持員会に過度に依存した状態が改められたといえる。

最後に第四点として、役職者の職務権限である。早稲田では維持員の互選によって複数の理事が選出されており、理事は維持員の決議に基づいて一切の経営を担当した。社団法人化以降、この理事の職務はほぼ不変であった。表1-6にあるように、社団法人時代後期は理事を二名選出し、一方を校長、一方を学監と称して校長・学監体制（二頭政治）を実施した。しかし財団法人化時には理事は一名となり、名誉職として大学の統理者とする総長

表1－6　早稲田の経営部門に関する管理運営組織の構造と機能

日付	1903（明治36）年12月	1908（明治41）年５月22日	1918（大正７）年９月３日	1923（大正12）年４月12日
規定	定款改正	校規制定	校規改正	寄附行為の策定
体制	社団法人時代後期 校長・学監体制（注１）	財団法人設立時 総長・学長体制（注２）	財団法人前期 総長・学長体制（注２）	財団法人後期 総長制（注３）
組織	維持員会（総会）・評議員会	維持員会・評議員会	維持員会・評議員会	維持員会・評議員会
背景	維持員会・評議員会・教授会の設置により今日の大学経営組織の原型の誕生	財団法人化に伴い、校規を制定。規定自体は前年に実施された改正をほぼ踏襲	早稲田騒動を受けて、校規を大幅に改正	総長大隈重信の死去に伴い改正
構成員	【維持員会】 維持員（社員）（５～10名以内で全員終身） ※維持員である理事（２名校長及学監）、監事（会計監督）も含む 【評議員会】 評議員会長（１名） 評議員（50名＋若干名）	【維持員会】 維持員（15名 終身７名 有期８名） ※維持員である理事（１名学長）、監事（会計監査）も含む 【評議員会】 評議員会長（１名） 評議員（50名＋若干名）	【維持員会】 維持員会長、副会長（各１名） 維持員（25名 終身６名 有期19名） ※維持員である理事５名以内（内学長１名）、監事（会計監査）も含む 【評議員会】 評議員会長、副会長（各１名） 評議員（90名＋若干名）	【維持員会】 維持員（25名） ※維持員である理事（７名以内　内総長１名）、監事（会計監査）も含む 【評議員会】 ※寄附行為に記載なし
選出方法	【維持員】 新たな維持員選出は維持員中より提議し４分の３以上の同意が必要 【校長及学監】（理事） 維持員会で過半数の同意を以て、維持員中より選任 【評議員会長】 評議員の互選 【評議員】 ①大隈重信並維持員が寄附者及関係者中から推薦（30名） ②中央校友会選出者（20名） ③50名以上の会員を有する地方校友会選出者（若干名※定員外） 【評議員会長】 評議員の互選	【維持員】 終身維持員の補欠と有期維持員の改選補欠は、維持員３分の２以上の同意により実施 【学長】（理事） 維持員会の決議により維持員中より選出 【評議員会長】 評議員の互選 【評議員】 ①総長及維持員が本大学の関係者より推薦（30名以内） ②中央校友会選出者（20名以内） ③50名以上の会員を有する地方校友会選出者（若干名※定員外）	【維持員会長・副会長】 維持員の互選 【維持員】 終身：設立者又は其家督相続人または其代表者（１名）と、大学総長が推薦した者（５名） 有期：評議員会で評議員中より選出された者（14名）と、功労者及寄附者中より維持員会が推薦した者（５名） 【理事】（学長含め５名以内） 維持員の互選により理事選出。維持員会の決議により理事１名を学長とする 【評議員会長・副会長】 評議員の互選 【評議員】 ①総長及維持員会が本大学の関係者より推薦（35名） ②教授会で教授中より選出（35名） ③中央校友会選出者（20名） ④地方校友会選出者（若干名　※定員外）	【維持員】 維持員会推挙維持員（11名維持員会で功労者中より推挙） 評議員会選出維持員（14名評議員会で評議員中より選出） 【理事】 維持員会において互選。理事の互選により総長を選出 【評議員】 ※寄附行為に記載なし 【名誉総長】 設立者大隈重信の家督相続人を推薦
機能	【維持員会（総会）】 本校に関する重要事件を決定 校長及学監は総会の決議に基き校務を管理 【評議員会】 本校事業の監督・助成機関 維持員会への意見提出	【維持員会】 本大学に関する重要事件を決定 学長は大学の代表であり、維持員会の決議に従い校務を管理 【評議員会】 本校事業の監督・助成機関 維持員会への意見提出	【維持員会】 本大学に関する重要事件を決定 理事は維持員会の決議に基き一切の経営を担当 学長は本大学の代表者 【評議員会】 本校事業の監督・助成機関 維持員会への意見提出	【維持員会】 本大学に関する重要事項を議定 【評議員会】 学事並に会計報告の承認及諮問事項其他に付決議

在職年限	【校長・学監】3年 【維持員】無期限 【評議員】2年	【総長・学長】3年 【維持員】有期維持員は5年 【評議員】2年	【学長】3年 【維持員】有期維持員は3年 【評議員】3年	【維持員】3年 【評議員】3年
開催頻度	【維持員会】 定時総会（3,7,9月） 臨時総会 【評議員会】 少なくとも毎年1回校長及学監が招集	【維持員会】 定時会（毎月1回学長が招集） 臨時会 【評議員会】 少なくとも毎年1回会長が招集	【維持員会】 定時維持員会 （毎月1回学長が招集） 臨時維持員会 【評議員会】 毎年1回学長が招集	※寄附行為に記載なし
備考	維持員は評議員会に出席可能（議決権はなし）	総長は維持員会の決議を以て推戴。大学の統理者とする 資産の管理・使用及処分は総て維持員会の決議により学長が行う	総長は維持員会の推薦により選出。本大学の最高統率者とする 資産の管理・使用及処分は総て維持員会の決議により理事が行う	旧校規第6条（法人解散時に大隈家寄附の土地は大隈家に帰属）の削除

注1：社団法人時代の1907年4月4日に財団法人化への着手として定款が改正され、「総長・学長体制」へ移行する。
注2：この間（1908～1918年）、天野為之の学長就任に際して校規改正に伴う「理事合議体制」が取られ、早稲田騒動後は学長不在の「理事集団指導体制」が取られた時分もあった。
注3：総長制に一本化されるが、この総長は旧校規「総長・学長体制」での実質的には名誉職であった総長とは異なり、機関の経営のトップとしての権限を有した。
出典：東京専門学校設立時からの管理運営組織の変遷（法人略史）については、『早稲田大学百年史』（総索引・年表）97-124頁にまとめられている。また上の表作成に参照した定款（校規）については『早稲田大学百年史』（第二巻）351-364頁、981-996頁および『同』（第三巻）134-149頁を参照して著者作成。

と、大学の代表であり実際の経営を担当する学長（理事）という、総長・学長体制へと改編された。以後、天野為之学長時代には「理事合議体制」、早稲田騒動後には学長不在の「理事集団指導体制」が採用されるなど不安定な状態が続いたが、一九二三（大正一二）年には大隈家の家督相続人を名誉総長に置き、それまでの学長を総長とするよう名称変更を行って総長制へと一本化した。同年には旧校規第六条「本大学解散ノ場合ニハ、残余ノ資産中設立者ノ寄附ニ係ル土地ハ設立者又ハ其家督相続人ニ帰属シ、其他ノ資産ハ類似ノ目的ノ為ニ処分ス」の箇所が削除され、新たに「本大学資産ノ管理、使用及処分ハ維持員会ノ決議ニ依リ理事之ヲ行フ」と寄附行為に明記された。名誉総長制度を採用するとともに、大隈家の世襲を廃する体制が構築され、絶対的な総長の権限によって大学経営を実施する体制が完成したのであった。

（4）早稲田の管理運営組織の構造と機能——教学部門

早稲田でも教学部門の管理運営組織の整備が、経営部門の管理運営組織の整備と並行して進められた。以下、早稲田大学定款（校規・寄附行為）や教授会規定等の分析から、早稲田における教学部門の管理運営組織の構造と機能の特徴を三つに分けて確認する。加えて経営と教学の関係性についても、教員人事の観点から考察を行う。

第一に早稲田の教学部門の管理運営組織の変遷を確認する。分析期間において早稲田では教授会議から教授会へと改編され、その教授会は一九一八（大正七）年以降、大きく変容した。順にみると教授会議の存在が規定上確認できるのは、一九〇三（明治三六）年の「早稲田大学定款」においてである。これが一九〇八（明治四一）年の財団法人化に伴い教授会と改称された。[36]教員会議やその後身の教授会はともに全学対象の組織であり、必要に応じて部会も設置されていた。[37]こうして管理運営組織としての基盤が整えられる中、財団法人後期となり、早稲田騒動を経験した一九一八（大正七）年に改定された「早稲田大学校規」によって、教授会は大きく変容した。その「早稲田大学校規」第四七条によると、「本大学ハ第四十一条規定ノ科部ニ分チテ教授会ヲ置ク」と規定され、[38]それまでの全学対象の単一組織から、各科部に設置される組織へと変容したのであった。そのため学長の請求に応じて連合教授会の招集が可能となり（第五五条）、さらに教授会には専門学科に応じた部会を設置することも認められた。

第二に構成員である。当初の教授会議や教授会には、社団法人時代は校長と学監が、財団法人時代は総長と学長が適当な教員を推薦・嘱託していた。[39]これも一九一八（大正七）年の校規改定で改められ、教授会は各科部長と各科部教授で構成されることが規定された。ただし各科部長の選出は、「早稲田大学定款」第四三条で「各科部長ハ其科部所属ノ教授会ニ於テ互選シタル候補者二名中ヨリ維持員会ノ決議ヲ経テ学長之ヲ任命ス」と改められ、各科部教授会が推薦した二名中から維持員会が一名を選出して、学長が任命した。また教員の職階には教授、助教授、講師が存在したが、教授会への参加は教授のみとされた。その教授の任免は、維持員会の決議に従って学長が行うと規定された（詳細は後述）。一九一八（大正七）年以前の教授会と比較すれば、科部長候補者の推薦など教員の権限拡大を認めたことは事実である。だが前述のとおり、肝心の教授会構成員の選出は、学長と維持員の影響が大きく、また維持員は、教授会や連合教授会に参加することも認められていた。したがって経営部門の意向が教学部門に反映される可能性が常に存在していたといえよう。

第三に機能の変容だが、当初の教授会議や教授会では、校長や学監が諮問した議案や教務事項を、総合的に審議した。[40] だが一九一八（大正七）年以降、審議事項は「教授及研究ニ関スル件」、「学生ノ指導訓練ニ関スル件」、「其他学長又ハ維持員会ヨリ諮問セラレタル件」と、「早稲田大学定款」において条文化された。ただしその「早稲田大学定款」第六一条には、「教授会及連合教授会ノ決議ハ維持員会ニ於テ之ヲ決定ス」（傍点は著者）とあり、第二で確認した構成員の点に加え、機能の点でも維持員会に左右される可能性を有していた。

最後に教員人事について、定款より改めて整理しておく。規定上、構成員の任免が確認できたのは、一九一八（大正七）年の「早稲田大学定款」においてである。任免に関しては同第四〇条で、「教授及助教授ノ任免並ニ講師ノ嘱託ハ維持員会ノ決議ヲ以テ定メタル規定ニ依リ学長之ヲ行フ」とあり、免職に関しては同四六条で、「教授及助教授ノ解職ハ維持員会ノ決議ヲ以テ学長之ヲ行フ」とあった。前述の通り、教授会の審議事項は、一九一八（大正七）年の定款によって明確化された。だがその審議事項には、教員人事に関する規定が存在しなかった。同年六月二九日の維持員会で教授会規定が改正されたが、そこでも教員人事に関する規定は追加されていない。（早稲田大学大学史編集所、一九八一、九九三頁）。一九二一（大正一〇）年一二月一〇日に開催された学部長主任懇談会では、「（四）各学部教授要員ノ異動ハ、各部教授会ニ予告サレタキコト」として、維持員会宛と推察される希望事項が可決されていた（早稲田大学大学史編集所、一九八七、一六四頁）。つまり明治後期に教授会議として発足し、途中、教授会に改編され、大正中期に権限を拡大した早稲田の教授会であったが、教員人事に関しては学長および維持員会が権限を有しており、教授会にその「自治権」は認められていなかったと考えられる。規定上、教授会に教員人事の「自治権」が付与されたのは、一九二七（昭和二）年六月八日に「教職員任免規定」が制定されてからであった。[41]

3　発展過程の中にみる経営行動の差異

本章では、明治後期から大正期（一九〇三年から一九二六年）における両校の学部学科構成や学生数、管理運営組織の発展過程について考察を行った。以下、本章で得た知見をまとめておく。

第一節では、大学部を中心に、学科構成の変遷と学生数の推移を確認した。両校は専門学校令以前に複数学部を設置し、以後も私学では設置が困難であった自然科学系（医学科、理工科）学部を設置することで、総合大学として規模を拡張した。それを受けて両校とも学生数が増加したが、慶應では、大学部学生数の増加が顕著であり、早稲田では大学部学生数以上に、並列する専門部や附属機関の学生数の増加が顕著であった。つまり慶應では、大学を中心とした「タテ」の一貫教育体制の確立に努めたのに対し、早稲田では、大学部と教育内容上は並列関係にある専門部や、中等後教育の整備を進めるなど、大学部の「ヨコ」に位置する課程を充実することで、学生数の確保を図っていた。さらに同じ大学部でも、慶應では分析期間を通じて理財科（経済学部）に学生数が集中していたが、早稲田では後年になるにつれ学部学科間の学生数格差が縮小されていった。規模拡大という事実は共通していたが、その要因には大きく異なる経営行動が関係していたのである。

第二節では、まず経営部門と教学部門に関する管理運営組織の考察を行い、次に教員人事の観点から経営と教学の関係性を考察した。経営部門の管理運営組織について、慶應では塾長を中心とした理事会が執行機関としての機能を発揮し、卒業生集団から構成される評議員会は、議決機関としての機能を一貫して有していた。だが評議員会は後年になるほど相対的に権限が縮小し、議決機関および理事会の監督機関としての機能を強めることになった。また両組織の整備が進む過程で、社頭、塾長、教職員の評議員就任を禁じ、経営と教学の分離が徹底された。一方の早稲田では、社団法人、財団法人と設置形態が移行する中、維持員会と評議員会という組織体制が確立した。維持委員会は教学・経営をともに担ったが、大正末期になると構成員がそれまでの終身維持員中心から、選挙による有期維持員のみへとなり、教授会選出者も含まれるようになった。さらには評議員会の職務権限が拡大されて、維持員会に過度に依存した経営方針が改められた。慶應と異なる早稲田の特徴は、現職教員に管理運営組織の構成員となることを認めたことである。そのため維持員と評議員とを兼務する者も少なからずおり、経営と教学とが、未分離であったのである。

教学部門の管理運営組織は、慶應では、一貫教育体制を敷いていたことから、各科各部、大学部全体、機関全体といった管轄対象ごとに設置された。一方の早稲田では、当初、大学部全体を対象に設置された教授会が、大正中期以降に各科部に設置される組織へと変容した。また連合教授会や専門学科に応じた部会の設置も認められた。なお両校とも教学部門の管理運営組織は、学事に関して幅広く審議する権限を有していたが、構成員の任命権については、慶應では塾長、早稲田では学長および維持員会が有していた。一九一七（大正六）年以降、慶應では、教員人事に関して大学部本科に限り、教授会に教員人事権を認めた。だが教授会の構成員は、塾長の任を受けた教員でなければならなかった。ゆえに大学部本科教員に与えられた教員人事権には一定の制約があり、塾長による「間接統治下での教授会自治の容認」に過ぎなかった。一方の早稲田では、規定上、教授会に教員人事権が認められたのは一九二七（昭和二）年になってからであった。分析期間における教授会は、教員人事に関する自治権を有しておらず、学長と維持員会とが、経営と教学の双方に大きな権限を有していたのであった。

以上が分析期間における学生数や学部学科構成、管理運営組織の点からみた両校の発展過程の実態である。両校は戦前期における私立高等教育機関にあって、いち早く総合大学化し、規模を拡張させ、経営を軌道に乗せた私学として評されてきた。発展過程の結果のみをみれば、それは似通っていた。だが過程に着目すれば、その経営行動は、本章で明らかになったように学生確保、学部学科構成、そして教学と経営の関係性すべてにおいて大きく異なっていたのであった。つまり規模の拡張・私立大学への昇格という同一の発展過程の中に、異なる経営行動を取った歴史的実態が垣間見えるのである。それではこの異なる経営行動は、機関の財務面にどのような差異をもたらしたのか。次章では分析期間における両校の財務実態を機関レベルで考察する。

注

(1)　本章の記述の多くは沿革史に基づいている。慶應義塾・早稲田ともに特筆すべき箇所を除き、とくに注記していないことを予め断っておく。

(2)　大学部学科構成については、両校の沿革史の記述に依拠しているが、浅沼（二〇〇五）は本章と同じ時代区分で早稲田大学の学科構成の変遷を整理している。早稲田大学の学科構成については沿革史の他、松本（一九八五、一九九〇）を参照した。なお専門学校令公布後一年後としたのは、この年の九月に早稲田大学で商科が設置されており、学科構成の改編を考慮する上で重要であると判断したためである。

(3)　鎌田栄吉（一八五七─一九三四）は、初期慶應の卒業生であり、衆議院議員、貴族院議員の他、一八九八（明治三一）年から文部大臣となる一九二二（大正一一）年まで、二四年間の長期にわたって塾長を務めた人物である。在任期間は歴代塾長最長であり、海外留学生派遣事業の実施や、図書館建設、医学科および附属病院の設立など慶應の発展に多大なる貢献をした塾長である（慶応義塾史事典編集委員会、二〇〇八、六四五─六四六頁）。

(4)　門野幾之進（一八五六─一九三八）は、初期慶應の卒業生であり、一〇代半ばにして慶應教員となった人物である。後に副社頭、教頭を歴任し、実業界においても千代田生命を創立するなど多方面で活躍した（慶応義塾史事典編集委員会、二〇〇八、六四四─六四五）。

(5)　大学課程編成委員の人選は、一九八九年一〇月一〇日開催第一期第一回評議員会記録「議案及決議」（第六）に記載

されており、門野、鎌田の他、福澤一太郎、中村貞吉、高橋義雄、真中直道の計六人に依頼された。

(6)『慶應義塾百年史』(中巻:前)(慶應義塾、一九六四、一八九-一九九頁)では、大学部学生数の不振と支出超過の実態が検証されている。とくに収支に関しては、大学部創設時の一八九〇(明治二三)年度が、大学部収入四六三三円に対して支出が一万一一五〇円であり、六五一七円の支出超過が計上された。以後も一八九七(明治三〇)年まで八〇〇〇円から一万円程度の支出超過が続いたようである。

(7) 以下では、分析期間における普通部変遷の概略を整理する。普通部は大学部の設置に伴い、それ以前の慶應義塾正科(本科と予科とで構成。就業年限はおよそ五年)と同別科(晩学生対象。修業年限はおよそ四年)を、普通部として総称したことに始まる。大学部設置時は正科六年、別科三年四ヶ月の課程であり、正科からは無試験での大学部進学が可能であった。一八九六(明治二九)年、「高等学校令」を背景に学科改正が実施され、正科の本科を初級専門課程とする高等科(三年)に、同予科を尋常中学校の課程に相当する普通科(五年)に編成して、一八九七(明治三〇)年には別科を廃止した。一八九八(明治三一)年に一貫教育体制が整備され、高等科は大学部と合併し五年制の大学科へ、普通科は幼稚舎に続く五年制中学の普通学科となった。このように名称は普通部から普通学科へと変更されたが、一八九八(明治三一)年には再び普通部となり、一九〇六(明治三九)年には専門学校入学者検定規定に基づく指定学校となって、高等学校や専門学校の受験が可能となった。また大学令施行時にはいわゆる「四修」が可能となった。

(8) 幼稚舎、普通学科、大学科を除く附属学校については、一八九一(明治二四)年に夜学校として創設された商業学校(正式には慶應義塾商業学校)、一九〇五(明治三八)年に創設された商工学校(慶應義塾商工学校)が存在した。普通学科および大学科という名称は、翌年度より普通部、大学部へと戻った。なお天野(二〇〇九a、三七六頁)も指摘しているが、この一貫教育制度は、文部省の諸法令によって規定された学校教育体系の外部に属す、独自の一貫教育制度であった。

(9) 国語漢文科、歴史地理科、法制経済及英語科は、中学校等の教員養成機関を目的に新設された。なお法制経済専修科は、英語の教員資格を希望しない学生のために併置された(松本、一九九〇、一〇六頁)。『早稲田大学百年史』(第一巻)(早稲田大学大学史編集所、一九七八、五六四頁)には、慶應の大学部の設置に先立つこと二年前の一八九八(明治二二）年に、三年制の政治科（英語政治科と邦語政治科で構成）、法律科（英語第一法律科と邦語第一法律科）、行政科（英語第二法律科と邦語第二法律科）等が設置されており、実質的な大学部が慶應に先んじて誕生していたと記述されている。

(10) 研究科は、東京専門学校卒業生を対象として、一八九三（明治二六）年九月に発足した。早稲田大学への改称後も大学部、専門部を問わず卒業生を対象に「別ニ学年ノ区別ヲ設ケズ一年以上三年以内ノ範囲ニ於テ何時ニテモ卒業論文ヲ提出」して修了可能な制度として存続した（松本、一九九〇、一〇四頁）。

(11) 高等予科は、一九〇四（明治三四）年に大学部の進学学科別に、第一から第四へと分化制を導入した。

(12) この間、慶應では、一九〇〇（明治三三）年に欧米諸大学の視察を終え帰国した教頭門野幾之進により、文学、理財、法律、政治の分科制を廃して大学部を一本化する学内学制改革が実施された（慶応義塾史事典編集委員会、二〇〇八、六三頁）（だが翌年には分科制へ復活）。また早稲田でも文学科内の各学科で改廃が頻繁に行われ、専門部でも行政科の廃止（一九〇三年）、政治経済学科と法律科以外は高等師範部へと編成された。さらに一九〇五（明治三八）年には清国留学生部が、一九一一（明治四四）年には夜間で技術者を養成する早稲田工手学校が開校された。

(13) 天野（二〇〇九b、三八五―三八六頁）は、設置認可要件を大学令（勅令）、大学規定（省令）、大学設立認可内規の条文から、本文中で列記したものを含めて九点挙げている。なお早慶両校の他、戦前期に大学令によって私立大学に昇格した各機関の奮闘についても、天野は沿革史の記述を用いて整理している（天野、二〇一三a、五二一―一一六頁）。

(14) 早稲田高等学院は文科と理科とに課程が分かれているが、一九二一（大正一〇）年に修業年限三年の第一部（文科と理科からなる。主として中学四年修了者が対象）と、修業年限二年の第二部（文科のみ。主として中学五年修了者が対象）とに分化した。そして翌年には、第一早稲田高等学院ならびに第二早稲田高等学院と名称が変更され、一九四九（昭和二四）年まで存続した。

(15) 専門部高等師範科は、一九二一（大正一〇）年度に再度専門部から独立して、附属高等師範部となった。

(16) 『早稲田大学百年史』（第一巻）（早稲田大学大学史編集所、一九七八、一一七六―一一八三頁）、『同』（第四巻）（早稲田大学大学史編集所、一九九二、七九四―八二二頁）にも、学生数の分析がある。

(17) 上の注(16)であげた『早稲田大学百年史』では学生数について、『同』(第一巻)(明治三五年から大正八年まで)では「早稲田大学報告」を、『同』(第四巻)(大正九年から昭和二三年)では『日本帝国文部省年報』を典拠資料としている。本書では典拠資料の統一性を優先し、すべて「早稲田大学報告」の数値とした。したがって沿革史の数値とは若干の差があることを断っておく。

(18) 一九〇三(明治三六)年では、予科学生数は本格学生数の一・七倍(四三三人/二四九人)であったが、一九二六(大正一五)年では一・一倍であった(三一三六人/二八四九人)。

(19) 一九二〇(大正九)年から一九二五(大正一四)年にかけての急増・急減の理由は明らかではない。だが『早稲田大学百年史』(第四巻)(早稲田大学大学史編集所、一九九二、八〇〇-八〇四頁)では、大学令に伴う学内制度変更により、高等予科から多くの学生を学部に進学させたことを理由にあげている。また旧大学部に在学していた学生を対象に、大学令により新設された大学部卒業者と同等資格を得ることを目的として、卒業期間の延長を認めた「別格制度」が作られた結果、その学生の繰入ないしは卒業によって学生数に大きな変動が生じたとも説明している。

(20) 一例としてIDE大学協会編『IDE現代の高等教育』では二〇〇〇年以降、大学の管理運営組織、とくに私立大学のガバナンスの特集が複数回組まれている。だが歴史的考察を中心としたものはわずか二稿であり、しかもその二稿は帝国大学を対象に講座制や学部・学科といった教育研究組織を対象としたものと(天野、二〇一三c)、アメリカの私立大学を対象としたものであり(福留、二〇一二)、日本の私立高等教育機関のガバナンスを歴史的に考察したものは見当たらない。

(21) 私立学校令中改正(第二条二)には「私人ニシテ中学校又ハ専門学校ヲ設立セムトスルトキハ(中略)民法ニ依リ財団法人ヲ設立スヘシ」とあり、大学令(第六条)には「私立大学ハ財団法人タルコトヲ要ス但シ特別ノ必要ニ因リ学校経営ノミヲ目的トスル財団法人カ其ノ事業トシテ之ヲ設立スル場合ハコノ限ニ在ラス」とある。なお、私立学校令改正及び大学令の財団法人規定をめぐる政策過程並びに意図については、蔵原(一九九七)、大迫(二〇〇三)、藤井(二〇〇六a)による研究がある。さらに藤井(二〇〇六b、二〇〇六c)は、大学令(第六条)が定めた、私立大学自体を財団法人とする原則の実態について、私立高等教育機関の寄附行為や定款を用いて考察を行った。その結果、実際に大学そのものを財団法人としたケースは少数であり、「私立大学＝財団法人」としたのは、単に財団法人に帰属する資産が、大学経営以外に流用されることを防ぐことを目的にしたに過ぎないと結論づけている。

(22) 天野（二〇一三b、七九頁）は設置主体を、①大きな社会的威信（カリスマ）、権力を持つ創始者、あるいはその周囲に集まる協力者集団（慶應・同志社・早稲田など）、②複数個人の同志的結合（明治・専修・中央など）、③宗教団体（キリスト教・仏教・神道系の諸学校）、④世俗的団体・各種協会（拓殖など）と類型化して整理している。なお大学令により昇格した私立大学の多くは、創立百周年を記念して沿革史を刊行しているが、管理運営組織の記述については質・量ともに差異があるのが現状である。ゆえに管理運営組織の全容解明には、沿革史の記述を整理するだけでは不十分であり、個別機関の規約等を分析することが必須となる。

(23) 規約上、理事委員や理事といった表記はあるが、理事委員「会」、理事「会」との表記はない。だが実際には理事委員会、理事会の名称で機能していたため、本章では理事委員会、理事会と表記した。なお『慶應義塾百年史』（中巻：後）（慶應義塾、一九六四、九三頁）でも理事会と表記している。

(24) 慶應義塾維持法案とは、一八八〇（明治一三）年に財政難に陥っていた慶應の経営を立て直すために創設された寄附制度のことであり、初期慶應の財政危機を乗り越える契機となった寄附制度である（慶応義塾史事典編集委員会、二〇〇八、三八頁）。

(25) 社頭は、一八八九（明治二二）年の「慶應義塾規約」制定時から評議員会の構成員ではなかった。

(26) 社頭の再議請求権が行使されたかは不明だが、「大学部存廃論」でみられた過程は、それを考える上で格好の事例といえよう。

(27) 『慶應義塾百年史』（中巻：前）（慶應義塾、一九六〇、六六四―六六八頁）及び『慶應義塾百年史』（中巻：後）（慶應義塾、一九六四、六一頁）。

(28) 当時、大学部の学科課程は、理財科、文学科、法律科、政治科と分かれていた。だが授業は、同一教員が学科の垣根を越えて実施していた。そのため組織や人員配置の上で、学科が明確に分かれていたわけではない。なお主任（後の学長）は、大学部本科の各科ごとに置かれていた。

(29) 塾長は学長会議の構成員から除外されていたが、学長会議の後継の審議組織である大学評議会では、構成員に含まれていた。
(30) 『慶應義塾百年史』(中巻:後)(一九六四、六二―六三頁)に転載されている「大学予科教員会(議)規定」によると、「大学予科教員会議は其科の教員を以て組織し、主任之を招集す」とあり、全教員が構成員であったと推察される。
(31) なお教授会の審議事項である「海外留学生に関する件」とは、大学部本科各科の専任教員養成を目的に優秀学生を海外に派遣する事業のことである。これは、教学部門(大学部)の将来の教員人事を兼ねたため、予算の制約や学生の人物評価の必要性から、教授会の意向を優先したと推察される。
(32) 百年史の他に早稲田の法人組織について言及したものに、佐藤(二〇〇三、六七―六九頁)がある。
(33) 校長一名、議員五名、幹事一名、副幹事二名、書記三名といった役職者に、講師一〇名を加えた合議によって運営の基本方針が決定されていた(早稲田大学大学史編集所、一九九七、九八頁)。
(34) 維持員会が設置されたことで評議員会は、校長から受けた学事と会計の報告を承認することが主要な機能となり、大学経営に対して間接的な役割を演ずる組織へと変容した(早稲田大学大学史編集所、一九九七、一〇四―一〇五頁)。しかし財団法人時代になり、評議員会の権限は相対的に高まった。この点については本文中の第三点で指摘した。
(35) 一九一七(大正六)年に起きた早稲田騒動にはさまざまな評価がなされているが、一般には次期学長をめぐって高田早苗と天野為之を当事者に、教員や学生を巻き込んで学苑を二分し、世間を賑わせた闘争のことである。早稲田騒動については『早稲田大学百年史』(第二巻)(早稲田大学大学史編集所、一九八一、八八六―九七一頁)でかなりの紙幅が割かれており、他にも河野(一九七六)による論稿がある。
(36) 「早稲田大学校規」および「教授会規定」(「早稲田大学諸規定」一九〇八年所載)による。
(37) 『早稲田大学諸規定』所載「教授会議規則」(明治三七年七月)第六条には、「校長・学監ハ一部又ハ一科ニ関スル問題ニ就キ臨時ニ教授会議部会ヲ開キ、其審議ヲ求ムルを得」とある。同様の規定は、明治四一年六月の『同』「教授会規定」第七条にも存在する。
(38) 「早稲田大学定款」(一九一八年)では、第四一条で七つの科部を規定していた。その科部は以下のとおり。「一、大

学部政治経済学科及専門部政治経済科　二、大学部法学科及専門部法律科　三、大学部文学科　四、大学部商科　五、大学部理工科　六、高等師範部　七、高等予科」

(39)『早稲田大学諸規定』所載「教授会議規則」(明治三七年七月)第一条には、「教授会議ハ校長・学監ノ推薦シタル本稿各部ノ講師ヲ以テ組織ス」とある。明治四一年六月の『同』「教授会規定」第一条にも「教授会議員ハ校規ノ規定ニ基キ総長及学長之ヲ嘱託ス」とある。

(40)例えば一九〇八(明治四一)年六月「教授会規定」第三条には、「学長ハ教授ノ方針、教則ノ改正等、教務ニ関スル重要ノ事項ニ付キ議案ヲ教授会ニ提出シ、其審議ヲ求ム」とある。

(41)「教職員任免規定」の第一条には「大学学部及高等師範部教授ノ任用ハ教授会ノ同意ヲ得タル後、維持員会ノ承認ヲ経テ大学之ヲ行フ」とあり、同八条では「大学学部及高等師範部教授ノ解任ハ所属教授会ノ同意ヲ経テ、大学之ヲ行フ」と規定された(傍点は著者)。一見すると解任に関しては維持員会を介す必要がなかったようだが、同七条には、教職員が不祥事を起した際、大学が維持員会の決議を以て該当者を解任することが可能であると規定されていた(早稲田大学大学史編集所、一九八七、一六一頁)。つまり解任に関しては任用と異なり、教授会の同意と維持員会の承認という二重のプロセスを経ずに、どちらか一方の同意のみで遂行が可能であったと推察できるのである。なおこの「教職員任免規定」の運用実態が気になるところであるが、維持員会や評議員会、教授会の議事過程が把握できないため、不明である。

第二章　早稲田・慶應の財務

第一章では明治後期から大正期における早慶両校の機関レベルでの発展過程を、学部学科構成、学生数、管理運営組織という観点から検討した。それに続く本章では、財務の観点から両校の発展過程を考察する。まず第一節では、分析の前提として両校の会計制度を整理する。というのも当時は統一的な会計基準が存在していなかったから、比較分析を行うためには、両校の会計制度について把握しておく必要があるからである。続く第二節では、分析期間における両校の財務状態について、第一項では収入と支出を、第二項では資産と負債の推移から費目ごとに分析する。(1)第三節では、以上の知見を整理して、次章以降、各論で検証すべき財務・経営上の分析課題を明示する。

1　会計制度

(1)　慶應の会計

慶應では広報誌『慶應義塾学報』及び『三田評論』（ともに月刊）の誌上で、一九一一（明治四四）年度までは「慶

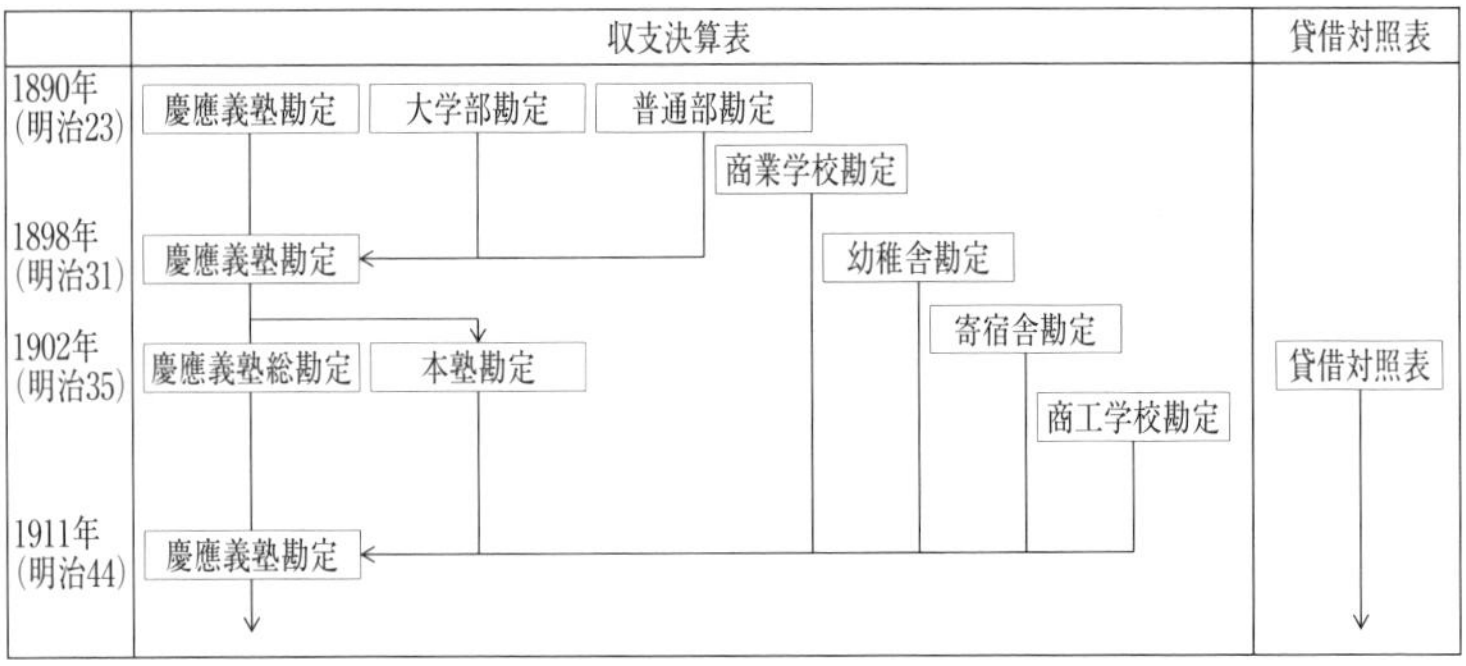

図2−1　慶應の財務諸表の変遷：収支決算表・貸借対照表

出典：『慶應義塾学報』及び『三田評論』各年度所載「慶應義塾学事及会計報告」ならびに『慶應義塾百年史』（中巻：前）101-102頁、219-240頁、『同』（付録）106-111頁を参考に著者作成。

應義塾収支勘定決算報告」、以降は「慶應義塾学事及会計報告」と称して、前年度の収支決算と資産・負債の状況を報告していた。財務諸表の名称はしばしば変更されたが、(2) 本書では混乱を避けるために、以下では収支決算表並びに貸借対照表と名称を統一して考察を行う。

図2-1は、誌上に掲載された財務諸表の変遷を整理したものである。まず収支決算表の変遷を確認する。収支決算表は、一八九〇（明治二三）年の大学部開設に際して、「慶應義塾勘定」、「大学部勘定」、「普通部勘定」の三表となった。「慶應義塾勘定」は、「地所家屋等から生ずる収入と入社金（入学料のこと。筆者注）とをもって、家屋建築修繕土工邸内取締等の費にあてる」とされ、「大学部勘定」は、「大学部学生からの収入と、同部のために募集した資本金の補助による」とされ、「普通部勘定」は「授業料塾費書籍損料等の収入をもって、教員役員等の給料その他の諸経費にあてる」とされた（慶應義塾、一九六九、一〇四頁）。この三表は、一八九八（明治三一）年からの一貫教育体制実施に伴い、「慶應義塾勘定」として一本化された。さらに会計年度も期首五月、期末翌年四月へと変更された。だが「慶應義塾勘定」は、一九〇三年一月二〇日開催第六期第九回および同二月一七日開催第一〇回評議員会での財務整理実施の決議により、一九〇二（明治三五）年度分から「慶應義塾総勘定」と「本塾勘定」とに再分割さ

れた。前者が「各部の勘定を総括し、他の各部に属さず、または各部に区別しがたい収支勘定」（慶應義塾、一九六九、一〇七頁）となり、後者が大学部と普通部勘定を合算した勘定となった。このように大学部や普通部の勘定が改編される中で、一八九一（明治二四）年度に「商業学校勘定」、一八九七（明治三〇）年度に「幼稚舎勘定」、一九〇〇（明治三三）年度に「寄宿舎勘定」、一九〇四（明治三七）年度に「商工学校勘定」と附属学校の勘定が作成され、学校種別の会計となった。だが一九一一（明治四四）年になると、これらすべての収支決算表は、「慶應義塾勘定」に一本化された。そして会計年度も一九〇六（明治三九）年から期首四月、期末翌年三月へと変更され、以後、大正期もこの様式が継続された。

一方、会計年度末時点の資産、負債の状態を示す貸借対照表（バランスシート）は、一九〇二（明治三五）年度分から、広報誌上で掲載された。会計年度は収支決算表と同様であり、ほぼ現行複式簿記と同一の処理がなされていた。

（2）早稲田の会計

早稲田では広報誌『早稲田学報』（月刊）等に「早稲田大学報告」として、年に一度、収支決算と資産・負債の状況が報告されていた。[3] 会計規定は一九二七（昭和二）年度に大幅に変更されたが、[4] 本書の分析期間では経常勘定と基金勘定の二種に区分されていた。前者は学納金収入や人件費、諸税といった日常の経常的収支を処理した会計であり、後者は早稲田が市井の人に求めた寄附金収支を処理した会計であった。なお基金は、経常費への流用が禁じられており、支出に際しては、別途建築費勘定が作成された場合もあった（染谷、一九九二、四頁）。

まずは収支決算表を確認する（図2-2）。収支決算表は、早稲田大学と改称する以前の東京専門学校時代から作成されていた。収支決算表は授業料や人件費など日々の活動にかかわる会計であり、会計年度は期首九月、期末翌

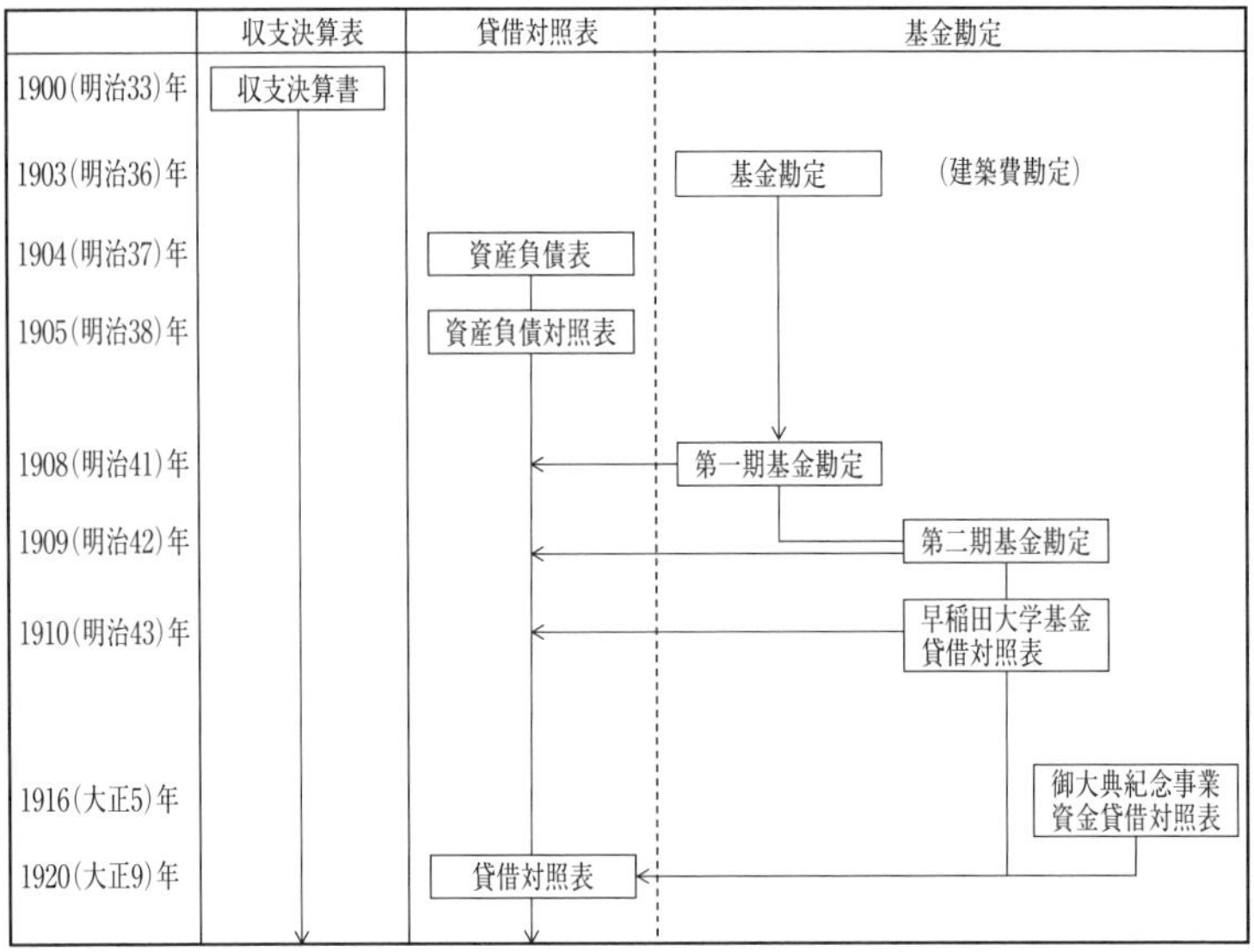

図2－2　早稲田の財務諸表の変遷：収支決算表・貸借対照表・基金勘定
出典：『早稲田学報』各年度所載「早稲田大学報告」の財務諸表の記載を参考に著者作成。

年八月とされた。この会計年度は大学昇格時に改正され、一九二〇（大正九）年度から期首四月、期末翌三月と改定された。

一方で貸借対照表だが、それに該当する資産負債表が作成されたのは一九〇四（明治三七）年であり、翌年には名称が変更し、資産負債対照表となった(5)。会計年度は収支決算表と同様であった。ただし資産負債表は、資産の部を貸方、負債の部を借方と表記しており、さらにいくつかの費目では、仕訳が現行複式簿記と異なっていたため、分析には注意が必要である。

最後に基金勘定である。基金勘定は、早稲田が実施した寄附募集事業に関する会計である。早稲田では一九〇一（明治三四）年から早稲田大学基本資金募集（以下、第一期基金）を実施し、「基金勘定」でそれを管理した。続いて一九〇七（明治四〇）年から早稲田大学第二期計画という寄附募集事業（以下、第二期基金）を実施したことで、それまでの「基金勘定」が「第一期基金勘定」と名称を変更した。そして翌年には「第一期基金勘定」の決算処理が行われ、その残額等を引き継ぐ形式で、「第一期基金勘定」は一九〇九（明治四二）年に「第二期基金勘定」へ統合された。その「第二期基金勘定」も途中、「早稲田大学基金貸借対照表」と名称を変更した。一九一六（大正五）年に新たな寄附募集事業である御即位大典紀年事業計画（以下、御大典基金）が実施されると、新たに「御大典紀念事業資金貸借対照表」が作成された。最終的には、それと「早稲田大学基金貸借対照表」とが、一九二〇（大正九）年度から「貸借対照表」として一本化され、以後、基金勘定は広報誌に掲載されなくなった。なお第一期基金のみに限定すると、寄附金の使途を管理した「建築費勘定」も作成されていた。

2　早慶両校の財務実態

本節では、明治後期から大正期における両校の財務状態について、比較考察を試みる。ただし前節から明らかなように、戦前期の私立高等教育機関では、統一的な会計制度が存在せず、費目名も多様であったため、分析には注意を要する。本節ではその点を考慮しつつも比較可能な費目を抽出し、分析を試みたい。はじめに収支決算表から収入と支出の状況を、次に貸借対照表から資産と負債の状況を検討する。

（1）　収入と支出

収入費目は支出費目と比べて費目数が少ない。これは私立高等教育機関の収入源が限られていたことの裏返しである。まずは一九〇三（明治三六）年から一九二六（大正一五）年までの収支状況を確認する。

表2-1によれば早慶両校とも収入・支出は年々増大したが、その規模に大きな差が生じたのは大正中期、とくに大学令によって私立大学に昇格した一九二〇（大正九）年前後であった。一九二〇（大正九）年は、総収入では約

表2－1　早慶両校の収支状況（円）

年	慶應					早稲田				
	総収入		総支出		収支差額	総収入		総支出		収支差額
		内学納金		内総人件費			内学納金		内総人件費	
1903	127,610	64,951	108,158	59,489	19,451	98,223	76,359	93,703	48,924	4,520
1904	140,719	75,466	118,767	68,489	21,952	119,368	97,767	110,010	74,233	9,358
1905	140,770	76,964	126,047	71,032	14,723	155,624	119,176	163,915	91,594	−8,291
1906	171,558	97,309	150,036	85,813	21,521	187,860	148,053	171,417	109,211	16,443
1907	201,864	131,405	198,633	106,103	3,231	195,931	170,096	187,882	128,271	8,048
1908	232,432	149,417	214,252	130,156	18,180	191,304	169,122	206,260	131,736	−14,956
1909	247,413	166,776	225,518	142,279	21,895	184,446	170,242	190,730	128,197	−6,285
1910	250,516	168,334	239,237	147,828	11,279	181,197	165,462	189,251	127,805	−8,054
1911	261,025	175,532	231,314	146,967	29,711	188,832	167,491	212,332	142,379	−23,500
1912	281,487	196,561	246,663	159,249	34,824	206,873	191,216	211,762	151,595	−4,889
1913	295,629	207,529	261,127	171,308	34,502	243,427	223,164	243,426	170,729	1
1914	277,926	212,423	256,543	175,658	21,383	277,473	262,750	261,136	181,373	16,337
1915	284,162	216,715	256,405	182,545	27,757	311,731	294,289	273,509	190,587	38,222
1916	297,444	234,134	270,147	193,417	27,297	335,398	322,064	333,009	209,903	2,389
1917	345,726	264,353	337,226	226,896	8,500	370,575	356,842	366,097	227,924	4,479
1918	439,324	304,403	426,710	263,244	12,614	404,687	384,003	377,647	253,767	27,045
1919	673,421	391,970	649,627	344,977	23,794	479,050	426,056	476,161	329,923	2,889
1920	1,326,132	591,853	1,205,270	461,268	120,861	810,278	731,915	795,431	544,241	14,847
1921	1,930,586	663,838	1,765,232	529,255	165,353	947,418	867,547	972,846	632,814	−25,429
1922	2,171,338	734,505	1,993,383	612,327	177,955	1,096,420	1,016,691	1,092,751	763,501	3,669
1923	2,259,353	876,825	2,115,411	1,069,880	143,942	1,114,893	1,023,118	1,126,392	792,475	−11,499
1924	2,600,466	920,898	2,392,872	1,129,502	207,594	1,218,444	1,121,431	1,201,106	862,263	17,338
1925	2,670,708	995,248	2,423,540	1,179,299	247,168	1,384,556	1,252,053	1,402,680	1,001,950	−18,124
1926	2,666,385	1,124,885	2,559,324	1,270,736	107,061	1,509,302	1,385,295	1,502,432	1,028,188	6,869

注1：慶應義塾の収支決算表のうち、部門別会計が実施されていた期間はそれらの勘定を合算した。
注2：早稲田では染谷（1992、8－9頁）も指摘するように、借入金や預り金が収入費目として処理されており、現在の会計処理と異なる部分が散見される。上記の数値はそのような部分を修正した数値である。
出典：『慶應義塾学報』及び『三田評論』各年度所載「慶應義塾学事及会計報告」と『早稲田学報』各年度所載「早稲田大学報告」より著者作成。

五二万円、総支出では約四一万円もの差が生じていた。慶應では一九一七（大正六）年に医学科予科が設置され、その後に医学部と附属病院が開設されたため、それ以降、収支規模が大きく拡大した。また両校の収支差額をみると、慶應では一貫して黒字経営であったが、早稲田では明治期のみならず、大学昇格後の大正期後半においてもしばしば赤字経営であった。この赤字経営の要因のうち明治四〇年代は、創立二十五年式典費などの臨時的支出、不景気による学生数の減少、理工科新設に伴う教育経費等の増加が要因であった。一方の大正後期は、創立四十年式典や施設設備に関する営繕費、大隈逝去に伴う臨時的支出や、関東大震災による物価騰貴の影響が要因であった（染谷、一九九二、四三―四五頁）。収支差額をみる限り、早稲田は慶應と比べてやや苦しい経営状況にあったことが確認できよう。次にこうした収支の推移を詳細に把握するために、費目ごとの分析を行う。まずは収入費目について、a学納金収入、b試験料収入、c利子・配当金収入、d事業収入といった項目に分け、それぞれ検討する。

①収　入

a学納金収入

授業料収入に代表される学納金収入は、最も安定した収入源であった。本章では、両校の収支決算表における以下の各費目を合算したものを学納金収入とみなして考察する。

慶　應：授業料＋入学金＋教場費＋実験費
早稲田：学費＋束脩＋実験及実習費　※束脩は入学金に相当

この学納金収入は、第一節でみたように、学生数の増加に伴い年々増加した（図2―3・2―4）。物価変動がある

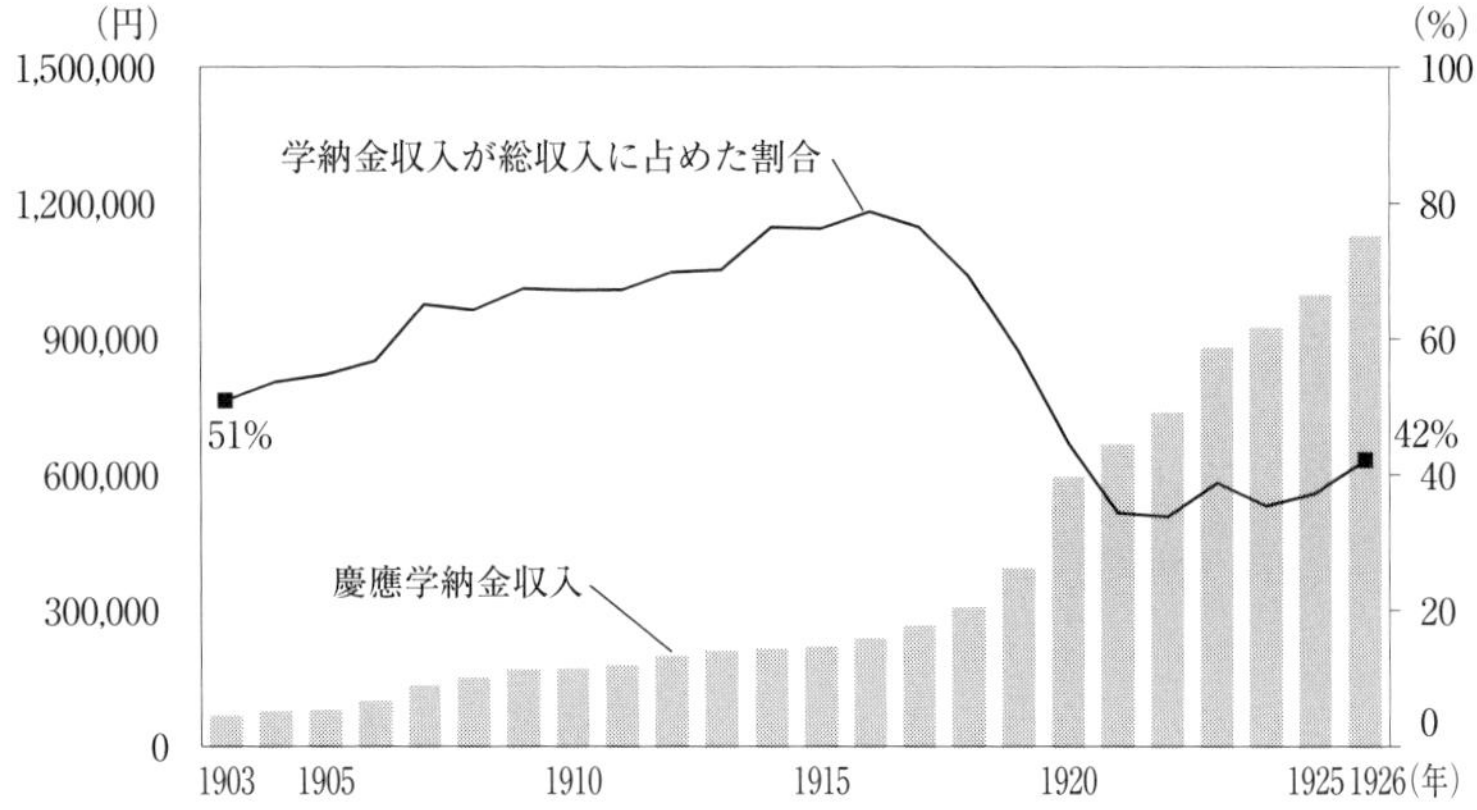

図2−3　慶應の学納金収入の推移と学納金収入が総収入に占めた割合
出典：『慶應義塾学報』『三田評論』各年度所載「慶應義塾収支勘定決算報告」「慶應義塾学事及会計報告」より著者作成。

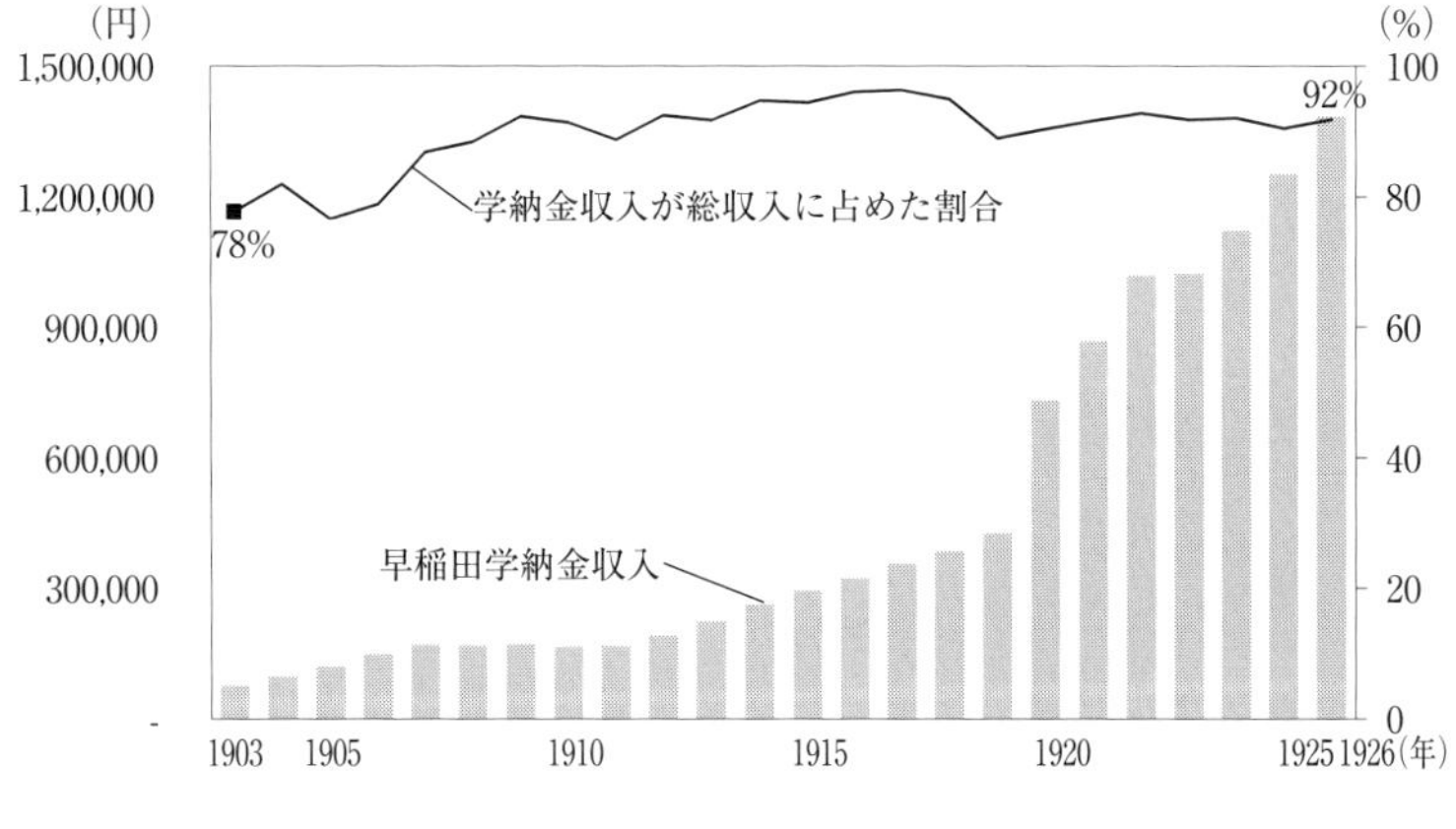

図2−4　早稲田の学納金収入の推移と学納金収入が総収入に占めた割合
出典：『早稲田学報』各年度所載「早稲田大学報告」より著者作成。

ため比較には慎重を要するが、一九〇三（明治三六）年と一九二六（大正一五）年とを比較すると、慶應が約一七倍（一一二万四八八五円／六万四九五一円）、早稲田が約一八倍（一三八万五二九五円／七万六三五九円）にまで拡大した。ここで大学部の授業料を確認すると、両校とも大学部は予科（早稲田では高等学院）より高めの授業料を設定しており、早稲田では、大学部の学部（学科）間でも異なる授業料を設定していた。慶應医学部は、別途実験費を徴収していたが、授業料自体は他学部と同一金額であった。だが早稲田の理工学部では、実験費に加えて、文系学部より五〜一〇円程度高い授業料（学費）を徴収していた。授業料（年額）を確認すると、一九〇三（明治三六）年は慶應三六円、早稲田三三円であり、私立大学へ昇格した一九二〇（大正九）年は慶應八五円（医学部は別途実験費三〇円）、早稲田七五円、同理工学部八五円（別途実験費一〇〜四〇円）であった。そして一九二六（大正一五）年になると、慶應一二〇円（医学部は別途実験費三〇円）、早稲田一四〇円、同理工学部一五〇円（「早稲田大学学則」には実験費を別途徴収すると記載されていたが、金額は無記載）であった。[6] このように両校は、大正前半までは二〜五円程度の差であったが、大正後半以降は差が大きくなり、一九二二（大正一一）年以降では、早稲田の学費は、慶應のそれより二〇円以上高く設定された。試算にすぎないが、一九二六（大正一五）年の予科と医学部・理工学部を除いた大学部の学生数は、慶應二四六三人、早稲田二五二二人であった。したがって授業料収入だけでも慶應二九万五五六〇円、早稲田三五万三〇八〇円となって、約六万円もの収入差が見込まれるのであった。

授業料は物価変動や経営的観点から頻繁に改定されたが、それは最も安定した財源であったからである。そこで学納金収入が総収入に占めた割合（以下、学納金依存率とする。算出式は学納金収入／総収入）を確認しておこう。**図2-3・2-4**によると、慶應では、一九〇三（明治三六）年は五一％であり、以後上昇して一九一六（大正五）年に七九％とピークを迎えた。しかしそれ以降は病院収入の増加により、相対的に学納金依存率は低下し、一九二〇（大正九）年の大学昇格以降は、三四〜四五％を推移した。一方の早稲田では、一九〇三（明治三六）年は七八％であり、以後も上昇し続け九〇％以上を推移していた。つまり慶應以上に早稲田は、学納金収入に依存した財務構造であった。第一章の知見を交えれば、早稲田の大正後期の収入増は、授業料の値上げと、大学部と同内容の授業を日本語で行う専門部を含めた中等後教育課程に在籍する学生数の増加によってなされたといえるのである。

b 試験料収入

試験料収入は、入学試験時の検定料の他、通常の定期試験での落第者並びに欠席者に課せられた再試験料（早稲田では手数料）も含めた収入であったと推察される。通常の広報誌とは別に年一回刊行された『慶應義塾総覧』によれば、慶應の検定料は一九〇四（明治三七）年が一円、一九二二（大正一一）年が五円であり、「早稲田大学規則一覧」によると、早稲田の検定料は一九〇四（明治三七）～一九一八（大正七）年まで二円であったことが確認できる。(7) また再試験料は、慶應では一九〇四（明治三七）年以降、大学部本科は一科目につき三円、四科目以上は総額で一〇円とされ、一九二二（大正一一）年は大学部予科が五円、同本科が総額で一五円以内と規定されていた。一方の早稲田でも一九〇三（明治三六）年に二円とされ、一九二二（大正一一）年四月改正「早稲田大学学則」では、三科目までは一〇円とし、以降一科目追加毎に二円徴収するとあった。ただし再試験者の実数把握は困難であるため、再試験料収入だけを把握することは困難である。

図2-5は、その試験料収入の推移を示したものである。一九一七（大正六）年前後を機に両校とも急激に拡大していた。慶應では一九二〇（大正九）年以降に限って、大学部の志願者数と入学者数が算出できるが、同年は志願者数一万七四五人、入学者数二二三八人で約四・八倍の倍率であった。試験料収入は学納金収入からみれば極めて軽微な収入であり、実際に、総収入に対して慶應で約一・六％、早稲田で約三・四％を占めたにすぎなかった。しかし毎年一定額を見込める確実な財源であったから、早慶両校では広報誌等を通じて受験生の獲得に努めていたよ

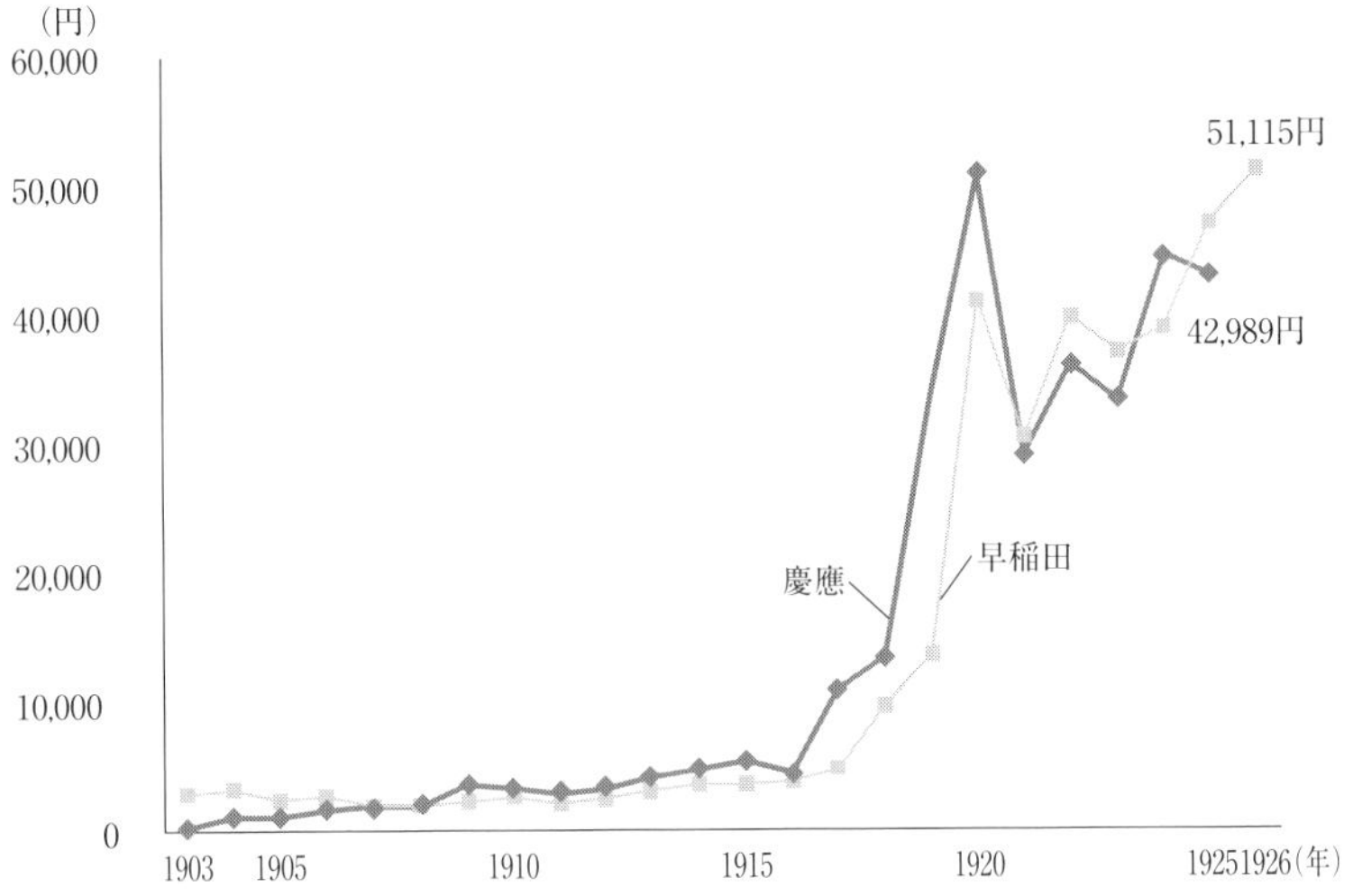

図2－5　早慶両校の試験料収入の推移

注：慶應は1926年から決算報告の様式が変更したため、同年度の金額は不明。
出典：『慶應義塾学報』『三田評論』各年度所載「慶應義塾収支勘定決算報告」「慶應義塾学事及会計報告」及び『早稲田学報』各年度所載「早稲田大学報告」より著者作成。

うである。

c　利子・配当金収入

利子・配当金収入は、現金や定期預金、または有価証券の所有や売買によって得た収入である。詳しくは資産の考察に預けるが、両校とも現金や（定期）預金の他に金融資産である有価証券を有しており、利子・配当金収入が繰り入れられたと推察される。

図2-6によれば利子・配当金収入の推移の特徴は、慶應では分析期間の当初から一定額を有しており、とりわけ一九一八（大正七）年までは先にみた試験料収入よりも金額的に大きかった。総収入に占める割合を算出すれば、一九〇八（大正七）年が三・一％であり、それ以降一％台へ低下するも、一九〇三（明治三六）年では九・五％、一九〇八（明治四一）年では一〇・一％にも達していた。財務規模がまだ小さい明治後期から大正前期の慶應においては、利子・配当金収入は、総収入の一割弱を占めた貴重な財源であったことが確認でき、意図的に有価証券を多く保有した可

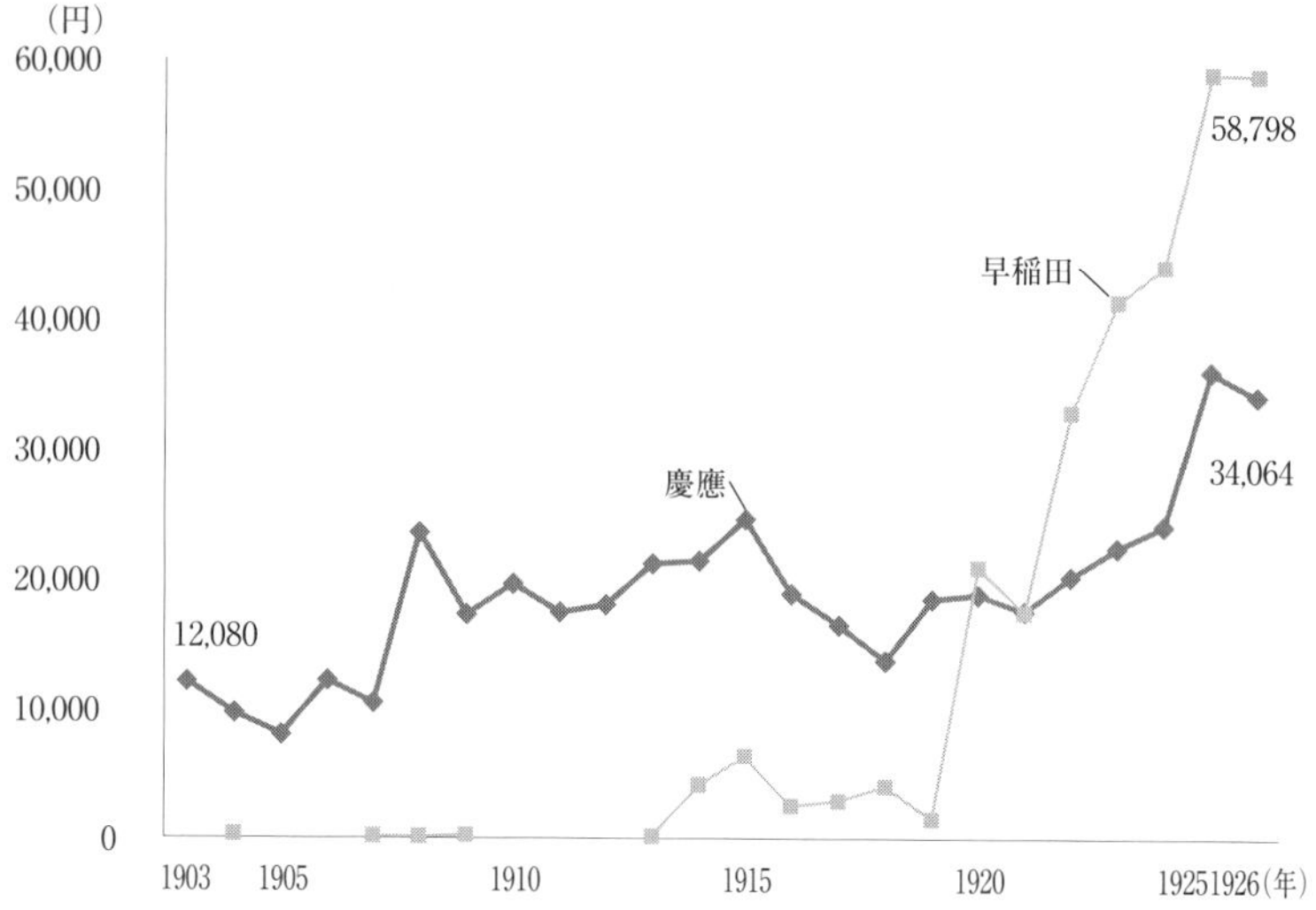

図2-6　早慶両校の利子・配当金収入の推移

注：1903、1905、1906、1910～1912年の早稲田では利子・配当金収入が計上されていない。
出典：『慶應義塾学報』『三田評論』各年度所載「慶應義塾収支勘定決算報告」「慶應義塾学事及会計報告」及び『早稲田学報』各年度所載「早稲田大学報告」より著者作成。

能性も考えられる。一方の早稲田では私立大学へと昇格した一九二〇（大正九）年を境に大きく伸び、一九二六（大正一五）年には慶應の約一・七倍にも達した。この要因は何か。大学令は私立大学への昇格条件の一つに「供託金（基本財産）の納入」を義務付けており、同七条では現金の他、基本財産に相等するものとして「国債証券其ノ他文部大臣ノ定ムル有価証券」の供託を認めていた。供託金は現金よりも国内外の公債で納入するほうが実質的な負担が少なかったから、多くの私立高等教育機関では公債をはじめとする有価証券で納入していた(8)。経常部の財務諸表において有価証券の所有が確認できたのは一九一九（大正八）年以降である。早稲田では、供託金対策として有価証券を所有し、その果実として利子・配当金収入が拡大した可能性が高い。

d　事業収入

事業収入のうち共通費目とみなせるのは、広報誌の販売や出版部に係る収入である。慶應では「学報

表2－2　慶應の病院収入の推移と総収入に占めた割合

	1923年（大正12）	1924年（大正13）	1925年（大正14）	1926年（大正15）
診察料	84,813	113,804	108,239	
薬価	94,970	105,821	100,819	
入院料	572,967	671,801	658,241	
暖房料	20,020	21,033	20,722	
手術及処置料	308,233	406,371	403,677	
手術及検査料	17,764	24,434	29,974	
専属看護婦料	4,735	4,650	6,608	
炊事収入	100,536	103,470	112,439	
物品取次手数料	5,420	7,356	8,804	
診察料薬価入院料其他				1,479,602
合計（円）	1,209,459	1,458,740	1,449,524	1,479,602
総収入に占めた割合（%）	53.5	56.1	54.3	55.5

出典：『三田評論』各年度所載「慶應義塾学事及会計報告」より著者作成。

収入金」・「三田評論収入金」、早稲田では「早稲田大学出版部納付金」として計上されていた。金額は慶應で最大二七六九円（一九二六年）、早稲田でも最大四七九四円（一九一三年）であり、順に総収入の約〇・一%、約二・〇%と、財務に大きな影響を与えるものではなかった。

他方で慶應だけにみられた事業収入に、病院収入があった。病院収入は一九二三（大正一二）～一九二五（大正一四）年の三年間に限って、費目が詳細であった。表2-2によると「入院料」と「手術及処置料」が極めて大きな収入費目であり、病院収入の合計額は、総収入の五五%前後にも達した。当該年度の学納金収入が総収入の三五～四二%であったことを考慮すれば、病院収入は慶應が大正後半以降に収入規模を拡大させた最も大きな要因であったといえるのである。

②支　出

先に言及したように支出費目は種々雑多であり、教育研究目的と管理運営目的の判別も困難である。そこで以下では判別が容易であり、かつ最大の支出費目であったa人件費について考察し、次に当時の私学に対する文部行政との関係からb諸税（税金）について検討する。その後、費目名からc教育研究目的であることが自明な支出費目や、d病院経費を検討する。

a人件費

両校の収支決算表に計上された人件費は、大別して教員給与、職員給与、諸手当等に区分できる。それぞれの区分に含まれる具体的な費目名は、改称されたものを含めて以下のとおりである。

慶　應：教員給与…教師給料（一九二三年以降は教師及助手給料に改称）
　　　　職員給与…事務員給料、雇人給料（一九二三年以降は理事給料、薬局員給料、看護婦（産婆）給料が追加）
　　　　諸手当等…年末補給（給与）、教職員退職手当、年金

早稲田：教員給与…講師給、教員給
　　　　職員給与…職員給、小使給仕職工給
　　　　諸手当等…慰労手当、教職員年金積立金、雑給

本節では以上の教員給与、職員給与、諸手当等をすべて合算したものを総人件費と定義し分析を行う。**表2-3**には総人件費の内訳として、教員給与、職員給与、諸手当等の推移も示した。はじめに総人件費をみると、物価変動を考慮していないが、専門学校令が公布された一九〇三（明治三六）年と、私立大学へと昇格した一九二〇（大正九）年とでは、慶應で約七・八倍（四六万一二六八円／五万九四八九円）、早稲田で約一一・一倍（五四万四二四一円／四万八九二四円）も規模が拡大した。推移をたどると一九一九（大正八）年頃までは金額に大差なく、毎年緩やかに拡大した。そして私立大学に昇格した一九二〇（大正九）年以降急激に拡大し、とりわけ附属病院を有した慶應で

表２－３　早慶両校の人件費と学納金収入に占めた割合

年	慶應					早稲田				
	総人件費（円）	教員給与（円）	職員給与（円）	諸手当等（円）	総人件費／学納金収入	総人件費（円）	教員給与（円）	職員給与（円）	諸手当等（円）	総人件費／学納金収入
1903	59,489	42,563	14,226	2,700	91.6%	48,924	—	—	—	64.1%
1904	68,489	48,688	15,195	4,605	90.8%	74,233	—	—	838	75.9%
1905	71,032	52,041	14,914	4,077	92.3%	91,594	—	—	1,216	76.9%
1906	85,813	61,391	19,559	4,863	88.2%	109,211	90,355	12,631	6,225	73.8%
1907	106,103	77,693	21,763	6,648	80.7%	128,271	103,291	15,570	9,409	75.4%
1908	130,156	94,683	25,625	9,848	87.1%	131,736	103,372	16,801	11,563	77.9%
1909	142,279	100,530	26,901	14,848	85.3%	128,197	98,572	19,014	10,611	75.3%
1910	147,828	103,993	27,452	16,383	87.8%	127,805	99,377	19,375	9,053	77.2%
1911	146,967	105,189	29,700	12,078	83.7%	142,379	110,118	22,620	9,640	85.0%
1912	159,249	112,563	33,592	13,094	81.0%	151,595	117,524	26,049	8,022	79.3%
1913	171,308	123,044	34,257	14,007	82.5%	170,729	132,385	27,733	10,611	76.5%
1914	175,658	127,546	34,746	13,367	82.7%	181,373	135,240	34,135	11,998	69.0%
1915	182,545	131,089	35,749	15,707	84.2%	190,587	141,931	36,064	12,592	64.8%
1916	193,417	142,510	35,947	14,959	82.6%	209,903	154,339	40,264	15,299	65.2%
1917	226,896	161,569	42,369	22,957	85.8%	227,924	160,851	48,440	18,633	63.9%
1918	263,244	178,125	50,749	34,370	86.5%	253,767	168,938	49,835	34,998	66.1%
1919	344,977	238,965	62,895	43,116	88.0%	329,923	215,974	79,658	34,291	77.4%
1920	461,268	328,172	82,498	50,597	77.9%	544,241	339,419	134,916	69,906	74.4%
1921	529,255	364,038	95,697	69,519	79.7%	632,814	410,132	137,356	85,326	72.9%
1922	612,327	389,160	98,615	124,552	83.4%	763,501	503,157	163,599	96,745	75.1%
1923	1,069,880	602,318	321,922	145,640	122.0%	792,475	515,814	158,707	117,954	77.5%
1924	1,129,502	644,607	333,363	151,531	122.7%	862,263	558,847	184,142	119,274	76.9%
1925	1,179,299	673,197	348,127	157,975	118.5%	1,001,950	650,174	213,941	137,834	80.0%
1926	1,270,736	—	—	—	113.0%	1,028,188	673,055	215,225	139,908	74.2%

出典：『慶應義塾学報』『三田評論』各年度所載「度慶應義塾収支勘定決算報告」「慶應義塾学事及会計報告」および『早稲田学報』各年度所載「早稲田大学報告」より著者作成。

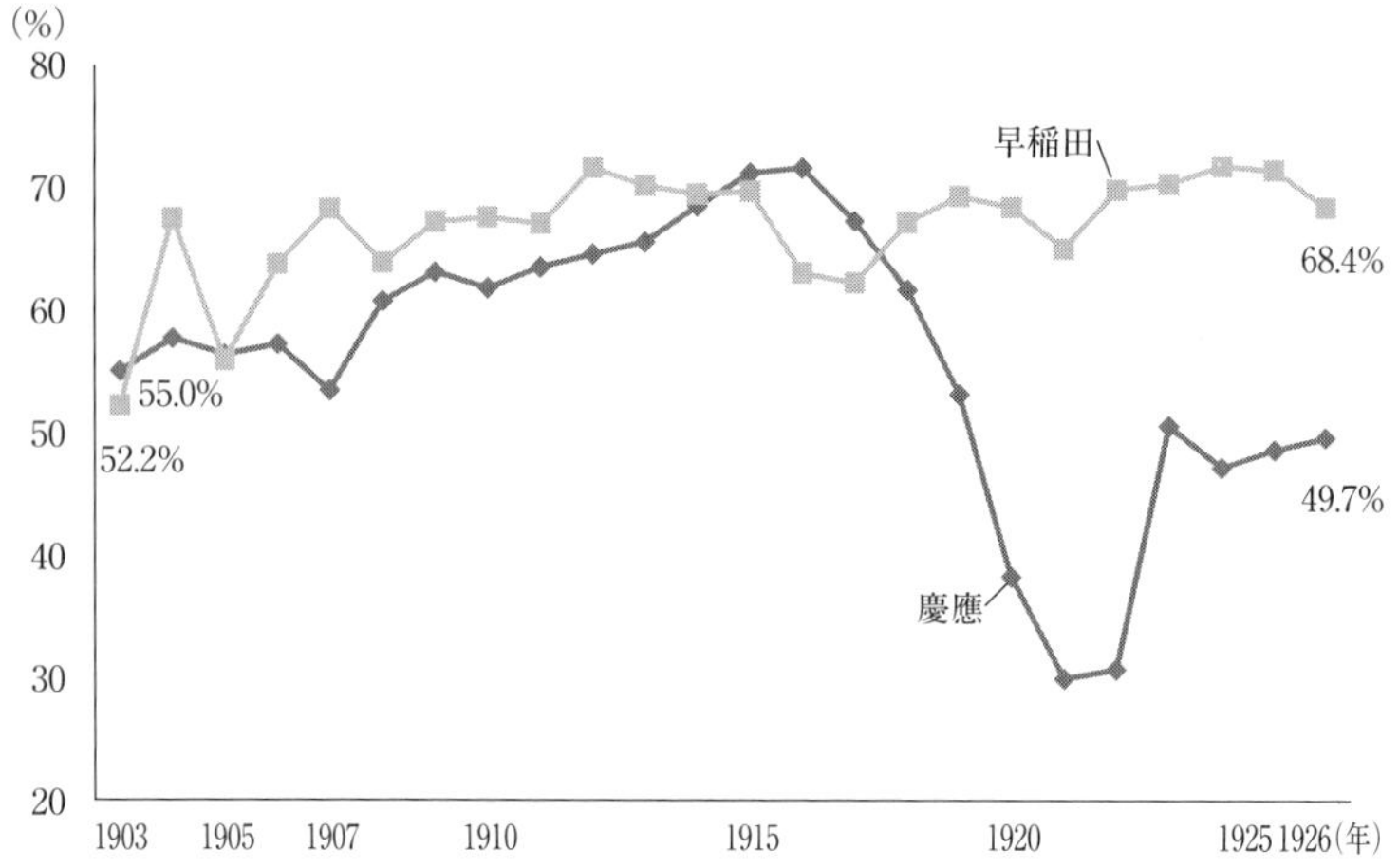

図2-7　総人件費が総支出に占めた割合

出典：『慶應義塾学報』『三田評論』各年度所載「慶應義塾収支勘定決算報告」「慶應義塾学事及会計報告」及び『早稲田学報』各年度所載「早稲田大学報告」より著者作成。

は、早稲田に二年先行する一九二三（大正一二）年の時点で、総人件費が一〇〇万円を超えた。総人件費は年々増大したわけだが、先行研究によれば、当時の私立高等教育機関の経営は、学納金収入で教員の人件費を賄う自転車操業のような経営であったとされる。そこで学納金収入に占める総人件費の割合を表2-3中から確認する。すると明治後期から大正初期の慶應では、八〇～九〇％程度と、学納金収入とほぼ同程度の金額を人件費に費やしていた。そして一九一三（大正一二）年以降は、一〇〇％を超過した。附属病院経営によって人件費が急増し、学納金収入だけでは、人件費を賄うことが不可能であったことを示している。最後に**図2-7**から総人件費が総支出に占めた割合を確認すると、一九〇三（明治三六）年は慶應で五五・〇％、早稲田で五二・二％であり、以降一九一四（大正三）年ごろまで平均して約五％程度早稲田が上回っていた。しかしその後は早稲田が六〇～七〇％台で推移する中で、慶應では急激に低下した。医学部及び附属病院が開設し、総支出が大幅に拡大した結果、相対的に割合が低下したのである。

次に区分別に一九〇六（明治三九）年と、一九二〇（大正九）年とを比較すると、慶應では教員給与が約五・三倍（三二万八一七二円／六万一三九一円）、職員給与が約四・二倍（八万二四九八円／一万九五五九円）、諸手当等が約一〇・四倍（五万五九七円／四八六三円）となり、早稲田では順に約三・八倍（三三万九四一九円／九万三五五円）、約一〇・七倍（一三万四九一六円／一万二六三一円）、約一一・二倍（六万九九〇六円／六二二五円）へと拡大した。慶應の一九二三（大正一二）年以降の教員及び職員給与の急拡大は、附属病院の開設が原因である。『三田評論』第三二四号所載「大正十二年度慶應義塾学事及会計報告」によれば、同年の経済学部には教員が三〇名、助手が五名配置されていた。だが医学部には教員が七三名、助手が二四三名も配置されていた。医学部助手は、「解剖学教室」や「小児科学教室」といった総計一八の教室に配置されており、これによって教員給与を示す費目である「教師及助手給料」は増大したと推察される。さらに薬局員や事務員も病院経営には不可欠であるゆえ、職員給与も増大したのであろう。

他方で早稲田の教員給与も一九二〇（大正九）年ごろから拡大の様相をみせており、病院経営を行わずとも大正末期には、慶應とほぼ同額に達していた。早稲田でも教員数の正確な数字は、公表されていない。そこで延べ人数ではあるが学部に配置された教員数を「早稲田大学報告」から確認する。(9) すると一九二五（大正一四）年度は政治経済学部が四五名、法学部が三六名、文学部が七六名、商学部が三三名、理工学部が一〇七名となっていた。文系四学部は、共通科目や学部間をまたいで講義を行う教員が比較的多く、教員数には重複者も多いと推察される。一方の理工学部では、そうした意味での重複者は少ないであろうし、また実験補助を担当したであろう講師が、多く配置されていた。ゆえに早稲田の大正期後半の教員給与の増大は、理工学部教員によるところが大きかったと推察できる。なお職員給与も年々増加しており、とくに一九二〇（大正九）年以降はそれが顕著である。ただし早稲田では、慶應の病院経営に類する新規事業はなく、職員数が慶應と同程度急増したとは考えにくい。すると職員個人の給与単価が大きく上昇した可能性があり、職員個人単位での検討が必要である。

表2－4　教職員給与・諸手当等が総人件費に占めた割合

年	慶　應			早稲田		
	教員給与	職員給与	諸手当等	教員給与	職員給与	諸手当等
1906	71.5%	22.8%	5.7%	82.7%	11.6%	5.7%
1910	70.3%	18.6%	11.1%	77.8%	15.2%	7.1%
1914	72.6%	19.8%	7.6%	74.6%	18.8%	6.6%
1918	67.7%	19.3%	13.1%	66.6%	19.6%	13.8%
1922	63.6%	16.1%	20.3%	65.9%	21.4%	12.7%
1925	57.1%	29.5%	13.4%	64.9%	21.4%	13.8%

出典：『慶應義塾学報』『三田評論』各年度所載「度慶應義塾収支勘定決算報告」「慶應義塾学事及会計報告」および『早稲田学報』各年度所載「早稲田大学報告」より著者作成。

人件費分析の最後として、総人件費に対して教員給与、職員給与、諸手当等が占めた割合を表2－4に示した。大まかにみれば慶應も病院経営が本格化する一九二二（大正一一）年までは、「教員給与：職員給与：諸手当等＝七：二：一」の傾向であったことが確認できる。ただ年々、職員給与や諸手当等の割合が高まったことで、教員給与の割合は相対的に低下した。職員数は学生数の増加や高等教育機関としての発展に伴い増加したであろうし、待遇も次第に改善されたであろう。例えば慶應では一九一二（大正元）年九月一七日に死亡手当に関する規定が、さらに同時期に退職手当給与の規定も制定された。以後、一九二一（大正一〇）年と一九二四（大正一三）年には、改定もなされた（慶應義塾、一九六四、六一六頁）。一方の早稲田では、早くも一九〇三（明治三六）年の時点で「教職員年金規定」が制定されていた。だが現実には年金制度の実施が困難となったため、代替措置として退職金制度（「職員退職手当規定」）、生命保険による遺族慰藉（「生命保険ニ依ル遺族慰藉規則」）、教職員積立金制度（「教職員積立金規定」）がとられるようになった（早稲田大学大学史編集所、一九八七、六四九―六六八頁）。このように両校では私立大学への昇格過程で、教職員の待遇改善に努めており、その結果、諸手当等の金額も増加したと考えられる。

b　諸税

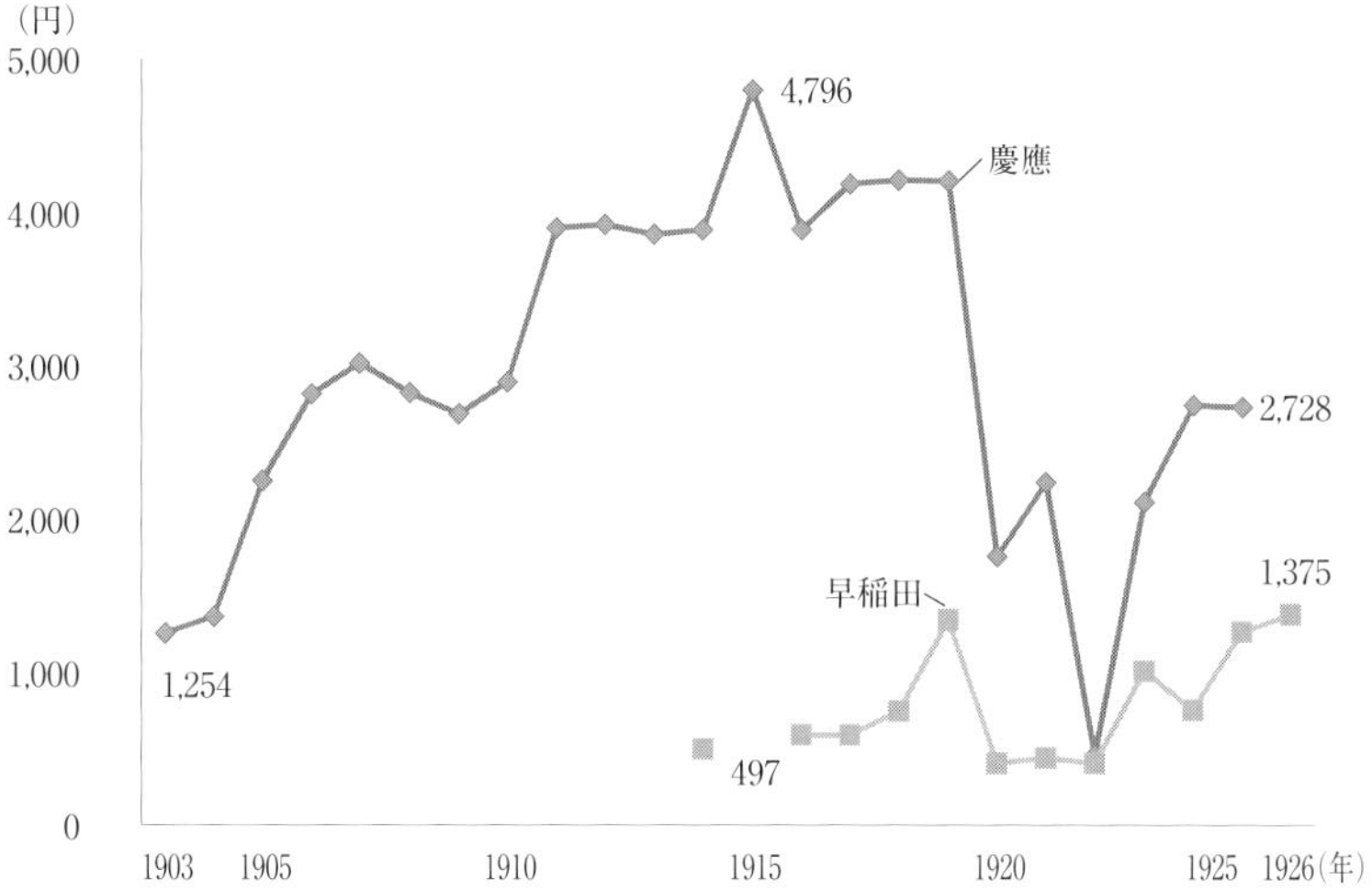

図2－8　諸税の推移

出典：『慶應義塾学報』『三田評論』各年度所載「慶應義塾収支勘定決算報告」「慶應義塾学事及会計報告」及び『早稲田学報』各年度所載「早稲田大学報告」より著者作成。

諸税に関しては、慶應で一九〇三（明治三六）年から、早稲田では一九一四（大正三）年から、収支決算表に計上されていた。この諸税の内訳は不明だが[10]、**図2-8**によれば両校ともにその金額は軽微で、最大でも四七九六円（慶應：一九一五年）であり、その年度の慶應の総支出の約一・九％に過ぎなかった。しかし興味深いのは、一九二〇（大正九）年に、両校とも前年度の半額以下にまで低下したことである。

当時の原敬内閣は、一九一九（大正八）年四月五日に「私立學校用地免租ニ關スル法律」（法律第三八号）を制定した[11]。この法律は幼稚園から専門学校、高等学校、大学におよぶ私立学校を対象に、国税である地租を免租することを規定した法律であった（有料借地は対象外）。免租となる地租総額は、一九一九（大正八）年当時の概算によると、私立学校全体で三万六〇〇〇円程度であった（森川、二〇〇八、二〇頁）。授業料収入に依存する私学としては、少額であっても支出削減は重要であったはずであり、両校もその恩恵を受けたと推察される。それが一九二〇（大正九）年の低下に影響していた可能性が考えられる。これ以降、一九二六（大正一五）年まで諸税が総支出に占めた割合を確認すると、両校とも〇・一％程度であった。

c 教育研究経費

教育研究経費は、人件費や諸税と異なり、しばしば費目名が改称された。また管理運営目的の経費が含まれていた可能性も否定できない。したがってこれまでのような比較分析が難しいため、以下では機関ごとに教育研究経費を大まかに、①教授に関する費用、②図書・刊行物・製本に関する費用、③学会補助・奨学金、④海外留学・研究出張補助の四つに区分して、費目の整理を行い、金額を確認する。

慶應では①教授に関する費用は、一九〇三（明治三六）年の本塾勘定では教授用器械費二九七円、教授用薬品費が一五三円とされており、「慶應義塾勘定」へ一本化された一九一一（明治四四）年からは、教授用器具器械薬品及標本が二六五〇円と計上され、一九二四（大正一三）年からは教授用品費一五四三五円となった。②図書・刊行物・製本に関する費用は、一九〇三（明治三六）年に書籍費（後に図書費へ変更）二〇〇六円、一九一四（大正三）年には諸刊行物及製本費一〇〇一円が計上され、両者は一九二六（大正一五）年に図書費諸刊行物及製本費として一本化され、三万七五〇八円であった。③学会補助・奨学金は、一九〇九（明治四二）年に三田学会補助金一二〇〇円が、翌年に三田文学補助金八五九円が、一九一四（大正三）年に中上川奨学金五八五円が、一九二一（大正一〇）年に三田史学会補助三〇〇円、法学会補助一〇〇〇円が計上され、一九二六（大正一五）年には学会補助及奨学金七〇二六円へ一本化された。④海外留学・研究出張補助は、一九〇三（明治三六）年から海外留学（生）費（途中、外国留学生費）として計上され、同年は二四〇〇円、一九二五（大正一四）年には三万三三二四円となっていた。他に外国研究出張補助等も大正期から追加され、一九二六（大正一五）年には、海外留学費、研究出張補助及旅費として一本化されて、六万三〇四三円が計上されていた。

早稲田では①教授に関する費用は、一九一〇（明治四三）年に教授用消耗品費が一三七〇円計上され、一九一四（大正三）年から実験実習費八二七一円となり、一九二六（大正一五）年には四万七一三九円を計上した。他には器具費（途中、機械及器具費）も①に相当すると考えられ、一九二六（大正一五）年には一万二七三八円を計上した。②図書・刊行物・製本に関する費用は、図書館費が相当するが、これは図書費だけでなく館費（管理運営費用）も含んでいた。②の経費は、一九〇三（明治三六）年から一貫して計上され、同年が一万四七五円、一九二六（大正一五）年は三万一七〇七円を計上していた。なお他に系列校である早稲田工手学校の経費も計上されていた。③学会補助・奨学金は、「学会補助費」として一九〇四（明治三七）年に三六二円、一九二五（大正一四）年に三五〇〇円が計上された。④海外留学・研究出張補助は、特待研究生給、海外留学生費などが該当すると考えられる。とくに後者は一九〇四（明治三七）年より計上され、同年が六二五〇円、一九二六（大正一五）年には二万五三円が計上された。

以上、教育研究経費を、費目名称から四つに区分にして概観してきた。①から④の費目区分は、著者が便宜的に設定しており、以上の数値は参考値にすぎない。だが教育研究経費の総額は一九二六（大正一五）年時点で慶應が一〇万七五七八円、早稲田一三万九四九五円であり、総支出に対して前者では約四・二%、後者では約九・三%を占めていた。

d事業経費

事業経費は、慶應の病院経費のみ指摘しておく。前述の病院収入と同様に病院経費についても、一九二三（大正一二）～一九二五（大正一四）年の三年間のみ、内訳が確認できる。本書では「教室費」や「剖検材料費」を病院経費とみなして分析を行う。

表2－5　病院経費の推移

	1923年（大正12）	1924年（大正13）	1925年（大正14）	1926年（大正15）
教室費	114,800	134,390	120,937	
病院費	241,603	297,841	258,980	
剖検材料費	5,691	5,340	5,920	
患者賄其他炊事費	242,502	258,524	255,957	
看護婦産婆養成費	37,155	46,386	47,341	
食養研究所費			1,235	
事務費	24,964	22,007	23,709	
病院費其他				581,661
合計（円）	666,715	764,489	714,078	581,661
総支出に占める割合	31.5%	31.9%	29.5%	22.7%

注1：薬局員給料は病院経費とみなせるが、1926（大正15）年の「病院費其他」に含まれていないと想定でき、本研究では病院経費には含めなかった。
注2：「教室費」・「剖検材料費」・「看護婦産婆養成費」は教育研究経費ともみなせるが、これらは1926（大正15）年の「病院費其他」に含まれると想定でき、本研究では病院経費とした。
出典：『三田評論』各年度所載「慶應義塾学事及会計報告」より著者作成。

表2－5から病院経費は一九二六（大正一五）年に低下するが、それまでは七〇万円程度と総支出の約三割を占めていた。内訳をみると「病院費」と「患者賄其他炊事費」が高額であり、続いて教育研究目的の性格が強い「教室費」、「剖検材料費」、「看護婦産婆養成費」と続いた。病院経費は、人件費に次ぐ支出項目であった。

(2)　資産と負債

資産と負債に関しては、慶應では一九〇二（明治三五）年度から、早稲田では一九〇四（明治三七）年度から報告されていた。だが両校の貸借対照表には、費目の扱いに違いも多い。とくに早稲田では、一九一九（大正八）年前後で寄附金に関する費目の処理が大きく異なった。よって以下では比較分析の形式をとらずに、機関別に資産と負債の推移を確認する。

①慶應

表2－6は分析期間における慶應の資産と負債及び寄附金の推移を示しており、内訳については現金及預金、有価

表2-6　慶應の資産・負債・寄附金の推移（円）

年	資産							負債　B（円）	B/A	寄附金C（円）	C/A
	総額　A（円）	現金及預金（円）	有価証券（円）	土地（円）	建物（円）	備品・図書（円）	その他（円）				
1903	291,875	6,551	126,720	28,825	119,422	—	10,358	2,435	0.8%	269,989	92.5%
1904	317,483	44,626	127,750	28,825	112,422	—	3,861	3,592	1.1%	290,070	91.4%
1905	326,130	57,425	130,606	28,825	105,422	—	3,853	1,738	0.5%	306,885	94.1%
1906	337,501	113,578	76,793	28,825	117,446	—	860	1,750	0.5%	314,229	93.1%
1907	955,350	86,818	326,485	425,603	115,676	—	768	1,950	0.2%	943,503	98.8%
1908	1,008,060	39,401	409,073	425,603	128,907	—	5,076	1,717	0.2%	973,163	96.5%
1909	1,016,274	382,525	45,073	425,603	121,981	—	41,092	1,911	0.2%	983,712	96.8%
1910	1,031,853	339,574	45,073	425,603	114,981	—	106,621	1,876	0.2%	998,523	96.8%
1911	1,079,335	275,897	75,173	425,603	107,981	—	194,680	3,314	0.3%	1,014,855	94.0%
1912	1,119,053	275,810	74,978	425,603	100,981	—	241,681	5,999	0.5%	1,018,542	91.0%
1913	1,157,007	305,133	74,978	425,603	316,288	15,976	19,029	8,620	0.7%	1,047,124	90.5%
1914	2,168,576	289,868	128,122	1,069,992	456,095	160,162	64,338	12,897	0.6%	2,011,012	92.7%
1915	2,230,507	153,408	212,227	1,140,187	542,154	167,312	15,219	4,004	0.2%	2,030,829	91.0%
1916	2,294,598	150,648	175,358	1,150,074	543,354	172,432	102,732	9,468	0.4%	2,041,687	89.0%
1917	3,270,677	896,700	154,038	1,200,519	729,791	189,871	99,758	14,032	0.4%	2,983,935	91.2%
1918	3,753,795	1,110,436	145,508	1,200,519	729,791	197,794	369,747	17,435	0.5%	3,433,668	91.5%
1919	5,508,520	564,916	161,320	2,145,702	729,791	211,198	1,695,594	838,130	15.2%	4,351,188	79.0%
1920	6,744,109	30,222	244,699	2,145,702	729,791	220,214	3,373,481	1,460,455	21.7%	4,790,123	71.0%
1921	7,053,313	98,444	244,001	2,190,994	2,452,004	1,204,553	863,316	1,309,354	18.6%	5,009,390	71.0%
1922	7,050,240	21,454	339,824	2,131,073	2,792,163	1,238,496	527,231	1,041,194	14.8%	5,184,714	73.5%
1923	7,615,775	338,315	338,978	2,131,073	2,841,836	1,247,848	717,726	1,402,619	18.4%	5,290,684	69.5%
1924	8,051,340	403,585	461,918	2,157,084	2,797,962	1,268,242	962,548	1,541,948	19.2%	5,462,416	67.8%
1925	8,434,582	461,104	589,771	2,157,084	2,797,962	1,282,977	1,145,683	1,454,130	17.2%	5,612,684	66.5%
1926	8,609,953	322,624	595,767	2,169,433	2,808,353	1,322,359	1,391,417	1,374,368	16.0%	5,790,732	67.3%

注１：現金及預金は現金、定期預金、当座預金等をたしあわせた金額である。
注２：建物は『塾監局小史』の分析を踏襲して本勘定となったものを集計しており、建築費勘定の段階ではその他に含めた。
注３：備品・図書に関して、1921・1922年度のみ計上された医学部校舎及病院設備は、1923年度以降の設備及備品に相当するため、備品・図書として集計した。
注４：負債は諸預り金、学資預り金、未払金、借入金等をたしあわせた金額である。
注５：負債、寄附金はグルーピングの仕方が若干異なるため、『塾監局小史』所載「慶応義塾財産の推移」とは多少異なることを断っておく。
出典：『慶應義塾学報』及び『三田評論』各年度所載「慶應義塾収支勘定決算報告」及び「慶應義塾学事及会計報告」より著者作成。

証券、土地、建物、備品・図書、その他の六つに区分して整理した。加えて**図2-9**でそれら六つの資産区分が資産総額に占めた割合を示した。まず資産総額をみると一九〇三（明治三六）年は二九万一八七五円であったが、一九二六（大正一五）年には八六〇万九九五三円と約二九・五倍まで拡大した。資産区分別にみれば、現金及預金と有価証券は年度によって金額に変動が大きく、私立大学へ昇格する一九二〇（大正九）年以前は、資産総額に対して比較的大きな割合を占めていた。とくに有価証券は、一九〇三（明治三六）年から一九〇八（明治四一）年にかけて、資産総額の二三％から四三％にも達していた。保有した有価証券の種類・銘柄等の全容は明らかでなく、利回りも不明だが[12]、これが先述した明

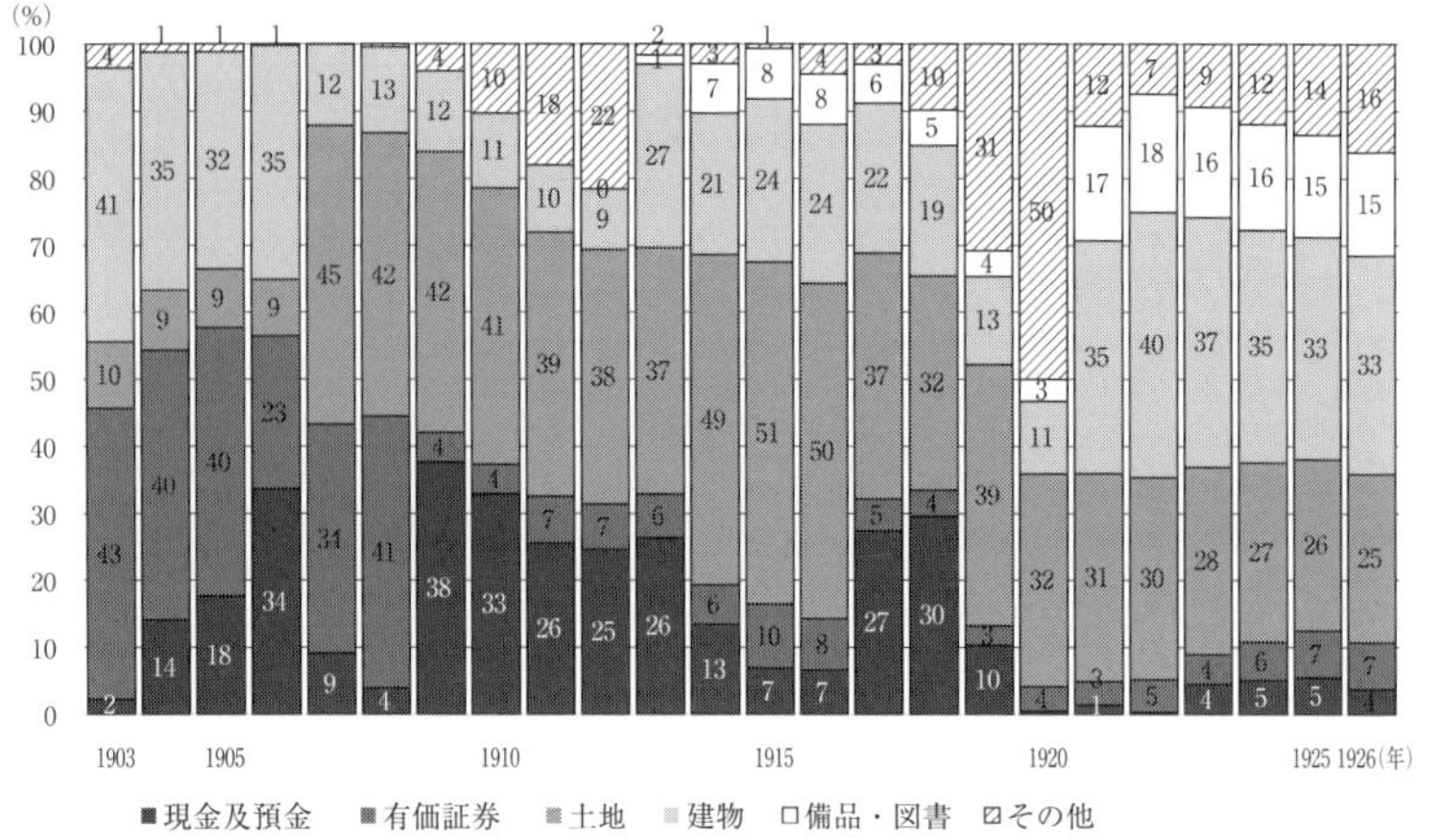

図2－9　慶應資産の構成比推移

出典：『慶應義塾学報』及び『三田評論』各年度所載「慶應義塾収支勘定決算報告」及び「慶應義塾学事及会計報告より著者作成。

治期における総収入の一割弱を占めた利子・配当金収入を生み出す原資であったと推察する。次に土地に関しては、一九〇七（明治四〇）年と一九一四（大正三）年に、建物に関しては一九一三（大正二）年と一九二一（大正一〇）年に増大した。割合をみると、土地は一九〇七（明治四〇）年から一九一九（大正八）年にかけて資産の四〇％程度を占め、建物は附属病院開院後の一九二一（大正一〇）年ごろから三三～四〇％を推移していた。最後に備品・図書だが、これらが貸借対照表に初めて計上されたのは、一九一三（大正二）年度であり、以降、金額は年々増加した。増加の理由は、一九二〇（大正九）年までは図書が金額の大半を占めたが、その後は医学部や大学病院で使用した機器が金額のかなりの部分を占めていた。以上のようにして資産額は増大したが、一九二三（大正一二）年以降は各資産構成の割合が比較的安定しており、現金及預金と有価証券で総資産額の約一〇％、土地と建物で約六〇％、備品・図書で一五％、その他で一五％という割合であった。

他方で負債は、一九一八（大正七）年までは小額の預り金がほとんどで、資産額の一％にも満たなかった。負債が増加したのは、一九一九（大正八）年に借入金八〇万円が計上されてからであった。翌年度には一四二万五〇〇〇円にまで達し、分析期間における最大の借入金額となった。この借入金は、医学部建設資金の不足分として借入れたものである。医学部及び大学病院建設は、収支並びに資産規模を大きく拡大させた一方で、それまで実質負債ゼロであった慶應に、長期負債をもたらした要因でもあった。さらに一九二三（大正一二）年度以降は、関東大震災からの復興を目的に発行した「塾債」によって、負債額は増大した[13]。

ただし大正後期に負債が増大したとはいえ、負債だけでは分析期間における資産の拡大が説明できない。なぜなら大学昇格以前の一九二〇（大正九）年までの収支差額は平均二万七四二円、昇格から大正末期までのそれも一六万七一三四円に過ぎず、そうした経常収支の余剰分を蓄積しただけでは、到底この資産額に及ばないからである。そこで貸方に計上された費目である寄附金の推移を検討すると[14]、寄附金が慶應の資産形成に大きく寄与していたことが理解できる。慶應では分析期間において複数の寄附募集事業を実施し、寄附金を原資に学部新設を行い、土地および建物といった固定資産を取得していた。とくに大学昇格以前においては、寄附金は資産総額の九〇％以上に相当しており、慶應では寄附金が学納金収入と同様に、必須の財源であったといえるのである。

②早稲田

一九〇七（明治四〇）年度のみ史料を確認できないが、**表2-7**及び**図2-10**から資産総額の推移を確認すると、一九〇四（明治三七）年は二四万三九六円であったのが、一九二六（大正一五）年には四八八万七三二八円と約二〇・三倍まで拡大した。資産区分ごとにみると、経常部では一九一七（大正六）年ごろまで、現金及預金は小額の保有であり、有価証券に限っては、保有していなかったようである。だが一九二〇（大正九）年以降から、従前と比べて多額の現金及預金と有価証券を保有するようになり、両者で総資産額の約二〇％程度を占めるようになった。これは貸借対照表に「供託有価証一三万一九六二円」（一九二〇年）、「文部省供託有価証券二六万一一九一円」（一九二三年）とあり、私立大学の昇格条件とされた供託金であった。次に土地だが、早稲田は一九〇八（明治四一）年二月に穴八幡下（四〇九六坪）に初めて所有地を獲得し、大隈重信寄附の大学敷地（六八七六坪）と合わせて登記を行った。以後、拡張は進み、一九二一（大正一〇）年度の財産目録によれば、構内敷地其他総坪数は四万四七一五坪あまりにまで拡大した。なお建物は、一九〇四（明治三七）年から一九〇六（明治三九）年において資産総額の約八〇％を占める資産科目であった（図2-10）。以後は割合こそ下がったが、所有地の拡大とともに建物の建設も進み、一九二六（大正一五）年度には一九〇四（明治三七）年度の約一〇・八倍にまで増えた。[15] 最後に備品・図書だが、理工学部設置以降、教授用の機械、器具、工具、標本等が図書の他に加わり、一九二〇（大正九）年度では、備品（機械工具及標本）が一六万四七〇九円、図書が二二万四九八八円、一九二六（大正一五）年度では順に三二万二七四六円、四一万四五五円であり、資産に対して一〇〜一五％程度を占めていた。

このように資産は拡大したわけだが、早稲田では大正期に入っても収支差額が赤字となる年度が確認された。したがって継続的に経常費の余剰分を資産形成の原資に充てることは不可能であり、慶應以上に資産形成は困難を極めたと推察できる。そこで負債をみると、一九〇四（明治三七）年時点で資産額に対して約二八・九％の負債を抱えていた。これは建築借入金を主としており、その一部として森村銀行から三万円借入れたことが、早稲田大学第二二回報告資産負債表には報告されている。以後も一九一九（大正八）年度まで資産に対して一〇〜二三％程度の負債を計上しており、割合が下がるのは一九二〇（大正九）年以降であった。それに対して寄附金は一九〇九（明治四二）年以降、資産に対して七〇％近くを占めるまで拡大していた。[16] 慶應と同様に早稲田でも、寄附募集事業を複数回実施しており、寄附金が資産形成に大きく寄与したと考えられるのである。

表2－7　早稲田の資産・負債・寄附金の推移（円）

年	資産							負債	B/A	寄附金	C/A
	総額　A（円）	現金及預金（円）	有価証券（円）	土地（円）	建物（円）	備品・図書（円）	その他（円）	B（円）		C　（円）	
1904	240,396	825	—	—	188,565	43,256	7,751	69,423	28.9%	126,074	52.4%
1905	307,211	2,542	—	—	242,099	49,687	12,883	52,001	16.9%	158,473	51.6%
1906	343,839	4,212	—	—	270,608	60,627	8,392	41,007	11.9%	188,246	54.7%
1907	—	—	—	—	—	—	—	—	—	—	—
1908	555,827	7,105	—	172,158	276,587	88,124	11,854	104,148	18.7%	324,698	58.4%
1909	601,425	13,657	—	172,158	306,666	96,463	12,481	85,511	14.2%	384,070	63.9%
1910	661,407	23,175	—	172,158	350,457	103,158	12,459	70,487	10.7%	458,695	69.4%
1911	867,973	17,645	—	244,246	444,373	149,275	12,434	143,982	16.6%	605,183	69.7%
1912	1,066,041	17,823	—	330,944	486,253	218,587	12,434	235,569	22.1%	709,875	66.6%
1913	1,198,433	20,449	—	333,944	551,065	249,125	43,849	269,872	22.5%	792,859	66.2%
1914	1,232,900	40,895	—	311,657	562,176	270,635	47,536	198,490	16.1%	839,723	68.1%
1915	1,392,211	34,750	—	442,664	569,551	293,100	52,146	209,287	15.0%	938,173	67.4%
1916	1,511,101	50,342	—	513,364	591,293	310,923	45,178	241,411	16.0%	975,906	64.6%
1917	1,569,032	33,804	3,750	538,753	609,173	333,565	49,987	175,089	11.2%	1,040,839	66.3%
1918	1,697,648	102,006	5,000	527,080	675,200	345,744	42,619	175,381	10.3%	1,152,026	67.9%
1919	1,880,472	141,696	35,000	551,123	700,592	412,662	39,399	248,184	13.2%	1,224,553	65.1%
1920	3,794,322	387,870	296,240	869,256	1,081,289	389,697	769,970	221,533	5.8%	3,027,523	79.8%
1921	3,985,030	256,290	368,517	931,581	1,186,985	460,709	780,948	240,731	6.0%	3,089,943	77.5%
1922	4,083,002	333,653	374,248	931,603	1,290,440	502,933	650,124	255,167	6.2%	3,107,981	76.1%
1923	4,114,210	517,658	442,234	816,977	1,200,758	538,795	597,787	164,592	4.0%	3,283,781	79.8%
1924	4,367,107	394,553	441,734	800,777	1,381,057	567,652	781,335	267,163	6.1%	3,367,215	77.1%
1925	4,882,154	105,104	541,484	965,373	1,930,263	649,177	690,752	428,688	8.8%	3,344,822	68.5%
1926	4,887,328	93,889	649,423	881,008	2,031,294	733,201	498,513	220,829	4.5%	3,699,936	75.7%

注1：現金及預金は現金、定期預金、当座預金等をたしあわせた金額である。
注2：会計制度の変更により1920～1925年は、寄附金申込者に対する機関の債権という考え方から、資産に未収基金が計上されていた。表中ではその他に含めた。
注3：負債は各種借入金・預り金、未払金、未経過収入等を合算した金額である。なお表中では負債、寄附金はグルーピングの仕方が異なるため、染谷（1992）の数字とは異なる。
注4：本研究では「早稲田大学報告」を一貫して用いており、1926年の資産額は沿革史及び染谷（1992）の数字とは異なる。
出典：『早稲田学報』各年度所載「早稲田大学報告」より著者作成。

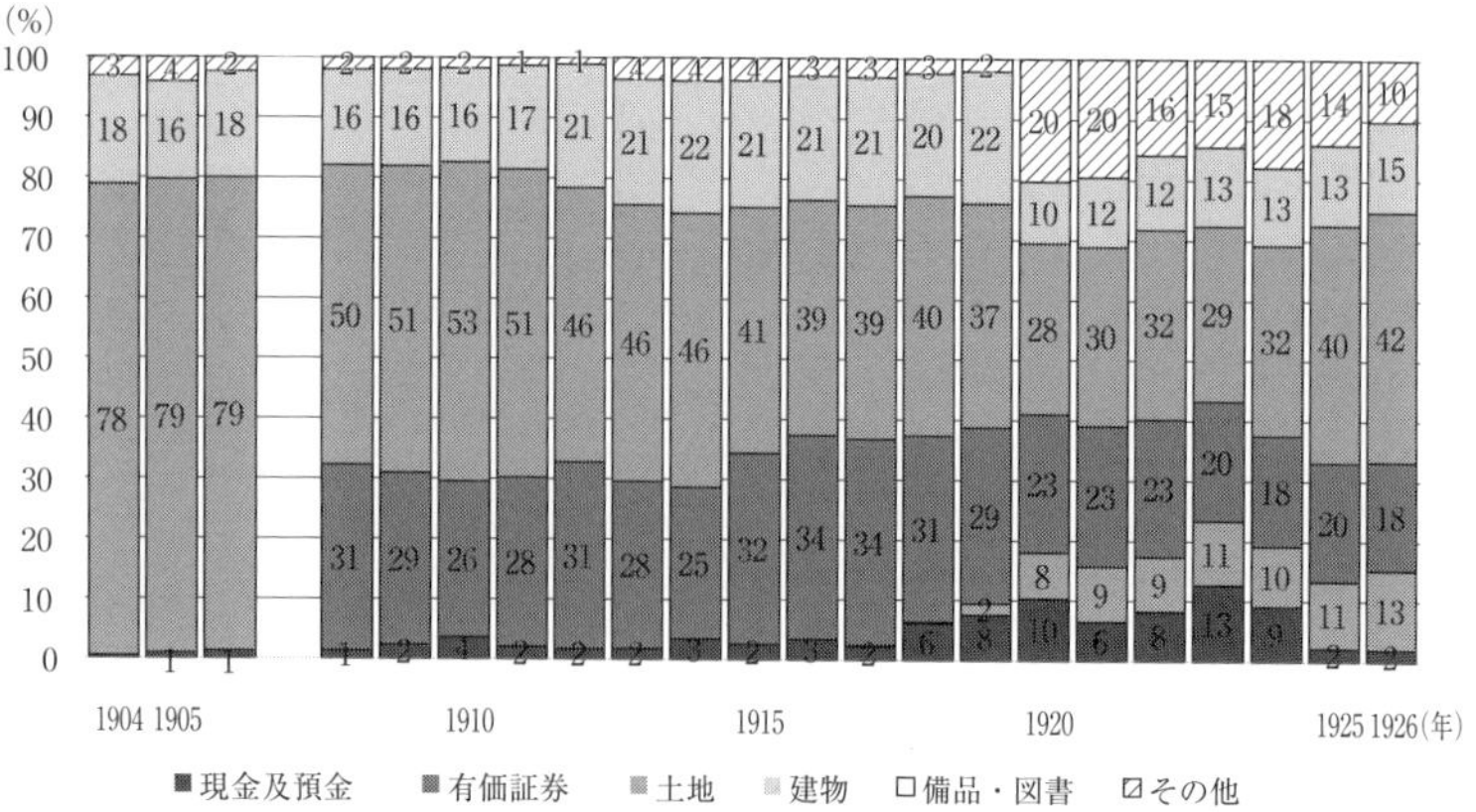

図２−10　早稲田資産の構成比推移

出典：『早稲田学報』各年度所載「早稲田大学報告」より著者作成。

3　財務構造からみる資金の調達と配分

本章では明治後期から大正期における両校の発展過程を、財務面から考察した。収入に関しては、分析期間において終始黒字経営であった慶應に対し、早稲田では赤字経営が確認された。その中で最大の収入費目である学納金収入は、学生数の増加により両校とも年々増えたが、総収入に占めた割合は、早稲田では八〇～九〇％と慶應より多くを占めていた。つまり早稲田は慶應と比較して、より学納金収入に依存した経営であった。一方で慶應では、明治期において有価証券を多く所有しており、そこから総収入の一割程度の利子・配当金収入を得るなど、早期より財源の多様化に努めていた可能性も確認された。また病院収入は大正末期の収入規模の拡大に大きく貢献した。支出に関しては最大の支出費目であった人件費は、総支出に対して、慶應では大正前期頃まで五〇～七〇％台を推移し、早稲田はそれより数％高い状態で推移した。総人件費を細かくみれば、概ね「教員給与：職員給与：諸手当等」が「七：二：一」の割合であり、大正後半になるにつれ、職員給与や諸手当等が割合を大きくする傾向にあった。

資産・負債についても検証を行った。資産は分析期間を通して収支同様に拡大の一途であった。ただ資産構成を見ると、明治後期から大正前半では資産構成比に顕著な差異がみられたが、大学令による大学昇格後は、資産構成比は近似しており、両校とも安定的に推移した。一方で負債は全く異なり、慶應では一九一八（大正七）年ころまでほぼ負債ゼロの経営を行い、それ以後は附属病院建設に伴う借入が原因となり、資産額に対して二〇％程度の負債を抱えるようになった。早稲田では一九一九（大正八）年ころまで資産額に対して一〇～三〇％台程度の負債を抱えていたが、それ以後は最大でも八・八％（一九二五年）程度にまでその割合を下げた。最後に本章では寄附金にも言及した。両校、とくに早稲田では経常収支の余剰は少なく、その余剰だけでは、高等教育機関としての教育条件向上のために必要なインフラ整備を行うことは不可能である。分析期間において両校は、数回の寄附募集事業を実施していたが、寄附金は資産額に対して、慶應では七〇～九〇％前後、早稲田では五〇～八〇％をも占めていた。すなわち他の私立高等教育機関に先駆けて大学部を設置し、大学令によっていち早く私立大学へと昇格した早慶両校において、寄附金は経営上、必須の財源であったことが明らかになった。

以上、本章では、両校の財務の拡大過程を比較して考察した。だが考察の結果を踏まえてもなお、分析期間における両校の経営実態は明らかになったとは言い難い。より精緻な実態解明には、資金の調達と配分という観点から、大別して二つの分析課題に取り組む必要がある。一つは人件費分析である。既述のとおり人件費は、経常収支において最大の支出費目であり、経営を圧迫する最たる要因であった。これは両校に限らず、他の私立高等教育機関にも共通していた。そのためほとんどの私立高等教育機関で、時間教員（非常勤教員）に頼った経営がなされていたことは、大学史・高等教育史の先行研究が示すところである。だが一方で、高コストではあったが、早慶両校は他校に先駆けて優秀な学生を欧米の大学へ留学させ、自校出身による専任教員の養成と確保に努めていた。早慶両校は、専任教員の雇用と人件費の管理・抑制という「相克」を如何にして解決したのであろうか。それには教員個人に支給された給与額と、教育課程とを考慮した分析が求められる。中でも授業負担時間や担当授業科目の特徴を考慮した分析が求められよう。また教員給与総額に比べれば小額とはいえ、職員給与の増大も、人件費管理という点では無視できない。職員なしに日々の経営は成り立たないわけで、職員給与が一体どの程度の金額に設定され、職階や職務、個人の資質がどのように金額に反映されていたのかといった、職員給与の実態を明らかにすることも求められる。こうした教員給与および職員給与の実態を明らかにすることは、従来の大学史・高等教育史研究や、本章で行ってきた資金の調達、すなわち収入＝授業料収入という視点と裏表の関係にありながら、十分な考察がなされてこなかった資金の配分、すなわち支出＝人件費（給与）という視点で機関の経営分析を行うことを意味しているのである。

そして注目すべきもう一つは、寄附金分析の必要性である。寄附金が早慶両校の経営に大きく寄与したことは、本章の分析結果から推察される。だが経営という視点に立てば、両校が何を目的に寄附募集事業を計画したのか、そしてどの程度の寄附が集まると見込み、実際にどのような成果であったのかという事業計画そのものの評価（実現可能性）や、実際の資金繰りの実態を検証することが求められる。さらには寄附募集事業の成功（失敗）要因の解明や、どのような人物がいくら寄附を納めたのかという寄附者プロフィールを単位とした考察も求められよう。寄附金に注目し、こうした点を検証することは、先の人件費分析と同様、従来の大学史・高等教育史研究では十分になされてこなかったアプローチである。寄附金分析を行うことは、資金調達の観点では、授業料収入とは異なる財源の多様化を、資金配分の観点では教育機能の充実を目指し、早慶両校が私立高等教育機関として資産形成を成していく経営行動の実態を解明することを意味している。

以上より次章からは、早慶両校の経営実態を解明するために、上記二つの分析課題を機関別に検討する。

注

（1）序章で言及したように戦前期私立高等教育機関の財務実態については、各機関によって沿革史の記述に偏りがある。その中で早慶両校の沿革史は、分析および記述が比較的詳細であり、さらには沿革史とは別に、塾監局小史編集委員会（一九六〇）や染谷（一九九二）による分析もある。本章第四節の分析および記述は、それらの知見に拠るところが多い。その上で本章では、比較分析の形式で、より詳細な費目ごとに分析を行うことで、両校の財務実態を把握する。なお沿革史からの引用については、直接引用した箇所や特筆すべき箇所を除いて、煩雑さを避けるために、逐一注記することを控えた。

（2）収支決算表は一九〇三（明治三六）年度から一九一〇（明治四三）年度までは、「慶應義塾総勘定支決算表」と各部門の収支内訳決算書が作成された。続く一九一一（明治四四）年度は、「慶應義塾収支決算表」となって各部門の決算書と一本化され、一九一二（明治四五）年度と翌年度は単に「決算表」となり、一九一四（大正三）年度からは「決算報告」と表記された。一方で貸借対照表は、一九一一（明治四四）年度までは「慶應義塾貸借対照表」、一九一二（明治四五）年度からは「貸借対照表」、一九一六（大正五）年度からは「財団法人慶應義塾資産負債表」と称された。

（3）本書では一九一〇（明治四三）年以降は『早稲田学報』各年度所載「早稲田大学報告」を採用しているが、それ以前に関しては、一九〇七（明治四〇）年度を除いた一九〇三（明治三六）年度から一九〇九（明治四二）年度は、『東京専門学校（明治三三・三四年度）――早稲田大学報告（明治三六～四二年度）』を用いた。一九〇七（明治四〇）年度は『二五年紀念早稲田大学創業録』所載の財務史料（一一六-一一八頁）を採用した。

（4）経常勘定と基本勘定という会計区分を採用するとともに、それまでの基金を源泉別に分類する方法から、使用目的別に分類する方法へ変更した（染谷、一九九二、六七頁）。

（5）一九〇七（明治四〇）年度のみ資産負債表を確認できない。

（6）『慶應義塾総覧』所載「大学部規則」（大正一一年）によれば、慶應では休学中も学納金を徴収していた。一方の早稲田では「早稲田大学学則」（大正九年四月）に、休学中は徴収しないとされていた。

（7）同史料には、大正期後半の検定料は記載されていない。

（8）供託金納入時の債券等に関する詳細については『中央大学百年史』（通史編：上巻）（中央大学百年史編集委員会専門委員会、二〇〇一、三八〇–三八七頁）に詳しい。それによれば安価で有利な仏貨公債を利用すれば、供託金額は半額以下にまで抑えられたようである。またこうした手法は、「当時ひろくおこなわれた供託の方法」（同三八三頁）であったとされる。

（9）一九二五（大正一四）年度の教員数（延べ人数）は以下のとおりである。

	政治経済学部	法学部	文学部	商学部	理工学部
教授	二三	一二	二六	二〇	二〇
助教授	一	一	五	—	—
講師	二一	二三	四五	一三	一三
合計	四五	三六	七六	三三	三三

出典は『早稲田学報』第三七六号所載「早稲田大学第四三回報告」一三頁。

（10）「記録」から確認できる諸税の内訳として、一八八九年一二月一五日開催第一期第三回評議員会記録には、「地租家屋税」とある。これは現在の固定資産税に相当する。以降は筆者が調べた限り、「記録」でもその内訳を確認できない。

（11）この法律は一九一三（大正二）年三月～一九一九（大正八）年三月にかけて帝国議会において断続的に提案された法案であり、審議には慶應義塾の教員であり、衆議院議員でもあった林毅陸も参加していた。同法律の制定過程と目的に関しては森川（二〇〇八a・二〇〇八b）に詳しい。

（12）参考までに一九〇三（明治三六）年三月一七日開催第六期第一一回評議員会記録には、東京市街鉄道株売却や、北越鉄道株式会社社債券買入の可決が記録されている。また一九〇七（明治四〇）年九月一七日開催第七期第一六回評議員会記録では、大日本製糖株式会社社債五万円分の購入が否決されていた。

（13）塾債は、一九二三（大正一二）年から一九二四（大正一三）年にかけて発行された。募集額は三〇万円（一口五〇円）で利息は年五分、応募は八五一六口、振込金額は四一万六二七五円であった（慶応義塾史事典編集委員会、二〇〇八、八八‐八九頁）。

（14）本書では寄附金として一本化しているが、財務史料上では数多くの費目に分かれていた。具体的には基本金、恩賜金、図書館建設費寄附金、ホール建設寄附金、医学部並化学科建設資金、化学科建設寄附金、指定寄附金、故朝吹英二氏記念寄附金、故和田豊治氏記念寄附金、故和田豊治氏記念寄附金といった費目で計上されていた。

（15）土地や建物に関する詳細は、染谷（一九九二、一九‐二一頁）や和田（一九七七・一九七八）に詳しい。

（16）一九二〇（大正九）年以降、寄附金が資産に対して七〇％強となるのは、会計制度の変更により寄附金に関する勘定科目が「基金」で一本化されたことによる。この点の詳細は第五章に預ける。

第三章　慶應教員の処遇

前章では、明治後期から大正期における早慶両校の経営実態を明らかにする分析課題を提示した。それを受けて本章以降は、各論研究となる。資金配分の観点によれば、人件費は機関財務において最大の支出項目であり、教員給与はその大部分を占めていた。そこで本章では、明治後期の慶應を分析対象に、総人件費の七割を占めた教員給与について考察する。考察の中心は、大学部の授業科目を担当した専任教員であり、教育課程との関連にも配慮して考察する。

以下、本章の構成である。第一節では、これまでの大学史・高等教育史研究が、給与研究に取り組めずにいた要因を簡潔に指摘する。その上で本章が、単に給与額の数量的分析にとどまらず、専任教員と時間教員という雇用形態との関係や、教育課程との関係にも考慮して分析を試みることの意義を述べる。第二節では、分析に用いた諸史料および方法の説明と、当時の慶應の学科構成や学生数等について確認する。第三節では、慶應の教育課程の運営実態を、著者が設定した教育条件および教員配置といった分析指標から検証する。第四節では、人事管理や機関財務レベルでの人件費分析を行った後、大学部授業を担当した教員個人に着目して、その処遇と負担を考察する。第五節では、以上の知見を整理し、慶應の経営実態について考察する。なお本章では、後述する史料的制約から、専

門学校令が公布された一九〇三（明治三六）年から一九一二（明治四五）年までの一〇年間を分析期間とする。(1)

1　教員給与研究の視角

近代日本を対象とした大学史・高等教育史研究において、大学教員の給与に注目した論稿は少ない。だが「近代日本を対象とした」という限定を外せば、大学教員給与の歴史研究は、小数だが存在する。横尾（一九九九、七八頁）も、研究トピックとしての重要性を指摘している。ではなぜ近代日本を対象とした大学教員の給与研究は、十分に行われて来なかったのだろうか。私見であるが、その最大の理由は、研究に取り組む上での史料的制約によるところが大きかったためであると考える。これは、大学沿革史の刊行が本格化し、大学アーカイヴズや文書館が設置されるまで、研究者が史料の存在を確認できなかったことを意味する。だが現在、研究インフラの整備が進み、史料的制約も年々改善されつつある。大学教員給与は、大学経営において現在もなお深刻な経営問題の一つであり続けている。それならば今こそ、現代的課題であり、かつ歴史的課題でもある大学教員給与は、検討すべき研究トピックであるといえよう。

その上で本書が、雇用形態と教育課程との関係性から教員給与を検討するのはなぜか。雇用形態との関係性に配慮する理由は、慶應が自校出身専任教員の養成と確保に努めていたからである。慶應では一八九九（明治三二）年から、大学部の教員養成を目的として、海外に学生を派遣していた。一般に専任教員の雇用は、高コストであった。にもかかわらず、慶應では明治期から多くの専任教員を抱えていた。早稲田も同様に専任教員の充実を急いだが、他の私立高等教育機関では非常勤教員への依存度が高かったとされる。厳しい経営環境下で、調達した資金（授業料）をどのように配分し、高コストであった専任教員をいかに雇用していたのか。教員給与という支出面から分析期間における慶應の経営実態（マネジメント）を明らかにするには、以上の歴史的背景から教員の雇用形態に着目する必要があると考えられる。

他方で教育課程との関係性にも配慮する理由は、教員が教育活動の対価として給与を得ていたからであり、機関側にとって給与は、教員の資質を評価する一つの指標でもあったと考えられるからである。後でも言及することになるが、当時の慶應には給与体系表（いわゆるサラリースケール）が存在していなかった。また研究活動もそれほど活発ではなかった。それならばどの教員が、どのような条件で、どのような授業科目をどれだけの時間担当していたかといった、教育条件や教員配置を指標に教員給与を考察することは、高等教育機関としての経営構造の実態を把握する上で肝要だと考えられる。

近年、高等教育史研究では財務分析により経営実態を考察する論考がみられる。[2] しかし本章で目指す教育課程との関係性から機関の財務経営を分析した実証研究は、管見では存在しない。高等教育機関の経営において、教育機能の向上には少なからず財務上の制約がついてまわる。両者をともに最大化するのは困難であり、適切なバランス、すなわち最適解をみつけることが求められる。こうした「教育と財務の相克」は、我が国私立高等教育機関が歴史的に抱えてきた課題でもある。明治後期の慶應は確かに黒字経営であった。しかしながら十分な財務上の余裕があったわけではない。それならば経常収入の多くを授業料収入に依存するという資金調達上の制約がある中で、教育機能の発展と機関財務の安定をともに達成するためには、何らかのマネジメントが取られていたと考えるのが適当である。教員給与は機関からみれば最大の支出項目であり抑制の対象だが、教員からみればモチベーションを左右する条件であり、より高い金額を望むのが当然である。処遇を誤れば教育機能に影響を与える可能性も否定出来ない。したがって、資金配分上、適切なマネジメントが取られていたと推察されるのである。ゆえに本章では雇用形態と、負担に相当する教育課程との関係性を考慮して、処遇である分析期間の慶應の教員給与を考察する。

2　分析の前提

(1) 史料

すでに序章の表序-2において本書で用いた諸史料の簡単な説明を行った。だが本章で用いた諸史料の中には、慶應の沿革史でも十分に利用されていない史料が含まれている。ゆえに以下では、本章で用いた主要史料四点について、詳細な説明を加えておく。

一点目は、慶應の現況報告書であり、一九二〇（大正九）年まで年刊で発行された『慶應義塾総覧』である。これには慶應の沿革や、総則・規則など多様な内容が掲載されている。そのうち本章では同書掲載「大学部規則」中の教育課程一覧と（図3-1）、「塾長及職員」の項目に掲載されていた教員名簿（図3-2）を用いる。前者の教育課程一覧はいわゆるカリキュラムと同義であり、学科・学年別に授業科目名と週あたり授業時間が掲載されていた。また後者の教員名簿には、教員氏名とともに担当授業科目名が掲載されていた。これらの史料を利用することで、分析期間における慶應大学部で開講されていた教育課程の把握が可能となる。

二点目は、慶應の月刊広報誌『慶應義塾学報』所載の「慶應義塾学事及会計報告」（図3-3）である。これも慶應の現況報告書であるが、先の『慶應義塾総覧』には掲載されていない当該年度の学生数や財務情報が把握できる。なお財務情報については、収支決算表と貸借対照表が掲載されている。本章では、人件費分析を行うことから収支決算表を利用する。

三点目は、慶應義塾福澤研究センターが編集した『慶応義塾関係資料（K）』「K補遺」所載の「給料帳」（一九〇三年～一九一二年）である（図3-4）。この史料は、わずか一〇年間分しか入手できない[3]。だが当該年度の全教職

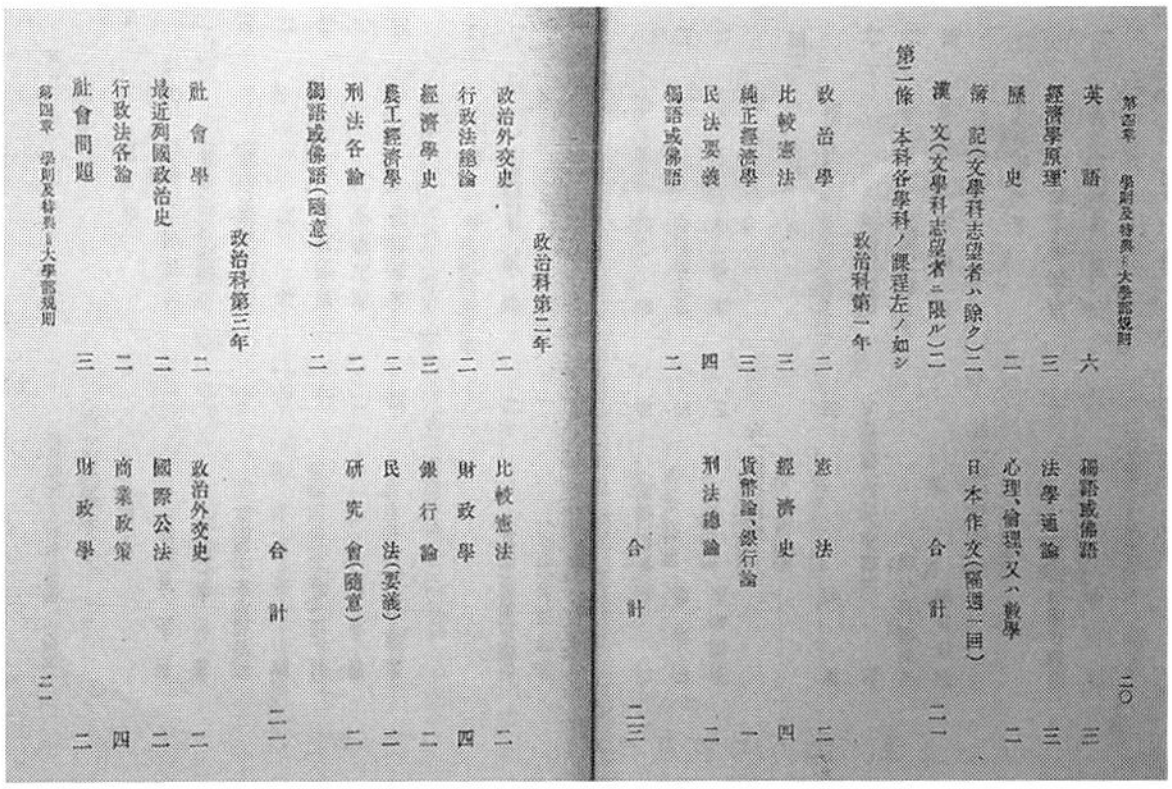

第四章　學則及特典＝大學部規則　二〇
英　語　六　獨語或佛語　三
經濟學原理　三　法學通論　三
歴　史　二　心理、倫理、又ハ數學　二
簿　記（文學科志望者ハ除ク）二
漢　文（文學科志望者ニ限ル）二　日本作文（隔週一囘）
合　計　二二
第二條　本科各學科ノ課程左ノ如シ
政治科第一年
政治學　二　憲　法　二
比較憲法　三　經濟史　四
純正經濟學　三　貨幣論、銀行論　一
民法要義　四　刑法總論　二
獨語或佛語　二
合　計　二三
政治科第二年
政治外交史　二　比較憲法　二
行政法總論　二　財政學　四
經濟學史　三　銀行論　二
農工經濟學　二　民　法（要義）二
刑法各論　二　研究會（隨意）二
獨語或佛語（隨意）二
合　計　二一
政治科第三年
社會學　二　政治外交史　二
最近列國政治史　二　國際公法　二
行政法各論　二　商業政策　四
社會問題　三　財政學　二
第四章　學則及特典＝大學部規則　二一

図３－１　『慶應義塾総覧』所載「大学部規則」教育課程一覧（明治39年６月『慶應義塾学報』臨時増刊第105号）

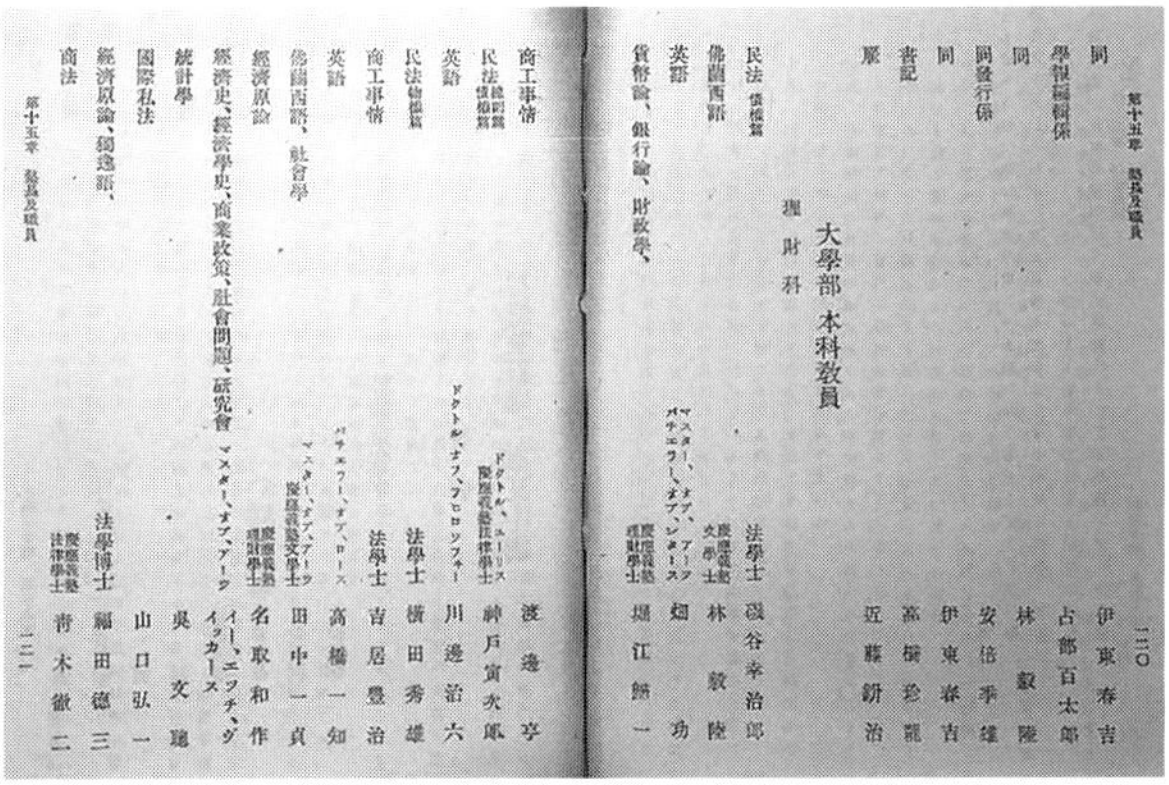

第十五章　塾長及職員　二〇
同　伊東春吉
學報編輯係　古部百太郎
同　林　毅陸
同發行係　安倍季雄
同　伊東春吉
書記　高橋珍麗
雇　近藤銒治
大學部 本科教員
理財科
民法 債權篇　法學士　磯谷幸治郎
佛蘭西語　慶應義塾文學士　林　毅陸
英語　マスター、オブ、アーツ　バチエラー、オブ、レタース　畑　功
貨幣論、銀行論、財政學、　慶應義塾理財學士　堀江歸一
商工事情　渡邊亨
民法 總則篇 債權篇　ドクトル、ユーリス　慶應義塾法律學士　神戸寅次郎
英語　ドクトル、オフ、フヒロソフヰー　川邊治六
民法 物權篇　法學士　横田秀雄
商工事情　法學士　吉居豊治
英語　バチエラー、オブ、ロース　高橋一知
佛蘭西語、社會學　マスター、オブ、アーツ　慶應義塾文學士　田中一貞
經濟原論　慶應義塾理財學士　名取和作
經濟史、經濟學史、商業政策、社會問題、研究會　マスター、オブ、アーツ　イー、エツチ、ヴイツカース
統計學　奥　文聰
國際私法　山口弘一
經濟原論、獨逸語、　法學博士　福田德三
商法　慶應義塾法律學士　青木徹二
第十五章　塾長及職員　二一

図３－２　『慶應義塾総覧』所載「塾長及職員」教員名簿（明治39年６月『慶應義塾学報』臨時増刊第105号）

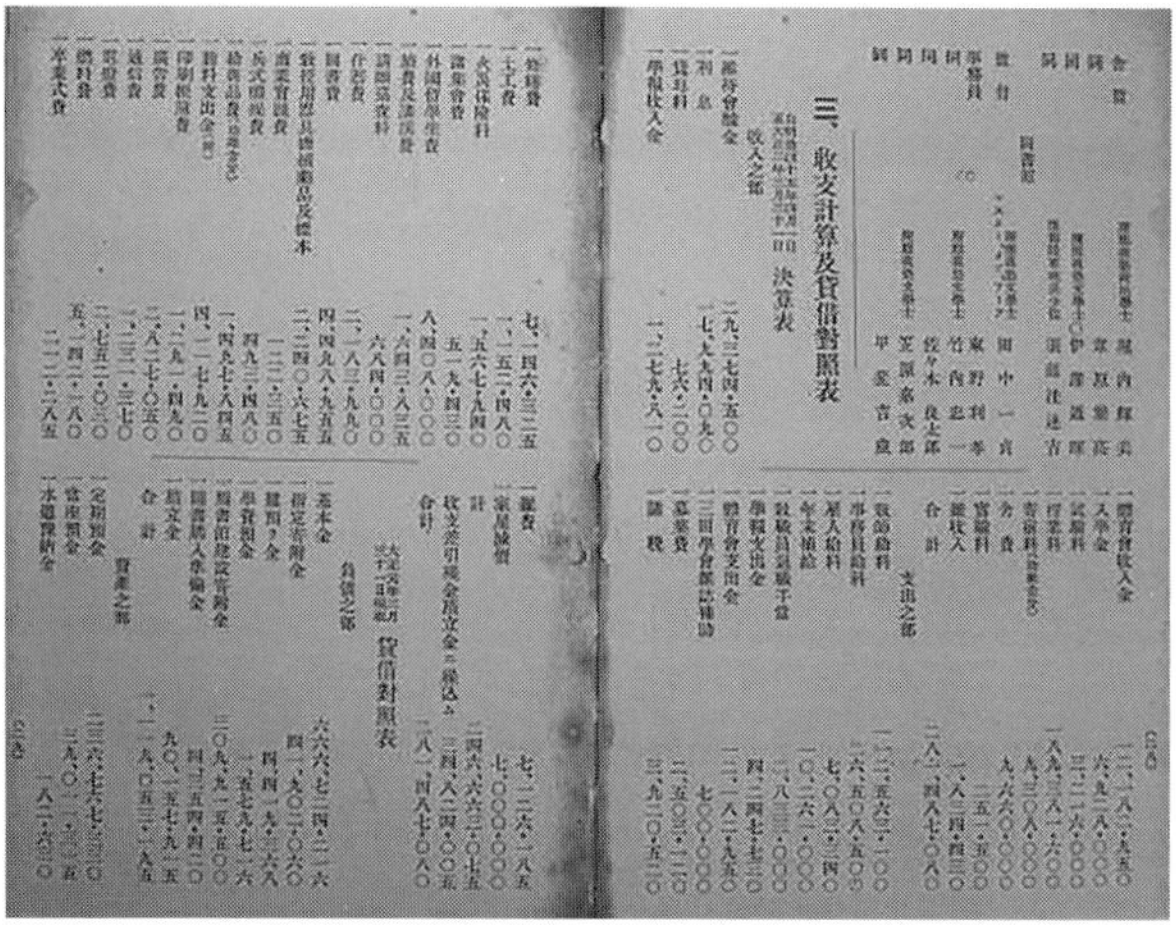

図３－３　明治45年度「慶應義塾学事及会計報告」所載「収支計算表」（大正２年７月『慶應義塾学報』192号）

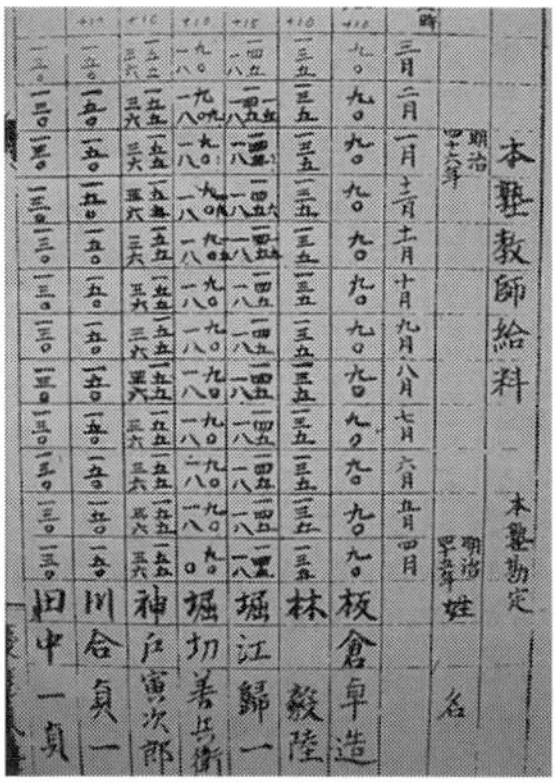

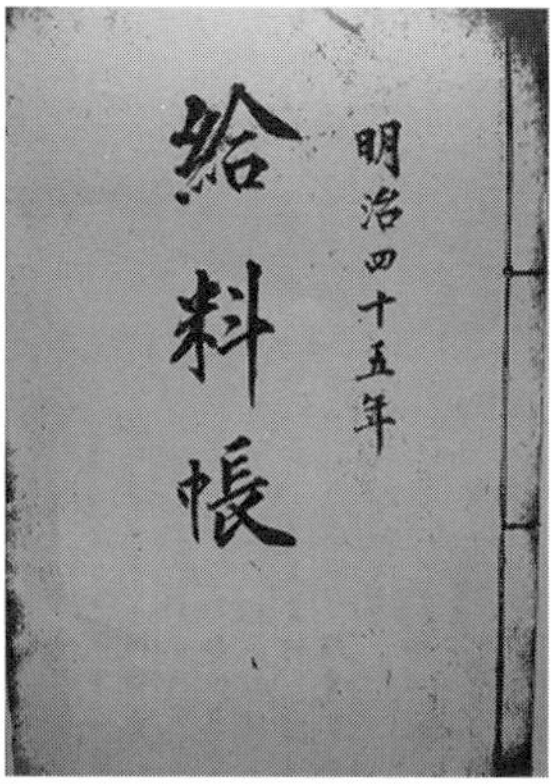

図３－４　『慶応義塾関係資料（K）』「K 補遺」所載「明治45年給料帳」

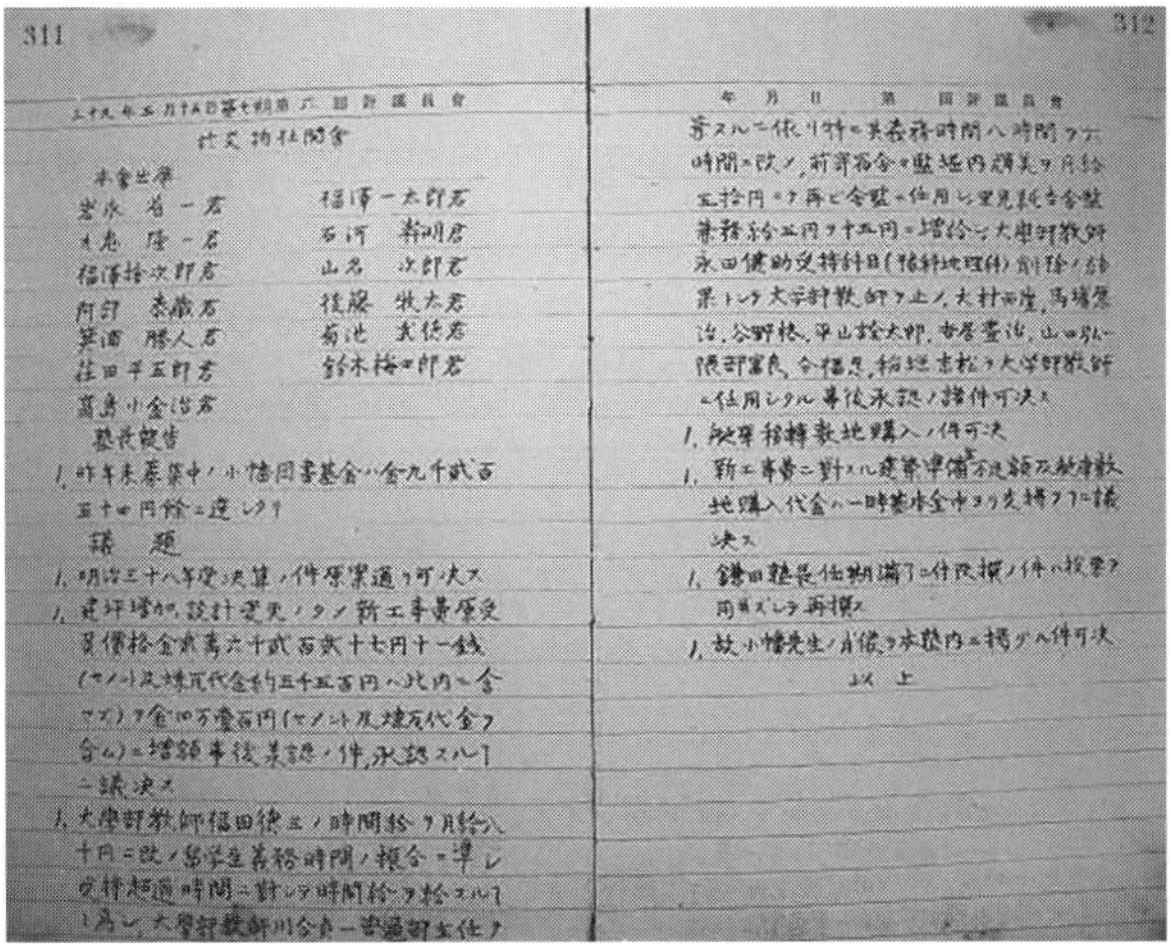
311
312

図3－5　『慶応義塾関係資料（K）』所載「1906年5月15日開催第7期第6回評議員会記録」

員の給与支給額が月額単位で記載されている。これは、沿革史でもほぼ未検討の極めて貴重な史料である。なお本史料は、教職員の給与額のみならず、教員の雇用形態と週あたりの負担時間についても、把握を可能とする史料である。大学部と普通部を担当した教員については、専任教員に相当する「本塾教師」と、時間教員（非常勤教員と同義）に相当する「時間割教師」とに分けて記載されていた。そのため教員の雇用形態を判定することが可能である[6]。また教員の週あたりの負担時間（授業担当時間）に関しては、一九一二（明治四五）年度のみだが、教員ごとに「定時間」が記載されていた。一見高給であっても、「定時間」すなわち、負担時間が過大であれば薄給となる。したがって週あたりの負担時間は、教員給与研究および機関財務における資金の配分という点からも重要な指標であると考えられる。

四点目は、三点目と同様の『慶応義塾関係資料（K）』所載の「K6 評議員会記録」（一八八九年〜一九一二年に限り公刊、以下「記録」）である（図3-5）。これは慶應の最高議決機関である評議員会の議事録であり、教員の採用、昇給、退職等の人事管理を把握する史料となる。また週あたりの負担時間について議論された形跡も把握できる。本章では、「給料帳」が示す数量データを補足する質的データとして適宜利用する。

以上の四点が、本章で用いた主要史料である。この他にも、教員の属性を明らかにするための史料として、各種人名辞典や『人事興信録』等も用いて分析を行うこととする。

(2) 方法

前述の諸史料は、個人・個別単位の細かな情報が記録された史料である。ゆえにそのままの利用では分析史料として扱いにくく、分析課題の解明は困難である。そこで本書では、上記の諸史料を統合したデータベースを作成することで、多角的な分析を目指した。

まずデータベースだが、具体的には『慶應義塾総覧』から学科別・学年別授業科目名、担当教員名、週あたり授業時間を、「給料帳」から教員氏名、給与額、雇用形態（専任教員もしくは時間教員）を抽出し、それぞれ入力作業を行った。そしてその入力したデータを、教員氏名の一致を条件に統合させたものである。これを用いることで教員個人を単位に、教育課程と教員給与との関係性を考慮した、横断的な分析を行うことが可能となる。

その上で本章では、教育課程の実態を示す分析指標を設定した。その分析指標は、①教育条件を示す分析指標、②教員配置を示す分析指標である。さらに教育条件を示す分析指標は、ＳＴ比と専任教員週時間数占有率（以下、占有率）という二つの分析指標を設定した。ＳＴ比は専任教員一人当たりの学生数を示す分析指標であるが、本章では三つのＳＴ比を設定した。その内訳は、予科を対象としたＳＴ比、本科を対象としたＳＴ比、予科と本科を合算した大学部全学生を対象としたＳＴ比である。次に占有率は、各学科の週あたり授業時間のうち、専任教員が担当した授業時間数を割合で示した分析指標である。例えば慶應の大学部本科のある学科では三年間で合計三〇（コマ）の授業科目が開講され、その各授業科目の週あたり授業時間の合計が九〇時間だとする。そのうち七二時間を専任教員が担当していれば（残りの一八時間は時間教員が担当）、占有率は八〇％となる。このように教育条件は各学科単位で、専任教員の学生数に対する人数比と授業担当時間について考察する分析指標である。

一方で教員配置を示す分析指標は、科目別専任教員配置率（以下、配置率）という分析指標を設定した。配置率は先の占有率と異なり、各学科一つ一つの授業科目ごとに専任教員の配置割合を示した分析指標である。例えばある学科で「財政学」という授業科目が開講されていたとする。そしてその「財政学」には教員が五名配置されていて、うち三名が専任教員であったとする。その場合、配置率は六〇％となる。配置率の高低により私立高等教育機関としての慶應が、どの学科のどの科目に専任教員を多く配置したか（しなかったか）を検証することが可能となる。なお配置率を設定した理由は、当時の慶應では、現在と異なり、教員が特定の学科に所属せず、本科と予科、また本科の各学科間をまたいで授業を担当していたからである。さらに授業科目は基本的に通年であり、教員確保の問題から、同一科目に複数の教員が配置され、専任教員と時間教員とが混在して配置されることもあった。したがって厳密に個々の教員の授業科目を把握するには、当時の授業時間割表を入手して分析することが求められる。だが当時の授業時間割表は現存せず、授業科目の実施形態や教員配置を正確に把握することは困難である(5)。そこで本章では、以上の分析指標を設定して、教育条件と教員配置の実態を検証することにした。

最後に教員給与の分析では、処遇は給与金額を、負担は史料の箇所で説明したように「給料帳」に記録されていた「定時間」を利用する。なお負担の分析指標を「定時間」ではなく、担当した授業科目の週あたり授業時間とすることも考えられる。だが前述のとおり授業科目は、複数の教員で按分していた可能性が高く、週あたり授業時間を累計しても、負担時間を正確に表していたとは言い難い。そこで本章では、負担を示す分析指標として「定時間」を利用することにした。

表3－1　慶應の学生数と教員数の推移（1903～1912）

		1903（明治36）	1904（明治37）	1905（明治38）	1906（明治39）	1907（明治40）	1908（明治41）	1909（明治42）	1910（明治43）	1911（明治44）	1912（明治45）
学生数（人）	理財科	177	228	303	410	553	660	835	907	987	1,034
	法律科	38	53	59	56	45	44	67	81	82	81
	政治科	34	38	45	34	45	46	50	45	49	48
	文学科	—	4	9	10	11	17	17	19	20	14
	予　科	433	570	637	744	941	1,065	1,082	1,157	1,193	1,223
	A　大学部計	682	893	1,053	1,254	1,595	1,832	2,051	2,209	2,331	2,400
	B　機関全体	2,205	2,426	2,617	3,029	3,535	3,891	4,128	4,235	4,366	4,691
	A/B	30.9%	36.8%	40.2%	41.4%	45.1%	47.1%	49.7%	52.2%	53.4%	51.2%
教員数（人）	C　専任教員	29	32	39	40	51	61	66	75	69	67
	時間教員	14	12	17	26	24	18	30	28	29	30
	D　大学部教員	43	44	56	66	75	79	96	103	98	97
	C/D	67.4%	72.7%	69.6%	60.6%	68.0%	77.2%	68.8%	72.8%	70.4%	69.1%

注1：機関全体の学生数には、大学部の他、普通科、幼稚舎、商業学校、商工学校の学生数も含む。
注2：教員数は管見の限り、公表されていない。ゆえに大学部の授業科目を担当した教員数とした。
注3：上記の数字について、パーセント以外はすべて（人）である。
出典：『慶應義塾学報』各年度所載「慶應義塾学事及会計報告」及び著者作成データベースより作成。

（3）分析期間における慶應の概況

ここで次節以降の分析に先立ち、当時の慶應の概況をみておく。当時の慶應大学部は予科二年、本科三年の教育課程で構成されていた。大学部は一八九〇（明治二三）年に創設され、一八九六（明治二九）年には運営不振から大学部存廃論が議論されたが（慶応義塾史事典編集委員会、二〇〇八、五五頁）、一八九八（明治三一）年の学内学制改革により幼稚舎から大学部までの一貫教育制度が確立した。大学部本科は理財科、法律科、政治科、文学科の四学科で構成され、他に予科が置かれており、教育課程の整備と並行して、財務面では寄附募集事業により資産規模を拡大し（詳細は第四章）、制度面でも一九〇七（明治四〇）年に財団法人の認可を得て（大迫、二〇〇四）、高等教育機関としての整備を進めていた。

それでは**表3-1**から分析期間における学生数と教員数の推移を確認しておこう。最大の特徴は、理財科と予科の学生数が飛び抜けて多かったことである。とくに理財科は一〇年間で一七七人から一〇三四人（五・八倍）に増加しており、予科の四三三人から一二二三人（二・八倍）と比較しても伸び率が大きかった。また大学部本科の学生数は、分析期間において多い順に理財科、法律科、政治科、文学科の順序で固定されていたといえる。そうした中、機関全体の学生数に占めた大学部学生数の割合（A／B）は、三〇・九％から五一・二％へと増加し、学生数の

表3－2　教育条件：ST 比と学科別占有率の推移

		1903（明治36）	1904（明治37）	1905（明治38）	1906（明治39）	1907（明治40）	1908（明治41）	1909（明治42）	1910（明治43）	1911（明治44）	1912（明治45）	平均	時間教員平均
ST比	予科	17.3	22.8	19.9	24.0	23.5	23.2	20.8	22.3	24.9	26.0	22.5	
	本科	20.8	16.2	24.5	25.5	26.2	24.7	26.2	25.7	29.9	29.4	24.9	
	全体	23.5	27.9	27.0	31.4	31.3	30.0	31.1	29.5	33.8	35.8	30.1	
占有率	予科	100%	100%	100%	94.9%	96.7%	100%	100%	100%	96.0%	96.2%	98.4%	0.8%
	理財科	75.6%	83.1%	78.4%	79.1%	77.8%	85.9%	74.4%	79.4%	76.6%	72.7%	78.3%	20.5%
	文学科	—	88.0%	68.0%	80.1%	80.2%	83.0%	49.1%	59.1%	65.8%	72.9%	71.8%	20.7%
	政治科	50.1%	67.4%	66.7%	67.2%	68.2%	71.8%	62.3%	63.8%	62.9%	64.3%	64.5%	28.6%
	法律科	45.8%	46.4%	39.6%	35.5%	37.0%	44.4%	37.7%	37.8%	26.3%	33.3%	38.4%	51.4%

注１：ST 比の算出式は順に、全体＝（予科と本科の学生数）／専任教員数、予科＝予科学生数／予科授業担当専任教員数、本科＝本科学生数／本科授業担当専任教員数とした。なお予科と本科の授業担当専任教員数はデータベースより算出した。
注２：文学科は1909年から文学、哲学、史学と課程が別れており、その平均値とした。
出典：著者作成データベースより作成。

構成上、大学部学生数の比重が高まっていった様子が理解できる。

他方で教員数はどのようであったろうか。管見では教員数の正確な数値は公表されていない。よって表3-1中の数値は、教員名簿から大学部の授業科目を担当した教員を、重複を除いて著者が集計した数値である。大学部の授業を担当した専任教員は一〇年間で二九人から六七人（二・三倍）、時間教員は一四人から三〇人（二・一倍）へと増加した。そして専任教員と時間教員とを合算した大学部教員合計数（D）に占めた専任教員の割合（C／D）は、六〇・六～七七・二％の範囲で推移していた。つまり慶應では、大学令による私立大学昇格以前の段階で、七割もの専任教員を雇用していたといえるのである。ではこの七割の専任教員は、実際に教育課程の運営にどのように携わり、どれほどの処遇を得ていたのか。次節では教育課程の運営実態を、教育条件と教員配置という二つの分析指標を用いて検証する。

3　教育課程の分析

(1)　教育条件

まずは教育条件について、ST比と占有率の推移を示した表3-2から検証する。

一つ目の分析指標であるST比は、変動があるものの上昇傾向にあり、全体では一〇年間で二三・五から三五・八へと上昇し、平均は三〇・一であった。これは表3-1で確認したように、専任教員数は年々増加したが、学生数の増加がそれを上回ったため、相対的にST比が上昇したのである。また予科と本科を比較すると、一九〇四（明治三七）年を除き、本科のST比は予科よりも高く、一〇年間の平均は予科が二二・五、本科が二四・九であった。これまでの大学史・高等教育史研究の知見では、予科が多くの学生を収容し、そこから多額の授業料収入を得ることで本科の経営が支えられるとされてきた（内部補助構造）。しかし分析期間の慶應に限れば、予科には本科以上に専任教員が配置されていたことが理解できる。

次に教育条件の二つ目の分析指標である占有率をみると、こちらも若干の変動はあるが、分析期間の傾向として大きい順に、予科、理財科、文学科、政治科、法律科という順序が確認できた。詳細には課程修了に必要な授業時間のうち専任教員が担当した割合は平均で、予科九八・四％、理財科七八・三％、文学科七一・八％、政治科六四・五％、法律科三八・四％となっていた。学科間で専任教員の授業担当時間に差異が存在し、それがほぼ固定化されていたといえる。

ただし設置されていた授業科目それぞれの週あたり授業時間は、一様ではなかった。それは授業科目の教育課程における重要性や難易度に関係していたと推察される。そこで次に個々の授業科目へと指標を変え考察を行う。

(2) 教員配置

分析期間における慶應の教育課程は、予科・本科ともに、一部の選択科目を除きすべて必修科目であった。そして科目配置は、学年の進行とともに総論から各論へと展開する順次性（シーケンス）を考慮したものであった。選択科目の導入は、一九〇九（明治四二）年以降の理財科と政治科に顕著であり、学問領域の広がり（スコープ）に配慮していたともいえる。以下では教員配置について、予科、本科の順に検討する。

表3－3　予科の教育課程と配置率の比較（1903年と1912年）

		一年次						二年次					
		1903（明治36）年			1912（明治45）年			1903（明治36）年			1912（明治45）年		
区分	授業科目名	週時間数	教員数	配置率	週時間数	教員数	配置率	週時間数	教員数	配置率	週時間数	教員数	配置率
語学	英語	10	10	100%	10	18	100%	6	10	100%	10	18	100%
	獨語或佛語	3	5	100%	4	4	100%	3	5	100%	3	4	100%
一般科目	倫理		配置なし		1	—	—		配置なし		1	—	—
	歴史	3	1	100%	3	3	100%	2	1	100%	2	3	100%
	論理	2	1	100%	2	3	100%						
	漢文	2	1	100%	2	1	100%						
	地理	2	1	100%	2	1	100%						
	数学	2	2	100%	2	2	100%						
専門基礎	心理倫理又数学							2	3	100%	2	4	100%
	経済学原理							5	2	100%	3	3	100%
	法学通論							3	2	100%	3	1	100%
	簿記							2	1	100%	2	2	100%
作文	日本作文	—	2	100%	—	11	100%	—	2	100%	—	11	100%
	合計	24	21		26	40		23	23		26	45	

注1：倫理は担当教員が不明。日本作文（隔週1回）は週時間数に含まれない。
注2：配置率は科目別専任教員配置率のことを指す。
注3：担当教員数計は当該年度、当該学年の授業科目を担当した教員数の合計である。
出典：著者作成データベースより作成。

表3-3は予科の教育課程と配置率を、一九〇三（明治三六）年と一九一二（明治四五）年とで比較したものである。科目配置は「倫理」が一九一二（明治四五）年に加えられたが、語学、一般科目、専門基礎（二年次）、作文といった構成に変化はなかった。週あたりの授業時間の合計をみると、語学科目の時間増と「倫理」の設置により[6]、一年次で二時間、二年次で三時間増加した。担当教員数は一年次で二一名から四〇名、二年次で二三名から四五名へとほぼ倍増していた。授業科目の授業形態は把握できないが、少なくとも語学や作文といった授業科目は、クラス別に実施されていた[7]。担当教員数は学生数の増加とあいまって増加したと推察される。そして肝心の配置率だが、担当教員の氏名が確認できない「倫理」を除き、すべての授業科目で一〇〇％であった。つまり予科では学生数の増加に際して担当教員数を増員したが、それはすべて時間教員でなく専任教員の増員で対応したと考えられるのである。先の表3-2で予科の占有率が極めて高かったことも考慮すると、分析期間の慶應予科では、少なくとも教員配置という点では、時間教員の採用を控え、専任教員のみによる大学予備教育の実施を基本方針として運営して

いたと推察できる。これは、一貫教育体制を取る慶應の特徴を表しているといえよう。

次に本科だが、本科は予科と異なり、学科によっては必修科目の他に随意科目や選択科目が数多く配置されていた。そこでやや煩雑となるが、二つの表を用意した。**表3-4**は、配置率に応じて、四区分に集約したものである。一方で**表3-5**は、時間教員に完全に依存した（表3-4の配置率〇%）、または教員の配置実態が不明であった授業科目を学科別にまとめたものである。なお文学科は、一九〇五（明治三八）年まで第三学年に学生が在籍しておらず、一九〇六（明治三九）年との比較とした。

表3-4によると、週あたり授業時間が大幅に増加したのは、法律科（七二時間から八一時間）のみであり、他の三科は微増または微減である。次に担当教員数をみると、理財科のみが大幅に増加し、他の三科は変動が小さい。これは理財科では一九一一（明治四四）年に教員堀江帰一を中心に教育課程の改革が実施され、選択科目が多く導入されたためである。そして配置率は五〇%以上を基準とすると、両年度を通じて理財科と文学科では高いが、政治科と法律科では低い。学科別に検証すると、理財科では、配置率五〇%以上の授業科目は一九〇二（明治三六）年に二二科目（八一・五%）、一九一二（明治四五）年に三〇科目（七三・二%）であり、配置率〇%の科目は、一九一二（明治四五）年では増えるも、随意科目や選択科目が大半であった。これらの科目は履修が義務でなく、専任教員が担当する他の選択科目を受講することも可能であったため、教育課程の運営上、それほど大きな問題ではない。また文学科では、配置率五〇%以上の授業科目が一九〇六（明治三九）年に二一科目（八四・〇%）、一九一二（明治四五）年に一八科目（九四・八%）であった。文学科は表3-4からも自明なように、後年になるほど相対的に授業科目数が少ない上、学年間で同一の科目も多く、領域や範囲が限定されていた。そのため専任教員に複数の授業科目を担当させた結果、高い配置率となったと考えられる。一方、配置率の低さが目立つ政治科と法律科だが、政治科の配置率は、法律科よりは高い。これは政治系科目を担当する専任教員が充実していたとみるより、政治科

表3－4　本科各学科の配置率の分布と授業科目数および担当教員数

	1903（明治36）年　※文学科のみ1906（明治39）年								1912（明治45）年							
	理財科		文学科		政治科		法律科		理財科		文学科		政治科		法律科	
配置率	A	B	A	B	A	B	A	B	A	B	A	B	A	B	A	B
100%	20	74.1%	18	72.0%	15	50.0%	9	29.0%	27	65.9%	9	47.4%	25	59.5%	10	26.3%
50%～100%未満	2	7.4%	3	12.0%	0	0.0%	4	12.9%	3	7.3%	9	47.4%	0	0.0%	2	5.3%
0％～50%未満	2	7.4%	0	0.0%	2	6.7%	2	6.5%	2	4.9%	0	0.0%	0	0.0%	2	5.3%
0％	3	11.1%	4	16.0%	13	43.3%	16	51.6%	9	22.0%	1	5.3%	17	40.5%	24	63.2%
合計	27	100%	25	100%	30	100%	31	100%	41	100%	19	100%	42	100%	38	100%
週時間数合計	66時間		72時間		71時間		72時間		69時間		75時間		69時間		81時間	
担当教員数合計	17人		16人		19人		24人		39人		18人		17人		29人	

注１：表中のＡは各学科の授業科目数（１年次～３年次）であり、Ｂは各学科の授業科目数合計に対する割合を意味する。
注２：週時間数合計および担当教員数合計は、１年次から３年次までの合計値。
注３：法律科以外では第３年次に「卒業論文」が配置されているが、週時間数・教員ともに決められておらず、集計から除外した。
注４：文学科は1909年より英文科、哲学科、史学科の３課程に分かれるが、本分析では英文科を対象としている。
出典：著者作成データベースより作成。

表3－5　本科各学科の配置率０％および担当教員不明の授業科目一覧

1903（明治36）	理財科	統計学、破産法、国際私法
	文学科	哲学史、美学、認識論、教育行政
	政治科	政治学、憲法、刑法総論、刑法各論、行政法総論、国際公法、商法（２、３年）、比較憲法、行政法各論、統計学、社会学、政治外交史
	法律科	欧州法制史、憲法、刑法総論、民法物権編（１、２年）、民法親族編、法理学、行政法総論、刑法各論、民法相続編、国際公法、民事訴訟法、羅馬法論、行政法各論、破産法、渉外私法（国際私法）
1912（明治45）	理財科	英吉利法（随）（２、３年）、日本経済史（選）、労働問題（選）、商業実習（選）、保険論（選）、統計学、商工事情（選）、商業通論及会社経済（選）
	文学科	芸術史
	政治科	国法学、憲法、日本法制史（随）、刑法総論、刑法各論、民法要義（１、２年）、近世経済学（選）、商業政策、行政法総論、行政法各論、国際私法（随）、工業政策（選）、名著研究（選）、統計学、政党論、日本経済史（随）
	法律科	憲法、刑法総論、刑法各論、民法物権編（１、２年）、民法親族編、民法相続編、英米法総論、欧州法制史、研究会（１、２、３年）、刑事訴訟法、英契約法論、法理学、英吉利法（２、３年）、行政法総論、行政法各論、民事訴訟法、破産法、国際私法、英会社・手形・海商法、羅馬法論

注１：（随）は随意科目を、（選）は選択科目を意味する。なお随意科目は必修授業時間数に含まれない。
注２：同一学科内において同一名称の授業科目があるが、異なる学年に配置されているためそれぞれカウントした。
出典：著者作成データベースより作成。

には複数の理財系科目が配置されていたためと考える方が適当である。例えば一九〇三（明治三六）年の配置率一〇〇％の一五科目のうち、語学科目と「研究会（随）」を除いた一〇科目は、「経済史」や「財政学」などすべて理財系科目であった。他方で政治科には法律系科目も複数配置されたため、それが配置率の低さの原因となった。政治科の実態は、少数の政治系科目を設置しつつ、理財系科目と法律系科目に相乗りした、三学科の折衷的な教育課程であったといえよう。最後に法律科をみると、「憲法」や「刑法」、「民法系科目」など基幹科目の配置率〇％が、ほぼ固定化していた（表3-5）。これは法律科の基幹科目を時間教員が担当していたことを意味するが、一九一二年の法律科では、「憲法」「行政法」を清水澄（帝大卒、内務省官僚・学習院教授）、「民法系科目」を池田寅二郎（帝大卒、司法官・検事）や横田秀雄（帝大卒、大審院長、後の明治大学総長）、「刑事訴訟法」を谷野格（帝大卒、大審院判事）、「研究会」を青山衆司（帝大卒、東京商大教授）などの面々が担当していた。つまり帝大卒の大学教員や、司法官・判事として実務経験に富む人物が配置されていたのであった。慶應は経済学重視の学風であり、教員養成を目的に派遣した自校出身の留学生も、初期は経済学関連を修めたものが多かった[8]。一方で、帝国大学や五大法律学校の存在により、法学系統の教員は外部から比較的容易に調達できたとも考えられる。こうした事情を勘案して、法学科では専任教員の配置を急がず、時間教員に頼る運営が行われていたと推察できるのである[9]。

以上、予科と本科各学科の授業科目ごとに、教員配置の実態を明らかにしてきた。複数学科を有し、「総合大学」とみなされていた慶應であったが、先の教育条件と同様、分析期間における専任教員の配置状況には、学科間に差異がみられた。その結果、法律科に顕著であったように、授業科目のうち基幹科目の多くを、時間教員に依存した学科が存在していたのであった。法律科と、圧倒的に多くの学生を収容していた「看板学科」ともいえる理財科とでは、教育条件や教員配置の実態に大きな差異を有していたのである。こうした専任教員と時間教員の配置実態には、慶應の「大学」としての経営方針が透けてみえるといえなくもない。

4　教員給与の分析

処遇すなわち教員給与の分析に先立ち、そもそも慶應では教員をどのように管理していたのか。「記録」から読み取れる慶應教員の人事管理の特徴を三点挙げておく。

(1)　人事管理

一点目は採用管理である。教員人事については、第一章でも言及したが、教員会議等の報告をもとに、評議員会で最終的な決議が行われたと考えられる。だが「記録」によれば、採用に関して異議が唱えられたケースはほとんどなく、評議員会は、教員集団が提出した推薦を追認するだけであったと推察される。[10] 同じく「記録」によれば、定期採用の形跡はなく、採用は欠員補充など必要に応じて行われていた。時間教員は必ずしもアカデミアの人材に限定されず、現役官僚、法律実務家、民間企業勤務者等、適任者を柔軟に採用していた。すべての人物が該当するわけではないが、採用に関して「記録」には、給与額（初給）の他、担当科目、週あたり授業時間、現職等が記載される場合もあった。なお分析期間において外国人教員の採用は、任期付採用を基本としており、その契約要件は詳細であった。ここで長らく理財科主任教員の立場であったヴィッカース（Vickers Enoch Howard）の後任人事であった、レイ（Robert Jackson Ray）の採用時の条件を確認しておこう。一九一一年四月二五日開催第八期第一九回評議員会記録によれば、ハーバード大学長ローウェル（Lowell）の推薦により就任したレイの契約要件は、①三年契約、②初年度俸給額三六〇〇円（年）、③毎年三〇〇円昇給、④旅費、住宅手当の支給、⑤満期後、双方の合意で契約継続が可能、とされていた。

二点目は時間管理である。いわゆる教員の所定労働時間は、週あたり担当授業時間を基本としていたと想定される。だが「記録」によれば、一八九七（明治三〇）年から教員養成を目的に実施された慶應義塾派遣留学生（以下、派遣留学生）には、一週あたりの「義務時間」（拘束時間）が課されていた。例えば一九〇五年五月一六日開催第六期第三二回評議員会では「留学帰朝者義務時間壹週六時間ヲ八時間トシ」とあり、それまでの一律六時間から、一律八時間へと変更されたようである。この「義務時間」は「定時間」などと名称を変えて、ほとんどの専任教員に課されていたようだが、著者が調べた限りでは、一九一二（明治四五）年を除き確認が難しい。なお「給料帳」をみると、「義務時間」を超えた超過時間に対しては、別途時間給が支払われていた。

三点目は給与管理である。給与は、時間教員と上述のレイ（Ray）のような一部の外国人教員（年俸制）を除き月俸制であり、それに超過分の時給等が加算された。教職員を対象とした給与体系表（サラリースケール）は見当たらず、給与額は、教員個人の学歴、専門性、年齢、勤務年数、社会的相場等を勘案して算定されたと推察される。この点は私学の特徴を露骨に表しており、官吏扱いであるため給与体系表が存在した帝国大学教員と大きく異なる。昇給についても対象者の選定や、昇給までの経過年月に規則性を見出すことは難しい。だが授業時間が増えた際には、概ね昇給していたようである。また年度初めには、全教職員を対象としたわけではないものの、複数教員の給与が一斉に昇給する場合もあった[11]。昇給に際して、一部の外国人教員や派遣留学生の昇給幅は、他の教員よりも大きかった[12]。時間教員の時給額にはバラつきがあり、予科と本科、専門科目と語学科目とで差異がみられた[13]。各種手当てのうち、出征や病気による欠勤者に対しては期限付きで俸給が支給され、退職手当は一部の専任教員や時間教員に支給されていた[14]。だが手当て支給対象者の選定基準は、不明であった。とくに退職手当は、個人の勤務実績や評議員の裁量によって、対象者の月給一〜一〇ヶ月分相当といった範囲で支給されていた。

表3-6　慶應の財務状況

年度	総支出					大学部教員給与					大学部教員年給与中央値		授業料収入試算			経営状態	
		総人件費															
				教員人件費		D		専任	時間		専任	時間	合計I	本科	予科		
	A	B	(B/A)	C	(C/B)	(E+F)	(D/C)	E	F	(E/D)	G	H	(J+K)	J	K	I-D	(J/D)
1903	108,158	59,489	55.0%	42,563	71.5%	26,420	62.1%	22,762	3,658	86.2%	600	181	26,598	9,711	16,887	178	36.8%
1904	118,767	68,489	57.7%	48,688	71.1%	30,731	63.1%	27,421	3,311	89.2%	750	204	34,827	12,597	22,230	4,096	41.0%
1905	126,047	71,032	56.4%	52,041	73.3%	35,758	68.7%	30,972	4,787	86.6%	660	245	41,067	16,224	24,843	5,309	45.4%
1906	150,036	85,813	57.2%	61,391	71.5%	41,397	67.4%	35,143	6,255	84.9%	768	158	48,906	19,890	29,016	7,509	48.0%
1907	198,633	106,103	53.4%	77,693	73.2%	51,539	66.3%	45,306	6,233	87.9%	720	197	71,775	29,430	42,345	20,236	57.1%
1908	214,252	130,156	60.7%	94,683	72.7%	64,653	68.3%	59,913	4,740	92.7%	720	221	82,440	34,515	47,925	17,787	53.4%
1909	225,518	142,279	63.1%	100,530	70.7%	68,416	68.1%	62,115	6,302	90.8%	745	174	92,295	43,605	48,690	23,879	63.7%
1910	239,237	147,828	61.8%	103,993	70.3%	73,386	70.6%	67,400	5,986	91.8%	611	172	99,405	47,340	52,065	26,020	64.5%
1911	231,314	146,967	63.5%	105,189	71.6%	73,496	69.9%	66,809	6,687	90.9%	749	192	104,895	51,210	53,685	31,399	69.7%
1912	246,663	159,249	64.6%	112,563	70.7%	78,726	69.9%	71,604	7,122	91.0%	804	172	115,200	56,496	58,704	36,474	71.8%

注１：総人件費は大学部以外の教員給与に加えて、事務員・雇人給与、年末補給、教員退職手当等を含む。なお平均給与は年額。
注２：大学部教員給与は「給料帳」より大学部の授業を担当している教員の給与額をすべて足しあわせた金額である。
注３：授業料収入の試算は『慶應義塾総覧』に記載されている１年間分の授業料とその他の経費の合計額を、学生数に乗じて算出。
注４：％以外の箇所の単位は円。
出典：『慶應義塾学報』各年度所載「慶應義塾学事及会計報告」及び「給料帳」（各年度）より著者作成。

（２）機関財務に占める人件費

ここでは表3-6から教員給与を、機関財務の視点から検証する。第二章でも言及したが、機関全体の総人件費（B）が総支出（A）に占めた割合（B／A）は、一九〇三（明治三六）年の五五・〇％から一九一二（明治四五）年には六四・六％へと拡大した。そして大学部以外の教員も含めた教員人件費（C）は、総人件費の七〇〜七三％を推移していた（C／B）。ただし教員人件費のうち比重が大きかったのは、大学部教員給与（D）である。そこで大学部教員給与に着目すると、分析期間では教員人件費の七〇％程度（D／C）を占めており、金額自体は教員数の増加と昇給により一九〇三（明治三六）年の二万六四二〇円から、一九一二（明治四五）年には七万八七二六円へと約三倍も増加した。雇用形態別には、専任教員給与（E）の増加は時間教員給与（F）と比べて顕著で、大学部教員給与の約九割（E／D）を占めた。年間給与の中央値（G）も時間教員のそれはあまり変動がみられなかったが、専任教員では一九〇三（明治三六）年の六〇〇円から一九一二（明治四五）年には八

表3-7　雇用形態および年間給与額別にみた大学部教員の分布と占有率

		1906（明治39）年（年間給与中央値：768円）											1912（明治45）年（年間給与中央値：804円）										
		予科		理財科		文学科		政治科		法律科		教員計	予科		理財科		文学科		政治科		法律科		教員計
年間給与	国籍	A	B	A	B	A	B	A	B	A	B		A	B	A	B	A	B	A	B	A	B	
中央値以上	日本人	11	44.1%	10	56.9%	6	51.4%	6	45.0%	4	23.9%	16	16	36.5%	15	60.1%	14	52.3%	8	49.3%	9	30.2%	28
	外国人	2	5.6%	1	22.2%	1	11.6%	1	21.5%	1	8.7%	4	4	8.5%	2	4.3%	1	4.2%	2	15.0%	0	0.0%	6
中央値未満	日本人	16	39.6%	0	0.0%	5	17.1%	1	0.6%	1	2.9%	18	24	46.8%	10	8.2%	5	16.4%	1	0.0%	2	3.1%	31
	外国人	2	5.6%	0	0.0%	0	0.0%	0	0.0%	0	0.0%	2	2	4.3%	0	0.0%	0	0.0%	0	0.0%	0	0.0%	2
専任教員合計		31	94.9%	11	79.1%	12	80.1%	8	67.1%	6	35.5%	40	46	96.1%	27	72.7%	20	72.9%	11	64.3%	11	33.3%	67
時間教員合計		2	5.1%	7	20.9%	4	19.9%	7	26.7%	16	61.6%	26	0	0.0%	12	27.3%	9	21.4%	5	22.9%	13	44.3%	30

注1：表中のAは授業担当教員数（単位は人）を、同Bは占有率（単位は％）を示す。
注2：学科間合同の授業もあり、学科間で授業担当教員数（A）を合算すると重複が生じるが、両年度の教員合計（単位は人）では重複を除いた。
注3：授業科目として設定されるも、担当教員の勤務実態がない場合がある。ゆえに占有率を合算しても100％に満たない学科も存在する。
出典：著者作成データベースより作成。

〇四円にまで伸びた。

このように大学部教員給与は年々増大したが、機関全体の経営状態は年々改善される傾向にあった。試算ではあるが、本科と予科の授業料収入試算合計（I）から大学部教員給与（D）を差し引くと（I－D）、一九〇三（明治三六）年こそ均衡状態だが、以後は黒字が拡大した。また一般に先行研究では経営の主たる財源は予科や別科の授業料収入であったとされてきたが、試算上、慶應では分析期間において本科の授業料収入の伸びが大きかった。一九一二（明治四五）年には本科のみの授業料収入試算額（J）で、大学部教員給与（D）の七一・八％を賄うことが可能であった（J／D）[15]。つまり分析期間の慶應では、予科に加え本科の財務規模が拡大した結果、機関全体の財務に占める大学部の比重が高まったのであった。ただしそれは大学部教員給与が教員人件費の七〇％程度に留まり続けていたように（D／C）、経営基盤の安定には、大学部教員の適正な給与管理が必要であったことが、財務状況から明確に確認できるのである。

（3）処遇と負担

それでは教員個人の処遇と負担について考察する。まず処遇と教育課程の大まかな関係性をみる。表3-7は大学部教員を以下の三つの条件、①雇用形態、②専任教員の年間給与額が中央値以上か未満か[16]、③国籍（日本人教員か外国人教員）で区分し、該当する教員の人数分布と授業時間の占有率（第三節と同指標）を示したものである。特徴を三つ挙げると、第一に両年度を通して予科では、年間給与が中央値未満の日本人専任教員が、人数・占有率ともに多くを占めていた。一九〇六（明治三九）年と比較して一九一二（明治四五）年では、人数が二四人、占有率が四六・八％と拡大し、同年の中央値以上の日本人専任教員を占有率でも超えた。第二に予科とは対照的に本科では、年間給与が中央値以上の日本人専任教員が、人数、占有率共に多くを占めていた。時間教員に多くを依存した法律科を除き、両年度とも人数はもちろん、占有率も四〇〜五〇％と約半分を占めていた。第三にサンプル数は少ないが、外国人教員も給与金額による差異が明確であった。日本人教員の養成が充実していたこともあり、外国人教員は本科では、後年になるほど占有率を下げた。両年度とも中央値以上の外国人教員は、予科と本科の授業科目を兼務する教員が存在していたが、中央値未満の外国人教員は予科のみの担当であった。

このように専任の日本人・外国人教員の処遇には、給与額と教育課程との関係性から一定の「区分」があるようにみえる。**表3-8**は一九一二（明治四五）年に大学部の授業科目を担当した教員九七名の年間給与額に基き、負担の分析指標である「定時間」（表中では週負担時間と表記）や、学歴や担当授業など、その他の事項を加えて一覧にしたものである。専任教員は（No.1~67）であり、このうち年間給与中央値（八〇四円）以上の専任教員は（No.1~34）、未満の専任教員は（No.35~67）である。また（No.68~97）は時間教員である。教員九七名中、学歴が判明した教員は七一名で、慶應卒二八名（二八・九％）、帝大卒二六名（二六・八％）であった。雇用形態別にみると、専任教員六七名中、慶應卒二三名（三四・三％）、帝大卒一〇名（一四・九％）であり、時間教員三〇名中では、慶應卒五名（一六・七％）、帝大卒一六名（五三・三％）であった[17]。一九一二（明治四五）年時点の慶應大学部では、自校出身教員が約三割を占め、そのほとんどは専任教員として雇用されていたのであった。

それでは教員個人の処遇を検討する。表3-8によれば専任教員間でも年間給与に相当な格差が存在した。特徴

大学部教員の処遇と負担

No.	教員名	年間給与額	月給	時間教員時給	専任超過時給	週負担時間	換算時給	学歴	【担当授業】本科	予科 専門	予科 一般	語学
50	赤羽俊良	444	36	—	—	作文	—	?	作文		作文	
51	高木真一	437	35	—	3	10	0.88	?		○		
52	馬場勝彌	420	35	—	—	3	2.92	他			○	
53	栗林勝太郎	420	32	—	—	作文	—	?	作文		作文	
54	金子喜代太	406	28	—	2.5	6	1.17	他			○	
55	宗像穆凞	384	32	—	—	作文	—	?			作文	
56	菅学應	370	50	—	—	?	—	慶			作文	
57	葦原雅亮	336	28	—	—	作文	—	慶	作文		作文	
58	柴田一能	311	25	—	—	6	1.04	慶			○	
59	ゲンミル	300	25	—	—	?	—	?				○
60	平井保蔵	300	25	—	—	6	1.04	?			○	
61	ファーデル	200	50	—	—	?	—	?				○
62	香下玄人	168	10	—	—	作文	0.31	慶	作文		作文	
63	生出徳治	131	15	—	—	?	—	他			○	
64	清水静文	120	10	—	—	?	—	慶			○	
65	板倉順治	96	8	—	—	作文	—	慶	作文			
66	伊澤道暉	72	12	—	—	作文	—	慶	作文			
67	岩崎寛	24	8	—	—	作文	—	—			作文	
68	清水澄	778	—	4.0	—	—	—	帝	○			
69	山口弘一	652	—	4.0	—	—	—	他	○			
70	横田五郎	504	—	3.0	—	—	—	帝	○			
71	福田徳三	460	—	4.0	—	—	—	他	○			
72	河村譲三郎	456	—	4.0	—	—	—	他	○			
73	横田秀雄	436	—	4.0	—	—	—	帝	○			
74	飯島喬平	402	—	3.0	—	—	—	帝	○			
75	野口米次郎	372	—	3.0	—	—	—	慶	○			
76	三橋久美	336	—	3.0	—	—	—	?	○			
77	伊木壽一	279	—	3.0	—	—	—	帝	○			
78	池田寅二郎	222	—	3.0	—	—	—	帝	○			
79	小宮豊隆	186	—	3.0	—	—	—	帝	○			
80	青山衆司	180	—	3.0	—	—	—	帝	○			
81	宇野哲人	180	—	3.0	—	—	—	帝	○			
82	今福忍	176	—	2.0	—	—	—	?	○			
83	青木徹二	168	—	4.0	—	—	—	慶	○			
84	谷野格	159	—	3.0	—	—	—	帝	○			
85	呉文聡	156	—	3.0	—	—	—	慶	○			
86	野村淳治	152	—	4.0	—	—	—	帝	○			
87	筧克彦	134	—	4.0	—	—	—	帝	○			
88	小山内薫	132	—	3.0	—	—	—	帝	○			
89	岡田市治	116	—	2.0	—	—	—	?	○			
90	玉木為三郎	114	—	3.0	—	—	—	帝	○			
91	山内確三郎	114	—	3.0	—	—	—	帝	○			
92	寺島成信	78	—	3.0	—	—	—	慶	○			
93	中西用徳	60	—	3.0	—	—	—	帝	○			
94	中島多嘉吉	39	—	3.0	—	—	—	慶	○			
95	根岸佶	36	—	3.0	—	—	—	他	○			
96	高久馨	33	—	3.0	—	—	—	他	○			
97	岩村透	12	—	3.0	—	—	—	?	○			

ある。また月給額は8月の月給額。
関を意味する。
れていない。

表3-8　1912年における

No.	教員名	年間給与額	月給	専任超過時給	週負担時間	換算時給	学歴	【担当授業】本科	予科 専門	予科 一般	語学
1	マクラレン	5,640	400	—	?	—	?	○			
2	レイ	4,615	300	—	?	—	?	○			
3	プレフェーア	3,900	300	8.3	21	3.57	他	○			○
4	ウィード	2,976	248	—	?	—	?				○
5	ドージ	2,580	215	—	?	—	?				○
6	神戸寅次郎　※	2,292	155	—	12	3.23	慶	○			
7	気賀勘重　※	2,228	145	6	12	3.02	慶	○	○		
8	田中萃一郎　※	2,028	145	6	12	3.02	慶	○	○		
9	堀江帰一　※	1,982	145	6	12	3.02	慶	○			
10	川合貞一　※	1,800	150	—	12	3.13	慶	○	○		
11	永井壮吉	1,800	150	—	12	3.13	他	○	○		
12	林毅陸　※	1,620	135	—	12	2.81	慶	○	○		
13	田中一貞　※	1,560	130	—	12	2.71	慶	○	○		
14	向軍治	1,492	110	4	23	1.20	他		○		○
15	堀切善兵衛　※	1,321	90	6	12	1.88	慶	○	○		
16	星野勉三	1,272	100	6	15	1.67	慶	○	○		
17	河辺治六	1,240	100	4	21	1.19	他	○	○	○	○
18	松波仁一郎	1,200	100	—	8	3.13	帝	○			
19	神戸彌作	1,200	100	—	17	1.47	慶	○		○	
20	戸川明三	1,160	90	4	21	1.07	帝	○		○	○
21	板倉卓造　※	1,080	90	—	12	1.88	慶	○	○		
22	生江惣太郎	1,080	90	—	21	1.07	?		○		○
23	小柴三郎	1,060	80	4	21	0.95	他		○		○
24	ヒュース	1,050	150	—	?	—	?				○
25	高城仙次郎	960	80	—	18	1.11	他		○	○	
26	鷲見亀五郎	945	75	3.2	21	0.89	?				○
27	川畑篤恭	940	75	—	21	0.89	慶				○
28	鬼島熊之助	918	70	3.2	21	0.83	?				○
29	稲垣末松	900	75	—	18	1.04	帝	○		○	
30	雨山達也	888	74	—	?	—	慶				○
31	阿部秀助　※	820	85	6	12	1.77	帝	○	○	○	
32	船田三郎	812	55	2.75	21	0.65	?			○	○
33	竹内左馬次郎	804	55	—	21	0.65	慶	作文		○作文	
34	犬丸貞吉	804	33	—	?	—	—	作文		作文	
35	畑功	800	100	—	21	1.19	他	○		○	○
36	金原三郎	795	45	2.8	21	0.54	他				○
37	宮森麻太郎	780	65	—	16	1.02	慶				○
38	霜山精一	720	60	—	15	1.00	帝			○	
39	山田萬太郎	720	60	—	18	0.83	?				○
40	廣井辰太郎	716	55	4	14	0.98	?				○
41	橋本増吉	686	56	2	21	0.67	帝			○	
42	新井無二郎	686	40	2	21	0.48	?			作文	
43	廣瀬哲士	636	53	—	21	0.63	帝		○		○
44	松本烝治	600	50	—	4	3.13	帝	○			
45	高橋一知	600	50	—	6	2.08	他		○		
46	幸田成友	568	35	5	7	1.25	帝	○		○	
47	石井重倫	480	40	—	21	0.48	?			○	
48	小林澄兄	467	32	—	?	—	慶			作文	
49	内田周平	444	25	6	4	1.56	帝	○			

注１：番号１～67は専任教員（「※」は派遣留学生）、68～97（白抜き）は時間教員で
注２：学歴の表記について、「慶」は慶應、「帝」は帝大、「他」はそれ以外の教育機
注３：「作文」は正式には「日本作文」という授業科目名であり、週時間数は設定さ
注４：週負担時間以外の項目の単位は円。
出典：著者作成データベースより作成。

をあげると第一に、外国人教員の年間給与額が極めて高かった。本科の授業科目は、専門科目と語学科目および日本作文からなる。「経済学史」や「市政論」等の本科の専門科目を複数担当したマクラレン（No.1）の年間給与額は、五六四〇円、月給四〇〇円であった。予科の「日本作文」のみの担当であった岩崎寛（No.67）とは、月給にして五〇倍もの格差がみられた。他の外国人教員（No.2~5）も、月給二〇〇円以上と総じて高い。「高等官官等俸給令」（一九一〇年三月二六日勅令一三四）によれば、当時の帝国大学総長の本俸は五五〇〇円であった。ゆえにマクラレンをはじめ上位の外国人教員は、当時の私立高等教育機関にあって破格の待遇を受けていたといえよう。

第二に日本人教員間の年間給与額にも相当な格差がみられた。日本人教員で最も高い神戸寅次郎（No.6）と先の岩崎寛とでは、月給で約一九倍、また中央値（八〇四円）に相等した犬丸貞吉（No.34）とでも、約五倍の差がみられた。神戸は帝国大学分科大学教授（一級）の本俸二五〇〇円と、犬丸は同助教授（四級）の本俸八五〇円と近い給与であり、政府支援の無い私立「大学」としては、相当の処遇であったといえる。[18][19] このような日本人教員間の格差において、給与額の上位を構成していたのは、派遣留学生（表3-8中、「※」を付記）であった。派遣留学生は留学年度や年齢を考慮して月給額が設定された感があり、週負担時間の超過分に対して支払われる超過時給額も一律六円と、他の専任教員や、時間教員の時給額よりも高く設定されていた。[20] こうした少数の「高給」専任教員に対して、中央値より低額であった「薄給」の専任教員も存在しており、彼らの年間給与は、時間教員より少ない場合も多かった。なお時間教員の時給額は三円が多数であった。四円の面々をみると、年齢や社会的知名度などが考慮されたものだと考えられる。

だが高給であっても負担が過重なら実質的には低処遇といえる。そこで負担時間を検討すると、専任教員六七名中、四六名の負担時間が判明し、最少は三時間（馬場勝彌、No.52）、最大で二三時間（向軍治、No.14）であった。分布はバラつきが大きく、最頻値は二一時間（一六名）、次が一二時間（一一名）であり、これらで判明分の約六割を占め、双峰的な分布となる。そこでこの六割に注目すると、外国人教員を除けば前者一六名と比較して後者一一名の年間給与は、負担時間が九時間も少ないにもかかわらず高額である。そのため表3-8中に示したが、月給額と週負担時間から試算した一時間あたりの換算時給[21]も、前者一六名中、プレフェーア（No.3）以外の一五名が〇・五～一・二円である中、後者一一名は最低でも一・八円であり、多くが三円前後と高給「層」を形成していた。この一一名は永井壮吉（荷風）を除きすべて派遣留学生である。前者一六名の中には中央値以上の教員も一〇名含まれているが、プレフェーアを除けば実質的には「薄給かつ高負担」であり、後者一一名は慶應の専任教員の集団において「高給かつ低負担」という優遇された「層」を形成していたといえるのである。

　このように処遇と負担から専任教員間に「階層性」がみられたわけだが、この「階層性」を支えた根拠は何であるのか。そこで教育課程、とくに担当した授業科目との関係を、表3-8から考察する。すると先の「薄給かつ高負担」の一六名のうち、専門性の高い本科の授業科目を担当した教員は、プレフェーア（No.3）、河辺治六（No.17）、戸川明三（No.20）、畑功（No.35）のわずか四名にすぎない。それに対し「高給かつ低負担」の一一名は、全員本科の専門科目を（複数）担当していた。他の負担時間の教員についても、比較的[22]に換算時給が高い教員は、本科の専門科目を担当していた。それは雇用形態こそ異なるが、本科の専門科目のみの担当であった時間教員の時給額が高かったことと類似している。時間教員ほど明確でなかったにせよ、専任教員の場合も予科と本科、授業科目の専門性（難易度）とによって単価が異なり、とくに本科の専門科目は、専門性の高さから高額に設定されていたと推察できる。これは裏返せば、給与の金額が、専任教員の資質を反映していたともいえよう。

　以上を総合すると、慶應では外国人教員を厚遇したこと、派遣留学生を中心とした少数の「高給かつ低負担」の専任教員に本科の専門科目を複数担当させたこと、時間教員に残りの本科の専門科目を担当させたこと、そして実質的に「薄給かつ高負担」の専任教員に、本科の語学科目や作文、予科の授業科目といった専門性の低い授業科目を担当させたことで、教員の処遇と負担を管理し、教育課程を運営していたといえるのである。

5　慶應の教員給与管理

本章では教育課程と教員給与の分析を通して、慶應の経営実態を検証した。ここでこれまでに得た知見を整理しておきたい。第三節の教育課程の分析では、専任教員数は年々増えつつも、学生数の増加がそれに比べて大きく、ST比は年々上昇傾向にあったこと、そして本科のST比が予科よりも大きかったことを確認した。そして専任教員の授業担当時間や配置は、専任教員が多くを担当した予科や理財科に対して、時間教員に多くを依存した法律科や政治科といった、学科間での差異が存在したことを見出した。一方、第四節の教員給与の分析では、専任教員の給与額は大学部教員給与総額の九割を占めたが、各専任教員の間で給与額には大きな格差があり、処遇と負担から少数の「高給かつ低負担」の専任教員と、多数の「薄給かつ高負担」の専任教員という、日本人専任教員間での「階層性」がみられることを確認した。

この「階層性」は外国人教員の厚遇や雇用形態の違いも考慮すれば、大学部教員の「多層性」をも意味した。そして教育課程との関連性までもふまえると、授業科目の専門性と対応する形で、教員の資質を反映した結果とも考えられた。つまり「高給かつ低負担」の教員は、専門性が高い本科の専門科目を担当した傾向が、「薄給かつ高負担」の教員は、専門性が低い本科の語学科目や作文科目、一般科目を担当した傾向がみられたのである。そのため予科の授業科目を担当する専任教員の確保は、本科の専門科目を担当する専任教員に対して、コスト・資質ともに条件が下がり、相対的に容易となる。こうした点に加え、各学科で収容学生数に差があったこと、慶應では理財科重視の学風であったこと、派遣留学生が欧米の大学で修めた学問の専門性に偏りがあったこと、さらには外部からの時間教員招聘の都合などがあったことなどがあいまって、教育条件や教員配置の学科間の差異や、教員の「階層性」が存在したのだと考えられる。

ただしこうした経営実態が、評議員会などの議決機関の下で計画・実施された結果によるものであるとの確証はない。少なくとも分析期間における「記録」からそうした形跡は確認できなかった。したがって以上の知見は、多様な解釈の可能性を残すものであるといえる。だがこうした知見の妥当性を窺う史料に、慶應で長年、教頭や評議員を務めた門野幾之進が『慶應義塾学報』の誌面で発表した「慶應義塾の学制改革」という論文がある。これによれば、「どうも各科同じ費用を使はんければ成らぬという云ふような事が起り易くて困」り、その結果「どれも充分なものが出来ぬ」とある。また「科目のインポルタンスの割合、其須要さに應じて良い教師を頼むとか余計の金を使ふ。其須用の科目と言ふものは法律にもありません、理財にもありません、兎に角一々の科目を見通して、其科目の値打に應じて金を使つてゆく」とまで発言していた（門野、一八九九、四-五頁）。これはわずか一年間で頓挫した一九〇〇（明治三三）年の学内学制改革を前に発言されたものだが、肝心なことは、大学令による大学昇格以前の段階において、全学科一様の整備ではなく、学科運営の差異（優先度）を認めること、そして授業科目の重要性に応じて適当な教員を確保し、適正な処遇を与えるべきだとする考え方を有していたことである。ここに慶應の「私立大学」としての経営方針が見て取れるのである。「私立大学」経営の中枢を担った人物の頭の中には、教育課程と教員の資質を考慮した「階層性」を伴う処遇のあり方、つまりは「教員管理」という考え方が、明確に存在していたのである。ヒト（教員）もカネ（資金）も限られた中で、「教育と財務の相克」を調整し、「私立大学」としての教育機能の発展と機関財務の安定を同時に達成するための「マネジメント」の一つとして、学科間の差異や、教員の「階層性」を積極的に解する経営方針が選択されていた可能性を推察できるのである。

注

（1）分析期間の短さは否めないが、この一〇年が専門学校令等により制度的枠組みが構築され、後の大学令までの「助走期間」であったことを考慮すれば、分析価値はあるといえる。
（2）例えば戦時期私大の財務が最良であった可能性を論証した伊藤（二〇〇八）などが挙げられる。
（3）一九一三年以降の史料も残存していると推察されるが、マイクロフィルム化はされておらず、また閲覧も許可されていない（二〇一三年現在）。なお四点目で挙げた「評議員会記録」についても、一九一一年までしか閲覧が許可されていない。
（4）専任教員であることの証左として、本塾教師には八月の休暇中も給与が支給されていた。
（5）本科の授業科目は、当時の写真から大教室での一斉授業であったと想定できる。一方、予科の語学科目や作文科目はクラス別であったと考えられる。
（6）一年次の「独語或仏語」で一時間増、二年次の「英語」で四時間増となっている。
（7）一九一一（明治四四）年三月に大学部を卒業し、後に塾監局で職員を長く務めた小澤愛國は、一九一三（大正二）年に作文の授業を三クラス担当したと述懐している（塾監局小史編集委員会、一九六〇、一八八頁）。
（8）慶應義塾編（一九六二、一四〇－一四一頁）によれば、派遣留学生数は一九一二（明治四五）年度までで延べ一九名であった。そのうち、経済、金融、財政、商業系統の学問を欧米大学で修めた人数は、一〇名と半数を超えていた。
（9）法律系科目を帝大人脈に依存することは、官学重視の風潮の中で、官立高等教育機関との友好関係を結ぶ上でも有効であった可能性がある。
（10）教員人事権の詳細については、第一章第二節を参照のこと。
（11）「記録」のうち、一九〇四年五月一七日開催第六期第二一回評議員会記録、一九〇五年五月一六日開催第六期第三二回評議員会記録、一九〇七年四月一六日開催第七期第一二回評議員会記録、一九〇八年四月二一日開催第七期第二二回評議員会記録を参照。
（12）例えば一九〇七年四月一六日開催第七期第一二回評議員会記録によれば、他の専任教員が月給五～一〇円の昇給である一方、派遣留学生は一律二五円の昇給であった。

(13) 一九一二（明治四五）年の時間教員の時給分布は、表3-8を参照。また授業科目により単価が異なる一例として、一九〇五（明治三八）年に法律科で「欧州法制史」と「独語或仏語」を担当した津軽英麿（早大卒、学習院教授）の時給額が参考となる。「欧州法制史」の時給が二・五円、「独語或仏語」の時給が一円であった。

(14) 慶應義塾（一九六四、六一六頁）によれば、退職手当給与規定の制定年月は不明である。だが一九一二（明治四五）年九月一七日に制定された死亡手当給与規定に近い時期だとされる。

(15) 授業料は慶応義塾史事典編集委員会（二〇〇八、八三四頁）を参考にした。なお先行研究では授業料未納者や中退者が多かったとされるが、「慶應義塾学事及会計報告」によれば慶應では少なくとも本科の中退者は僅少である。また予科では中退者が多かったものの、編入者も同等数存在しており、授業料収入の総額は、概ね納入されていたと考えられる。

(16) 給与格差を考慮し、平均値でなく中央値（一九一二年：八〇四円）で区分した。

(17) 一九一二（明治四五）年度の大学部教員九七名の雇用形態別にみた学歴構成は、以下のとおりである。

学歴	慶應	帝大	その他	不明	合計
専任教員	二三人 三四・三%	一〇人 一四・九%	一二人 一七・九%	二二人 三二・八%	六七人 一〇〇%
時間教員	五人 一六・七%	一六人 五三・三%	五人 一六・七%	四人 一三・三%	三〇人 一〇〇%
合計	二八人 二八・九%	二六人 二六・八%	一七人 一七・五%	二六人 二六・八%	九七人 一〇〇%

(18) 参考までに『日本帝国文部省年報』（第四〇上巻）より一九一二年度の東京帝大教員の職階別俸給年額の平均を求めると、教授（勅任官）が二五五六円、同（奏任官）が一八九一円、助教授（奏任官）が九四七円であった。

(19) 帝大教員には他に四〇〇～一二〇〇円の講座俸も支給されており、講座俸次第で慶應教員の処遇の評価も変わるが、慶應の一部の専任教員が相応の処遇であったことは確かであるといえそうである。
(20) 慶應義塾（一九六九、一四一頁）によると留学時期は、一八九九（明治三二）年が神戸寅次郎、気賀勘重、堀江帰一、川合貞一、一九〇一（明治三四）年が林毅陸、田中一貞、一九〇五（明治三八）年が田中萃一郎、堀切善兵衛、一九〇七（明治四〇）年が板倉卓造、一九一〇（明治四三）年が阿部秀助であった。
(21) 一ヶ月を四週とし、換算時給＝月給÷四÷定時間として算出した。
(22) 例えば表3-8において換算時給が一・五円以上となる教員は七人存在するが、うち高橋一知（No. 45）を除く六人は、本科の専門科目を担当していた。

第四章　慶應の寄附募集

本章では引き続き慶應を事例に、もう一つの分析課題である寄附金分析を行う。それにより明治後期から大正期における慶應の経営実態を明らかにする。第一章で確認したように、寄附金は資産形成の原資となって慶應の教育機能の充実に寄与していた。では実際にどのような寄附募集事業計画を策定し、どのような過程を経て、最終的にどの程度達成することができたのか。また寄附者にはどのような特徴があり、寄附金獲得の成功（失敗）要因となった機関内外の要因は何であったのだろうか。本章では、慶應が明治後期から大正期にかけて全国規模で実施した三つの寄附募集事業に焦点をあてて、財務および組織体制の観点から寄附募集事業計画の達成度を検証する。それによって寄附金という授業料収入とは異なる財源からみた、慶應の経営実態を明らかにする。

以下、本章の構成である。第一節では、序章での指摘も踏まえながら、寄附金という研究トピックがこれまでの大学史・高等教育史研究でどのように扱われてきたか、そして何が研究課題として残されているのかを簡潔に整理する。その上で第二節では、分析対象である慶應で実施された寄附募集事業について、「記録」や沿革史の記述からその概要を確認する。続く第三節では、貸借対照表上での寄附金の会計処理の方法と、寄附申込者の特定方法を確認する。第四節では、実際の遂行過程について寄附募集事業ごとに財務分析を行う。具体的には寄附募集事業ごとに収支バランスからみた計画と実績の整合性または乖離の様子を、単年度ごとに財務諸表から試算し、慶應の資産形成および財務に与えた影響を明らかにする。第五節では、寄附募集事業の成功（失敗）要因を、機関外部の要因である景気動向の他、内部の要因である寄附者の特徴（プロフィール）や動機、募集体制や実際の活動から明らかにする。最後に第六節では、知見を整理し、分析期間における慶應の経営実態について考察を行う。

1　寄附金研究の視角

序章でも指摘したが、戦前期の私立高等教育機関は、必要に応じて寄附募集事業を行っていた。経営的な見方にたてば、授業料収入は日常の唯一かつ最大の安定収入であった。一方で寄附金収入は、周年事業や、施設設備の更新、学科新設など何らかの臨時的な経営行動を取った際に調達する臨時収入として位置づけられていた。私立高等教育機関は財政難であったから、しばしばその臨時収入に拠って、高等教育機関としての教育機能や財務面の充実を図ったのであった。

なお研究史的には、寄附金という研究トピックは、序章で指摘したように、大学令で規定された昇格条件の一つである基本財産供託の問題に集中していた。そこで共通したことは、各機関に総じてみられた寄附金獲得の困難の実態を指摘することである。そうした中で早慶両校が創立者のカリスマ性や社会的認知度の高さ、さらには実業界で活躍する卒業生および卒業生集団のネットワークによって、成功事例であったと指摘することであった。

このように早慶両校は寄附金の募集に際して、例外的な成功事例として扱われてきた。だがその成功は、他校と比較した場合の相対的な意味での成功であり、早慶両校の募集計画と照合し、その達成具合を検証した上で成功と評しているわけではない。事業計画の詳細は後述するが、一般にこうした事業計画は単年度で済むものではなく、複数年を要するものである。その間、寄附金という資金がどのように調達および配分され、当初の事業計画をどの程度完遂することができたのか。また実際にどのような人物が寄附を申し込み、そして寄附金の調達を可能にした機関内外の要因は、何であったのか。機関レベルの経営実態を明らかにするには、以上のような観点を考慮しながら、具体的な資金の流れを単年度ごとに経年で検証する必要がある。また成功要因としてしばしば指摘されてきた卒業生集団の貢献についても、必ずしも実証的に論証されているわけではない。以上の点がこれまでの大学史・高等教育史研究における寄附金研究では考慮されていなかった点である。したがって寄附金分析から経営実態を明らかにするためには、これらの点を一次史料から総合的に検証することが求められる。

2　慶應の寄附募集事業の策定過程と概要

それでは慶應の寄附募集事業の概要を整理する。一八五八（安政五）年に開学した慶應では、創立後から大正期にかけて複数回の寄附募集事業を実施していた。第二章で確認したように、本章の分析期間である一九〇三（明治三六）年以降は、一貫して収入超過の黒字経営であった（表2-1）。だがそれ以前は、恒常的な支出超過の赤字経営であった(1)。とくに一八九〇（明治二三）年の大学部設置後の数年間は深刻な経営難であり、大学部存廃論が評議員会で議論されたことは、序章で指摘した通りである。経営維持を至上命題とした慶應では、初期には社頭である福澤や教職員の寄附または減俸によって、急場をしのぐ方法も採られた。だがそれには限界があり、やがて卒業生や広く社会一般に寄附を募ることになった。こうして経営を維持し、高等教育機関としての教育機能の発展を求めることを目的に、授業料収入とは異なる資金調達手段であった寄附募集事業が行われるようになったのである。

表4-1は、明治期から大正期にかけて慶應で行われた寄附募集事業のうち、主だった寄附募集事業の概要を整

表4－1　明治後期～大正期における慶應の主たる寄附募集事業一覧

名称 （略称）	慶應義塾維持法案 （維持法案）	慶應義塾資本金募集 （資本金募集）	慶應義塾基本金募集 （基本金募集）	創立五十年紀念図書館建設資金募集 （図書館募集）	医学科化学科設立資金募集 （医学科募集）
趣意書発表	1880（明治13）年11月	1889（明治22）年１月	1897（明治30）年８月	1906（明治39）年12月	1916（大正５）年８月
目　　的	慶應の永続的維持を目的に創設された寄附制度	大学部開設に向けて、財政基盤の強化と経営の安定を目指す	寄附金を元本とする利子収入によって大学部の経費を賄う	五十周年事業としての図書館建設	医学科新設と附属病院の建設
目　標　額	70,000円	特に定めず	特に定めず	300,000円	当初：1,000,000円 最終：3,000,000円
申　込　額	48,205円【1887年】	138,930円【1897年】	384,882円【1907年】	342,930円【1907年】	3,102,528円【1922年】
実　収　額	23,415円【1889年】	105,842円【1897年】	2,019,417円【1926年】	310,177円【1922年】	2,842,895円【1926年】
申込者数	128人【1881年】	不明	1,884人【1907年】	991人【1922年】	2,070人【1926年】
回　収　率	48.6%	76.2%	—	90.4%	91.6%
達　成　率	33.5%	—	—	103.4%	94.8%

注１：慶應義塾資本金募集と基本金募集に関しては、目標額は特に設定されていない。
注２：図表中の【　】はその時点での金額及び人数を意味する。
注３：基本金募集、図書館募集、医学科募集の申込額、実習額、申込者数は第３節で説明する著者が作成したデータベースより算出した数字である。
注４：回収率は申込額に対する実収額の割合であり、計算式は（実収額÷申込額×100）である。
注５：達成率は目標額に対する実収額の割合であり、計算式は（実収額÷目標額×100）である。
出典：『慶應義塾百年史』（上巻及び中巻：前、後）、『塾監局小史』、『慶応義塾史事典』及び著者作成データベースより作成。

理したものである。慶應では、約一〇年の周期で、大規模な寄附募集事業を行っていた。この五つの寄附募集事業の寄附目的をみると、最初の三つの寄附募集事業である「慶應義塾維持法案」（以下、維持法案）・「慶應義塾資本金募集」（資本金募集）・「慶應義塾基本金募集」（基本金募集）と、残り二つの寄附募集事業である「創立五十年紀念図書館建設資金募集」（図書館募集）・「医学科化学科設立資金募集」（医学科募集）とでは、性格が異なった。前者は市井の人々から得た寄附金を基金化し、それを元本とする利子収入を得て、経常経費の補填にあてることを目的とした。[2]それに対して後者の図書館募集と医学科募集は、経常経費の補填が目的ではなく、図書館建設や、学部新設および附属病院の建設に伴う土地や建物の取得といった資産形成を目的としていた。詳細にみれば、基金化を目的とした前者三つの寄附募集事業のうち、維持法案と資本金募集は、寄附金の費消が禁じられていなかったため、多くを費消してしまった。一方で基本金募集は、基金化が徹底され、元本の取崩が厳しく禁止されていた。

　このように寄附募集事業はそれぞれ性格が異なる。だが、①機関全体の総力をあげて広く不特定多数を対象に、全国規模で寄附募集活動を行ったこと、②寄附金を経常経費に流用せず、資本として慶應の資産形成の原資となったことが、貸借対照表の分析から明示できること、といった二つの点を考慮し、本章では基本金募集、図書館募集、医学科募集という三つの寄附募集事業を対象に考察する。維持法案および資本金募集は、多くを経常経費に費消していた。さらに維持法案は、関係者を中心とした比較的狭い範囲で募集活動が行われていた。そのため本章では、①と②の条件から、基本金募集、図書館募集、医学科募集に限定して分析を行うこととした。以下では、これら三つの事業計画の策定過程と概要を整理する。

基本金募集は、一八九〇（明治二三）年に設置された大学部の経営難を、寄附金を元本とする利子収入で改善することを目的に計画された寄附募集事業である（慶応義塾史事典編集委員会、二〇〇八、五七頁）。一八八九（明治二二）年から実施されていた資本金募集が、大学部の経営不振から元本の殆どを取り崩してしまったことから、新たに基金構想を新設したのであった。「記録」によれば一八九六年六月一五日開催第四期第七回評議員会にて「大学部存廃ノ相談会ヲ開ク」とされたのが議論の始まりであった。その後、同一一月一六日開催第四期第一〇回評議員会で塾長小幡篤次郎が資金募集による大学部維持を提案したところ、評議員の中上川彦次郎は「姑息ノ計画ニテハ到底完全ノ大学ヲ永遠ニ持続シ得ルノ見込ナシ」と述べて大学部を廃止し、高等科と普通科の改良を図るよう提言した。そして評議員会は、大学部の廃止を福澤諭吉に進言した。しかし福澤が大学部の存続を求めた結果、同年一一月一六日開催第四期第一三回評議員会では一転して大学部継続が決定され（大学部存廃論）、準備を行う二〇名の準備委員[3]が即決された。以後、寄附募集を求める趣意書案の検討が行われ、一八九七年五月一五日開催第四期第一四回評議員会でそれが可決され、八月の趣意書の公表とともに募集が行われた。基金化を目的としたため、目標額は設定されなかったが、一九〇七（明治四〇）年度時点で一八八四人の申込者から三八万四八八二円の申込みがあった。なお本書が設定した分析期間の最終年である一九二六（大正一五）年度の貸借対照表には、「基本金」という名称で、二〇一万九四一七円が計上されていた。

続く図書館募集は、創立五十周年事業の一つとして、以前より整備拡張要求のあった図書館建設を目的に実施された寄附募集事業である。発表された趣意書には「大学専門の教育に教場の講義と共に図書館の研究に重きを置くは欧米一般の趨勢にして…(中略)…図書館の設備斯くの如く不完全なるは実に教育上の一大欠点にして、現在の設備中最も図書館の必要を感ずる所以なり」とあった。図書館募集は、周年事業を契機にインフラ整備を行うことで、教育機能を充実させることを目的としていたのである。「記録」によれば、評議員会で初めて議題となったのは、一九〇六年一〇月一六日開催第七期第八回評議員会であったようである。塾長鎌田栄吉の先導の下、図書館建設の決定と事前準備にあたる準備委員五名の選定が異論なく決定された(4)。以後、管見では、評議員会で趣意書の文面を審議した痕跡はなく、同年一二月五日に趣意書が発表され、募集の開始となった。評議員会で議論が十分に行われなかった背景には、評議員会に先立つ九月二七日に相談会を開催していたためであると推察する。おそらくはその場で塾長鎌田を中心に、評議員会で重責を担っていた荘田平五郎、福澤一太郎、石河幹明、さらには準備委員にも選定されていた池田成彬、朝吹英二らによって計画が策定され、評議員会の議論は了承を得るにすぎなかった可能性が高い。趣意書には寄附金三〇万円募集との記載があり、建築費を支払った後に余財があった場合は、図書購入基金に充てるとの記載があった。表4-1によると、目標額は趣意書発表後二年目で達成されており、一九二二(大正一一)年の貸借対照表には、九九一人の申込者から「図書館建設寄附金」三一万一七七円が計上されていた。申込額に対して実収額の割合を示した回収率は九〇・四%と極めて高く、目標額に対して実収額の割合を示した達成率も一〇三・四%であった。したがって図書館募集は、高成績を収めた寄附募集事業であったということができよう。

最後の医学科募集は、医学科の新設と附属病院の建設を目的に実施された寄附募集事業である。これは実学を重視した福澤の意思を反映する事業であり、また文科系学科（学部）のみであった慶應を、理科系学科をも有す総合大学へと発展させた事業であった。医学科設置の議論は福澤存命中より存在したが、評議員会で正式な議題となったのは、一九一六年三月七日開催第九期第二八回評議員会であった。塾長鎌田が幹事職にあった石田新太郎との調査結果をもとに、創設費五〇万円を要する医学科の設置を提示したことに始まる。しかしその時は、理工科設置が多数派であったため、五名の特別委員によって、再調査が行われた。その後、塾長鎌田や、同年四月四日開催第九期第三〇回評議員会における同委員山本達雄の報告によって、医学科設置が確定した（慶應義塾、一九六〇、七九六―八〇五頁）。なお理工科ではなく医学科の設置に至った理由には、「カネ」と「ヒト」の問題があった。つまりは①医学科および附属病院の併置は莫大な費用を要するが、病院収入により経営維持が可能であること、②北里柴三郎を中心とした当代一流の人材を獲得できること、にあった。以後、同年六月二〇日開催第九期第三三回評議員会で「医科大学設置協議案」が決定され、七月二六日開催第九期第三四回評議員会では、医科設立に関して準備を進める準備委員一〇名が選出された。こうして同年八月には、募集金額を一〇〇万円とする趣意書が発表された。だが『慶應義塾百年史』（中巻：前）（慶應義塾、一九六〇、八一二―八一六頁）によれば、途中、医学科の認可申請に際して私立学校令が定める基金据置に関する規定を満たす必要から、目標額が一六五万円となり、さらには第一次世界大戦による物価高騰による建設費の値上がりから、最終的な目標額は三〇〇万円にまで膨れ上がった。申込者数は一九二二（大正一一）年度の時点で二〇七〇人にも達しており、申込額も目標の三〇〇万円を超えていた。一九二六（大正一五）年の貸借対照表には「医学部建設寄附金」が二七二万七九四円、「化学科建設寄附金」が一二万二一〇〇円と計上され、回収率は九一・六％、達成率は九四・八％と高成績であった。医学科募集は、慶應が明治期から大正期において実施した寄附募集事業中、最も多くの寄附申込者を得た寄附募集事業であった。

以上、対象とする三つの寄附募集事業の策定過程の検証と、実績の整理を行った。寄附目的や目標金額は異なるが、評議員会で十分な議論を経たことは勿論のこと、委員を設置して事前検討を行っていたことも共通していた。

3　会計処理と寄附申込者の特定方法

（1）会計処理

ここでは第四節で行う財務分析の準備として、まずは貸借対照表での寄附金処理に関する注意点を、表4-2を用いながら二点確認しておきたい。

一点目は表記についてである。寄附金は収支決算表ではなく貸借対照表上で処理されたが、分析期間における慶應の貸借対照表をみると、一九二四（大正一三）年を境に、費目名称や計上方法に違いが確認できる。帳簿上、一九二二（大正一一）年までは、貸方（右側）に募集事業ごとの金額が計上されていた。だが一九二三（大正一二）年と一九二四（大正一三）年では、募集事業ごとに計上するのをやめ、寄附金という名称で一本化されて計上されていた。表4-2でいえば、「図書館建設」寄附金や「医学科並化学科建設」資金（寄附金）といった文言が付され、どの寄附募集事業に対する寄附金であるかが判別できた様式から、単に「寄附金」という名称で一本化され、判別が困難となったことを意味する。

二点目は処理方法についてである。[11] 本章では基本金募集、図書館募集、医学科募集を分析対象としているが、基本金募集は前述のとおり寄附金の蓄積によって利子収入を目指す基金構想であった。そのため寄附金（元本）の取り崩しが禁止されており、会計処理上、貸方に基本金という費目で計上された。一方で図書館募集や医学科募集は、土地や建物の取得を目的としており、特に竣工までに年月を要する建物については、完成する前後で費目名を変更して処理していた。表4-2から具体的にみると、図書館募集、医学科募集ともに、寄附金額が貸方（右側）

表4－2　貸借対照表上における寄附金の取り扱い：慶應

【建築中】

借方		貸方	
現金	○○	基本金	○○
××	○○	××	○○
図書館建築費	○○	図書館建設寄附金	○○
医学部建設費	○○	医学科並化学科建設資金	○○

【竣工後】

借方		貸方	
現金	○○	基本金	○○
××	○○	××	○○
図書館建物	○○	図書館建設寄附金	○○
医学部校舎及病院建物	○○	医学科並化学科建設資金	○○

出典：『慶應義塾学報』及『三田評論』所載「慶應義塾学事及会計報告（貸借対照表）」（各年度）の費目処理より著者作成。

に計上されたのに対し、借方（左側）には建築物が竣工されるまでは図書館「建設費」、医学部「建設費」（他にも特別病棟「建設費」等）と、現行の複式簿記でいうところの建設仮勘定のようにして、年々金額が積み上げられていた。そして建物等が竣工となった際には、それまでの「建設費」といった費目名が、「図書館建物」、「医学部校舎及病院建物」と「費」の名称が削除されて計上されていた。これは正式に資産費目として計上されたことを意味していた。

分析期間における慶應の貸借対照表では、以上のようにして寄附金が処理されていた。本章ではこれらの点に留意しながら、寄附金実収額は貸方の金額を、寄附金の年度ごとの支出額は、借方に計上された二年間の建設費科目の差分から算出して分析を行うこととした。

（2）寄附金申込者の特定方法

次に寄附申込者の特定方法について説明する。慶應では三つの寄附募集事業について、寄附申込者の氏名を、慶應の広報誌である『慶應義塾学報』および『三田評論』に毎号掲載していた。**図4-1**は、『慶應義塾学報』の誌面に図書館募集

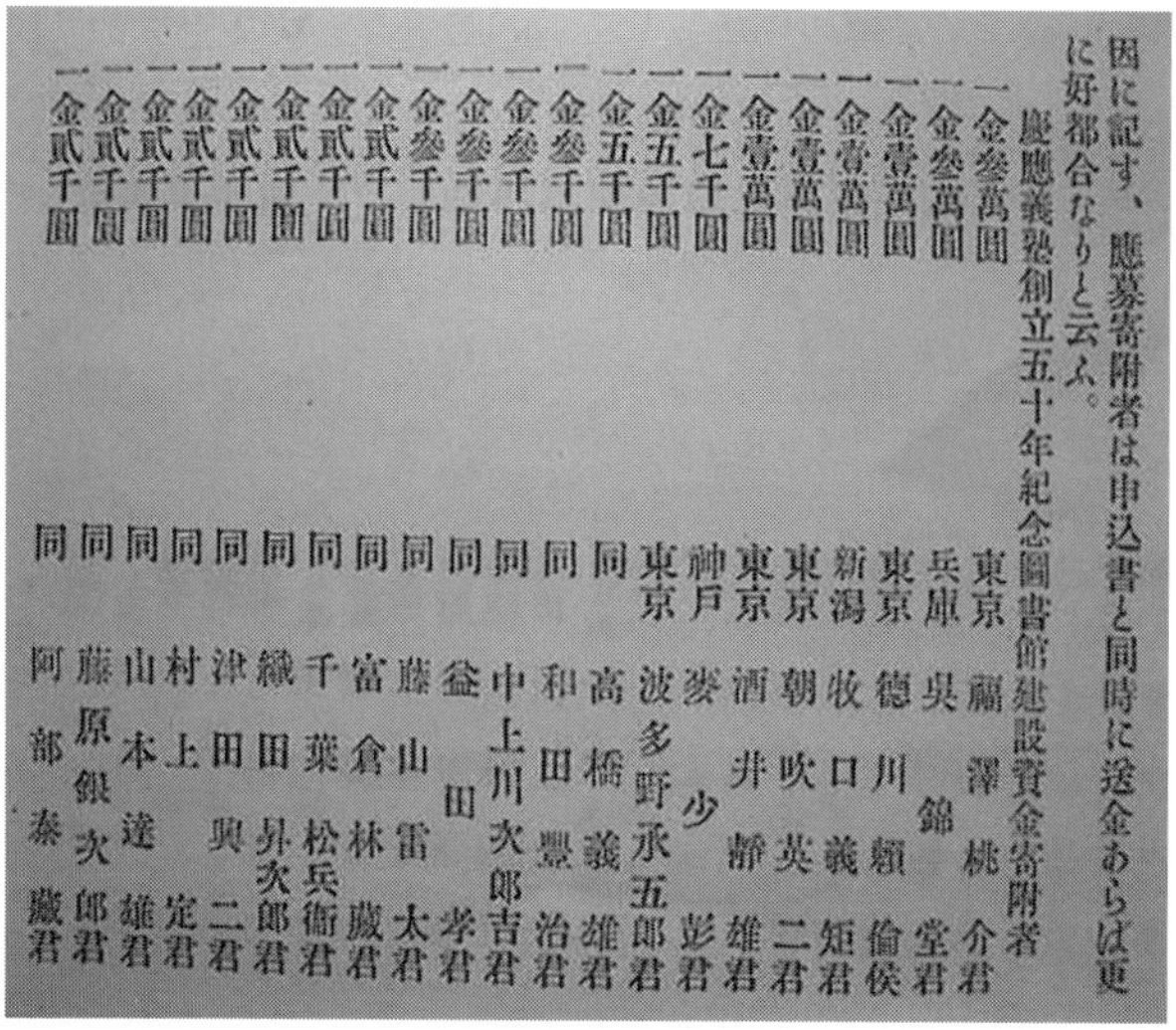

因に記す、應募寄附者は申込書と同時に送金あらば更に好都合なりと云ふ。

慶應義塾創立五十年紀念圖書館建設資金寄附者

一金參萬圓	東京	福澤桃介君
一金參萬圓	兵庫	吳錦堂君
一金壹萬圓	東京	德川賴倫侯
一金壹萬圓	新潟	牧口義矩君
一金壹萬圓	東京	朝吹英二君
一金壹萬圓	東京	酒井靜雄君
一金七千圓	神戸	麥少彭君
一金五千圓	東京	波多野承五郎君
一金五千圓	同	高橋義雄君
一金參千圓	同	和田豐治君
一金參千圓	同	中上川次郎吉君
一金參千圓	同	益田孝君
一金參千圓	同	藤山雷太君
一金貳千圓	同	富倉林藏君
一金貳千圓	同	千葉松兵衛君
一金貳千圓	同	織田昇次郎君
一金貳千圓	同	津田興二君
一金貳千圓	同	村上定君
一金貳千圓	同	山本達雄君
一金貳千圓	同	藤原銀次郎君
一金貳千圓	同	阿部泰藏君

図４－１　図書館募集の寄附者名簿

出典：『慶應義塾学報』114号（1907年７月、99頁）。

の寄附申込者が報告された記事である。基本金募集、図書館募集、医学科募集すべてにおいて、氏名、所在地、金額が掲載されていた。少額であっても、寄附申込があった場合にはこのようにして報告されていたため、本章では当該期間における『慶應義塾学報』及び『三田評論』のすべてに目を通し、氏名、所在地、金額を表計算ソフトに入力することで、寄附者名簿データベースを作成した。これによって寄附者個人の申込金額や、地域別にみた申込状況の実態把握、さらには氏名の一致を条件に、すべての寄附募集事業に寄附を申し込んだか否かの実態把握が可能となる。データベースに収録した寄附者名簿の収集期間は、基本金募集が『慶應義塾学報』第一号（一八九八年三月七日）～同一二四号（一九〇七年一一月一五日）、図書館募集が同一一四号（一九〇七年二月一五日）～同一二四号（一九〇七年一一月一五日）、医学科募集が『三田評論』第二三一号（一九一六年一〇月一日）～同三〇四号（一九二三年一一月一日）である。なお『慶應義塾関係資料（K）』「募金関係」（K一二）所載「G.その他」には、一八八一（明治一四）年以降から一九四〇（昭和一五）年までの個人別寄附金をまとめ

表4－3　基本金募集の経年推移

年度		実収額(円)	累計(円)	年度		実収額(円)	累計（円）
1902	明治35	248,480	248,480	1915	大正4	4,133	1,595,510
1903	明治36	16,728	265,208	1916	大正5	155	1,595,665
1904	明治37	9,355	274,563	1917	大正6	18,126	1,613,790
1905	明治38	10,736	285,298	1918	大正7	111,500	1,725,290
1906	明治39	3,339	288,637	1919	大正8	2,625	1,727,915
1907	明治40	362,270	650,907	1920	大正9	55,410	1,783,325
1908	明治41	3,432	654,339	1921	大正10	88,300	1,871,625
1909	明治42	383	654,721	1922	大正11	25,000	1,896,625
1910	明治43	10,583	665,304	1923	大正12	25,360	1,921,985
1911	明治44	1,162	666,466	1924	大正13	35,232	1,957,217
1912	明治45	258	666,724	1925	大正14	35,000	1,992,217
1913	大正2	632	667,356	1926	大正15	27,200	2,019,417
1914	大正3	924,021	1,591,377				

注：基本金額は貸借対照表の貸方科目「基本金」の金額であり、実収額は２ヶ年の差額である。
出典：『慶應義塾学報』『三田評論』各年度所載「度慶應義塾収支勘定決算報告」「慶應義塾学事及会計報告」より著者作成。

た『慶應義塾寄附金録（一）』が、マイクロフィルム史料として残されている。ただしこの史料には、寄附者の所在地が記載されていない。さらには年度を単位に一括して寄附者名をまとめており、本章で扱う三つの寄附募集事業に限定した申込者の特定は困難である。こうした点を考慮して、本章では、広報誌掲載の寄附者名簿を収集して利用することにした。

4　寄附金と資産形成

(1)　募集実績

それでは寄附募集事業ごとに、実際の過程を財務分析から検証する。まずは基本金募集である。**表4-3**によると、明治四〇年代から大正初期に伸びが鈍化したものの、全体的に堅調であった。慶應で初めて貸借対照表が作成された一九〇二（明治三五）年度はさておき、一九〇七（明治四〇）年度と一九一四（大正三）年度は大幅な伸びがみられた。貸借対照表からこの伸びの要因を確認すると、借方の土地資産額が一九〇七年が二万八八二五円から四二万五六〇三円、一九一四年が四二万五六〇三円から一〇六万九九九二円へと伸びていた。後者の特定は困難だが、前者は福澤家から寄贈された土地評価額を基本金として繰り入れた結果、大幅増となったと考えられる。「記録」によれば一九〇七年四月一六日開催第七期第一四回評議員会にて、評価総額三五万五一三五円五銭分の土地が慶應へ寄贈されていた。[12] 他に金額の把握は困難だが、一九〇一（明治三四）年に創設された慶應義塾維持会も、基本金の増額に寄与したと推察される。慶應義塾維持会は、一九〇一（明治三四）年に設立された慶應の維持運営のために寄附を行う者の会員組織である。会員資格は、毎年六円を一口として一〇年間納めることであり（口数は自由）、塾員であることを資格要件とはしなかった（慶応義塾史事典編集委員会、二〇〇八、六九-七〇頁）。なお基本金募集は寄附金を元本とする基金であったから、利子収入が発生した。だが基本金募集に限って利子収入を財務諸表から把握することは、入手できた史料の範囲では困難である。

次は図書館募集であるが、これと医学科募集の分析では、実収額だけでなく、申込額、支出額、当該会計年度末までの実収額から同支出額を引いた残額、達成率の経年推移も分析指標に加えて検証する。というのもこれら二つの募集は、寄附金の調達と並行して土地や校舎、附属病院など固定資産の取得および建築を進めていたため、寄附募集事業計画の達成度を評価するには、年度ごとに寄附金の収支バランスを考慮する必要があるからである。

では図書館募集を検討しよう。**表4-4**によると、申込額は趣意書が発表された一九〇六（明治三九）年度ですでに目標額三〇万円の七〇％以上に相当する二一万五四一八円となっていた。二年目には、目標額を上回る三四万二九三〇円にまで到達した。趣意書が発表されたのは一九〇六（明治三九）年一二月であるから、わずか四ヶ月足らずで目標額に近い金額が申し込まれたことになる。これに対して実収額の推移をみると、二年目の一九〇七（明治四〇）年度で総額二六万一一三四円もの寄附金を回収することに成功しており、この時点で回収率は七六・一％と高かった。実際のところ図書館建設が起工されたのは、一九〇八（明治四一）年一二月二四日であった。[13] 前年度ま

表４－４　図書館募集の経年実績の試算

年度		申込額(円)	実収額(円)(A)	支出額(円)(B)	残額(円)(Σ(A-B))	回収率(%)	達成率(%)
1906	明治39	215,418	3,889	0	3,889	1.8	1.3
1907	明治40	127,512	257,245	0	261,134	76.1	87.0
1908	明治41	0	25,989	4,392	282,731	83.7	95.7
1909	明治42	0	9,150	35,646	256,235	86.4	98.8
1910	明治43	0	3,901	64,794	195,342	87.5	100.1
1911	明治44	0	5,756	86,510	114,588	89.2	102.0
1912	明治45	0	3,986	44,702	73,871	90.4	103.3
1913	大正２	0	1	0	73,872	90.4	103.3
1914	大正３	0	0	0	73,872	90.4	103.3
1915	大正４	0	0	0	73,872	90.4	103.3
1916	大正５	0	10	0	73,882	90.4	103.3
1917	大正６	0	250	0	74,132	90.4	103.4
合計		342,930	310,177	236,044	74,132	90.4	103.4

注１：申込額は寄附者名簿データベースからから算出。
注２：実収額は貸借対照表の貸方科目「図書館建設寄附金」から算出。
注３：支出額は貸借対照表の借方科目「図書館建設費」から算出。
注４：回収率の計算式は（実収額の累積／申込額の累積×100）であり、単位は％。
注５：達成率の計算式は（実収額の累積／目標額の累積×100）であり、単位は％。
出典：『慶應義塾学報』『三田評論』各年度所載「度慶應義塾収支勘定決算報告」「慶應義塾学事及会計報告」より著者作成。

での二年間で実収額総額は二六万一一三四円を計上していたから、資金繰りに確証を得て建築が進められたと推察できよう。事実、試算結果によると、実収額と建築に際して消費された支出額との差額である残額合計は、竣工となる一九一二（明治四五）年度まで一貫して黒字であった。つまり最終的な決算だけでなく、単年度でみても他に資金を借り入れる必要なく、寄附金のみでの計画の完遂が達成できたといえるのである。

以上は貸借対照表からの試算結果であるが、図書館募集に関しては、経理に関する記録史料が残されている。まず『慶應義塾図書館史』（慶應義塾大学三田情報センター、一九七二、七一頁、八六頁）より決算を確認すると、最終的な実収額は三〇万九九一五円、支出額は二三万六九八七円であり、収支差額は七万二九二八円であった。これは表4－4の試算結果とそれほど差がなく、本章の試算結果および見解の正しさを裏付けるものといえる。次に一次史料「図書館建築ニ関スル収支予算概計等」[14]にある「図書館建築ニ関スル収支予算概形」によると、収入の見積もりは三三万円となっていた。これは寄附金目標額三〇万円から年一割の利率で発生する利子三万円を見込んだ上での金額であった。他方で支出の見積もりは合計二五万五〇〇〇円とあり、その内訳をみると、建築費に二〇万円、什器其他設備費に三万円、雑費に一万円、五拾年紀念図書購入費に一万五〇〇〇円と設定されていた。つまり建築費に限定すれば、寄附金目標額の三分の二程度で完成させる予定であったのであり、合計額でみても寄附金目標額の八五％程度で収まることを計画していたのであった。なお支出管理が徹底されていたことは、「記録」からも確認できた[15]。一九〇九年三月一六日開催第七期第三二回評議員会では、図書館工事が入札の結果、予算を超過し、いまだ契約に至っておらず、予算内での請負が決定次第、工事に着手するとあった。ここから募集成績（収入）が好調であっただけでなく、支出面でも綿密な計画にそった適切な管理が行われていたと推察できよう。また本章第二節でも指摘したが、建設費支払い後の余財を図書購入基金とする計画については、同史料「図書館建築後ノ収支予算概計」に、収入として四五〇〇円が見積もられていた。これは収入三三万円から支出合計額二五万五〇〇〇円を差し引いた残額七万五〇〇〇円に、年六分の利子がつくとの想定である。決算によれば実収額は目標額を超え、収支差額も七万二九二八円の黒字であり、想定に近いものであった。これに年一割で発生したであろう利子が加算されたわけであるから、図書購入基金の構想は、計画以上の成功をもたらした可能性が高い。つまり図書館募集は、短期間での資金調達に成功し、支出の管理（配分）も徹底したことで、寄附金のみで事業を完遂させた可能性が高く、最終的には計画以上の成功を成し遂げた事業であったと評価することができるのである[16]。

最後に医学科募集である。既述のように医学科募集は、目標額が途中で変更された。**表4-5**によると、申込額は募集開始初年度で一五〇万四四〇八円に達していた。以後一九一九（大正八）年度まで順調に申込者を獲得し、

表4－5　医学科募集の経年実績の試算

年度		申込額(円)	実収額(円)(A)	支出額(円)(B)	残額(円)(Σ(A-B))	回収率(%)	達成率(%)
1916	大正5	1,504,408	541,433	0	541,433	36.0	18.0
1917	大正6	375,139	351,411	85,492	807,351	47.5	29.8
1918	大正7	341,685	334,833	266,035	876,150	55.3	40.9
1919	大正8	820,176	914,281	2,095,488	−305,057	70.4	71.4
1920	大正9	38,350	291,585	1,048,700	−1,062,172	79.0	81.1
1921	大正10	18,820	159,977	141,291	−1,043,486	83.7	86.5
1922	大正11	3,950	95,317	399,924	−1,348,093	86.7	89.6
合計		3,102,528	2,688,837	4,036,929	−1,348,093	86.7	89.6

注1：申込額は寄附者名簿データベースから算出。
注2：実収額は貸借対照表の貸方科目「医学部並化学科建設資金」から算出。なお医学部創設目的で下賜された恩賜金30,000円は、貸借対照表上で恩賜金として別費目で計上されているため、実収額には含めていない。
注3：支出額は貸借対照表の借方科目「医学部建設費」から算出。ただし1919（大正8）年度の支出額は、医学部建設のための土地代と登記代（計945,182円）を加算。『慶應義塾百年史』（中巻 前、825頁）によれば、これらの合計額は938,267円で、加算額と差異があるが、史料の統一上、本稿では財務史料から算出可能な金額を採用した。
注4：回収率の計算式は（実収額の累積／申込額の累積×100）であり、単位は%。
注5：達成率の計算式は（実収額の累積／目標額の累積×100）であり、単位は%。
出典：『三田評論』各年度所載「慶應義塾学事及会計報告」より著者作成。

同年には三〇四万一四〇八円と、目標額の三〇〇万円を超えた。寄附者名簿データベースでは、一九二二（大正一一）年度までの申込額の算出が可能であるが、それによると申込総額は三一〇万二五二八円であった。これに対して実収額は、一九二二（大正一一）年時点で目標額には届かぬものの、二六八万八八三七円であった。最終的な達成率は、九一・六％であったから、好調であったようにみえる。だが経年推移をみると、当初の二、三年間は回収率が三六・〇％～五五・三％と低調であり、資金調達に苦労していたと考えられる。試算によれば医学科建設用地として四谷用地の購入を行った一九一九（大正八）年度には、三〇万五〇五七円もの支出超過となり、医学科本科の東西の校舎と附属病院が竣工した一九二〇（大正九）年度には、一〇六万二一七二円もの支出超過となっていた。貸借対照表には、一九一九（大正八）年度時点で八〇万円の借入金が計上されており、翌年度には一四二万五〇〇〇円と、明治・大正期を通じて借入金額のピークを迎えていた。この負債は一九二二（大正一一）年度以降も計上されており、これが第二章で指摘した、慶應が資産額に対して約二〇％程度の負債を抱える経営へ転化したことの主たる要因であった。医学科および附属病院の建設に関しては、募集額自体が極めて高額であった。さらには第一次世界大戦後の物価騰貴の影響も重なって、寄附金収入だけではおよばず、多額の借入金なくして事業計画の遂行が不可能であったのであった。この試算結果から判断すれば、医学科募集は、図書館募集のような寄附金のみによる無借金での実現は不可能であったのであり、募集金額が変更された点も含め、以上の事態を想定したより適切な事業計画を立案すべきであったと考えられなくもないのである。

以上三つの寄附募集事業に関して、本節では貸借対照表から収支バランスを試算して事業計画の検証を行った。図書館募集と医学科募集とでは成否が分かれたが、その原因の第一は目標金額の差であり、しかも物価騰貴によりそれが深刻化したこと、そして第二は事業計画そのものの見通しに差異があったことであった。医学科募集は当初の設定でも一〇〇万円と高額であり、図書館募集のそれとは三倍以上の差があったから、物価騰貴の影響は甚大だった。加えて趣意書発表時点では私立学校令による基金据置規定を把握しておらず、建設用地の取得も想定外に苦労しており（慶應義塾、一九六〇、八一六─八二六頁）、事業計画自体をより精緻に検討する必要があったともいえなくもない。目標金額が高額であればこそ、より緻密な事業計画が必要であったとの厳しい解釈もできるのである。

ただしそれでもなお事業計画を遂行できた理由は、決算報告に明らかで、医学科設置や附属病院の経営により、収入増となったためである。医学科および附属病院が開院した一九二〇（大正九）年度以降、授業料収入に加えて病院収入が計上されたため、収支差額は一桁も増えた。同年が一二万八六一円、一九二一（大正一〇）年が一六万五三五三円、一九二二（大正一一）年が一七万七九五五円と、年々多くの黒字を計上した。この余剰金は決算報告書によれば、「医学科設備改善資金積立」「借入金利子及費用補充」との費目名で、それぞれの用途にあてられた。このような事実を考慮すると、医学科募集は、事業計画の一部に不十分な点もみられたが、総体的には実現可能な事業計画であったと評価することができよう。

（2）資産の寄附金依存率

以上、三つの寄附募集事業を個別に検討してきた。次に資産総額の推移と三つの寄附金総額の関係について、寄附金依存率を用いて考察する。ここで用いた寄附金依存率とは、資産総額に占めた寄附金の割合を数値化した分析指標であり、以下のように定義した。

寄附金依存率＝三つの寄附募集事業による寄附金額合計／資産総額[17]×一〇〇［％］

なおすでに第二章において、右で定義した寄附金依存率と類似した数値を示した（表2-6）。だがそれはすべての寄附金を対象としており、本章では三つの寄附募集事業に限定した寄附金依存率を算出し、考察を行う。

はじめに資産総額の推移を再度確認しておこう。**図4-2**より資産総額は、一九〇七（明治四〇）、一九一四（大正三）、一九一七（大正六）、一九一九（大正八）、一九二〇（大正九）年度に顕著な伸びがみられた。勘定科目からその要因をみると、一九〇七（明治四〇）、一九一四（大正三）年度は前述した土地資産額の増加が、一九一七（大正六）年度は定期預金が前年度一二万五七五六円から八三万九〇三六円へと約六・七倍も拡大していた点が要因であった。ただし定期預金額については、一九一九（大正八）年度以降減少し、一九二二（大正一一）年度には、一万三七五三円にまで減少した。この増減は医学科募集で得た寄附金を定期預金として管理していたためと推測でき、

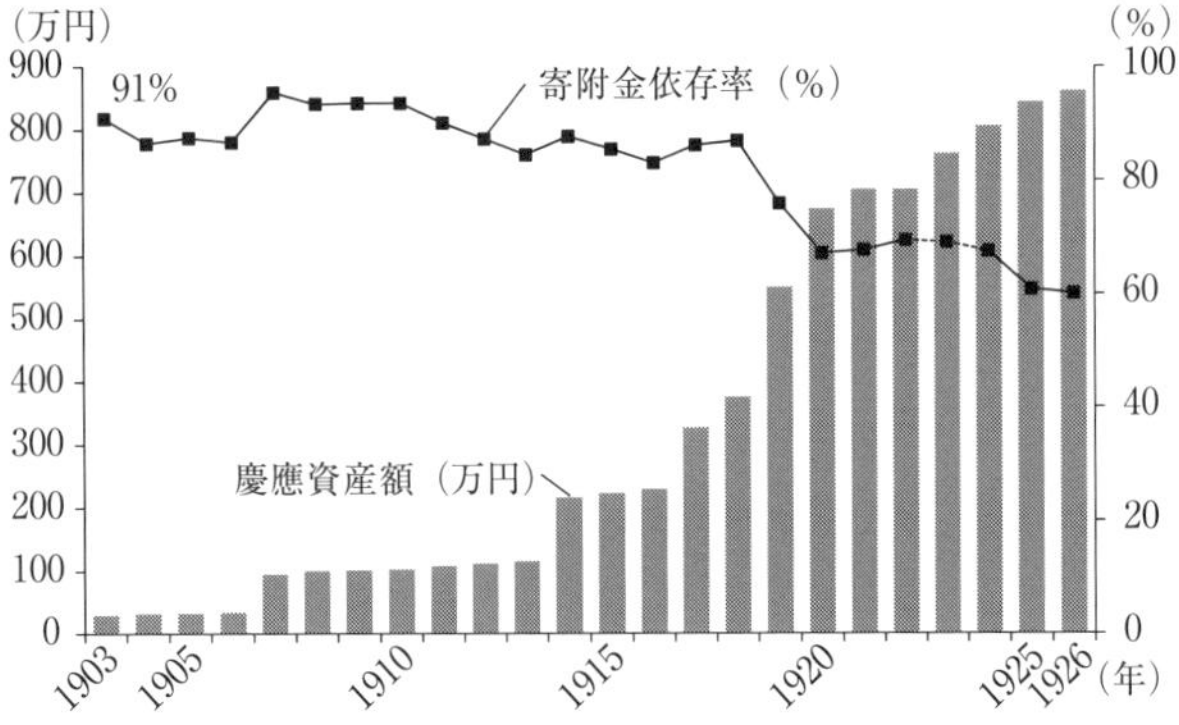

図4－2　資産総額と寄附金依存率の推移：慶應

出典：『慶應義塾学報』及び『三田評論』各年度所載「慶應義塾学事及会計報告」より著者作成。

一九一九(大正八)年度に医学科の建設用地を含めた支出増大に伴って(表4-5の注3)、定期預金の金額が減少したと考えられる。一九一九(大正八)、一九二〇(大正九)年度に関しては、工事の進捗に合わせて借方科目の「医学科建設費」が一九一八(大正七)年度に三五万一五二七円であったのが、一九一九(大正八)年度に一五〇万八七四八円、一九二〇(大正九)年度に二五五万七四四七円と推移したこと、また前述の一九一九(大正八)年に購入した建設用地の代金が主たる要因であったと考えられる。

次に寄附金依存率であるが、表4-2によれば一九一八(大正七)年度まで寄附金依存率は八〇%を下回ることがなかった。だが一九一九(大正八)年度以降低下し、六〇%台にまで落ち込んでいる。これは既述の通り、医学科校舎や附属病院の建設資金不足により生じた、多額の借入金が原因であった。沿革史によれば、一九一九(大正八)年一月二一日には、「医学科建設資金不足額約六十万円、大学令に拠る政府供託金約八十万円(見込高)、並に教職員増俸資源充実の方法」といった案件を諮っていた。そしてそのための保険会社からの資金借入は、附属病院が完成するまでの期間に二度も行なわれた(慶應義塾、一九六〇、八五三頁)。貸借対照表によれば、一九一九(大正八)年度に初めて八〇万円の借入金が計上された。翌年には一四二万五〇〇〇円と大正期を通じて最大の金額となり、一九二六（大正一五）年時点でも八六万七〇〇〇円もの借入金を抱えていた。資産規模の拡大以上に負債額が増加した結果、相対的に寄附金依存率が低下したのであった。

このように分析期間において寄附金依存率は変動したが、概ね六〇～八〇％の高い比率を推移していた。この数値は三つの寄附募集事業によって収められた寄附金のみで算出した数値であるが、第一章で示した寄附金依存率（すべての寄附金を対象とする）の数値と大差がない（表2-6）。したがって慶應が実質的な高等教育機関を目指して実施したこの三つの寄附募集事業は、慶應の資産形成の原資として不可欠の財源であり、経営規模の拡張に大きく寄与した財源であったと判断することが出来るのである。

5　寄附募集事業の成功要因

(1)　景気動向

前節では、機関財務の観点から寄附金が慶應の資産形成に寄与したことを確認した。本節では、慶應が多額の寄附金を集めることに成功した要因を、機関内外の要因に分けて検証する。

成功要因のうち外部要因である景気動向については、塾長の鎌田栄吉が、「非常に景気が好くなつて来たから」（鎌田栄吉先生伝記及全集刊行会、一九三四、二四六頁）と語っている。そこで分析期間の景気動向を、国民総生産の対前年増加率（三ヵ年移動平均値）を算出して確認する（図4-3）。図中に挿入された数字は、三つの寄附募集事業開始時の西暦と増加率を示している。

この間の日本経済は、日清戦争後の第一次戦後恐慌（一八九七～九八年）と第二次恐慌（一九〇〇～〇一年）、日露戦争後の戦後恐慌（一九〇七～〇八）や北日本大凶作（一九一三年）など、景気の沈滞・行き詰まりをむかえていた

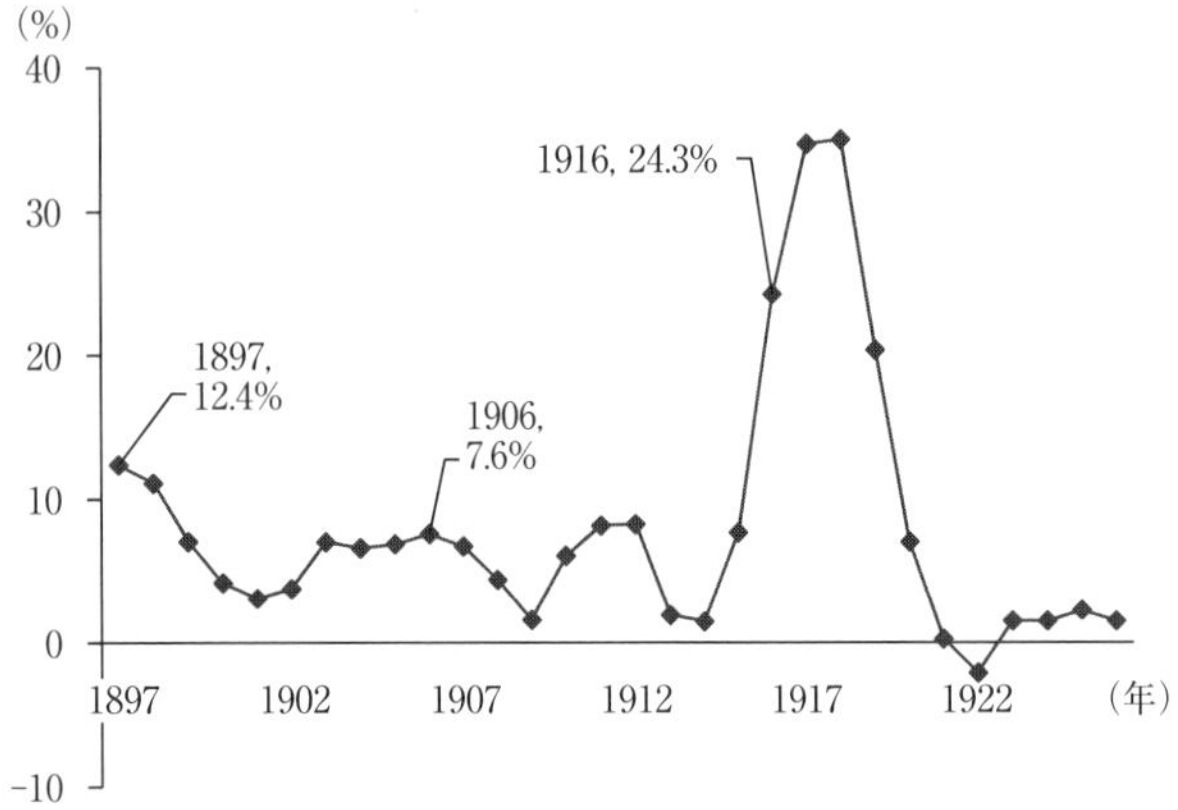

図4－3　国民総生産の対前年増加率

注：数値は国民総生産の三ヶ年移動平均値の対前年増加率である。
出典：『近代日本経済史要覧』２頁の主要経済指標より著者作成。

（三和、二〇〇二、九〇–九一頁）。こうした景気動向の中で基本金募集と図書館募集は実施されたわけだが、国民総生産の対前年増加率は、基本金募集開始時の一八九七（明治三〇）年が一二・四％、図書館募集時の一九〇六（明治三九）年が七・六％と不況の中にあっても、一定の経済成長がみられた時期に募集が行われていた。図書館募集は二年目の一九〇七（明治四〇）年度で総額二六万一一三四円もの寄附金を回収しており、達成率も八七・〇％であった。日露戦争後の不況が深刻化する前に回収できた点が、成功要因であったといえる。そして最も多くの寄附金を募集した医学科募集時は、第一次世界大戦を契機とした「大戦ブーム」の最中に実施されていた。図4–3によれば、医学科募集が実施された一九一六（大正五）年の対前年増加率は二四・三％であり、翌年も三四・七％と極めて活況であったことが確認できる。こうした募集時期と好況とが一致したことが、慶應の寄附募集事業の成功要因の一つと考えられよう[18]。

(2) 寄附者の特徴と動機

次は内部要因の検討である。まずは寄附申込者の全体的な特徴を把握すべく、著者が作成した寄附申込者データベースを用い

表４－６　申込金額上位10道府県の金額と人数

順位	基本金募集					図書館募集					医学科募集				
	地域	金額		人数		地域	金額		人数		地域	金額		人数	
		円	%	人	%		円	%	人	%		円	%	人	%
1	東京	235,274	61.1	710	37.7	東京	242,085	70.6	584	58.9	東京	2,033,236	65.5	915	44.2
2	福岡	40,279	10.5	66	3.5	兵庫	53,916	15.7	33	3.3	大阪	342,608	11.0	222	10.7
3	兵庫	13,411	3.5	101	5.4	大阪	17,462	5.1	39	3.9	兵庫	225,977	7.3	113	5.5
4	北海道	12,390	3.2	136	7.2	新潟	10,327	3.0	12	1.2	神奈川	64,463	2.1	89	4.3
5	神奈川	10,546	2.7	75	4.0	神奈川	6,553	1.9	54	5.4	愛知	34,389	1.1	136	6.6
6	大阪	10,417	2.7	67	3.6	中国	1,691	0.5	10	1.0	福岡	31,208	1.0	71	3.4
7	京都	8,386	2.2	76	4.0	福岡	1,546	0.5	16	1.6	台湾	24,996	0.8	19	0.9
8	新潟	6,913	1.8	56	3.0	香川	1,155	0.3	4	0.4	京都	13,477	0.4	60	2.9
9	群馬	5,710	1.5	64	3.4	長野	977	0.3	11	1.1	北海道	12,216	0.4	92	4.4
10	長崎	3,568	0.9	49	2.6	愛知	960	0.3	9	0.9	長野	8,418	0.3	21	1.0
上位10	小計	346,893	90.1	1,400	74.3	%	336,672	98.2	772	77.9	%	2,790,987	90.0	1,738	84.0
全体	合計	384,882	100	1,884	100	合計	342,930	100	991	100	合計	3,102,528	100	2,070	100

出典：寄附者名簿データベースより著者作成。

て、申込金額の多い上位一〇の都道府県を確認しておきたい。**表４－６**より全体的な特徴を三つ挙げる。第一は、東京在住者の申込金額が、三つの寄附募集事業すべてにおいて、金額・人数ともに突出していたことである。とくに図書館募集では、その傾向が顕著であり、申込額全額の約七割を占めていた。

第二は、東京に加えて、大阪、兵庫、神奈川、福岡といった地方都市の申込実績が良好であったことである。これら五都市は、三つの寄附募集事業すべてで上位一〇の道府県に名を連ねていた。これら五都市の金額と人数の割合を合算すれば、基本金募集八〇・五%（人数は五四・一%、以下同様）、図書館募集九三・八%（七三・三%）、医学科募集八六・九%（六八・一%）となっていた。人数の割合に対して金額の割合が高いことから、広く全国に寄附金を募りつつも、実際は都市圏から多額の寄附金を獲得していたという実態であったと考えられる。

第三に海外からも寄附が寄せられていた。図書館募集では中国から、医学科募集では台湾から比較的高額の寄附を得ていた。なおランク外ではあるが、米国や英国からの寄附も確認できた。

このように慶應では、東京を中心に地方都市や海外からも一定額の寄附を集めることができていた。この事実は、慶應が東京に立地していたという地理的優位の証左であると同時に、すでに全国区の高等教育機関として周知され、多様な人材を国内外に輩出していた結果であるともいえる。戦前期は所得格差が大きく、都市と地方との格差はもちろん、都市内部の格差も激しかった。ゆえに「地の利」を生かすこと、さらに都市の所得上位層から寄附金を獲得することが、寄附募集事業の成否に大きく影響を及ぼしたと推察される。[19] 一方で、地方都市の申込者の属性をすべて明らかにすることは困難だが、卒業生はもちろん、慶應とは直接関係のない地方の名士からも多額の寄附を募ることに成功していた。他校では地方都市から寄附を募ることに苦労していたが、慶應ではそれも可能であった。こうしたことも、慶應の達成要因の一つであったといえよう（明治大学百年史編纂委員会、一九九二、六九三―六九四頁）。

では寄附者個人に注目して、さらに詳細な寄附者の特徴や動機を把握する。だが著者が作成したデータベースから三つの寄附募集事業の申込者を計算すると、合計四九四五人となり、全員のプロフィールを分析することは困難である。そこで以下では三つの寄附募集事業すべてに寄附を納めた大口寄附者に限って検討する。寄附者名簿データベースによれば三つの寄附募集事業すべてに寄附を支払った人物は、一五〇名であった。そこで一九〇〇（明治三三）年基準で物価調整した後、[20] 三つの寄附募集事業の申込額合計が一五〇〇円以上となる計六八名を抽出し、その六八名を大口寄附者として分析を行う。総額一五〇〇円未満の者は個人情報が把握しにくいこと、さらには抽出した、六八名の申込額合計で、一五〇名の申込金額の九八・四％を占めたため、大口寄附者分析の適正な対象であると判断した。**表4-7**はその六八人の大口寄附者の氏名と、属性や申込金額を一覧にしたものであり、**表4-8**は表4-7の六八名を、慶應の卒業生か否か、学内で役員（理事、評議員等）や教職員の任務に携わっていたか否かで整理したものである。これより大口寄附者の特徴を三点列記する。

第一点は、わずか六八名の寄附者で申込総額のかなりの部分を占めたことである。目標金額と募集締切が定められていなかった基本金募集はさておき、図書館募集では、申込者総数九九一人に対してわずか全体比六・九％（六八人／九九一人）の人数で、申込総額の三八・八％に到達した。同様に医学科募集でも二〇七〇名に対して三・二％（六六人／二〇七〇人）の人数で三二・一％にも達した。現在と同様に当時も寄附金募集では、市中から一人でも多くの賛同者を得ることを重視していた。だが経営的観点ならびに現実的には、いかに大口寄附者を獲得するかが重要であったかが理解できる。

第二点は、その複数回寄附を納めた大口寄附者のうち、五六名が卒業生であったことである。非慶應卒業生も一二名存在したが、金額でも卒業生の貢献は大きく、とくに医学科募集ではそれが顕著であった。

第三点は、卒業生のうち、慶應内で何らかの職務を持った人物の金額が大きいことである。慶應卒業生で学内役職を持った寄附者（三一名）と、持たない寄附者（二五名）とでは、わずか六名の差ではあるが、三つの寄附募集事業すべてでその事実を確認することができた。図書館募集では、申込金額の約二倍、医学科募集では約三・四倍となっており、慶應卒業生で学内に役職を有した者が寄附者の中心を担っていたのである。該当する申込者は、表4-8で、「出身：慶應」かつ「役職：有」と示した面々である。慶應卒業後、複数企業の役員を兼任して近代日本経済を牽引した名士であると同時に、長期に渡って評議員等の役員を務め、慶應の経営に携わった人物たちであった。その一部を職業と評議員在任期間（またはその他の役職）とともに列記すれば、久原房之助（久原財閥：九～一四期、二〇期）、武藤山治（鐘淵紡績：一〇～一四期）、和田豊治（富士瓦斯紡績：八～一一期）、藤原銀次郎（王子製紙：一三～一七期、一九～二〇期）、西松喬（西松商店：維持会相談役）、池田成彬（三井合名：六～一七期）、朝吹英二（三井銀行：四～一〇期）、阿部泰蔵（明治生命：一～一一期）などであった[21]。

ではなぜ彼らは大口の寄附を行ったのか。本稿が対象とした六八名のうち実業家として名声を博した人物の大半は、他の社会貢献事業にも携わっており、管見では、別段慶應への寄附動機について記録を残していない。そこで大口寄附者のうち、教職員として従事した人物の言説を参考にすると、彼らに愛校心を醸成させたのは、福澤自身

附を申し込んだ大口寄附者の一覧

No	氏名	出身	役職	基本金募集	図書館募集	医学科募集
35	井上角五郎	慶應	有	1,400	3,000	2,500
36	染谷寛治	その他		100	1,000	4,000
37	九鬼隆輝	慶應		1,000	1,000	3,000
38	永井好信	慶應	有	403	500	3,500
39	谷井保	慶應	有	500	500	3,000
40	井上公二	慶應		300	500	3,000
41	伊東要蔵	慶應		515	300	3,000
42	守谷吾平	慶應		100	500	3,000
43	原田虎太郎	慶應		200	1,000	2,500
44	南波禮吉	慶應		100	500	2,500
45	内田直三	慶應		200	300	2,500
46	荒川新十郎	慶應		500	1,000	2,000
47	坂田実	慶應	有	500	500	2,000
48	茂木七郎右衛門	その他		400	300	2,000
49	藤正純	その他		150	500	2,000
50	村上定	慶應	有	503	2,000	1,000
51	福島浪蔵	その他		300	1,000	1,500
52	岡村竹四郎	慶應		200	100	2,000
53	千葉松兵衛	その他		25	2,000	1,000
54	津田興二	その他		500	2,000	500
55	森下岩楠	慶應	有	500	1,000	1,000
56	島村浅夫	慶應		100	100	1,500
57	石河幹明	慶應	有	600	300	1,000
58	山名次郎	慶應	有	300	500	1,000
59	磯部保次	慶應	有	200	500	1,000
60	酒井良明	慶應	有	200	500	1,000
61	安場末喜	慶應		500	100	1,000
62	川上熊吉	慶應		200	300	1,000
63	堀井卯之助	慶應	有	100	200	1,000
64	鈴木驛次	その他		200	1,000	500
65	高田正一	慶應		100	100	1,000
66	中谷整治	慶應		100	100	1,000
67	九鬼隆一	慶應		505	100	500
68	山田敏行			50	200	500

了していない人物を意味する。

に選定した。ただし表中では物価調整前の寄附者名簿に記載された申込金額を表示して

身名流列伝』、『慶應義塾史事典』、『慶應義塾入社帳　索引』、『慶應義塾学報』、『三田評論』、

表 4-7　三つの寄附募集事業すべてに寄

No	氏名	出身	役職	基本金募集	図書館募集	医学科募集
1	久原房之助	慶應	有	20	2,000	350,600
2	武藤山治	慶應	有	450	3,500	60,000
3	和田豊治	慶應	有	500	3,000	60,000
4	岩崎久彌	慶應		10,000	10,000	50,000
5	藤田平太郎	慶應		30	5,000	50,000
6	藤原銀次郎	慶應	有	300	2,000	50,000
7	小池国三	その他		200	1,000	40,000
8	呉錦堂	その他		100	30,000	6,000
9	西松喬	慶應	有	300	1,000	20,000
10	池田成彬	慶應	有	203	1,000	20,000
11	朝吹英二	慶應	有	3,000	10,000	10,000
12	徳川頼倫	その他		1,000	10,000	10,000
13	小野友次郎	慶應		543	500	15,000
14	野澤源次郎	慶應		500	500	15,000
15	阿部泰蔵	慶應	有	6,000	2,000	10,000
16	高橋義雄	慶應	有	2,000	5,000	10,000
17	村井吉兵衛	その他		1,000	5,000	10,000
18	波多野承五郎	慶應	有	1,000	5,000	10,000
19	安藤達二	慶應		200	2,000	10,000
20	荘田平五郎	慶應	有	1,005	1,000	10,000
21	門野幾之進	慶應	有	500	1,000	10,000
22	豊川良平	慶應		500	500	10,000
23	阿部房次郎	慶應	有	100	100	10,000
24	本山彦一	慶應	有	1,000	2,000	6,000
25	木村清四郎	慶應	有	500	700	6,000
26	山本達雄	慶應	有	1,000	2,000	5,000
27	高山長幸	慶應		303	250	6,000
28	石川賢治	慶應		300	1,000	5,000
29	西野恵之助	慶應	有	300	500	5,000
30	北川礼弼	慶應	有	300	500	5,000
31	倉知誠夫	慶應	有	103	500	5,000
32	下郷伝平	慶應		3	500	5,000
33	山口八左右	慶應	有	150	350	5,000
34	中村利器太郎	慶應		83	50	5,000

注１：出身欄の「その他」は、慶應以外の教育機関を修了した人物または高等教育を修
注２：役職欄の「有」は学内で教職員や役職に就いていることを意味する。
注３：上記68人は三つの寄附募集事業の申込額を物価調整し、その金額の合計が高い順
　　いるため、その金額を合算しても順番通りとはならない。
出典：寄附者名簿データベースの他、教員個人のプロフィールについては『慶應義塾出
　　『人事興信録』（第３、４、７版）を参考にして、著者作成。

表4－8　三つの寄附募集事業すべてに寄附を申し込んだ大口寄附者の分布

出身	学内役職	人数	基本金募集	図書館募集	医学科募集
慶應卒業	あり	31人	23,936円 6.2%	52,650円 15.4%	685,600円 22.1%
	なし	25人	16,626円 4.3%	26,300円 7.7%	200,500円 6.5%
	小計（A）	56人	41,017円 10.7%	78,950円 23.0%	886,100円 28.6%
慶應非卒	あり	0人	— —	— —	— —
	なし	12人	4,025円 1.0%	54,000円 15.7%	78,000円 2.5%
	小計（B）	12人	4,025円 1.0%	54,000円 15.7%	78,000円 2.5%
66人合計（A+B）		68人	45,042円 11.7%	132,950円 38.8%	964,100円 31.1%
全体			384,882円 100% 1,884人	342,930円 100% 991人	3,102,528円 100% 2,070人

注1：大学部に限らず慶應で学んだ人物は全て慶應卒業とみなした。
注2：学内役職とは、学内で評議員、教職員等についた人物のことである。
注3：物価調整済金額は68名の選定に用いており、表中の金額は調整前の数字である。
出典：寄附者名簿データベースおよび『慶應義塾入社帳　索引』、『慶應義塾学報』、『三田評論』、『人事興信録』（第3、4、7版）等より著者作成。

の行動および、福澤が唱えた社中協力の精神であったと考えられる。学生に実業界での活躍を期待した福澤は、多額の私財を投じた上で慶應が「一人一個のものでなくて、社中全体の共同体」[22]であることを望んでいた。この福澤の実践と思想は、社中協力という精神で学生・教職員に涵養された。事実、慶應義塾嘱託として学生の就職問題に奔走した山名次郎は、福澤を「日本一の寄附者」と称して「先生の如く資産家に非ず、単に学者教育家にしてかうした寄捨をされたことは、先生が如何に清廉の人であつたかを物語る」（山名、一九三七、三四－三五頁）とし、自らも六六名の大口寄附者に名を連ねた。また私学の特徴を「租税の力に依らずして学生の払ふ金と有志の出金によつて維持する学校」（鎌田栄吉先生伝記及全集刊行会、一九三四b、七五八頁）[23]とし、大学を「独立といふ要件を備へて居らぬ以上はいかに大きくてもそれは大学ぢやない」（鎌田、一九三四a、一三六頁）と認識していた塾長鎌田は、政権の影響を受けずに学問の独立を保つためにも「金がなければなら」（鎌田、一九三四、一四五頁）ないと常々考えていた。そのため福澤の社中協力の精神を折に触れ言及しており、私立学校は「教職員並に学生の外に学校の出身者学生の父兄監督並に学校を維持する上に尽力する所の賛助者、資金の寄附者と云ふやうな者が社会全体に澤山居つて」（鎌田、一九二〇、四―五頁）成立すると述べ、広く共同体としての社中協力の強化を説いている。同様に門野幾之進も「成業の後其教育の結果たる現在所得の一部を寄附して後進の学生を助くるは至当の義務なり」（門野、一九〇一、二頁）と述べ、実業家に母校への寄附の必要を説いた。経営の中枢を担い、「義塾の二大先輩として多大の信頼を受けて」（村田・門野幾之進先生懐旧録及論集刊行会編、一九三九、三一四頁）いた鎌田・門野の発言は、福澤の教えにしたがい実業の世界で成功を収めた大口寄附者に愛校心を醸成させ、寄附を厭わない姿勢を築いたと考えられる。[24]

(3) 募集体制と実践活動

慶應の寄附募集事業における募集体制について、まずは募集活動に携わった組織から検討する。一連の事業計画が、評議員会で策定された点については第一節で検討した。[25] これに対して実際の募集活動は、道府県別に選定された募集委員、慶應義塾維持会、同窓会組織三田会などの多様なネットワークを駆使して行われた（図4-4）。募集委員は、評議員会が募集のたびに

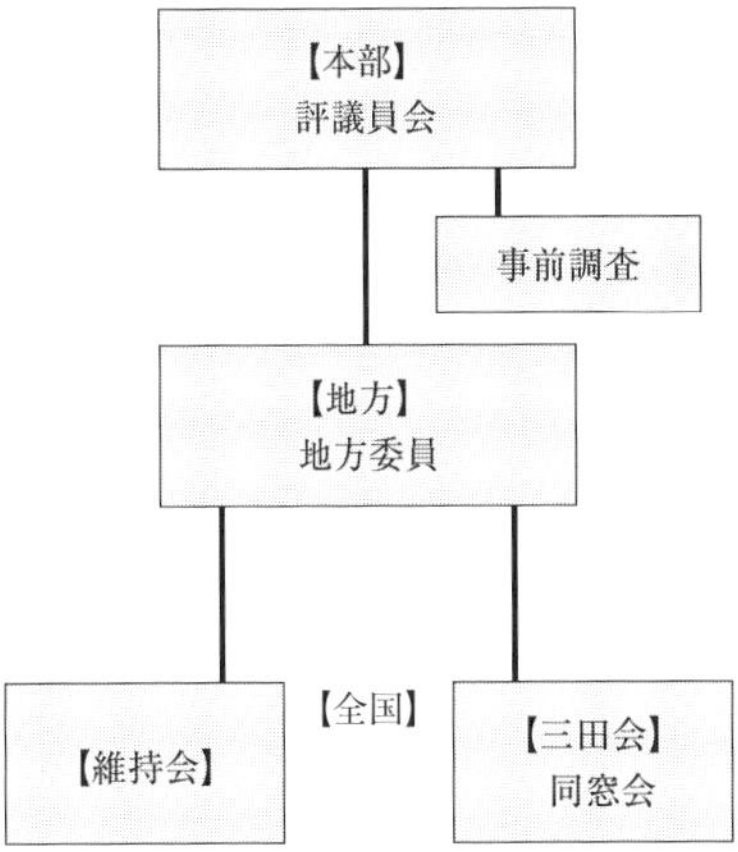

図4－4　募集組織の概念図
出典：『慶應義塾学報』、『三田評論』の記事内容より著者作成。

慶應関係者の他、協力を快諾した各道府県の名士より選定した人物によって構成され、趣意書には全員の氏名が掲載された。とくに東京、大阪、兵庫、神奈川など申込金額の多かった府県には、より多くの募集委員が選定されていた。趣意書に記載された募集委員の総数は、基本金募集で二一四名、図書館募集で一七名、医学科募集では三三五名となっている。募集委員の名士の中には卒業生でない人物も含まれており、より広く寄附を募る上で有益であったと推察する。加えて福澤没後一九〇一（明治三四）年に設立され、恒常的に小口の寄附を求めていた慶應義塾維持会、さらには社中協力を具体化した組織ともいえる同窓会の三田会が、寄附金回収の際には後援組織として機能していた(26)。慶應義塾維持会を組織した中心には、広く財界に人脈を築いていた前述の山名がおり、三田会は本部の教職員を招いて講演を開くなどして、道府県単位で寄附を募集した。三田会の存在が寄附金の獲得にどれほど貢献したかを実証することは難しい。だが三田会のこうした取り組みは、広報誌上に頻繁に掲載された。これによって各地域の三田会は刺激し合い、寄附金回収の充実が促されたと考える。このように慶應では寄附金額の増大を図るべく塾長や評議員会の先導の下、時限的な募集委員と恒常的な慶應義塾維持会および三田会といった組織とが、全学的に有機的に連関することで、寄附募集事業が実施されていたのであった。

次に具体的な実践活動として重要な点を三点述べる。第一点は広報活動の充実である。慶應では『慶應義塾学報』『三田評論』といった広報誌や、時事新報社による『時事新報』を媒体に積極的に情報を発信し、寄附者や関係者との意思疎通を図っていた。三つの寄附募集事業の趣意書は数回掲載され、金額の多寡に関係なく、寄附申込者名も全員掲載された。広報誌は慶應義塾維持会員には塾員・非塾員を問わず送付された上、市販化もされていた(27)。また『時事新報』は、全国有数の新聞紙であったから、慶應の現況を周知させる説明責任の点や、新規寄附者の開拓を図る点でも有益であったと推察できる。さらに各種式典への招待や、寄附者に無料での閲覧を認める特別閲覧券の発行（慶應義塾大学三田情報センター、一九七二、八七頁）、図書館開館式時には京浜在住の寄附者に内覧の機会を設けるなど、寄附者優遇の措置をとっていたが、そのような実情を誌上でこまめに報告していたことも、優れた実践活動であったといえよう。

第二点は大資産家へ個別訪問を行っていた点である。これについては貴重な一次史料が残っているため、それを**図4－5**として掲載した（「慶應義塾創立五十年紀念図書館建設資金募集委員会報告」(28)）。これによれば、図書館募集の事前協議の段階で委員会が実施され、「左ノ通リ分携シテ先ツ第一着ニ大口ノ寄附ヲ勧誘スル事」として、勧誘先と勧誘担当者の選定を行っていた様子が把握できる。勧誘先は「宮内省」「岩崎家」「三井家」「古河家」「久原氏」「渋沢氏」など二八にもおよび、勧誘担当者には塾長の鎌田栄吉や門野幾之進、福澤捨次郎など、慶應の経営の中枢を担った人物が指名されていた。図4－5にある二八の勧誘先名をみると、不鮮明ではあるが、勧誘先の上に「○

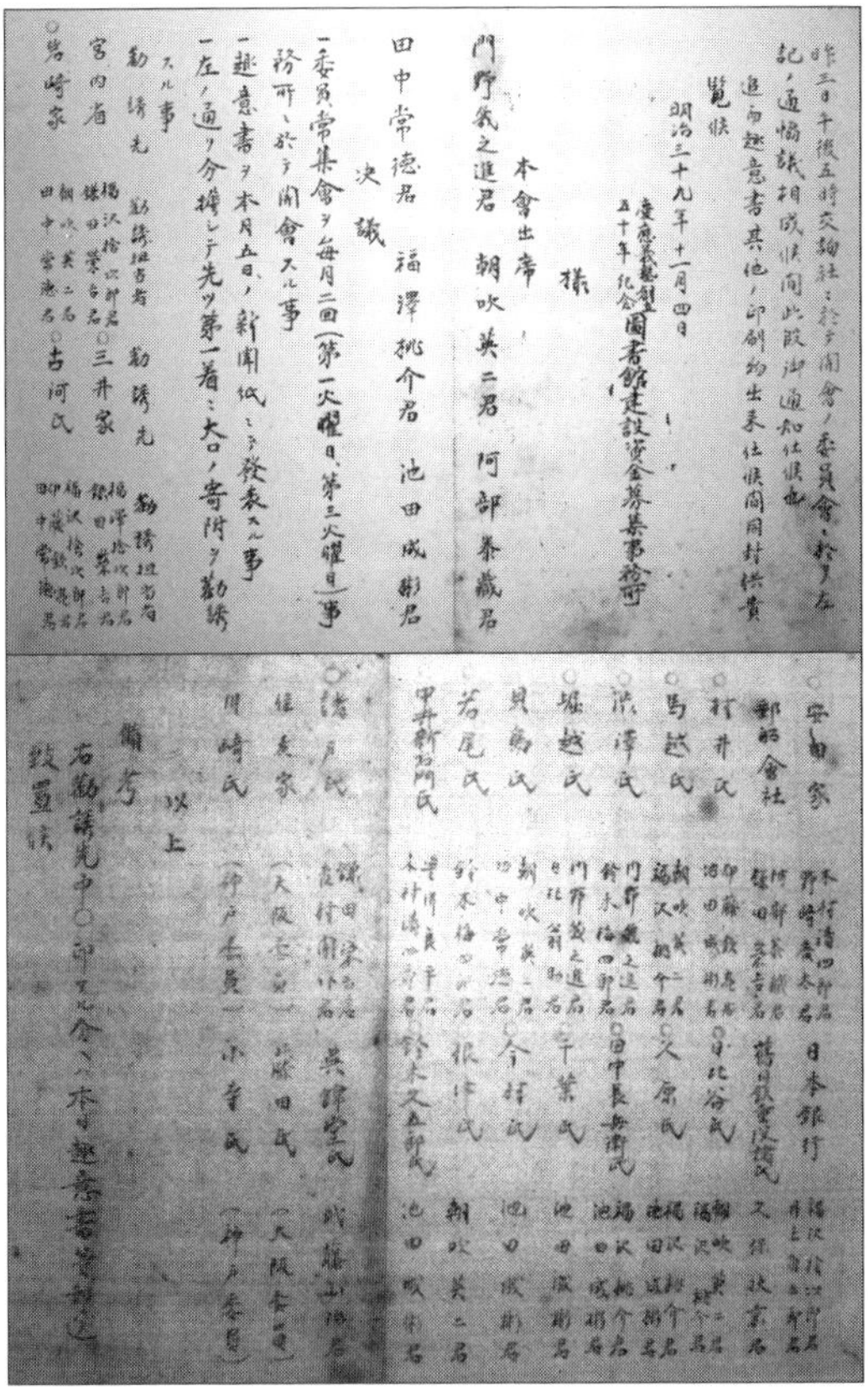

図4－5　「慶應義塾創立五十年紀念図書館建設資金募集委員会報告」

出典:「慶應義塾関係資料　募金関係（K11）F. 図書館建設02-01」

ハアヴァド大學の資金募集

ハアヴァド大學が時代の趨勢に鑑み、大規模の資金募集計畫を樹てゝ之に着手しつゝあることは前號に記して置いたが、今又ロオエル總長のハアヴァアド出身者に宛てたる趣意書、及資金募集委員會より發行せられたる『ハアヴァアドと其未來』なる小冊子を得たれば、左に之を譯述して大方讀者の參考に供することゝする。

出身者諸君、

今回の資金募集運動の成功がハアヴァアド大學にとりて最も大切なるは言ふまでもなきことゝ存候

ハアヴァアドが過去に於て今日の如き經費の不足を感せず隨つて危險に陷らざりしは、一に、教員に對して十分なる生活の資を給せざりしためと存候千九百六年以來俸給は增加致さず候文藝及科學科教員現在の俸給額は、教師年俸千二百弗より千五百弗、造助教授二千五百弗より三千弗迄、正教授四千弗より五千五百弗迄とし、それを限りと致候而して五割の增額をなす場合は千二百萬弗の資金を要することゝなり候併しての增額も教員の受くるものとして十分とは申されず候

他に差迫りて必要なるもの少からず候ハアヴァアドが今日の地位を保持し必要なる施設を爲すがためには二千萬弗と雖も決して多きものにては無之候ハアヴァアドはたゞ其資源に應じて支出し得るものなるが故に若し此上收入なき場合には、經費を節減し方針を變ずる外に途とても無之候

この危機に際して吾人は、ハアヴァアドの理想を愛する人々並に出身者諸氏に對して切に贊助を仰ぐ次第に候　敬具

千九百十九年九月十五日

エー・エ・ロオレンス・ロオエル

ハアヴァアドと其未來

世界大戰に依つて總ての人々が深く感じた一つの事がある。それは米國が切に教養ある人物を要求して居

（六九）

図４−６　海外私大の事例紹介

出典：『三田評論』第268号、1919年11月、69頁。

印」が付されている場合がある。これは史料中の備考の箇所にあるように、すでに趣意書を直接送りつけたか否かを確認した跡であった。大資産家は大口寄附者と成り得る潜在性を有し、金額面で多大な貢献をなす存在である。さらに大口寄附者から別の大口寄附者へと、寄附金獲得を拡大させる複次的効果も期待できたゆえ[29]、募集戦術として重視し、実践した活動であったと推察する。

第三点はハーバード大学を中心に米国私立大学の経営に精通していた点である。鎌田は教育、行政、社会事情の視察のために一八九六（明治二九）年から、門野は学事改良に伴う教育事務視察のために一八九八（明治三一）年から外遊しており、そこで欧米の諸大学を訪問していた。その際、米国の私立大学が莫大な基金を有し、その利子収入で優秀教員の確保や学部新設、奨学金支給等の多様な経営を実現していたことに強い衝撃を得た。とくに「十八

世紀に集めた金は僅に三萬五萬」であったが「何百何千萬弗といふ大金を（中略）千八百七十年以後で三四十年の間」に集め、「現今米国百余の大学中最も盛大」（鎌田、一九二四a、七六八頁）となったハーバード大学は、基本的に政府からの財政的支援を受けずに、自らが調達する資金で自活するという慶應の経営条件との同一性からも目指すべき対象とされた。その後も引き続き、海外私立大学の経営動向に注視しており、とくにハーバード大学には大きな関心を寄せていた。例えば現地で調達した同大学の資金募集委員会発行の小冊子から寄附募集目的、寄附金の使途の他、関係各位に募集を求める文面を訳出し、教職員や学生、実業界に経営上の寄附の重要性を説いていた（図4-6）[30]。このハーバードを中心とした海外私立大学の寄附金に関する情報収集・発信は、管見では、評議員会で計画的に議論されたものではなかったようである。しかしこれまで検討したように、慶應は当時としては珍しい基金を原資とした利子収入によって、経営の永続的な発展を志向した基本金募集を実施していた。鎌田の言葉を借りれば（鎌田、一九二〇、六頁）、ハーバード大学は、「金を作る機関（Money making institution）」である営利機関つまり企業から、「金を貰ふ機関（Money receiving institution）」である公益機関すなわち大学へと寄附が行われたがために、経営的な成功を収めていたとされた。こうした具体的な「モデル」を明示することは、寄附金が経営の維持や発展に必要なことを、教職員や学生、さらには実業界で活躍する卒業生に認知させ、社中協力の必要性とその一体感の涵養を促したとも考えられる。その意味では有益な活動の一つであったといえよう。

6　慶應の寄附金と経営

以上、三つの寄附募集事業から慶應の経営実態について検証してきた。本章で明らかになった知見を整理すると、慶應では資産総額に対する寄附金依存率が平均して約八〇%を推移しており、寄附金は慶應の資産形成や経営の維持発展に極めて重要な財源であったこと、そして各寄附募集事業を事業計画の実現可能性という観点で評価した場合、基本金募集は年々確実に規模を拡大させたこと、図書館募集は寄附金の回収から支出の管理まで万事上手く進み、最終的には計画以上の成功を成し遂げたことを財務分析より明らかにした。一方で、医学科募集は目標金額を途中で変更し、かつ巨額であったこと、さらには物価騰貴の影響も重なり多額の負債を抱えたこと、しかし最終的には事業計画策定の際に想定していた病院収入に助けられ、事業計画を達成したことを示した。

また寄附募集事業の成功（失敗）要因については、外部要因である景気動向の他、内部要因として各寄附募集事業で大口寄附を行った人物の特徴を調べたところ、卒業生かつ学内で身分を有した人物が、多額の寄附を納めていた事実を明らかにした。その背景には福澤が唱えた社中協力の精神が見て取れるのであり、他に同窓会組織である三田会と連携した募集体制を構築したこと、『三田評論』や『時事新報』を用いた広報活動を行ったこと、経営部門の中枢人物が大資産家へ個別訪問を行ったこと、そして米国私立大学の経営ノウハウを学んでいたことといった多様な活動が有機的に連関したことで、慶應の寄附募集事業が一定の成績を納めたとの見解に至ったのであった。寄附金は授業料収入とは異なり臨時的な財源であったが、以上の経営努力によって、慶應では「計算できる財源」として資産形成に大きく寄与したのである。

こうして慶應は、制度上は私立専門学校であった明治後期から、寄附金を原資に「事実」上の私立大学として経営的な発展を遂げたわけだが、二四年間塾長として経営の中枢を担い続け、寄附募集事業の中心的人物であった鎌田は、医学科の完成時に、「学校は人を造り、其人の力に依つて富を作り、其富が又学校に帰つて来て、学問を進め、人物を造り出すやうになる」（鎌田、一九二〇、九頁）と述べ、それは実業と学校、ひいては国家の発展を促すと述べた。また寄附を得ることで寄附者から「学校の盛衰、学校の成績如何と云ふことを常に心配し又監視」されれ、「義務責任の観念も自然に生じて来て、学校の経営に就いては深甚の注意を払」うようになるとも述べていた

（鎌田、一九二〇、五頁）。これまでの分析を踏まえれば、塾長鎌田のこうした考えは、鎌田個人および医学科募集時に限らず、一連の寄附募集事業に関与した多くの人物に共通したものと考えられる。実際に寄附金によって資産形成を成し遂げた慶應からは、厳しい経営環境の下でいかにして資金を調達し、適切に配分して私立高等教育機関としての機能を充実させつつ、さらなる発展と永続を志向するかといった、慶應の「経営体」としての性格及び経営行動の実態がみてとれるのである。

注

（1）　一例を挙げれば一八七九（明治一二）年には経営難に直面し、教員給与が三分の一に減じられた。他に初期慶應の経営難については『慶應義塾百年史』（上巻）（慶應義塾、一九五八、七二〇-七五二頁）に詳しい。

（2）　趣意書から維持法案と資本金募集の概要を整理しておく。維持法案は、教員役員の給与を世間一般の給料水準にするために月四〇〇円、建物の修繕のために年一〇〇〇円を必要とし、合計で年五八〇〇円の財源を利子収入で賄うことを目的に七万円の寄附を募集した事業である。一方で資本金募集は、大学部の維持に必要な経費を年二万五〇〇〇円と見込み、同じく利子収入で賄うことを目的に実施された事業である。

（3）　後述する「募集委員」（第四節）との混同を避けるため、本章では三事業とも準備を担当した委員の名称を「準備委員」で統一した。なお準備委員は、中上川彦次郎、荘田平五郎、高橋義雄、伊藤欽亮、波多野承五郎、高島小金治、伊東茂右衛門、坂田実、益田英次、岡本貞烋、本山彦一、牛場卓蔵、村上定、高木喜一郎、小林梅四郎、木村清四郎、朝吹英二、豊川良平、岩永省一、井上角五郎の二〇名である（一八九六年一一月一六日開催第四期第一一回評議員会記録、一二七頁）。

（4）　準備委員は、朝吹英二、門野幾之進、福澤桃介、鈴木梅四郎、池田成彬の五名であった（一九〇六年一〇月一六日開

催第七期第八回評議員会記録、三一八頁)。

(5) 石田新太郎は一八九三(明治二六)年に慶應大学部文学科を卒業し、その後一九〇八(明治四一)年から一九二二(大正一一)年まで幹事職を務めた人物である(途中、一九一〇年から一九一二年は朝鮮教育制度調査嘱託のため幹事職を離れた)。幹事は塾長を補佐して一般の事務を処理し、塾長不在時はその代理を務めることと規定されており、塾長に次ぐ権限を有していた。以上の記述は、慶應義塾(一九六〇、五六四-五六七頁)および慶応義塾史事典編集委員会(二〇〇八、六一〇-六一一頁)を参考にした。

(6) 調査研究を委託された特別委員は、藤山雷太、山本達雄、和田豊治、鈴木梅四郎、磯村豊太郎の五名であった。

(7) 鎌田の発言についてては「慶應義塾と医学の関係」(鎌田栄吉先生伝記及全集刊行会、一九三四a、一一八一-一一九〇頁)を、山本の報告については『慶應義塾百年史』(中巻:前)(慶應義塾、一九六〇、八〇二-八〇三頁)を参照。なお北里柴三郎は、福澤の援助によって設立された大日本私立衛生会附属伝染病研究所(一八九九年に内務省所轄の国立伝染病研究所となる)に所属していた。だが同研究所が文部省に移管され東京帝国大学内の一機関となることに反対し、辞職していた(その後は私財を投じて北里研究所を設置した)。以上の一連の経緯もあって、理想の医学教育を行うべく、慶應医学科教員の就任を受け入れた。

(8) 常置委員として置かれた一〇名は、磯村豊太郎、石河幹明、波多野承五郎、豊川良平、和田豊治、名取和作、野崎広太、山本達雄、藤山雷太、北里柴三郎であった。

(9) 趣意書によれば一〇〇万円の内訳は、医学科後者建物設備及土地に三五万円、附属病院建物設備及土地に五五万円、化学科後者建物設備等に一〇万円であった。

(10) 一六五万円の内訳は、医学科土地建物及設備に九五万円、校舎病院完成迄の経費不足額に二万七六〇〇円、化学科準備に二二万二四〇〇円、基本金に四五万円であった(慶應義塾、一九六〇、八一三頁)。なお基本金とは、私立学校令が定めた「経費の十分の一と同額の利子を生ずる基金」を据え置く必要から求められたものである。

(11) 寄附金処理に関する勘定科目の仕訳について、本書では割愛した。

(12) 「財団法人ノ登記ニ関シ左記土地ノ時価ヲ壹坪金貳拾五円ト評定ノ件可決」とあり、東京市芝区三田に延べ一万四二〇五坪余りの土地を所有していた。

(13)　図書館建設の起工日は、『慶應義塾図書館史』（慶應義塾大学三田情報センター、一九七二、七五頁）では一九〇八（明治四一）年一二月二四日起工とあるが、『慶應義塾百年史』（中巻：前）（慶應義塾、一九六〇、五八六頁）では一九〇九（明治四二）年六月一日とある。後者は図書館敷地根切りが行われ、工事請負人の入札が完了し、同年五月二六日の地鎮祭修了後を基準としたと推察する。本章では『慶應義塾図書館史』記載の日時を採用した。

(14)　「図書館建築ニ関スル収支予算概計等」は、『慶應義塾関係資料（K）』「募金関係」（K11）所載「図書館関係」に収録されている。なお史料の作成日時は不明だが、史料中に「明治四一年度予算請求額」とあることから、明治四一年度に作成されたものであると推察する。

(15)　二五万五〇〇〇円／三〇万円＝八五％

(16)　このように図書館募集は募集実績が好調であったため、途中、図書館を木造建築とすれば一〇万円程度の支出で済むことから、念願である「工科」（工学部）建設を求める声があがり、評議員会等で議論が行われた。しかし塾長鎌田は、①図書館建設を目的に寄附を募ったのであり、金が集まったから工科を立てるというのは天下の信を失うこと、②そもそも図書館を木造とするのは（書籍の管理・保存から）不適切である、と主張した（慶應義塾大学三田情報センター、一九七二、七二―七三頁）。

(17)　資産総額について、資産は取得価額（取得価格）表示であるため、厳密には取得時期による差異を考慮する必要がある。だが史料的制約から困難であるため、財務諸表上の数字をそのまま利用した。

(18)　成功要因の外部要因として寄附税制上の優遇措置を確認したところ、分析期間においてそのような措置は確認できなかった。

(19)　戦前期日本における所得分布については、南（一九九六）や谷沢（二〇〇四）による研究がある。なお谷沢は同書で汐見ら（一九三三）らの研究を引用し、「六大都市（東京、大阪、京都、神戸、名古屋、横浜）のパレート係数（一九三〇年で1.5024）は、全国平均（1.6619）より不平等であり、特に東京市（1.3572）、大阪市（1.4924）が他都市より不平等であることが確認された」と指摘している（谷沢、二〇〇四、三頁）。

(20) 日本銀行金融研究所提供「物価統計（東京卸売物価指数）」のうち、本書の対象時期を考慮し一九〇〇（明治三三）年基準の統計データを用いた。http://www.imes.boj.or.jp/hstat/data/prices.html（二〇一一年一月三一日）

(21) 評議員在職期間は、『慶應義塾百年史』（付録）（慶應義塾、一九六九、四一-五一頁）を参考にした。

(22) 鎌田栄吉「鎌田塾長開会の辞」『慶應義塾学報』第一一七号、一九〇七年五月一五日、三頁。

(23) 問題関心は異なるが、このあたりの言及については大迫（二〇〇九、三九-五六頁）を参考にした。

(24) 在学生も懸賞論文の中で母校への寄附の必要を主張した。「余をして富豪たらしめば」『慶應義塾学報』第一六一号、一九一〇年一二月一五日、五五-五七頁。

(25) 名称は寄附募集事業ごとに多少の差異があるが、本書では「募集委員」の名称で統一した。

(26) 三田会については島田（二〇一〇）等の先行研究があるが、本書は三田会そのものを研究対象とはしていない。

(27) 『時事新報』の誌面では資産家の全国調査もたびたび掲載されていた（例えば「日本全国五十万円以上資産家一覧」『時事新報』一九〇一年九月二二日等）。推察にすぎないが、こうした全国調査結果を有していたことが、大口寄附者の選定及びアクセスにおいて好都合であったとも考えられる。

(28) 原本の体裁はこんにやく版（二六七×一九四）二丁。一九〇六（明治三九）年一一月三日開催の委員会報告（以上は『福澤関係文書』目録、九頁の文書を引用）。

(29) 一例として、大口寄附者に名を連ねた和田豊治（表4-7のNo. 3）の自伝には、「他の富豪の出捐を運動」したとある（喜多、一九二六、八二四頁）。

(30) 『三田評論』ではハーバード大学の寄附募集事業について四週にわたって特集が組まれていた。以下にその特集記事のタイトルを列記する。「ハアヴァード大学の資金募集計画」『三田評論』第二六七号、一九一九年一〇月、四五-四九頁、「ハアヴァド大学の資金募集」同第二六八号、一九一九年一一月、六九-七九頁、「ハァヴァアド大学資金募集運動」同第二六九号、一九一九年一二月、五八-七二頁、「ハァヴァアド大学資金募集運動（三）」同第二七〇号、一九二〇年一月、四〇-五五頁。

第五章　早稲田教員の処遇

本章からは、分析対象を早稲田に変更して、これまでと同様の分析を行う。第二章で確認したように、早稲田でも機関財務の最大の支出項目は人件費であり、とくに教員給与が多くを占めていた。そこで本章では明治後期から大正期を分析期間とし、早稲田教員の処遇である給与について、大学部と高等予科・高等学院（大学予科に相当）で授業科目を担当した専任教員を中心に、負担にあたる教育課程との関連に留意して、その実態を明らかにする。

本章の構成は次のとおりである。第一節では、早稲田の専任教員の給与について言及した小松（一九八二）および増田（一九八三）の先行研究を今一度取り上げる。これらについてはすでに序章で言及したが、本章の着想に寄与しており、今一度その到達点を示した上で経営的視座での検討課題を明示する。それを受けて第二節では、本章の分析に用いた複数の一次史料とその利用方法について説明を行い、次に当時の学部学科構成の変遷や学生数、教員数の推移について確認する。第三節では、早稲田の教育課程の運営実態を、第三章と同様の分析指標を用いて検証する。そして第四節では、教員給与について、機関財務における人件費分析を行った後、教員個人に焦点をあてて、その処遇と負担の実態を明らかにする。第五節では、以上の知見を整理し、教員給与という観点から、分析期間における早稲田の経営実態について考察を行う。なお詳細は第二節に譲るが、分析期間は一九〇三（明治三六）

年から一九二六（大正一五）年とし、史料上の制約からいくつかの時点を取り上げて分析する。

1 近代早稲田教員の給与研究の到達点と課題

近代日本の高等教育機関に所属した大学教員の給与研究が十分でないことは、序章第二節および第三章第一節で述べた。そうした中、部分的ではあるが、一次史料から近代日本の大学教員給与の実態を明らかにした研究に、小松（一九八二）と増田（一九八三）がある。ともに戦前期早稲田大学教員を対象としており、小松は坪内雄蔵（逍遙）を、増田は浮田和民と煙山専太郎を対象として分析を行っている。増田は煙山との個人的体験（エピソード）から、煙山がいわゆる「人間関係のあや」から、極めて低い報酬で冷遇されていた可能性を指摘した。他方で小松は、本章で利用する諸史料を用いて、「早稲田の教壇における授業は果してどのような時間的負担を逍遙に与え」、かつ「それに対して、早稲田は物質的にどの程度酬ゆるところがあったであろうか」（小松、一九八二、一頁）という負担と処遇の観点から考察を行った。そして「坪内に対する物質的処遇は、在職中もまた退職後も、乏しい財政の早稲田大学に許されうる最高のものであった」（前掲、一九八二、二八頁）と結論づけた。

以上の研究のうち、とりわけ小松の研究は、財務経営的観点から考察を試みており、従来の教育学者による大学史・高等教育史研究にはみられなかったアプローチである。だが一方で、授業科目との関係性を十分に考慮していないこと、また坪内を対象とした個人史研究の体裁が強いことも否定できない。当時の早稲田という私立高等教育機関としての経営実態を明らかにするには、第三章の慶應と同様に、早稲田教員の雇用形態に配慮し、教育課程の運営実態を踏まえた上で、教員の処遇と負担の実態を明らかにする必要がある。財政難にあっても早稲田では、専任教員の確保に努め、高等教育機関として教育機能の充実を追及していた。[1]ならば専任教員をどの程度かかえ、どのように教育課程を運営したのか。そして教育活動という負担に対して、どの程度の処遇を与えていたのか。坪内の処遇が「許されうる最高のものであった」ならば、「許されなかった」教員も多数存在するはずである。つまり資金配分という観点から分析期間における早稲田の経営実態を把握するには、専任教員全体を対象に、上述の観点から処遇と負担の実態を考察することが求められるのである。

2　分析の前提

(1)　史　料

早稲田についても序章の表序-2で、本書で用いた諸史料の簡単な説明を施した。だが慶應の場合と同様に、本章で用いた諸史料の中には、早稲田の沿革史でも十分に利用されていない史料が含まれている。さらに慶應では存在が確認できなかった貴重な史料も存在する。そこで以下でも本章で用いた四点の主要史料について、機関を対象とした史料と、個人を対象とした史料とに分けて説明する。

まずは機関を対象とした史料である。一点目は、第一章でも用いた早稲田の月刊広報誌『早稲田学報』所載の「早稲田大学報告」である（図5-1）。これは年に一度『早稲田学報』の誌上に掲載された現行の事業報告書に相当するものであり、当該年度の経営と教学に関する重要事項や、学生数、財務情報といった機関レベルの統計データの把握が可能となる。なお財務情報については、収支決算表と貸借対照表が掲載されているが、人件費分析を行うことから収支決算表を利用する。

二点目は、早稲田大学大学史資料センターが保管する「学科配当表」（各年度）である（図5-2）。これには各学部学科で開講された授業科目名、週あたり時間数、担当教員名が掲載されている。本章では大学部各学科と、高等

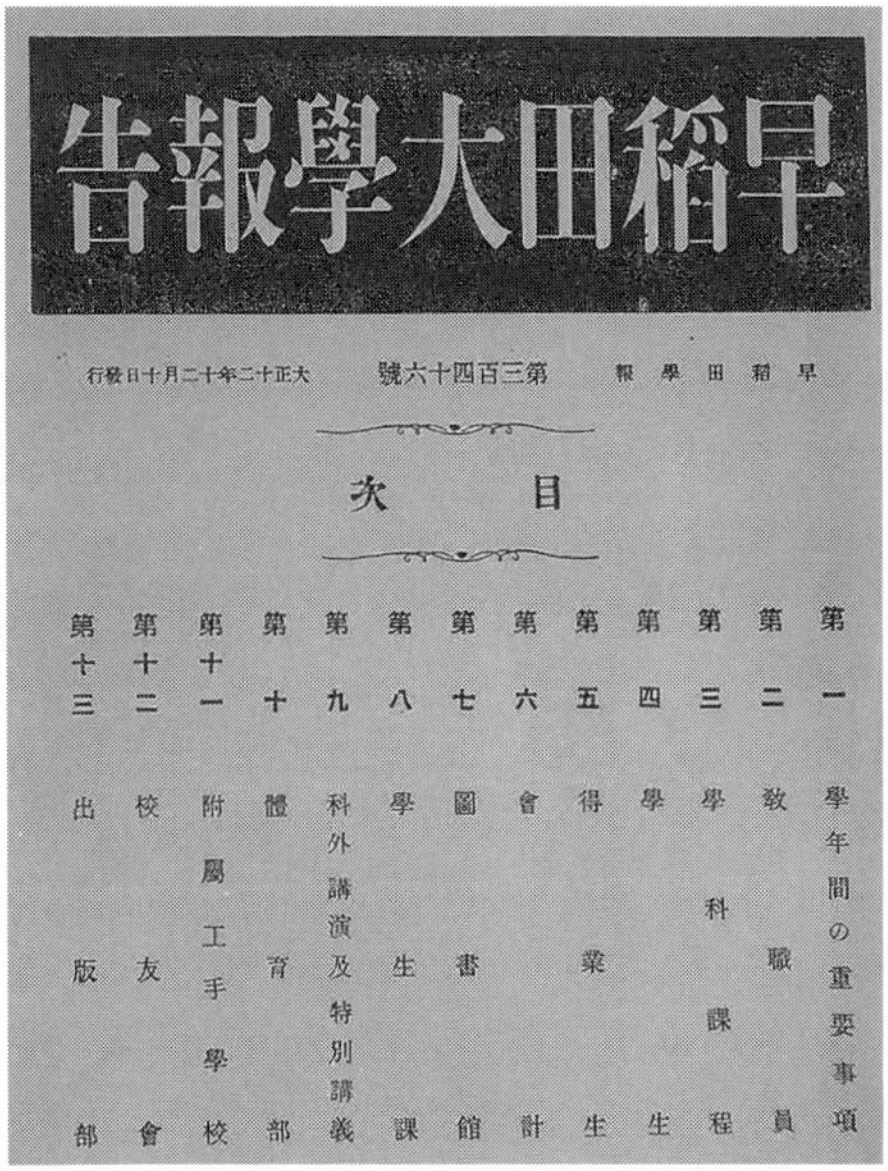

早稻田大學報告

早稻田學報　第三百四十六號　大正十二年十二月十日發行

目次

図５－１　「早稲田大学報告」（1923年12月10日発行『早稲田学報』第346号）

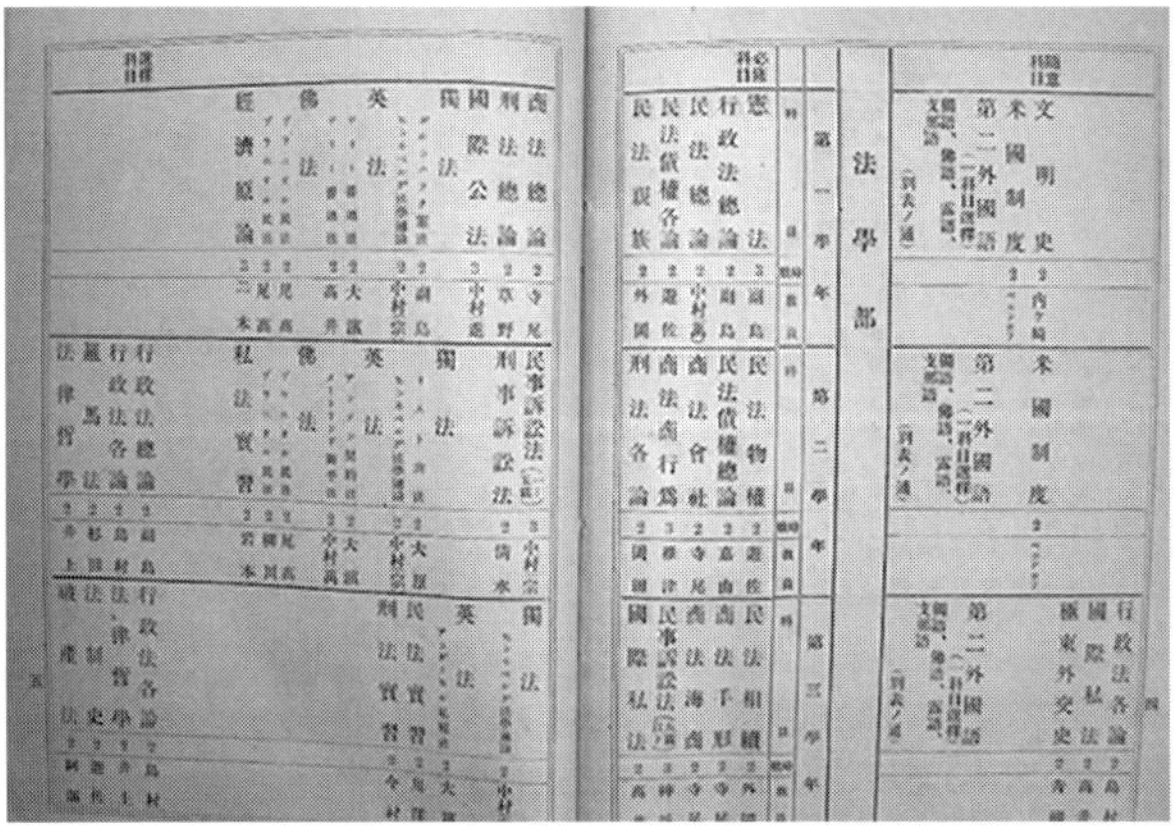

図５－２　「大正13年度　学科配当表」（早稲田大学大学史史料センター所蔵）

予科・高等学院（以下、予科課程と略記）のそれを用いて教育課程の考察を行う。なお年度によっては朱書きで大幅な修正が施されており、また欠本も存在する。したがって分析にあたっては、適切な史料批判を行うことが求められる。

次に個人を対象とした史料である。個人を対象とした史料は、二種類に分類できる。一点目は、同センターが保管する「給料帳簿」である（図5-3）。帳簿の名称は年度によって異なるため、本章では名称を「給料帳簿」で統一するが[2]、掲載内容や形式にも年度によって差異がみられた。例えば明治三六〜四二年までの史料では、教員個人ごとに年額、月額、適用（週あたりの負担時間）、氏名が記載されているものの、実際の支給額は定かではない。一方で明治四三年からは「差引簿」の形態をとっており、月給から寄附金や各種雑費が差し引かれた実際の支給額が記載されていた[3]。この「給料帳簿」は、大正期に入ると専用の台帳に記入するよう様式が整えられ、教員個人ごとに年額、月額、時間給単価と、月ごとの差引額および支給額が記載されるようになった。本章では以上の掲載内容や形式の違いに配慮したうえで、この史料から教員個人の給与額を特定する。なお「給料帳簿」によれば、当時の早稲田教員の俸給契約は、年俸、月給、時間給の三つに区分されていた。ここで年俸契約と月給契約との違いについて触れておくと、年俸契約者は契約で定められた年俸額を一二等分した金額が毎月支給されていた[4]。月給契約者は、七、八月の休暇中は無給であり、年間では一〇ヶ月分の支給に留まっていた。時間給契約者は、文字通り勤務時間に応じて給与が支払われており、時間教員（現在の非常勤教員）に該当した。本章ではこの給与支給の実態を基準に、年俸契約者を専任教員、月給及び時間給契約者を時間教員とみなすことで、教員の雇用形態に考慮した分析を行う。

個人を対象とした史料の二点目は、これも同センターが保管する教員の負担時間に関する史料である（図5-4）。この史料も年度によって名称が異なるため「負担時間表」で表記を統一する[5]。これには当該年度の大学部や予科課

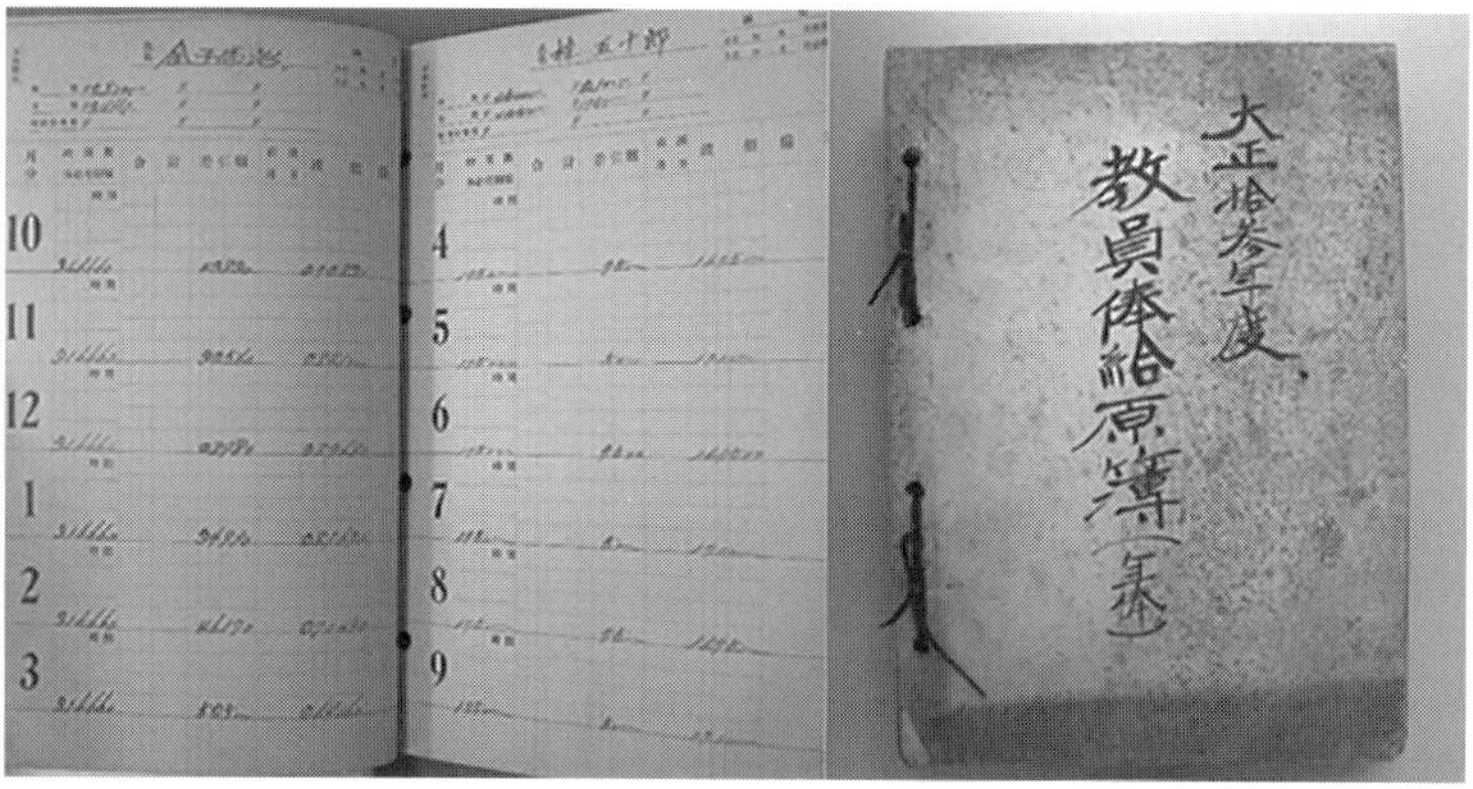

図５－３　「大正13年度　教員俸給原簿（年俸）」（早稲田大学大学史史料センター所蔵　M　会計帳簿類　60　大正期）

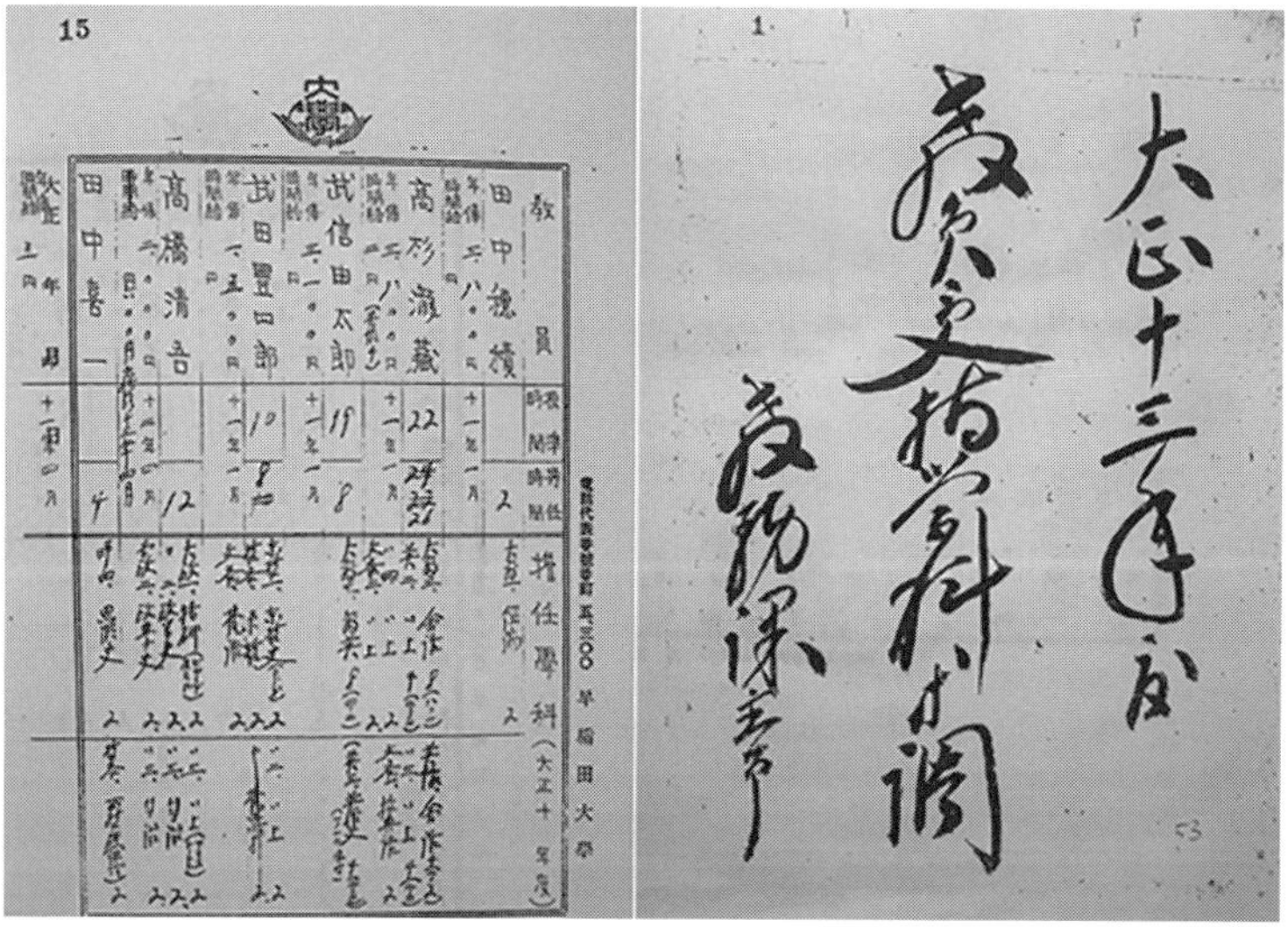

図５－４　「大正13年度　教員受持学科等調　教務課主事」（早稲田大学大学史史料センター所蔵）

程の授業を担当した教員氏名、週あたりの負担時間、担当した授業科目名が掲載されていた。中には俸給額が記載されていた場合もある。理工学部担当教員は負担時間が未記載という点や[6]、年度によって表記方法が異なるといった点もみられるが、基本的に負担時間は、標準時間と担任時間とに分けて記載されていた。標準時間は俸給額に対してあらかじめ設定された（義務）時間であると考えられ、担任時間は実際に担当した授業時間数を意味していた。教員によっては、標準時間と担任時間とが一致する教員とそうでない教員とが存在したが、原則、担任時間は標準時間内とされており、担任時間が標準時間を超えた場合には、超過分の時間給が支払われていた。慶應の教員給与の箇所でも指摘したが、給与金額の検討だけでは、教員の勤務実態や機関の経営実態、さらには教員管理の実態を明らかにすることはできない。したがって本章では「負担時間表」を用いることで、処遇と負担の関係性を考慮した分析を行うこととする。

以上の合計四つの史料が、本章で用いた主要史料である。本章では他にも沿革史や教員個人の回想録、教員の属性を明らかにする各種人名辞典や『人事興信録』等を利用して、分析を試みる。

(2)　方　法

以上の諸史料は、機関を対象としたものと個人を対象としたものとに分かれている。したがって教育課程と教員給与の横断的な分析を行うためには、史料内容を統合する必要がある。そこで本章でも第三章と同様にデータベースを作成し、複数の分析指標を用いることで分析を行うこととする。

まずデータベースの作成に用いた史料は、「学科配当表」、「給料帳簿」、「負担時間表」の三点である。「学科配当表」からは授業科目名、週あたり時間数、担当教員名を、「給料帳簿」からは教員個人の俸給額（年俸、月給、時間給単価、諸手当等）と実際の年間支給額を、「負担時間表」からは教員個人の標準時間と担任時間を抽出し、それを教員名の一致を条件に統合させた。この作業によって、教育課程と教員給与という処遇と負担の関係性を踏まえた分析が可能となる。[7] さらには「給料帳簿」の俸給契約から専任教員と時間教員との区別を行うことで、雇用形態にも配慮した分析を可能にした。

次に分析指標だが、これは教育課程の実態を明らかにする分析指標である。本章でも第三章と同様に、①教育条件を示す分析指標と、②教員配置を示す分析指標とによって分析を行う。教育条件を示す分析指標には、ＳＴ比と専任教員週時間数占有率（以下、占有率）を、教員配置を示す分析指標には、科目別専任教員配置率（以下、配置率）を設定した。ＳＴ比は専任教員一人当たりの学生数を示す分析指標であり、本章では大学部の学生を対象としたＳＴ比、予科課程の学生を対象としたＳＴ比、両者を組み合わせた全体（大学部＋予科課程）のＳＴ比という、三通りの数値を求める。また占有率と配置率の算出方法は、慶應の場合と同様である。早稲田においても当時の授業時間割表が確認できないため、以上の分析指標を設定することで、教育課程の実態の検証を試みる。

本章では以上のようにして教育課程の実態を踏まえた教員給与の分析を行うが、処遇には給与金額を、負担には「負担時間表」の標準時間を用いて分析を行う。ここで負担に関して担任時間でなく標準時間を用いた理由は、専任教員の年俸が、標準時間を基準に決められていたからである。なお慶應では、負担時間の把握が、史料上の制約から単年度にとどまった。だが早稲田では、複数年の把握が可能である。そこで史料の状態や当時の学科構成を考慮し、専任教員個人を対象とした分析については、一九〇九（明治四二）年と一九二四（大正一三）年の二つの時点を取り上げ、比較して分析することとした。[8]

（3）分析期間における早稲田の概況

本節の最後として、分析期間における早稲田の概況を大学部と予科課程を中心に確認しておく。[9] 一九〇二（明治三五）年九月に東京専門学校は早稲田大学と改称するが、この時点で大学部は政治経済科、法学科、文学科の三科構成となっていた。また修業期間を一年半とした高等予科は、第一（政治経済科へ進学。以下同じ）・第二（法学科）・第三（文学科または高等師範部）・第四（商科）高等予科の四科で構成されていた。一九〇四（明治三七）年九月には第四高等予科の修了生を収容することで大学部商科が設置され、一九〇八（明治四一）年には理工科の開設を前提とした第五高等予科を設置し、翌年から機械学科と電気学科からなる理工科が開設されたのであった。以後、若干の変遷はあるものの、この学科構成は早稲田大学の基本となる。こうした学科構成や教育課程の整備と並行して、一九〇八（明治四一）年には社団法人から財団法人へ組織を改め、財務面でも寄附募集事業により資産規模が拡大するなかで（詳細は第六章）、一九二〇（大正九）年には大学令によって正式な私立大学へと昇格したのであった。昇格後しばらくは昇格前の学科構成と混在する期間が続いたが、一九二四（大正一三）年時点では政治経済学部、法学部、文学部、商学部、理工学部の五学部と、従来の高等予科に相当する三年制の第一早稲田高等学院（文科、理科）および二年制の第二早稲田高等学院（文科のみ）で構成される課程となった[13]。

それでは分析期間における早稲田の学生数と教員数の推移を確認しておこう。表5-1は分析期間のうち、五つの時点を抽出したものである。まず学生数の推移をみると、大学部の学生数では、文系学科で最も設置が新しい商科の学生数が突出していたことがわかる。続いて理工科、政経学科と続き、法学科と文学科は一九二四（大正一三）年時点で三〇〇人前後であった。

一方で予科課程の学生数は、概ね大学部の学生数より多い傾向にあったことが確認できる。こうした中、大学部と予科課程とを足しあわせた学生数（A）を、機関全体の学生数（B）との関係から考察すると（A／B）、七二・四％から四一・三％へと構成比が減少する傾向にあった。第一章でも言及したが、早稲田では機関全体の学生数が増大する中で、大学部と予科課程の伸びは他の部門より相対的に小さかったのであった。

表5－1　早稲田の学生数と教員数の推移（1909～1924）（人）

			1909（明治42）	1912（明治45）	1914（大正３）	1918（大正７）	1924（大正13）
学生数	大学部	政経学科	214	255	256	379	555
		法学科	54	86	108	205	288
		文学科	332	271	248	337	322
		商科	1,339	1,120	942	1,619	1,024
		理工科	—	338	475	577	583
		大学部計	1,939	2,070	2,029	3,117	2,772
		予科課程	1,973	1,923	2,743	3,489	3,104
	A	大学部＋予科課程	3,912	3,993	4,772	6,606	5,876
	B	機関全体	5,400	5,805	7,333	10,006	14,244
		A/B	72.4%	68.8%	65.1%	66.0%	41.3%
教員数	C	専任教員	88	125	105	113	193
		時間教員	22	15	44	52	67
	D	大学部教員	110	140	149	165	260
		C/D	80.0%	89.3%	70.5%	68.5%	74.2%

注１：機関全体の学生数には、表で示された各部の他に、専門部や高等師範部、附属工手学校等の学生数を含んでいる。

注２：「早稲田大学報告」に掲載されている教員数は延べ人数であり、正確な人数は管見では公表されていない。そのため上記の表では当該年度の学科配当表から大学部各科と、予科課程の授業に配置された教員を重複を除いて一覧にし、その中で給与支払いの実績が確認できた教員のみを抽出して算出した人数を示した。

出典：『早稲田学報』所収「早稲田大学報告」（各年度）および著者作成データベースより作成。

これに対して教員数はどのようであったか。慶應と同様に、教員数の正確な数値は公表されていない。したがって表5-1の教員数は、著書が作成したデータベースから、大学部と予科課程の授業科目を担当した教員を抽出し、重複を除いて算出した人数である。専任教員数（C）は一五年間で八八人から一九三人へと約二・二倍増加し、時間教員は二二人から六七人へと約三倍増加した。専任教員と時間教員とを足しあわせた大学部教員（D）に占める専任教員数（C）の割合（C／D）は、七〇・五～八九・三％の範囲で推移していた。明治期と比べ、大正期には専任教員の割合が減少する傾向にあったが、それでもなお大学部教員の七割以上は、専任教員で構成されていたのであった。[11] つまり学生数の増加に対して、大学部および予科課程では、可能な範囲で専任教員の拡充に努めていた事実を確認できるのである。ではこの七割以上を占めた専任教員は、本務である教育課程をどのように運営していたのか。次節でその実態を考察する。

3　教育課程の分析

(1)　教育条件

まずは教育条件について、**表5-2**からST比と占有率の推移を検証する。最初にST比の推移をみると、機関全体のST比は、年度によって大きく変動していた。五つの時点を通じて、大学部＋予科課程の学生数が最も多かった一九一八（大正七）年の全体ST比が最大であったのは当然ともいえる。だが学生数にほとんど差がなかった一九〇九（明治四二）年（三九一二人）と一九一二（明治四五）年（三九九三人）とを比べても、一二・六の差があった。しかも学生数が多かった後者の一九一二（明治四五）年のほうが、ST比は小さかった。次に予科課程と大学部とを比較すると、一貫して予科課程のST比が大学部のそれより大きく、平均でも前者が五九・七、後者は二四・二であった。そしてST比の変動の程度をみると、大学部は年度ごとの変動が小さいが、予科課程は大きかった。とくに専門学校令による自称「大学」時代では、一九一八（大正七）年の八九・五をピークに、他の年度もかなり高い数値を示していた。この状態は、大学令による私立大学昇格後に改善されており、一九二四（大正一三）年には、三四・一とかなり数値を小さくした。明治期のみの試算であったが、第三章で示したように、慶應では予科のST比が、本科（早稲田の大学部に相当）のST比より小さい傾向にあった。したがって早稲田と慶應とでは、大学部と予科課程における専任教員の配置方針が、正反対であったと考えられるのである。大学部学生数の増大に

表5－2　教育条件：ST比と学科別占有率の推移

		1909（明治42）	1912（明治45）	1914（大正３）	1918（大正７）	1924（大正13）	平均	時間教員占有率平均
ST比	予科課程	59.8	48.1	66.9	89.5	34.1	59.7	
	大学部	26.6	18.3	21.8	33.9	20.2	24.2	
	全体	44.5	31.9	45.4	58.5	30.4	42.2	
占有率	予科課程	73.5%	94.2%	86.8%	69.6%	85.1%	81.8%	8.5%
	政経学科	85.4%	96.8%	94.2%	85.9%	81.0%	88.7%	7.8%
	法学科	72.8%	86.5%	68.3%	63.5%	59.2%	70.1%	21.3%
	文学科	87.7%	94.2%	96.5%	69.0%	78.1%	85.1%	9.9%
	商科	89.4%	98.7%	96.6%	86.2%	95.7%	93.3%	4.4%
	理工科	—	91.7%	72.4%	76.8%	77.3%	79.6%	11.1%

注１：ST比の算出式は、予科課程＝予科課程学生数／同授業担当専任教員数、本科＝大学部学生数／同授業担当専任教員数、全体＝大学部＋予科課程学生数／同専任教員数である。なお授業担当専任教員数は、著者作成データベースより算出した。
注２：占有率は、学科配当表に教員名が記載されていない（未配置）場合や、教員名が記載されていても当該教員に給与が支払われておらず勤務実態が確認できない場合があるため、専任教員占有率と時間教員占有率を足しあわせても100%とならない。
注３：当該期間における早稲田の学科課程には、学科（学部）内に多様なコースが設定されていた。表では学生数を判断指標に、政経学科は経済学科を、理工科は電気学科の占有率を掲載した。
出典：著者作成データベースより作成。

は、専任教員の増員で対応することができたが、大学部と比べてより多くの学生を収容した予科課程については、収容学生数の増大に見合うだけの専任教員を配置することができなかったのだと推察されるのである。

次に二つ目の分析指標である占有率をみると、五つの時点を通じて、商科の占有率が最も高く、次にそれほど差がなく政経学科、文学科、予科、理工科と続き、最も占有率が低い法学科という順序になっていた。占有率の平均をみると、商科九三・三％、政経学科八八・七％、文学科八五・一％、予科八一・八％、理工七九・六％、法学科七〇・一％となっていた。商科と法学科の占有率には格差があり、それが固定化されていた。だが表5-2が示すように、早稲田では占有率の低い法学科でさえも最低が五九・二％であり、明治期では七〇％を超えていた。これは明治期における慶應の法律科の占有率平均が三八・四％であったことと比較すれば、他学科までには至らないにせよ、早稲田の法学科では、専任教員による授業運営が行われていたと言ってよい。つまり早稲田では、予科課程で学生数に対して十分な専任教員を確保できずＳＴ比が大きくなる傾向にあったが、占有率に注目すれば、大学部と予科課程、また大学部の学科間で格差がみられたものの、教育課程の運営は原則として、専任教員によって行われていたと考えられるのである(12)。

(2) 教員配置

次に専任教員の配置状況を授業科目ごとに検討する。だが専任教員の配置状況を検討する前に、当時の早稲田の教育課程の特徴を確認しておきたい。

まず予科課程である。第二節で指摘したように、専門学校令下では一年半の高等予科が存在し、大学令下では三年制の第一早稲田高等学院（文科と理科）と、二年制の第二早稲田高等学院（文科のみ）とが存在していた。予科課程は原則、基礎的な必修科目のみで構成され、語学科目はクラス別に実施されていた。一方、大学部（課程）は基礎から応用、理論から実習中心へと、順次性を考慮した教育課程が組まれており、選択科目の導入は学科によって異なっていた。一九〇九（明治四二）年時点で政経学科ではすでに多くの選択科目が配置されていたが、他の法学科、文学科、商科では必修科目のみであった。一九二四（大正一三）年時点で、法学科には選択科目が、文学科には随意科目の設置が確認できたが、商科には選択科目も随意科目も設置されていなかった。このように大学部では、学科ごとに異なる教育課程が組まれていた。

それでは専任教員の配置状況を、予科課程、大学部の順で確認していこう。**表5-3**は予科の教育課程と配置率を、一九〇九（明治四二）年と一九二四（大正一三）年とで比較したものである。科目配置を検討すると、修業年限は違えど、両年度とも語学に最も多くの時間数が設定されていたこと、共通科目として「倫理」（後の「修身」）、「作文」（「国語」）、「体操」、「漢文」が設定されていたことが共通する。一方でその他の科目については、大きく変容していた。一九〇九（明治四二）年では、大学部進学先を考慮した、導入科目ともいうべき専門基礎が多数配置されており、第一から第五高等予科それぞれの特徴が顕著であった。だが一九二四（大正一三）年の高等学院では、とくに文科系学部に進学する第一早稲田高等学院において、「日本史」、「地理」、「数学」といった一般科目が配置された。これは江津（二〇〇九、五七頁）も指摘するように、専門学校令による予科から、大学令による予科へ移行するに伴い、教育内容が官立高等学校の内容に接近し、機関の独自性が薄らいでいったとみてよい。

専任教員の配置状況をみると、一九二四（大正一三）年は、一九〇九（明治四二）年と比較して、教員数が大幅に増員され、一つの授業科目を複数の教員で担当する状況へ移行したにも関わらず、配置率一〇〇％の科目、すなわち専任教員のみで運営された授業科目がほとんどであったことが確認された。配置率〇％の授業科目は、第一高等学院では「体操」（三年）のみであり、第二高等学院でも「数学」、「体操」、「自在画」（すべて三年）だけであった。表5‒2で予科課程の占有率が平均八一・八％であったことを考慮すれば、分析期間における早稲田の予科課程では、ST比が大きいため大規模一斉授業の形態であったと推察されるものの、専任教員による大学予備教育を基本方針として運営していたと推察できる。

一方の大学部だが、大学部は授業科目数が多く、五学科で編成されていたことに鑑み、複数の表を用意した。**表5‒4**は、学科ごとに配置率を四つに区分して集計したものである。**表5‒5**はそのうち配置率〇％の授業科目、すなわち①時間教員に全面的に依存していた、②教員が未配置であった、③教員が配置されていたものの勤務実態（開講状況）が確認できなかった、という条件にあてはまる授業科目名を、学科別に列記したものである。表5‒4によると、私立大学へ昇格した一九二四（大正一三）年の早稲田では、昇格前と比較して、授業科目数および担当教員数が減少していたことがわかる。とくにそれは、最も多くの学生を収容していた商科で顕著で、一九〇九（明

表5－3　予科の教育課程と配置率の比較（上：1909年、下：1924年）

	授業科目名	第一・政経学科			第二・法学科			第三・文学科			第四・商科			第五・理工科		
		週時間数	教員数	配置率	週時間数	教員数	配置率	週時間数	教員数	配置率	週時間数	教員数	配置率	週時間数	教員数	配置率
語学	英語	19	6	50%	2	1	100%	18	7	57.1%	17	9	88.9%	6	2	100%
	独語　文法				18	8	62.5%									
共通科目	倫理	1	1	100%	1	1	100%	1	1	100%	1	1	0%	1	1	100%
	作文(商業作文)	1	1	100%	1	1	100%	1	1	100%	1	1	100%	1	1	100%
	体操	1	1	0%	1	1	0%	1	1	0%	1	1	0%	1	1	0%
	漢文	3	1	100%	3	1	100%	4	1	100%	2	1	100%			
専門基礎	簿記	2	1	0%	2	1	0%				2	1	100%			
	法学通論	2	1	100%	2	1	100%									
	西洋史	2	1	100%												
	国文、文典							3	1	100%						
	論理							1	1	0%						
	中古史							2	1	100%						
	外国地理										2	1	0%			
	近世史										2	1	100%			
	商業算術										2	1	100%			
	商品学										2	1	0%			
	商業通論										2	1	0%			
	ビジネッス										1	1	100%			
	数学													9	2	100%
	理学													3	1	0%
	化学													5	1	100%
	鉱物学													1	1	100%
	地質学													1	1	100%
	画図													7	1	100%
	合計	31	11		30	11		31	12		35	15		35	10	

	第一高等学院(文)	一年次			二年次			三年次			第二高等学院(理)	一年次			二年次			三年次		
	授業科目名	週時間数	教員数	配置率	週時間数	教員数	配置率	週時間数	教員数	配置率	授業科目名	週時間数	教員数	配置率	週時間数	教員数	配置率	週時間数	教員数	配置率
語学	第一外国語(英語)	9	9	100%	8	10	82.4%	8~10	13	94.4%	第一外国語(英語)	8	10	100%	6	7	90.9%	6	6	100%
	第二外国語	4	9	66.7%	3~4	9	77.7%	4	7	100%	第二外国語	4	4	33.3%	4	9	66.7%	4	5	83%
	第一外国語(非英)				11	11	75%	12	14	81.3%										
共通科目	修身	1	1	100%	1	1	100%	1	1	100%	修身	1	1	100%	1	1	100%	1	1	100%
	体操	2	2	100%	2	2	50%	2	2	0%	体操	2	2	100%	2	2	50%	2	2	0%
	国語	3	5	80%	3	5	100%	3	5	100%	国語	2	5	80%	2	2	100%			
	漢文	3	5	100%	2	3	100%	2	3	100%	漢文	2	2	100%	1	2	100%			
一般科目・専門基礎	数学	3	3	66.7%							数学	4	3	66.7%	5	2	50%	6	2	0%
	日本史	3	2	50%							図学	3	3	66.7%	3	3	66.7%	3	3	66.7%
	地理	2	1	100%							植物及動物	2	1	100%						
	自然科学	2	2	100%	2	2	100%				鉱物及地質	2	1	100%						
	心理				2	1	100%				法制及経済	2	2	100%						
	東洋史				3	2	50%				心理				2	1	100%			
	西洋史				2	1	100%	3	2	100%	物理				3	1	100%	5	2	100%
	法制				※2	1	100%	※2	1	100%	化学				3	1	100%	5	1	100%
	経済				※2	1	100%	※2	1	100%	力学							2	1	100%
	哲学概説							3	1	100%	自在画							2	1	0%
	論理							2	1	100%										
	英法							※2	1	100%										
	合計	32	37		34	43		36	44		合計	32	33		32	30		36	23	

注１：高等予科は大学部の進学先に応じて、第一から第五高等予科に分かれていた。
注２：1909年の商科の「作文」のみ科目名は「商業作文」であった。
注３：週時間数にある※は選択科目であることを示す。また配置率は科目別専任教員配置率のことを指す。
注４：担当教員数の合計は授業科目を担当した教員を重複を除いて集計した合計であるため、各授業科目の教員数を合算してもその人数にはならない。
出典：著者作成データベースより作成。

表5－4　大学部各学科・学部の配置率の分布

配置率(1909年)	政経学科		法学科		文学科		商科		理工科	
	科目数	%	科目数	%	科目数	%	科目数	%		
100%	50	80.6%	36	75.0%	31	77.5%	43	81.1%	未開設	
50%～100%未満	5	8.1%	2	4.2%	6	15.0%	5	9.4%		
0%～50%未満	0	0%	1	2.1%	0	0%	0	0%		
0%	7	11.3%	9	18.8%	3	7.5%	5	9.4%		
合計	62	100%	48	100%	40	100%	53	100%		
担当教員数合計	43人		26人		30人		37人			
配置率(1924年)	政経学部		法学部		文学部		商学部		理工学部	
	科目数	%	科目数	%	科目数	%	科目数	%	科目数	%
100%	38	73.1%	23	56.1%	15	48.4%	30	96.8%	36	75.0%
50%～100%未満	5	9.6%	2	4.9%	6	19.4%	0	0%	2	4.2%
0%～50%未満	0	0%	0	0%	0	0%	0	0%	0	0%
0%	9	17.3%	16	39.0%	10	32.3%	1	3.2%	10	20.8%
合計	52	100%	41	100%	31	100%	31	100%	48	100%
担当教員数合計	37人		26人		25人		24人		26人	

注1：1909年時点では理工科は開設していない。
注2：政経学科については経済学科の、理工科については電気工学科の教育課程としている。
注3：各学科に配置された外国語（第二外国語も含む）は、文法、訳解などと項目が分かれていたが、上の表では1科目とみなし集計した。
注4：政経学科は科目数こそ多いが、これは選択科目や随意科目が設置されていたためであり、すべてを履修する必要はなかった。
注5：担当教員数合計は、専任教員だけでなく時間教員も含めている。
出典：著者作成データベースより作成。

治四二）年と比べて授業科目数が二二科目、教員数が一三人も減少していた。両年を通じて最も多くの授業科目と教員を配置していたのが、一九〇九（明治四二）年からすでに選択科目や随意科目を配置していた政経学科であった[13]。次に配置率をみると、第一に一九〇九（明治四二）年は、授業科目のうち配置率五〇％以上の授業科目が政経学科、文学科、商学科で九〇％程度、法学科でも八〇％程度と、かなりの割合を占めていた。この配置率の高さと、学科間で配置率に差異があまりみられなかった実態は、第三章で検討した明治四〇年代の慶應とは大きく異なっている。つまり明治四〇年代の早稲田は、慶應と比べて、より多くの専任教員を、学科間で顕著な格差が生じないよう、万遍なく配置していたとみ

表5－5　大学部各科・学部の配置率０％および担当教員不明の授業科目一覧

年	学科/学部	配置率が０％の授業科目（無印は必修科目、※は選択または随意科目）
1909（明治42）	政経学科（７科目）	民法要論、刑法要論、論文練習、銀行及為替論、※経済財政、※東洋近時外交史、※統計学
	法学科（９科目）	商法総則及商行為、エンゲルマン民法、刑法汎論、民法（債権全部）、パンデクテン、刑法各論、海商法、リスト刑法、破産法（注２）
	文科（３科目）	※日本美術史、英文学史、言語学
	商科（５科目）	工業要論（機械）、商業通論、貨幣論、統計学、機械大意（１年より継続）
1924（大正13）	政経学部（９科目）	刑法、農業経済、統計学、植民政策、※米国制度（１、２年）、※近時外交史、※行政法各論、※第二外国語：露語科
	法学部（16科目）	刑法総論、仏法、民法債権総論、商法商行為、刑法各論、刑事訴訟法、私法実習、民事訴訟法（６篇以下）、民法実習、刑法実習、※行政法各論（２、３年）、※羅馬法、※法律哲学、※法律哲学、※破産法
	文学部（10科目）	文学通論（１、２年）、第二外国語：梵語科（２、３年）、言語学、支那文学、支那哲学 ※第二外国語：露語科、※第二外国語：希臘語科、※第二外国語：拉典語科
	商学部（１科目）	民法
	理工学部（10科目）	数学、物理化学、熱機関、通信練習、電磁測定法、電信電話、交流理論、発電所（火力）、工場管理法、機械実験

注１：上の表で掲げた配置率０％の授業科目には、①時間教員に全面的に依存していた、②教員が未配置であった、③教員が配置されていたものの勤務実態（開講状況）が確認できなかった、といった三つのパターンがある。

注２：エンゲルマンとはブレスラウ高等裁判所で部長判事を務め、ブレスラウ大学法学部で民事訴訟法を講じた Arthur Engelmann のことであると思われる（小野木・中野訳『A. エンゲルマン 民事訴訟法概史』vi頁）。パンデクテンとは『ローマ法大全』のうち核心をなす学説彙纂のことであり、そのドイツ語表記（Pandekten）である。リストとはドイツの刑法学者 Franz von Liszt のことである。

注３：1924年の文科と理工科には卒業論文があり、担当教員名は無記載であったが、他の授業科目とは性質的に異なることを考慮し、上の表では除外している。

注４：選択科目および随意科目はすべてを履修する必要はない。

出典：著者作成データベースより作成。

ることができる。だが第二として、一九二四（大正一三）年になると、商学部が配置率一〇〇％の授業科目が三〇科目となり、一つの科目を除いてすべて専任教員で実施されていた一方、他の文科系三学部では配置率五〇％以上の授業科目が減少していた。とくに文学部は配置率五〇％以上の授業科目が二一科目（六七・八％）となり、一九〇九（明治四二）年の三七科目（九二・五％）から著しく低下した。また法学部は、配置率五〇％以上の授業科目が二五科目（六一・〇％）となり、一九〇九（明治四二）年の時点ではそれほど目立たなかった配置率の低さが、大正期に入って目立つ結果となった。

こうして大正期に入って配置率は低下する傾向にあったわけだが、表5-5から配置率〇％の授業科目を確認しておく。すると一九二四（大正一三）年の商学部を除いた他の学科では、両年度とも複数の必修科目で配置率が〇％となるケースが散見された。だが学科別にみると、政経学科・学部では、必修科目の配置率〇％はそれほど多くなく、しかも一九〇九（明治四二）年の「民法要論」や「刑法要論」、一九二四（大正一三）年の「刑法」など、法学系統の授業科目が含まれていた。同様のケースは一九二四（大正一三）年の商学部の「民法」にもあてはまる。文学科・学部では一九二四（大正一三）年になって配置率〇％の授業科目が増えたが、こちらも随意科目の第二外国語が多くを占め、必修科目は少なかった。一方で必修科目の配置率〇％が目立つのは、法学科・学部と理工学部である。理工学部では理論を学ぶ基礎的な科目から実習科目まで、時間教員が担当する場合が多かった。ここから私立大学では希少な理系学部を有した早稲田が、教員の人材確保に苦労した実態をみることができる。そして最も時間教員に依存していたのは法学科・学部であり、一九〇九（明治四二）年には九つの、一九二四（大正一三）年で一〇の必修科目で、配置率が〇％であった。政経学科・学部や商学部と同様に、法学科・学部でも民法や刑法に類する授業科目は、時間教員が担当していたのである。つまり早稲田の法学科・学部では大正期に入っても、こうした基幹科目ともいうべき多くの必修科目で専任教員を配置せず、時間教員に頼る運営であったのである。一九二四

（大正一三）年において法学科で必修科目を担当した時間教員を一部挙げると、「刑法各論」が岡田朝太郎（帝大卒、帝大教授）、「私法実習」が岩本勇次郎（明大卒、大審院判事）、「刑法総論」が草野豹一郎（帝大卒、大審院判事）、「商法商行為」が椎津盛一（帝大卒、大審院判事）、「独法」が大原昇（帝大卒、東京地方裁判所）であった。帝大卒の学界人や、司法実務者に依存していたのであった[14]。

4　教員給与の分析

（1）人事管理

給与分析に入る前に、そもそも早稲田ではどのように教員を管理していたのであろうか。早稲田では、教員人事に関する議論がなされていたであろう維持員会や評議員会の議事内容を確認することはできない。そこで以下では、「給料帳簿」やその他の史料から推察される教員管理の特徴を、慶應の場合と同様に、採用管理、時間管理、給与管理の順に整理する。

第一に採用管理である。「給料帳簿」の給与支払い実績によれば、新規教員を学期途中から採用されたケースが確認できる。つまり定期採用というよりも、授業担当者の欠員状況に応じて、適宜採用が行われたと考えられる。また前節の教員配置で触れたが、時間教員の採用にあたっては、アカデミアの人材に限定していなかった。法学科では司法実務者、商科ではビジネス従事者、理工科では技術者等、多様な人材を教員として採用していた。私立大学は、帝国大学と異なり、活躍の場を実社会に求める学生が多かったから、学究肌の人材に偏らぬよう、多様性に富んだ教員を採用していたとも考えられる。

第二に時間管理である。第二節でも言及したが、早稲田では教員の負担時間を記録した「負担時間表」が存在していた。そのため専任教員の年俸は、週あたり負担時間を基準に規定されていたと推察される。年度によって無記載の場合もあるが、「負担時間表」には標準時間と担任時間とがあり、年俸は標準時間をベースに決定していたと考えられる。担任時間が標準時間を超えた場合は、その分の時間給が支給されていた。なお一九二四（大正一三）年度からは、時間給帳簿が別途、作成されていた。

第三に給与管理である。早稲田教員の給与の契約が年俸、月給、時間給の三つに区分されていたことは、本章第二節で指摘した。年俸契約者は専任教員として、休暇中も含めて一二等分された金額が月給として支給されていた。管見では、慶應と同じく給与体系表（サラリースケール）の存在は確認できず、俸給額は基本的に、教員個人の学歴や、専門性、年齢、勤続年数、担任時間等を総合的に判断して、決定されていたと考えられる。各種手当については、いわゆる学科長等の役職にあった教員には主任給として手当が支給されており、同じく一二等分した金額が、月給に加算されていた（金額については後述）。昇給についてはその期間に規則性は見い出せず、個人差もあり、また学期途中に昇給することもしばしばであった。他方で担任時間が減少した場合には、降給していた場合が多かった。最後に時間給について触れておくと、例えば早稲田大学大学史資料センターが管理する「明治三六年九月以降講師給定額」には「時間給之部」として、一時間あたりの時給額が一覧にして掲載されている。それによれば時間給は〇・五円刻みで一〜二・五円の四段階で設定されていた。他方、一九二四（大正一三）年の時間給を管理した「給料帳簿」では、同じく〇・五円刻みで二〜五・五円の八段階に区分されていた[15]。

（2）機関財務に占める人件費

ここでは**表5-6**を用いて、教員給与を機関財務の視点から検証する。なお史料上の制約により、明治期の時間教員の実際の支給額を求めることは困難であることを予め断っておく。

表５－６　早稲田の財務状況

年度	総支出					大学部及び予科課程教員給与					教員年俸中央値		授業料収入試算			経営状態	
		総人件費				合計							合計				
				教員人件費		D		専任	時間		専任	時間	I	大学部	予科		
	A	B	B/A	C	C/B	(=E+F)	D/C	E	F	E/D	G	H	(=J+K)	J	K	I-D	J/D
1909	190,730	128,197	67.2%	98,572	76.9%	72,112	73.2%	72,112	—	—	720	—	191,824	87,255	104,569	119,712	121%
1912	211,762	151,595	71.6%	117,524	77.5%	99,507	84.7%	99,507	—	—	720	—	220,570	105,190	115,380	121,063	106%
1914	261,136	181,373	69.5%	135,240	74.6%	92,302	68.3%	84,307	7,995	91.3%	752	140	268,405	103,825	164,580	176,103	112%
1918	377,647	253,767	67.2%	168,938	66.6%	107,303	63.5%	93,463	13,840	87.1%	742	178	318,625	161,620	157,005	211,322	151%
1924	1,201,106	862,263	71.8%	558,847	64.8%	396,641	71.0%	355,484	41,156	89.6%	1,654	501	705,120	332,640	372,480	308,479	84%

注１：総人件費は表２－１と同様であり、全教職員の給料と諸手当等を合算した金額である。
注２：大学部教員給与は、大学部各科と高等予科および高等学院の授業に配置され、給与支払いの実績が確認できた教員を抽出して、実際の支給額を算出して求めた金額である。なお1909年と1912年については、給与帳簿から１年分の支払い実績を算出することが不可能であるため、実額ではなく、天引き等がなされていない年俸を合算して求めた金額である。
注３：授業料収入の試算は『早稲田大学規則便覧』に記載されている１年間分の授業料を学生数に乗じて算出した金額である。
注４：%以外の単位は、すべて円。
出典：『早稲田学報』各年度所載「早稲田大学報告」および著者作成データベースを用いて作成。

表5-6によると、機関全体の総人件費（B）が総支出（A）に占めた割合（B／A）は、明治期、大正期を通じて約七〇%前後であり、大きな変動はみられなかった。その総人件費のうち最も多くを占めたのは教員人件費（C）であったが、大学部と予科課程以外の教員も含めた機関全体の教員人件費（C）が総人件費に占めた割合（C／B）は年々下降しており、一九〇九（明治四二）年に七六・九%であったのが、一九二四（大正一三）年には六四・八%となった。この教員人件費について、大学部及び予科課程を担当した教員の給与（D）を検討すると、七万二一一二円から三九万六六四一円と一五年間で約五・五倍も拡大した。第三節で言及したように、私立大学昇格後の新学制採用にあたって、大学部と専門部との分離が徹底されたことで、教員人件費は大きく増加したと推察する。だが大学部と予科課程の教員給与が教員人件費に占めた割合（D／C）は、一九一二（明治四五）年のみ八四・七%と大きいものの、多くの年度では七〇%前後で抑えられていた。その大学部と予科課程の教員給与とを雇用形態別に検討する。すると専任教員給与（E）は、大学部と予科課程の教員給与の約九〇%（E／D）を占めていた。

このように大学部教員給与は拡大傾向にあったが、大学部および予科課程に在籍する学生数から授業料収入を試算する（I、J、K）。それによれば在学生が学納金を確実に納入しさえすれば、大学部教員給与は、授業料収入の範囲内で十分に支払いが可能な金額であった。だが実際には第二章で示したように、収支差額は赤字となることがあり、授業料収入も試算額を下回っていた。収入がこのような実態である以上、支出の管理が重要となる。そこで早稲田でも機関最大の支出項目であった人件費を、適正に管理することが求められる。とくに分析期間を通じて、教員人件費の約七〇％を占めた大学部および予科課程の教員給与にあって、その約九〇％をも占めた専任教員給与を管理することは、機関の財務問題に直結する最も重要な経営問題であったと考えられるのである。

（3）処遇と負担

教員個人の処遇と負担については、前節と同様に、一九〇九（明治四二）年と一九二四（大正一三）年の二ヶ年を取り上げて比較して分析する。表5-1で示したが、史料によれば一九〇九（明治四二）年は八八名の、一九二四（大正一三）年は一九三名の専任教員が存在した。ここでは多くの紙幅を割くものの、実態を明らかにすることを重視し、両年度の専任教員の処遇と負担の一覧を**表5-7**に示した。表5-7のうち、No.1～33は両年度で専任教員であった三三名を、No.34～88は一九〇九（明治四二）年に専任教員であった残りの五五名を、そしてNo.89～248は一九二四（大正一三）年に専任教員であった残りの一六〇名を一覧にして示したものである。ただし負担にあたる標準時間は、一九〇九（明治四二）年では八八人の専任教員すべてが明らかだが、一九二四（大正一三）年では一九三名中一四九名にとどまる。なお表5-7中の基本年俸とは、週あたり負担時間である標準時間に対して契約された年俸であり、実質年俸とはこの基本年俸に主任給等の諸手当を加算した年俸である。そして一九〇九（明治四二）年のみに設けた「一九二四年価格」とは、参考値であるが、基本年俸を一九二四（大正一三）年の貨幣価値に換算した場合の金額である。以下では全体概要、処遇、負担の順に考察を進める。

第一に全体概要として専任教員給与を確認すると、一九〇九（明治四二）年における専任教員の基本年俸は、中央値が七二〇円であり、最大値が天野為之（No.34）の二五〇〇円、最小値が重野紹一郎（No.88）の一二〇円であった。他方、一九二四（大正一三）年では、中央値が一六五〇円であり、最大値がバントック（No.89）の四〇〇〇円、最小値が大森金五郎（No.247）と原田実（No.248）の三〇〇円であった。俸給金額だけをみれば、両年度とも専任教員間で極めて大きな給与格差があるが、最大値と最小値の差は前者が二〇・八倍、後者が一三・三倍であるから、とくに明治期の方がより顕著であったと考えられる。(16) そこで表5-7中の「一九二四年価格」を用いて、両年度の基本年俸の分布を比較する（図5-5）。すると一九〇九（明治四二）年は一〇〇〇円未満の下部に多くの専任教員が位置していたが（三〇人：三四・一％）、一九二四（大正一三）年は一〇〇〇円未満が減少し、一〇〇〇円以上二〇〇〇円未満が最も多かった（一一二人：五八・〇％）。したがってやはり給与面では、一九〇九（明治四二）年のほうが下部に集中した専任教員が相対的に多く、格差が一九二四（大正一三）年よりも顕著であったといえよう。一九二四（大正一三）年になると、給与水準が上昇し、一〇〇〇円以上二〇〇〇円未満の中位層が相対的に多くを占めたのであった。なお学歴構成は、一九〇九（明治四二）年では六九名（七八・四％）、一九二四（大正一三）年では一〇一名（五二・三％）が判明した。前者では最多が帝大卒で三四名（三八・六％）、次点が早大卒で一八名（二〇・五％）であったが、後者では最多が早大卒で六〇名（三一・一％）、次点が帝大卒で二九名（一五・〇％）であった。不明者が多いため断定は避けるが、明治、大正と経るに連れて、専任教員の中に自校出身者が多くを占めるようなった可能性がみてとれる。

以上が全体的な概要であるが、第二に処遇について詳細に四点検討する。第一点は給与体系（サラリースケール）と早稲田専任教員の社会経済的地位である。前述のように当時の早稲田で給与体系表の存在は確認できない。だが

表5-7　1909年と1924年における専任教員の処遇と負担

			1909（明治42）年										1924（大正13）年									
No	教員名	学歴	基本年俸	1924年価格	実質年俸	月額	時間給	換算時給	標準時間	大学部	予科	類型	基本年俸	実質年俸	月額	実支給額	時間給	換算時給	標準時間	大学部	予科	類型
1	浮田和民	他	1,800	4,077		150	2	2.5	15	○	○	1	3,800		317	3,649		9.9	8	○		2
2	安部磯雄	他	1,700	3,851		142		1.5	23	○	○	1	3,800		317	3,628		4.0	20	○		1
3	高杉滝蔵	他	1,500	3,398		125	1	1.2	26	○	○	1	3,800		317	4,427	4.5	3.6	22	○		1
4	副島義一	他	1,500	3,398		125		2.0	16	○		1	2,800		233	2,692		3.6	16	○		1
5	武信由太郎	他	1,400	3,171		117		1.5	19	○		1	3,100		258	3,038		3.4	19	○		1
6	増田藤之助	?	1,380	3,126		115		1.1	26	○		1	3,500		292	3,378		4.1	18	○		1
7	金子馬治	早	1,200	2,718	1,450	121	1.5	2.5	10	○		2	3,800		317	3,401		4.9	16	○		1
8	梅若誠太郎	?	1,200	2,718		100		1.0	24	○	○	1	3,200		267	3,110		3.3	20		○	1
9	服部文四郎	早	1,200	2,718		100		1.4	18	○		1	1,000		83	862		2.6	8	○		3
10	田中穂積	早	1,100	2,492	1,350	113		1.9	12	○		1	3,800		317	3,405		39.6	[2]	○		2
11	杉山重義	慶	1,100	2,492		92		0.9	26	○	○	1	2,800	3,900	325	3,608		3.9	15	○	○	1
12	中村進午	帝	1,080	2,446		90		2.5	9	○		2	3,000		250	3,240	5.5	6.3	10	○	○	2
13	柳川勝二	帝	1,000	2,265		83		2.1	10	○		2	1,500		125	1,614	4.0	3.9	8	○		3
14	勝俣銓吉郎	他	1,000	2,265		83	1	0.9	24		○	1	2,800		233	3,652	4.5	2.7	22	○	○	1
15	平沼淑郎	帝	900	2,039		75	1.5	1.6	12	○		1	3,600		300	3,353		15.0	[5]	○		2
16	藤野了祐	?	900	2,039		75		1.0	18		○	1	2,300		192	1,973		2.7	18		○	1
17	小林行昌	他	840	1,903		70		0.8	22	○	○	1	2,800	3,500	292	3,442	4.5	2.7	22	○		1
18	神尾錠吉	?	840	1,903		70		1.6	11	○		2	2,100		175	1,888		3.4	13	○		2
19	牧野謙次郎	他	840	1,903		70		1.0	18	○	○	1	2,100		175	2,000		2.7	16	○		1
20	五十嵐力	早	720	1,631		60		1.2	13	○	○	1	2,800	3,800	317	3,237		3.2	18	○	○	1
21	大山郁夫	早	600	1,359		50	1	0.7	18	○	○	4	2,500		208	2,293		5.8	[9]	○		2
22	青柳篤恒	早	600	1,359		50		1.0	12	○		4	2,000		167	2,130	3.0	3.2	13	○	○	2
23	本多浅治郎	?	600	1,359		50	1	0.8	15	○	○	4	1,900		158	2,619	4.5	3.0	13	○	○	2
24	桂五十郎	?	480	1,087		40		1.4	7	○		3	2,100		175	2,023		3.6	12	○		2
25	牧野鑑造	?	360	815		30	1.5	1.5	5		○	3	2,100		175	3,031	2.0	3.6	12	○	○	2
26	牧野菊之助	帝	360	815		30		2.5	3	○		3	1,200		100	1,073		4.2	6	○		3
27	粟津清亮	帝	360	815		30		2.5	3	○		3	400		33	316		4.2	2	○		3
28	大瀬甚太郎	帝	360	815		30		1.9	4	○		3	330		28	313		3.4	2	○		3
29	関与三郎	早	300	680		25		0.9	7	○		3	2,200	2,700	225	2,118		7.6	[6]	○		2
30	渡俊治	?	300	680		25		0.5	12	○		4	1,650		138	1,510		1.6	22	○	○	1
31	杉森孝次郎	早	300	680		25	1	0.8	8	○	○	3	1,500		125	1,476		5.2	6	○		3
32	寺尾元彦	早	240	544		20		1.0	5		○	3	2,350	3,350	279	3,379	4.5	3.1	16	○		1
33	市村瓚次郎	帝	240	544		20		2.5	2	○		3	400		33	667	5.0	4.2	2	○		3

1909（明治42）年

No	教員名	学歴	基本年俸	1924年価格	実質年俸	月額	時間給	換算時給	標準時間	大学部	予科	類型
34	天野為之	帝	2,500	5,663		208		5.8	[9]	○		2
35	坪内雄蔵	帝	2,400	5,436		200		4.5	[11]	○		2
36	有賀長雄	帝	1,800	4,077		150		2.3	16	○		1
37	塩沢昌貞	早	1,550	3,511		129		2.7	12	○		1
38	島村滝太郎	早	1,450	3,284		121		2.2	14	○		1
39	宮井安吉	?	1,400	3,171		117	1	1.1	27	○	○	1
40	藤井健治郎	帝	1,200	2,718		100		2.3	11	○	○	2
41	波多野精一	帝	1,200	2,718		100		2.5	10	○		2
42	吉田良三	他	1,200	2,718		100		0.9	28	○	○	1
43	藤山治一	帝	1,200	2,718		100		1.0	25	○	○	1
44	今井友次郎	他	1,200	2,718		100		1.1	22	○		1
45	伊藤重治郎	早	1,200	2,718		100		1.4	18	○		1
46	松平康国	帝	1,200	2,718		100		1.7	15	○		1
47	田原栄	帝	1,200	2,718	1,800	150		2.1	[12]		○	1
48	杉山令吉	他	1,000	2,265		83		2.6	8		○	2
49	永井一孝	早	1,000	2,265		83		1.0	20	○	○	1
50	菊池三九郎	早	1,000	2,265		83		1.1	19	○	○	1
51	岸本能武太	他	1,000	2,265		83		1.6	13	○		1
52	小山温	帝	960	2,174	1,320	110		2.5	8	○		2
53	坂本三郎	早	900	2,039		75		2.1	9	○		2
54	富田逸二郎	?	900	2,039		75		1.3	14		○	1
55	大隈信常	帝	840	1,903		70		1.8	10	○		2
56	吉田巳之助	?	840	1,903		70		0.6	28	○	○	1
57	吉田東伍	他	840	1,903	960	80		1.5	12	○		1
58	仁井田益太郎	帝	720	1,631		60		2.1	7	○		2
59	鈴木喜三郎	帝	720	1,631		60		2.5	6	○		2
60	山田三良	帝	720	1,631		60		2.5	6	○		2
61	吉岡源一郎	?	720	1,631		60	1	1.1	14	○		1
62	滝本鎧三	?	636	1,441		53	1.5	1.0	13	○	○	4
63	中沼清蔵	?	600	1,359		50		0.8	15		○	4
64	安藤忠義	他	600	1,359		50		0.9	14	○		4
65	樋口勘治郎	他	540	1,223		45	2	1.9	6	○	○	3
66	関一	?	480	1,087		40		2.5	4	○		3
67	菅野徳助	?	480	1,087		40	1	0.8	12		○	4
68	横田五郎	帝	420	951		35		2.2	4	○		3
69	井上忻治	早	360	815		30		1.1	7	○	○	3
70	岡本勝三	?	360	815		30		1.1	7		○	3
71	本野英吉郎	帝	360	815		30		1.3	6		○	3
72	遠藤隆吉	帝	360	815		30		1.9	4	○		3
73	坪井正五郎	帝	360	815		30		1.9	4	○		3
74	岡田正美	帝	360	815	480	40		1.5	5	○		3
75	河津暹	帝	360	815		30		2.5	3	○		3
76	片上伸	早	336	761		28		0.9	8	○	○	3
77	武市俊明	早	300	680		25		0.5	12		○	4
78	井上友一	帝	240	544		20		2.5	2	○		3
79	豊島直通	帝	240	544		20	2.5	2.5	2	○		3
80	和田垣謙三	帝	240	544		20		2.5	2	○		3
81	戸水寛人	帝	240	544		20		2.5	2	○		3
82	松崎蔵之助	帝	240	544		20		2.5	2	○		3
83	清水澄	帝	240	544		20		2.5	2	○		3
84	富谷鉎太郎	帝	240	544		20		2.5	2	○		3
85	巌谷季雄	他	180	408		15		1.9	2	○		3
86	佐々政一	帝	180	408		15		1.9	2	○		3
87	鈴木文元	?	180	408		15		1.9	2	○		3
88	重野紹一郎	?	120	272		10		1.3	2	○		3

1924（大正13）年

No	教員名	学歴	基本年俸	実質年俸	月額	実支給額	時間給	換算時給	標準時間	大学部	予科	類型
89	バントック	?	4,000		333	3,156	3.5	5.2	16	○	○	1
90	徳永重康	帝	3,700		308	3,315						
91	小林久平	帝	3,700	4,300	358	4,223						
92	山本忠興	帝	3,700	4,700	392	3,403						
93	吉川岩喜	帝	3,600		300	3,513						
94	沖巖	帝	3,600	4,200	350	3,948						
95	フィッシャー	?	3,600		300	3,802	3.5	3.8	20		○	1
96	松井元太郎	?	3,400		283	3,310						
97	中島半次郎	早	3,400	4,500	375	3,759		7.9	[9]	○	○	2
98	氏家謙曹	帝	3,300		275	3,083		4.6	[15]		○	1
99	内ヶ崎作三郎	帝	3,200		267	2,786		4.2	16	○	○	1
100	野々村戒三	帝	3,100	3,800	317	3,411		5.9	[11]	○	○	2
101	小室静夫	?	3,000		250	2,626						
102	コックス	?	3,000		250	2,702		2.8	22	○	○	1
103	内藤多仲	帝	2,800	3,400	283	2,927						
104	山岸光宣	帝	2,600		217	2,450		3.2	17	○		1
105	上田大助	?	2,600		217	2,490						
106	北沢武男	?	2,600		217	2,500						
107	煙山専太郎	帝	2,600	3,100	258	1,983		2.7	20	○		1
108	ワノフスキー	?	2,500		208	2,498		2.1	25	○	○	1
109	吉江喬松	早	2,500	3,000	250	2,358		6.5	[8]	○		2
110	中桐確太郎	早	2,500	3,500	292	3,655	4.5	2.7	19		○	1
111	松島鉦四郎	?	2,400		200	2,339		3.1	[16]		○	1
112	民野雄平	?	2,400		200	2,585	3.0	2.5	20	○	○	1
113	吉田享二	?	2,400		200	2,262						
114	佐藤功一	帝	2,400		200	1,892						
115	富井六造	?	2,400		200	1,380						
116	前橋孝義	?	2,350		196	2,861	4.0	2.4	20	○	○	1
117	北沢新次郎	早	2,350		196	2,071		2.7	18	○		1
118	伊地知純正	早	2,300		192	2,175		2.7	18	○		1
119	中村万吉	?	2,250		188	2,104		2.9	16	○		1

1924（大正13）年

No	教員名	学歴	基本年俸	実質年俸	月額	実支給額	時間給	換算時給	標準時間	大学部	予科	類型
155	鈴木貫一郎	?	1,700		142	1,516	2.0	1.8	20	○	○	1
156	山内弘	?	1,700		142	1,502						
157	新井忠吉	?	1,700		142	1,556						
158	坪内信	?	1,700		142	1,539						
159	岡村千曳	早	1,650		138	1,589	2.0	1.6	22		○	1
160	佐久間原	早	1,650	2,050	171	1,862		1.6	22		○	1
161	上井磯吉	?	1,650	2,250	188	1,692	2.0	1.6	22	○	○	1
162	大久保常正	?	1,650		138	1,663	2.0	1.6	22	○	○	1
163	山口剛	?	1,650		138	1,766	2.5	1.6	22	○	○	1
164	吉田源次郎	?	1,650		138	1,305		2.3	15	○	○	1
165	島村民蔵	早	1,650		138	920		1.7	20	○	○	1
166	舟木重信	帝	1,600		133	1,328		1.9	18	○	○	4
167	矢口達	早	1,600		133	1,322	2.5	1.5	22		○	4
168	中田浩	早	1,600		133	1,497		3.3	[10]	○		3
169	帆足理一郎	他	1,600		133	1,360		5.6	[6]	○		3
170	津田左右吉	早	1,600		133	1,569		4.2	8	○		3
171	鈴木徳蔵	?	1,550		129	1,432						
172	師岡秀麿	?	1,550		129	1,320						
173	都築謙雄	?	1,550		129	1,447						
174	伊藤康安	早	1,500		125	1,807	2.5	1.4	22		○	4
175	飯田敏雄	?	1,500		125	1,809	2.5	1.4	22		○	4
176	西弌	?	1,500		125	1,828	2.0	1.6	20	○	○	4
177	崎田喜太郎	?	1,500		125	2,050	2.0	1.7	18		○	4
178	小林明	?	1,500		125	1,289		1.8	17	○		4
179	馬場哲哉	早	1,500		125	810		1.7	18	○	○	4
180	椎名其二	他	1,500		125	1,471		1.4	22	○	○	4
181	大宮英之助	?	1,500		125	1,551	2.0	1.4	22		○	4
182	石井真峯	?	1,500		125	1,586	2.0	1.4	22		○	4
183	田幸彦太郎	?	1,500		125	1,480		2.2	14		○	3
184	武田豊四郎	早	1,500		125	1,368		3.1	10	○		3
185	島田孝一	早	1,500		125	1,444		2.2	[14]	○		3

120	遊佐慶夫	早	2,250	2,950	246	2,820	4.5	2.9	16	○		1
121	日高只一	早	2,200		183	2,061		3.1	[15]	○	○	1
122	横山有策	早	2,200		183	2,030		2.5	18	○		1
123	渡部寅次郎	?	2,000		167	1,349						
124	堤秀夫	?	2,000	2,300	192	1,629						
125	高橋清吾	早	2,000	2,600	217	2,803	4.5	3.5	[12]	○		2
126	五来欣造	帝	2,000	2,700	225	2,647		3.0	14	○		2
127	秦孝道	?	2,000		167	1,982		1.9	22		○	1
128	原島茂	?	2,000		167	2,574	4.0	2.1	20	○		1
129	深沢由次郎	?	2,000		167	1,397	2.0	2.1	20	○	○	1
130	林癸未夫	早	2,000		167	1,830		5.2	[8]	○		2
131	阿部賢一	早	2,000		167	2,128	4.5	3.8	[11]	○		2
132	中村仲	早	1,950		163	2,144	4.0	1.8	22		○	1
133	樋口清策	?	1,950		163	2,532	4.5	2.3	18	○	○	1
134	ケート	?	1,950		163	1,872		3.4	12	○	○	2
135	長谷川慶三郎	?	1,900		158	1,899		2.0	20		○	1
136	河面仙四郎	早	1,900		158	2,179	2.0	2.3	17	○	○	1
137	繁野政瑠	早	1,800		150	1,516	2.5	2.3	[16]	○	○	1
138	高谷実太郎	?	1,800		150	1,659		1.7	22		○	1
139	マグニツキー	?	1,800		150	867	3.5	2.5	15	○	○	1
140	黒川兼三郎	?	1,800		150	1,550						
141	藤井鹿三郎	?	1,800		150	1,601						
142	野村堅	?	1,800		150	1,654						
143	塩沢正一	?	1,800		150	1,659						
144	岡田信一郎	帝	1,800		150	1,761						
145	今和次郎	?	1,800		150	1,639						
146	西村真次	早	1,800	2,300	192	1,923	2.0	2.3	16	○	○	1
147	吉川秀雄	?	1,700		142	1,717	2.5	1.6	22		○	1
148	川合孝太郎	?	1,700		142	1,732	2.5	1.6	22	○	○	1
149	佐藤仁之助	?	1,700		142	1,739	2.5	1.6	22		○	1
150	岡次郎	?	1,700		142	1,763	2.5	1.6	22		○	1
151	会津常治	?	1,700		142	1,845	2.0	1.6	22		○	1
152	影山千万樹	他	1,700		142	2,283	2.0	1.7	21		○	1
153	松永材	帝	1,700		142	1,443		2.2	16	○	○	1
154	高見豊	?	1,700		142	1,359		1.8	20		○	1
186	小林新	早	1,500		125	1,293		2.4	[13]	○		3
187	メタクサ夫人	?	1,500		125	2,202	3.5	2.2	14	○	○	3
188	末高信	早	1,500		125	1,425		2.6	[12]	○	○	3
189	中村宗雄	早	1,500		125	1,314		2.6	[12]	○		3
190	中野登美雄	早	1,500		125	1,714	4.0	5.2	[6]	○		3
191	武富昇	?	1,500		125	1,411						
192	二木保幾	早	1,500	2,100	175	2,288	4.5	2.0	[16]	○	○	4
193	出井盛之	早	1,500	2,100	175	1,993		1.7	18	○		4
194	竹野長次	早	1,450		121	1,707	4.0	1.4	22		○	4
195	窪田通治	早	1,450		121	1,535	2.5	2.2	14	○	○	3
196	村田栄太郎	?	1,450		121	1,285						
197	大隅菊次郎	?	1,450		121	1,318						
198	近藤潤治郎	早	1,400		117	1,955	2.5	1.3	22		○	4
199	喜多壮一郎	早	1,400		117	1,346	2.5	1.8	16	○	○	4
200	熊崎武良温	早	1,400		117	1,364		1.8	16	○	○	4
201	赤松保羅	早	1,400		117	1,499	2.5	1.6	18	○	○	4
202	宮島新三郎	早	1,400		117	1,177		1.3	22		○	4
203	増田綱	早	1,400		117	1,244	2.0	1.3	22		○	4
204	久松廉吾	?	1,400		117	1,375		1.3	22		○	4
205	岩本堅一	早	1,400		117	1,406	2.5	1.3	22		○	4
206	伊達保美	早	1,400		117	1,287		2.1	14	○	○	3
207	外岡茂十郎	早	1,400		117	1,379		2.4	[12]	○	○	3
208	長谷川安兵衛	早	1,400		117	1,256		2.9	[10]	○		3
209	高井忠夫	?	1,400		117	1,622	4.0	4.9	[6]	○		3
210	伊原貞敏	?	1,400		117	1,178						
211	野村松三	?	1,400		117	1,230						
212	今井兼次	?	1,400		117	1,095						
213	木村幸一郎	?	1,400		117	1,315						
214	望月信成	?	1,400		117	1,356						
215	定金右源二	早	1,350	1,950	163	1,868	4.5	2.3	[12]	○	○	3
216	佐竹直重	?	1,300		108	1,317	2.0	1.5	18		○	4
217	藤本民雄	早	1,300		108	1,107	2.0	1.4	19	○	○	4
218	江間道助	早	1,300		108	1,163	2.0	1.2	23	○	○	4
219	松島友次	?	1,300		108	1,300						
220	帆足竹治	?	1,250		104	1,163						

1924（大正13）年												
No	教員名	学歴	基本年俸	実質年俸	月額	実支給額	時間給	換算時給	標準時間	大学部	予科	類型
221	村越安吉	?	1,250		104	568						
222	山口栄一	?	1,250		104	1,178						
223	山本研一	?	1,200		100	1,153						
224	山内真三雄	?	1,200		100	1,121						
225	谷崎精二	早	1,200		100	1,093	2.0	1.9	13	○	○	3
226	大浜信泉	早	1,200		100	993	3.0	1.9	13	○	○	3
227	萩本文海	?	1,200		100	1,144		2.5	10		○	3
228	フロイドル	?	1,200		100	1,183		3.1	8	○	○	3
229	宇都宮鼎	他	1,200		100	1,034		3.1	8	○		3
230	柳楽健治	?	1,100		92	995		2.9	8	○		3
231	土橋仁之進	?	1,100		92	1,051		1.9	[12]		○	3
232	山口一誠	?	1,100		92	1,073		2.3	[10]		○	3
233	本間誠	?	1,000		83	836		2.1	10		○	3
234	中城陟	?	1,000		83	530	3.0	2.3	9		○	3

1924（大正13）年												
No	教員名	学歴	基本年俸	実質年俸	月額	実支給額	時間給	換算時給	標準時間	大学部	予科	類型
235	弓場重泰	?	1,000		83	946		2.6	8		○	3
236	池田清	帝	1,000		83	923		2.6	8		○	3
237	六角由雄	?	1,000		83	815						
238	埴野一郎	?	900		75	822						
239	紀淑雄	早	850		71	759		4.4	4	○		3
240	雨宮育作	帝	800		67	789		2.8	6		○	3
241	桑木厳翼	帝	800		67	771		4.2	4	○		3
242	密田良太郎	?	720		60	695						
243	原久一郎	早	650		54	309	2.0	1.4	10	○	○	3
244	坂口武之助	?	600		50	591		3.1	4	○		3
245	梶島二郎	帝	500		42	300		2.6	4		○	3
246	椎尾弁匡	帝	360		30	343		3.8	2	○		3
247	大森金五郎	帝	300		25	297		3.1	2	○		3
248	原田実	早	300		25	300		1.6	[4]		○	3

注１：学歴は早稲田大学（東京専門学校、早稲田系列の附属も含む）卒業は「早」、東京帝国大学（前身も含む）卒業は「帝」、それ以外の国内外の高等教育機関卒業は「他」とし、不明の場合は「?」とした。

注２：基本年俸は標準時間に対して契約された基本給に相当し、実質年俸は役職給（主任給）や諸手当を含めた年俸である。なお表中の月額は、実質年俸を12等分した金額である。なお1924（大正13）年は実際の支給額が把握できるので、「総支給額」として掲載した。

注3：1909（明治42）年のみにある1924年基準年俸は、三和編（2007, p.4）にある消費者物価指数を用いて、同年の基本年俸を1924（大正13）年の物価水準に換算した金額である。なお算出式は、130.0（1924年）÷57.4（1909年）＝2.265倍であり、この値を1909（明治42）年の基本年俸に乗じた。

注４：時間給は標準時間を超えた場合に支払われる１時間あたりの時給である。

注５：換算時給は以下のようにして算出した。換算時給＝基本年俸÷12（ヶ月）÷４（１ヶ月あたり４週間）÷標準時間（週あたりの負担時間）

注６：標準時間とは教員個人の基本年俸に対して課せられた負担時間のことである。なお理工学部所属の教員は実験時間の関係等から負担時間が史料に記載されていない。またその他の学部の教員の場合でも、標準時間が無記載または判別不可能な場合がある。その場合は受持時間が確認できた教員については、その時間を用いることとし、[　] で示した。

注７：大学部、予科とある列の「○」は、それぞれの教育課程で授業科目を担当していたことを意味する。

出典：著者作成データベースより作成。

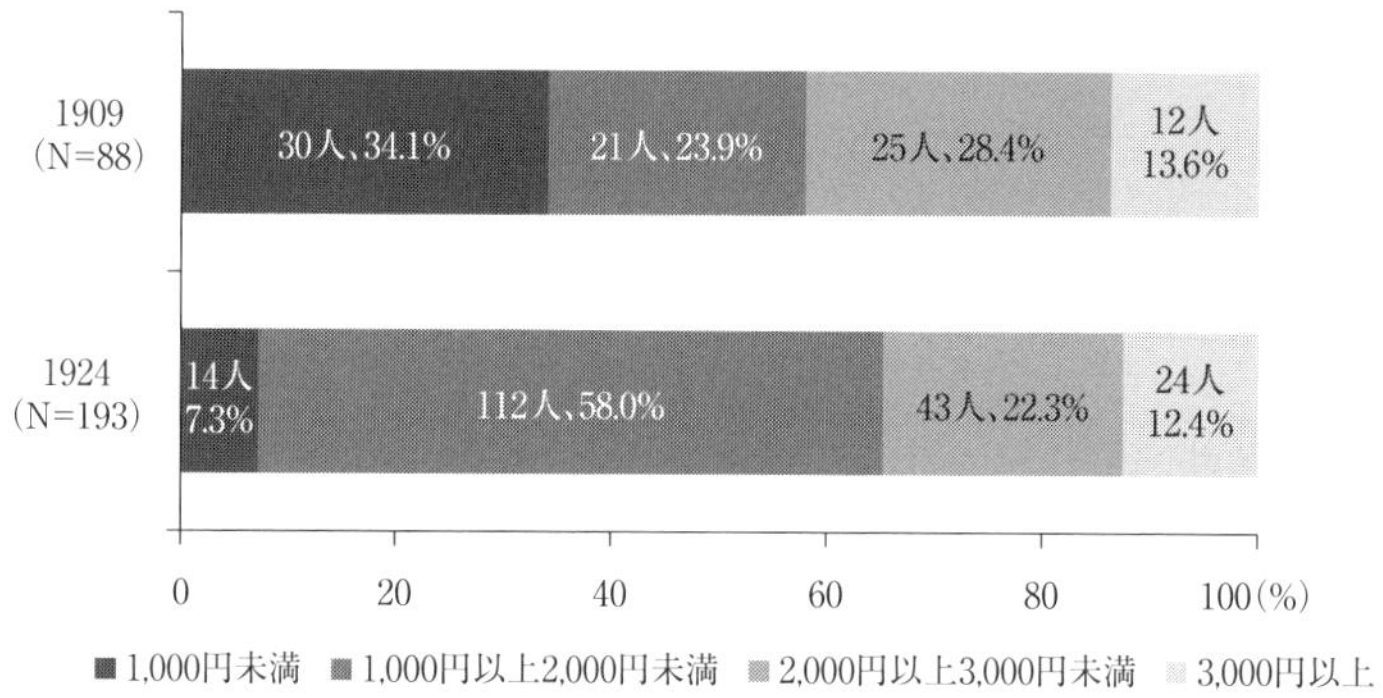

図５－５　専任教員の基本年俸の分布（1924年基準）
出典：著者作成データベースより作成。

表５-７中の基本年俸によると、一九〇九（明治四二）年では、基本年俸が一〇〇〇円未満の専任教員が年六〇円刻みで、一〇〇〇円以上の専任教員では年一〇〇円刻みで基本年俸が区分されていた事実を確認できた。また一九二四（大正一三）年は、基本年俸一〇〇〇円以上の専任教員が一七九名と九二・七％も占めていたが（図５-５）、彼らの基本年俸も一部年五〇円刻みであるものの、多くは年一〇〇円刻みで区分されていた。この実態から推察すれば、明治・大正期における早稲田の専任教員の給与は、年俸一〇〇〇円以上の場合は、年一〇〇円刻みを単位とする給与体系が実態としては存在し、管理されていた可能性が高い。

ではこのような管理体制下にあって、専任教員の給与額は他の職業と比較してどのような社会経済的地位にあったのか。比較対象として当該時期の帝国大学教授と同教授の職務俸給を**表５-８**にまとめた。若干時期にズレがあるが、上段には「高等官官等俸給令」にある官名と級俸給を（一部省略）、下段には『日本帝国文部省年報』（第三七上巻及び第五二上巻）より算出した同一職階の東京帝大教員一人あたりの俸給総額平均を示した。一九〇九（明治四二）年の時点で基本年俸が二〇〇〇円を超え、東京帝大教授（勅任官）の平均俸給に見合った給与を得ていた専任教員は、天野為之（No.34）と坪内雄蔵（No.35）の二

表5－8　帝国大学教員の俸給

年	職階	一級	二級	三級	四級	五級	八級	九級	十二級
1910（明治43）	帝国大学各分科大学教授	2,500	2,200	2,000	1,700	1,500	1,100	1,000	—
	帝国大学各分科大学助教授	1,200	1,100	1,000	850	750	400	—	—
1920（大正９）	帝国大学教授	4,500	4,100	3,800	3,100	2,700	2,000	1,800	3,800
	帝国大学助教授	3,100	2,800	2,600	2,400	2,200	1,600	1,400	1,100

職階	1909（明治42）			1924（大正13）		
	人数	俸給総額	平均	人数	俸給総額	平均
東京帝大教授（勅任官）	89	202,280	2,273	143	557,800	3,901
東京帝大教授（奏任官）	44	74,885	1,702	37	97,700	2,641
東京帝大助教授（奏任官）	79	66,288	839	147	237,120	1,613

出典：上段は「高等官官等俸給令」（明治43年３月26日勅令134）および「同改正」（大正９年８月17日勅令257）より。下段は『日本帝国文部省年報』（第37上巻、56頁）および『同』（第52上巻、38頁）より著者作成。

名（二・三％）のみであった。同（奏任官）の平均一七〇二円と同水準の給与を得ていた専任教員もその二名の他は、浮田和民（No.1）、安部磯雄（No.2）、有賀長雄（No.36）を含めた計五名（五・七％）であり、同助教授の平均八三九円以上となると八八名中四三名（四八・九％）という実態であった。

他方、一九二四（大正一三）年でも、同教授（勅任官）の平均を超えた教員はバントック（No.89、基本年俸四〇〇〇円）のみだったが、同（奏任官）の平均を超えた教員は一九三人中三〇人（一五・五％）と、一九〇九（明治四二）年より一〇％以上近く割合を高めた。また助教授の平均一六一三円以上となると、一九三名中一〇三名（五三・四％）と半数を超えた。

以上のことから、両年度ともに、極めて限定的な一部の専任教員に限っては、帝国大学教授（勅任官）に匹敵する給与を得ていたことがわかる。そして明治から大正と時代を経る中で、同（奏任官）に匹敵する給与を得た専任教員も確実に増えていた。しかしそれでもなお明治・大正期を通じて専任教員の約半数は、同助教授程度の処遇であり、もう残りの半数はそれ以下のかなり低い処遇であったこと、というのが実態であったといえよう。

第二点は実際の支給金額である。これについては一九二四（大正一三）年のみの検討となる。この年の専任教員一九三名中、基本年俸（諸手当が支給された教員は実質年俸で計算）に定められた金額以上の給与を得ていた教員は四六名（二三・八％）であり、残りの一四七名（七六・二％）はそれを下回っていた。一四七名の中には年度途中で退職または死亡した教員も存在するため、実際の年間支給額が定額である基本年俸を下回るのはやむを得ない。だが下回る要因として多くの専任教員は、個人差があるものの毎月一定額を天引きされていた。一九二四（大正一三）年度の「給料帳簿」では、天引き額が一本化され、具体的にどのような使途で天引きをされたのかがわからない。だが他の年度の「給料帳簿」[17]によれば、寄附募集事業に際しての寄附金、教職員の親睦団体である温交会会費（〇・五円／月で定額）、香典代、弁当代などが毎月天引きされており、教員によっては立替金と記載された場合もあった。なお天引きされていながら年間の支給額が基本年俸を上回ったのは、時間給を得ていたからである。時間給については後述する。

第三点は諸手当である。諸手当が支給された教員は、一九〇九（明治四二）年が六名、一九二四（大正一三）年が二四名であった。諸手当の名目が明らかである専任教員を整理すると、前者の六名中で最も金額が大きかったのが、田原栄（No.47）で年六〇〇円であった。内訳は高等予科長給年三〇〇円、本部の会計監督給年三〇〇円であり、会計監督給は正確には職員給に類するものであった。他の五名については、小山温（No.52）が科長給年三六〇円、金子馬治（No.7）と田中穂積（No.10）が主任給年二五〇円、吉田東伍（No.57）と岡田正美（No.74）も主任給年一二〇円であった。主任給でも金額差があるのは、金子と田中が大学部各科に配置された教務主任であり、吉田と岡田が高等師範部各科に配置された教務主任であったためと推察する。他方でそれから一五年が経過した後者の年の二四名中、最も金額が大きかったのは、第一および第二早稲田高等学院の院長を歴任した杉山重義（No.11）と中島半次郎（No.97）の年一一〇〇円であった[18]。すでに指摘したように、第一早稲田高等学院は文科と理科とからなる

表5－9　専任教員時間給分布（左）と1924年の時間給支給額（右）

時間給（円）	1909（明治42）人数	%	1924（大正13）人数	%
1.0	8	53.3		
1.5	4	26.7		
2.0	2	13.3	20	31.7
2.5	1	6.7	14	22.2
3.0			4	6.3
3.5			4	6.3
4.0			7	11.1
4.5			12	19.0
5.0			1	1.6
5.5			1	1.6
合　計	15	100	63	100

時間給支給額（1924年）	人数	%
200円未満	23	36.5
200円以上400円未満	19	30.2
400円以上600円未満	10	15.9
600円以上800円未満	7	11.1
800円以上	4	6.3
合　計	63	100

出典：ともに著者作成データベースより作成。

三年制の、第二早稲田高等学院は文科のみの二年制であったが、院長給に差はなかったようである。次は大学部各部の学部長給年一〇〇〇円であり、これには法学部長の寺尾元彦（No.32）、文学部長の五十嵐力（No.20）、理工学部長の山本忠興[19]（No.92）が該当した。なお政治経済学部長の塩沢昌貞は、学科配当表で確認する限り授業を担当しておらず、商学部長の平沼淑郎は、「給料帳簿」から手当の金額を確認できなかった。他は専門部各科の教務主任と、第一早稲田高等学院教頭兼同文科学科主任に年七〇〇円（計四名）、文学部を除く大学部各部の各科に配置された教務主任と第二早稲田高等学院教頭に年六〇〇円（計八名）、文学部各科の教務主任に年五〇〇円（計三名）が支給されていた[20]。文学部各科の教務主任に限って、他の各科の教務主任より手当が一〇〇円／年ほど低い理由は、不明である。

第四点は専任教員に支給された時間給である。専任教員にも標準時間を超えた場合には、別途時間給が支給されていた。「給料帳簿」で把握できた限り、一九〇九（明治四二）年では八八名中一五名（一七・〇％）、一九二五（大正一三）年では一九三名中六三名（三二・六％）の専任教員に時間給が支給されていた。**表5－9**は専任教員に対する時間給の実態をまとめたものだが、時間給は両年とも〇・五円（＝五〇銭）刻みであり、一九〇九（明治四二）年は一円から二・五円の範囲で、一九二四（大正一三）年は二円から五・五円の範囲で設定されていた。なお一九二四（大正一三）年については、「教員時間給原簿」から教員個人の時間給支給額を月額ごとに把握できる。それより専任教員に対する時間給の支給額総額をみると、二〇〇円未満が最多であった。他方で総額八〇〇円以上の時間給を得ていた人物は四名存在し、牧野鑑造（No.25）が一〇一二円、勝俣銓吉郎（No.14）が九九四円、原島茂（No.128）が八八一円、本多浅治郎（No.23）が八一九円であった。牧野にいたっては基本年俸の半額程度の金額を、別途時間給で得ていたのであった。(21)

以上、専任教員の処遇について検討してきた。だが第三章の場合と同様に、処遇である給与は、負担時間との関係から考察する必要がある。そこで第三として「負担時間表」にある標準時間を負担時間とみなし、給与額との関係を考察する。(22)ただし一九二四（大正一三）年に限っては一九三名の専任教員中、負担時間が明らかとなった一四九名を対象とする。

表5-7によれば、一九〇九（明治四二）年の平均負担時間は一一・四時間／週であり、最長が二八時間／週で二名、最短が二時間／週で一二名であった。一方の一九二四（大正一三）年の平均負担時間は一四・八時間／週であり、最長が二五時間／週で一名、最短が二時間／週で六名存在した。両年度を比較すると負担時間の平均は、週あたり三時間以上増えていた。ここで負担時間が確認できる専任教員数が多いことから、全体的特徴を把握するために、**図5-6**および**図5-7**に処遇と負担時間による専任教員の分布を示した。縦軸が基本年俸、横軸が負担時間を示し、さらに両年度の基本年俸の中央値と平均負担時間を示す二つの軸を挿入した。この二軸の挿入により四つの区分ができるので、右上を第一類型として反時計回りに第四類型まで設定した。第一および第三類型に属した専任教員を基本とすれば、第二類型に属した専任教員は相対的な意味で「高給かつ低負担」、第四類型に属した専任教員は「薄給かつ高負担」ということができよう。なお同図中の個々の数字は、表5-7中の教員個人番号（No.）を

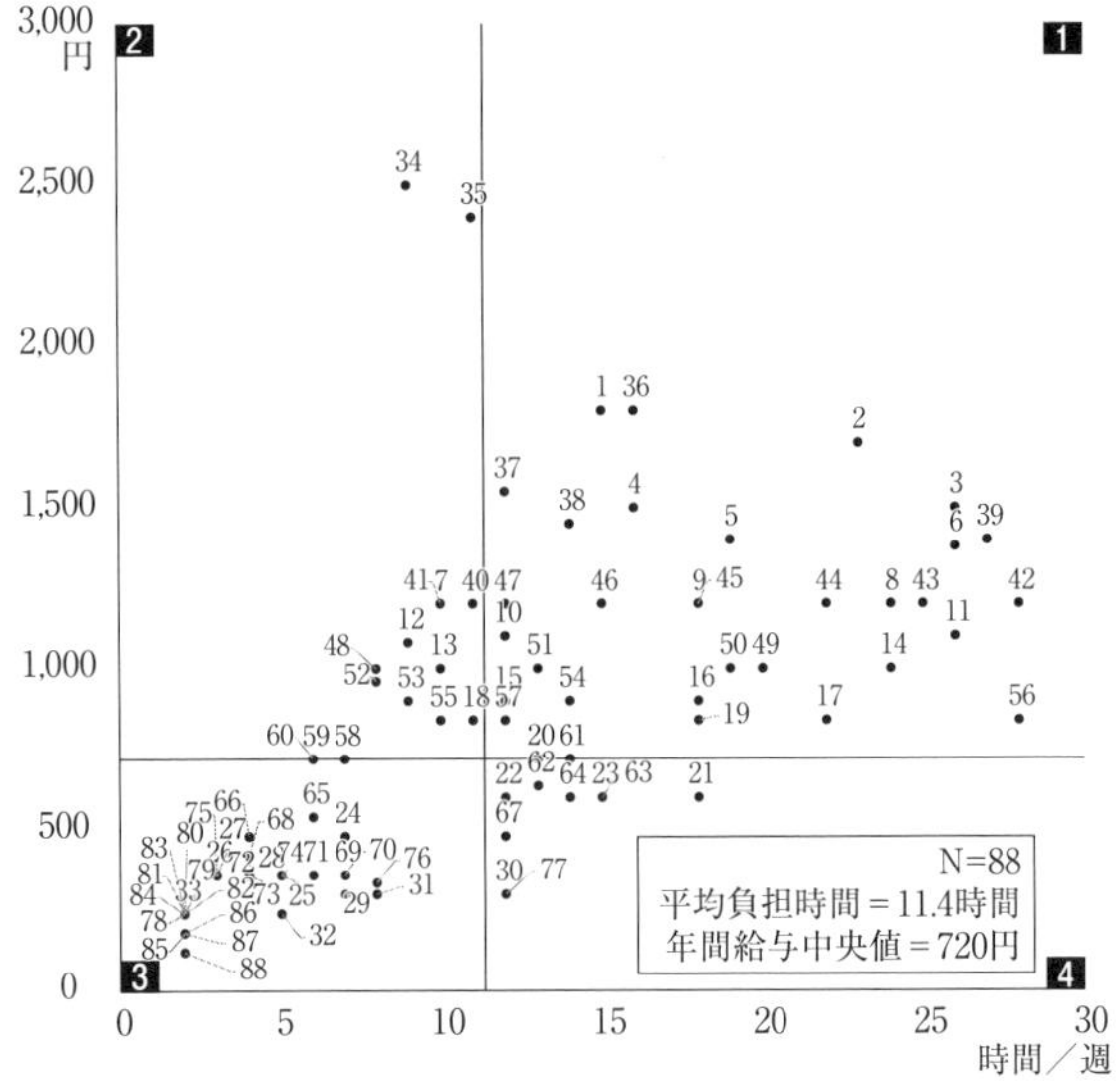

図5-6　早稲田専任教員の処遇と負担の分布（1909年）
出典：著者作成データベースより作成。

示しており、表5-7中の右端列に記した「類型」とは、この図中の類型を意味する。そして類型ごとの人数と割合、そして基本年俸と負担時間から試算した一時間あたりの換算時給(23)の平均を整理したのが**表5-10**である。これより特徴的な点をあげると第一点は、基本年俸と負担時間とに一定の関係性があったと判断して良い点である(24)。もちろん「高給かつ低負担」である第二類型や「薄給かつ高負担」である第四類型に区分された専任教員も少なくない。図5-6および図5-7から一九二四（大正一三）年では、一九〇九（明治四二）年と比べて多くの専任教員が中央値に集中していた事実を確認できる(25)。だが両年度とも第一類型と第三類型とで七〇％弱の専任教員が存在しており、これらの教員は負担時間を一つの規定要因として、ほぼ同一基準によって給与管理が為されていたと推察できよう。

第二点は後年になって「薄給かつ高負担」の層は厚くなる一方、「高給かつ低負担」の層は薄くなりながらも、その層の中での格差が顕著になった点である。

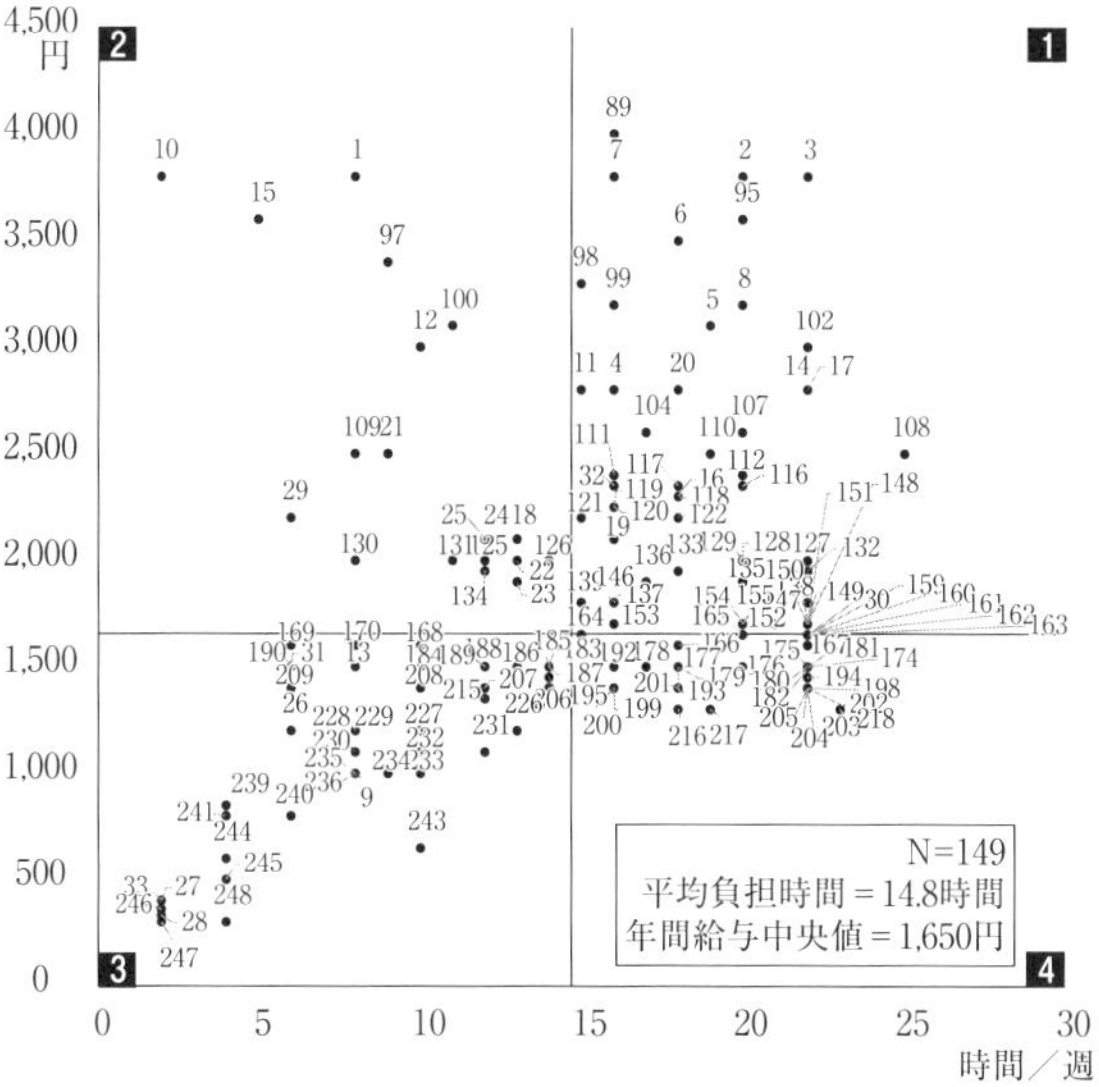

図5-7　早稲田専任教員の処遇と負担の分布（1924年）
出典：著者作成データベースより作成。

表5-10にあるように「薄給かつ高負担」といえる第四類型は、一〇・二%から一六・八%へと一五年間で増加していた。第四類型の負担時間の平均は、一九〇九（明治四二）年が一三・七時間／週であったが、一九二四（大正一三）年では二〇・〇時間／週と六・三時間／週増加した。平均負担時間との差も一九〇九（明治四二）年は二・三時間／週であったが、一九二四（大正一三）年は五・二時間／週となっており、二倍以上の負担時間が課せられていた。他方で「高給かつ低負担」といえる第二類型は、一九〇九（明治四二）年の一七・〇%から一九二四（大正一三）年には一二・八%と構成比を下げたが、図5-7が示すように、高給でありながらも極端に負担時間の少ない専任教員が増えていた。一九〇九（明治四二）年にも天野為之（No.34）や坪内雄蔵（No.35）のように第二類型の中で例外的な存在がみられたが、天野は週あたり九時間、坪内は同一一時間の授業を担当しており、平均負担時間一一・四時間に近かった。だが一九二四（大正一三）では、第二類型に属した高給の専任教員の中では負担

表 5-10　早稲田専任教員の処遇と負担による類型別集計

	1909（明治42）年				1924（大正13）年			
	人数	%	負担時間平均	換算時給平均	人数	%	負担時間平均	換算時給平均
第 1 類型	33	37.5%	18.8	1.40	60	40.3%	19.1	2.60
第 2 類型	15	17.0%	9.0	2.66	19	12.8%	9.9	7.38
第 3 類型	31	35.2%	4.0	1.87	45	30.2%	8.4	3.03
第 4 類型	9	10.2%	13.7	0.80	25	16.8%	20.0	1.54
全体	88	100%	11.4	1.72	149	100%	14.8	3.16

注：負担時間平均は標準時間平均のことであり、単位は時 / 週。また換算時給平均の単位は円。
出典：著者作成データベースより作成。

時間の多かった野々村戒三（No.100）でさえ、負担時間は一一時間であり、平均負担時間より三・八時間も少なかった。したがって野々村より高給かつ低負担であった田中穂積（No.10）、平沼淑郎（No.15）、浮田和民（No.1）、中島半次郎（No.97）等はかなりの待遇であり、優遇されていたと見て間違いない。また給与は低いが負担時間の少ない関与三郎（No.29）、吉江喬松（No.109）、大山郁夫（No.21）も存在した。表5-10の換算時給をみると、一九〇九（明治四二）年と一九二四（大正一三）年とでは、「薄給かつ高負担」である第四類型と「高給かつ低負担」である第二類型との換算時給の差は、一九〇九年で三・三倍、一九二四年で四・八倍となっていた[26]。したがって先に述べたように、給与金額の最大値と最小値の差は、一九二四（大正一三）より一九〇九（明治四二）の方が大きかった。だが負担時間を考慮した実質的な意味での待遇から考えると、一九〇九（明治四二）より一九二四（大正一三）年の方が、専任教員間の格差構造が明確に形成されていたのである。なお第二類型と第四類型に属した専任教員について、教育課程との関係を考察すると、「高給かつ低負担」である第二類型の専任教員は、一九〇九（明治四二）年では一五人中一三人が大学部の授業のみを担当し、予科課程の授業のみを担当した教員は、一名にすぎなかった。また一九二四（大正一三）年では一九人中、大学部のみが一二名、予科課程のみは〇名であった。他方で「薄給かつ高負担」である第四類型の専任

表5-11　処遇と負担からみた専任教員の類型間移動

1909 （明治42）	類型 人数	第1類型 16			第2類型 4			第3類型 9			第4類型 4	
1924 （大正13）	類型 人数	第1 12	第2 3	第3 1	第1 1	第2 2	第3 1	第1 1	第2 3	第3 5	第1 1	第2 3
移動結果		→	↑	—	↓	→	↓	—	↑	→	↑	↑

注：良化は↑、維持（同一）は→、悪化は↓とした。なお第1類型から第3類型、またその逆は一様に判断できないため、—とした。
出典：著者作成データベースより作成。

教員は、一九〇九（明治四二）年では大学部のみが三名、予科課程のみが三名と同数であった。だが大学令による大学昇格によって教員人事が整備され、大学部と専門部の兼任が禁止された一九二四（大正一三）年では、専任教員二五名中、大学部のみが二名、予科課程のみが一三名となり、明らかに予科課程を担当した専任教員で多くが占められていた。当然ながら大学部の授業科目は、予科課程のそれより専門性や難易度が高い。給与と負担時間から明らかになった専任教員間の格差構造の背景には、授業科目の専門性や難易度と表裏の関係にある、教員個人の資質が反映されていたといえるのである。

最後に第三点として専任教員の類型間の移動について触れておく。表5-7中No.1～33の三三名は、一九〇九（明治四二）年と一九二四（大正一三）年の両年で専任教員であった。**表5-11**はこの三三名の二つの時点での類型を示している。三三名の中で所属する類型が良化したのは一〇名（三〇・三％）であり、維持（同一）は一九名（五七・六％）、悪化は二名（六・一％）であった。[27] 同一類型が半数以上であったが、ここで注目すべきは、明らかに条件の良い類型に移動した教員が一〇名ほど存在したことである。この中には先に「高給かつ低負担」として名を挙げた浮田和民、田中穂積、平沼淑郎、関与三郎、大山郁夫等がおり、関与三郎を除いた四人は負担時間が一九〇九（明治四二）年と比べて半分以下となった。右記五名の一九二四（大正一三）年における換算時給は、浮田が九・九円、田中が三九・六円、平沼が一五・〇円、関が七・六円、大山が五・八円であり、大山がやや劣るものの、専任教員全体の中ではかなり優遇されていたといえる。もちろんこの類型は分析上、便宜的に作成したに過ぎず、厳密性に欠けることは否めない。しかしすべての専任教員が条件の良い類型に移動できたわけではなかったことも事実である。したがって明治後期から大正と教員人事が整備されていった中で、大多数の専任教員とは一線を画し、待遇が大幅に改善された少数の専任教員が存在したこと、そしてそれが専任教員間に明確な階層性を生み出す結果となったことを、この専任教員の類型間の移動は示唆しているともいえよう。

5　早稲田の教員給与管理

本章では、大学部と予科課程の授業科目を担当した専任教員に対象を絞り、教育課程との関連から教員給与の考察を行い、早稲田の経営実態を検証した。本章で明らかになった知見は、以下の通りである。

明治後期から大正期にかけての早稲田では、大学部と予科課程の授業を担当した教員のうち少なくとも七割以上は専任教員で構成されていた。第三節ではその専任教員を対象に、教育課程における教育条件と教員配置を確認した。すると、予科課程のＳＴ比は、慶應と異なり本科よりも大きかった。また法律科が他の学科・学部より時間教員に依存する傾向にあったことは慶應と共通していた。だが一方で専任教員の配置に慶應ほど学科間に大きな差が生じないよう、万遍なく専任教員を配置して教育課程が運営されていたことが明らかになった。ただし授業科目ごとに専任教員の配置状況を検討した結果、商学部以外の学部については、明治後期よりも大正期になって時間教員に依存する傾向が高まっていた。こうした中で、第四節では処遇にあたる教員給与を、負担時間との関係から検討した。早稲田でも給与体系表の存在は確認できなかったが、年俸が一〇〇〇円／年以上の専任教員については、概ね一〇〇円／年刻みで給与体系が管理されていたと推察することができた。また諸手当、時間給が条件に応じて支給された一方、寄附金等の各種経費が給与から天引きされていた。明治・大正期ともに帝国大学教授（勅任官）相等の給与を得ていた教員はごく少数であったが、同（奏任官）相等となると、一九二四（大正一三）年で専任教員の一五・五％が該当することとなり、一九〇九（明治四二）年より一〇％以上も割合を高めた。一九二四（大正一三）年の専任教員給与の半数は、帝国大学助教授の平均程度で、それ以下の教員も大分を占めており、給与は低めに抑えられていたといえよう。

他方で時間負担との関係を考慮すると、処遇（年俸）と時間負担とに相関関係がみられたこと、明治後期から大正と経る中で、専任教員集団内の「薄給かつ高負担」の層が厚みを増し、「高給かつ低負担」の層は薄くなったものの、その内部での格差が激しくなったことを確認した。専任教員の階層性には、勤続年数や早稲田への貢献度が勘案されていたと推察するが、「高給かつ低負担」の専任教員は大学部の授業科目を、「薄給かつ高負担」の専任教員は予科課程の授業科目を担当した傾向があった。したがって専任教員の待遇には授業科目の専門性や難易度と表裏の関係として、教員個人の資質が反映されていた可能性が高かったのである。一部の専任教員は、分析期間内に待遇が大きく改善され、換算時給も極めて高かった。一方で薄給の専任教員も存在しており、大正期の早稲田では、明確な形で専任教員間に階層性が存在していたのであった。

以上が教員給与と教育課程という処遇と負担からみた、分析期間における早稲田の経営実態である。ただし以上の経営実態を史料から示すことはできたものの、実際の維持員会や評議員会において、教員給与をめぐりどのような議論がなされたかは不明である。本章の分析でも多用したように、早稲田には教員の時間負担に関する史料が数多く残されている。年度によっては複数冊存在する場合もある。これはひいては専任教員の負担時間の管理が、経営上、重要であったことの傍証とも考えることができまいか[28]。早稲田では大正期に入ってもしばしば経常収支が赤字となる場合があり、慶應と比較しても余裕資金がなかった。しかしながら専任教員の待遇は改善しなければならない。こうしたジレンマの中、早稲田では専任教員の資質に応じて時間負担を徹底的に「マネジメント」することで、専任教員を「巧みに」管理し、機関経営の維持・発展に努めていたと考えられる。明治後期から大正期へと進むにつれ、全体的な給与水準は徐々に改善されており（表5-7）、額面だけみれば薄給の層は減少し（図5-5）、年間給与中央値の前後に多くの教員が集中する傾向にあった（図5-7）。だが財政難であることから、大幅な待遇改善は困難である。そこで給与金額そのものでなく、時間負担を巧みに調節するという間接的な手段によって、実質給与の階層性を作り上げ、専任教員の待遇改善に応える体裁をとったのではないだろうか。こうした負担時間による教員管理は、財務上、最大の支出項目である教員人件費の大幅なコスト増を抑制することにもなる。つまり経営上のリスクを最小限に抑えながら、効果的かつ効率的な教員管理を行ったと考えられるのである。あくまでもこれは筆者の推測の域を出ない。だが本章で言及した早稲田の財務・経営に関する周辺的な諸資料を総合し、かつ本稿で示した分析を行った後には、このような教員給与マネジメント（カラクリ）の存在を考えずにはいられないのである。

注

（1）早稲田が大学部の専任教員養成を目的に、優秀学生を海外（イギリス、ドイツ、アメリカ等）に派遣するようになったのは、一九〇〇（明治三三）年からであった。第一回目の派遣留学生は坂本三郎（専門は法学）と金子馬治（文学・哲学）であり、以後、田中穂積（経済学・財政学）、塩沢昌貞（経済学・財政学）、島村滝太郎（文学）と続いた（早稲田大学大学史編集所一九七八、九二六-九三九頁）。

（2）名称は『講師俸給定額』、『講師俸給台帳』、『講師差引簿』、『講師給』、『俸給原簿』、『教員俸給原簿』、『教員時間給原

簿』などと年度によって異なり、一様ではない。
（3）ただし明治期は、史料の存在が確認できない年度や月が存在する。
（4）実際の支給額は、その月額から各種経費や寄附金等が天引きされた金額であった。
（5）名称は『講師別負担時間表』、『講師別受持時間簿』、『教授講師受持学科並報酬調』、『教員受持学科等調』などと、年度によって異なっていた。
（6）理工学部は文科系学部と異なり、実験を要する授業科目が数多く配置されていた。同時に実験科目には複数の教員が配置されていたため、負担時間を規定することは難しかったと推察される。なお年度によっては、担任時間が受持時間と表記されている場合もあるが、ここでは担任時間で表記を統一した。
（7）「負担時間表」には、俸給額も記載されていた。だが年度途中での俸給額の変更等は、記載されていない場合が多い。ゆえに本章では「給料帳簿」のデータを用いた。
（8）第三章の慶應との比較という点では、明治期は一九一二（明治四五）年を選定するのが適当である。だが同年の給与帳簿には俸給金額の内訳が書かれておらず、諸手当等が含まれている可能性があり、一九二四（大正一三）年との正確な比較が困難である。したがって一九〇九（明治四二）年を採用した。
（9）学科構成の変遷については松本（一九八五、一九九〇）を参照した。
（10）予科課程の変遷を補っておくと、大学令による大学昇格に際して、一九二〇（大正九）年に早稲田高等学院（文科と理科とで構成）が誕生する。この早稲田高等学院は一九二一（大正一〇）年に、三年制の第一部（文科と理科）と二年制の第二部（文科のみ）となり、一九二二（大正一一）年に第一部が第一早稲田高等学院、第二部が第二早稲田高等学院となった。なお大学令以前の予科課程である高等予科は、一九二一（大正一〇）年まで存在した。
（11）第二章で確認した明治四〇年代の慶應では、大学部教員に占める専任教員の割合は七〇％程度であり、早稲田のほうが専任教員の割合が高かった。
（12）つまり予科課程の授業は、専任教員が大規模教室で一斉授業を行っていた可能性が高いことを意味している。
（13）『早稲田大学百年史』（第三巻、八八―八九頁）によれば、大学令による新学制採用にあたって、それまで多くの授業を合同で行っていた大学部と専門部の分離が徹底されたため、経費、教員負担がともに倍増したとある。推察にすぎないが、こうした事情が、大学令以前と比べた場合の一九二四（大正一三）年における授業科目数と教員数の減少の一つの要因であった可能性であることを指摘しておく。

(14) 法学科が時間教員に依存した理由の一つに、高級官僚の採用試験である高等文官試験（高等試験）との関係性が推察できる。東京帝大法学部の講義科目は同試験の試験科目と対応関係にあり、また同大学の教員は試験科目委員に登用されたケースが多かった。事実、堀之内（二〇一二）によれば、岡田朝太郎は一九三〇年代には高等試験臨時委員として刑法の担当となっている。このように帝大教員及び帝大卒を含めた司法実務者とコネクションを持つことは、学生の試験対策及び就職上、一定のメリットがあったと考えられ、当該学科では意図的に時間教員に依存していたとも考えられる。

(15) 参考までに一九〇三（明治三六）年の時間給の分布は、二・五円が八人、二円が一三人、一・五円が一二人、一円が二七人であった。また一九二四（大正一三）年については、表五-九を参照のこと。

(16) わかりやすいように一九〇九（明治四二）年の最大値と最小値を一九二四年価格で換算した場合で比較すると、表中より最大値五六六三円、最小値二七二円であった。

(17) 温交会は一九一二（明治四五）年三月二日に誕生した組織である。高田早苗によれば、早稲田の発展に伴い教職員数が増加した結果、教職員同士の認識が少なくなったため、毎年四回会合を開くことで、各部科教職員の懇親を図ることを目的としていた（早稲田大学大学史編集所一九八一、六七九頁）。

(18) 一九二四（大正一三）年度の「給与帳簿」では手当の名目は記載されていない。そこで本項では『早稲田学報』所載「早稲田大学第四二回報告」（自大正一三年四月一日至同一四年三月三一日）の「第一　教職員」（五頁）にある役職者一覧と付き合わせることで、役職名を特定した。

(19) 山本忠興は学部長とともに同学部電気工学科教務主任を兼任していたが、「給料帳簿」をみる限り、教務主任給年六〇〇円が加算されていない。

(20) 内訳は次のとおりである。年七〇〇円が、専門部商科教務主任の小林行昌（No.17）、同法律科教務主任の遊佐慶夫

（No.120）、同政治経済科教務主任の五来欣造（No.126）、第一早稲田高等学院教頭兼文科学科主任の野々村戒三（No.100）。年六〇〇円が、理工学部応用化学科教務主任の小林久平（No.91）、同機械工学科教務主任の沖巌（No.94）、同建築学科教務主任の内藤多仲（No.103）、政治経済学部政治学科教務主任の高橋清吾（No.125）、同経済学科教務主任の二木保幾（No.192）、商学部教務主任の出井盛之（No.193）、高等師範部教務主任の上井磯吉（No.161）、第二早稲田高等学院教頭の定金右源二（No.215）。年五〇〇円が、文学部哲学科教務主任の関与三郎（No.29）、同史学科教務主任の煙山専太郎（No.107）、同文学科教務主任の吉江喬松（No.109）。

（21）　時間教員について触れておくと、一九二四（大正一三）年において、月給契約者を除いた時間給教員は四二名存在していた。そして時間給は一時間あたり〇・五円刻みで二・五～五・五円の七つの段階で設定されていた。年間支給額が一〇〇〇円を超えた時間教員は九人で、順に安藤正次（時給四円、総額二一〇五円）、小林竜雄（時給二・五円、総額一八一九円）、嘉山幹一（時給五・五円、総額一七二一円）、浦上五三郎（時給二・五円、総額一六六六円）、吉田豊吉（時給四円、総額一三二〇円）、岡田朝太郎（時給五・五円、総額一一八四円）、平林初之輔（時給三・五円、総額一一三一円）、渡利弥生（時給三・五円、総額一〇三九円）、小柳篤二（時給三・五円、総額一〇六三円）であった。なお最も低額であったのは小田内通敏（時給三・五円、総額一一四円）であった。

（22）　「負担時間表」において標準時間が無記載である教員は、ほとんどのケースで担任時間も記載されていない。だがごく少数の教員に限り、担任時間のみ記載されている場合がある。その場合は担任時間を分析に用いた。

（23）　換算時給の計算式は、一ヶ月を四週とみなし、換算時給＝基本年俸÷一二（ヶ月）÷四（週）÷負担時間として算出した。

（24）　参考までに基本年俸と負担時間との相関係数を算出すると、一九〇九（明治四二）年が〇・六二、一九二四（大正一三）年が〇・三一である（ともに一％水準で有意）。

（25）　一九〇九（明治四二）年は中央値七二〇円の前後六〇〇～八四〇円の範囲に一七名（一九・三％）分布していたが、一九二四（大正一三）年では同じく中央値一六五〇円の前後一五〇〇～一八〇〇円の範囲に六〇名（四〇・三％）も分布していた。

(26) 一九〇九(明治四二)年は二・六六円(第二類型の換算時給)÷〇・八〇円(第四類型)=三・三三円となり、一九二四(大正一三)は七・三八円(第二類型)÷一・五四円(第四類型)=四・八円となる。

(27) 第一類型から第二類型、第三類型から第二類型、第四類型から第一〜二類型に移動した場合を「良化」(↑)とし、第一類型から第三類型、第二類型から第一〜三類型に移動した場合を「悪化」(↓)とした。

(28) 東京専門学校(早稲田大学)で理事・図書館長を務めた市島謙吉は、学校創立当時の専任教師の給与について、「色々等差があつたが、受持つ時間が標準となつてゐたようである」とし、「それが何れも多くの時間を受持つたもの」と述べている(市島、一九三五、九頁)。

第六章　早稲田の寄附募集

本章では、引き続き早稲田を事例に寄附金分析を行い、明治後期から大正期における早稲田の経営実態を明らかにする。この期間の早稲田では、合計四回の寄附募集事業を実施した。早稲田においても寄附金収入は、学部新設や施設設備の新設など、教育環境の充実を目的とした経営行動の原資として位置づけられていた。その結果、早稲田では、寄附金収入によって資産規模を大きく拡大したのだった。我が国の大学史・高等教育史研究において、早稲田は慶應と同様に、寄附募集事業の「成功事例」として評価されてきた。だが実際の達成度は、どの程度であったのだろうか。また寄附者の特徴や、寄附金獲得の成功（失敗）要因となった機関内外の要因は、何であったのだろうか。本章では第四章の慶應の場合と同一の分析指標を用いて考察することで、寄附金という授業料収入とは異なる資金の調達と配分からみた、早稲田の経営実態を明らかにする。

以下、本章の構成である。第一節では、合計四回実施された早稲田の寄附募集事業について、沿革史や広報誌『早稲田学報』を参考に、その概要を整理する。第二節では、次節以降の分析を行う前提として、慶應に比べて複雑であった会計制度の整理と、寄附申込者を特定した方法を確認する。続く第三節では、実際の事業計画の遂行過程を、申込額、実収額、支出額、回収率、達成率等の試算から考察する。そして寄附金が資産形成に寄与した程度を、第四章でも用いた寄附金依存率から検証する。それによって計画と実績との整合性または乖離と、寄附金が早稲田の資産形成および財務に与えた影響とを明らかにする。第四節では、寄附募集事業の成功（失敗）要因を、機関の外部の要因である景気動向の他、内部の要因である寄附者の特徴（プロフィール）や動機、募集体制や実際の活動から明らかにする。以上の分析結果を踏まえて、第五節では、分析期間における早稲田の経営実態について考察を行う。(1)

1　早稲田の寄附募集事業の策定過程と概要

早稲田では明治中期から大正期にかけて、合計四回にわたる大規模な寄附募集事業を実施していた。第二章で示したように（表2-1）、専門学校令が施行された一九〇三（明治三六）年以降、慶應ではつねに黒字経営を維持していた。一方の早稲田では大正期に入っても赤字経営となった年度が確認でき、経営難は恒常的であった。だがそうした経営状態であっても、実質的な「私立大学」として教育機能の充実を果たさねばならない。事実、一九〇八（明治四一）年には理工科を新設して総合大学化を成し遂げた。さらに運動場、校舎、図書館といった土地や建物の取得および増改築を頻繁に行うことで、増え続ける学生に対して最適な教育環境の提供に努めていた。当然ながらこうした教育機能の発展には、多額の資金が必要である。そこで授業料収入とは違う形式で、外部から一定額のまとまった資金を調達する必要が生じたのであり、恒常的に経営難であった早稲田では、大規模な寄附募集事業を実施したのであった。

それでは早稲田の寄附募集事業の概要を整理しよう。分析期間における早稲田の寄附募集は、「事業」とまでは言い難い小規模の寄附募集も含めれば、多くの回数を数える。だがこれも第四章慶應のケースと同様に、以下二つ

表6－1　明治後期～大正期における早稲田の主たる寄附募集事業一覧

名称（略称）	早稲田大学基本資金募集（第一期基金）	早稲田大学第二期計画（第二期基金）	御即位大典紀念事業計画（御大典基金）	大学基金募集（供託金募集）
募集開始	1901（明治34）年３月	1907（明治40）年10月	1915（大正４）年９月	1919（大正８）年１月
目　的	大学部・専門部・高等予科の設置と施設設備の拡充等	理工科・医科の設置とそれに伴う施設設備の拡充	大正天皇即位を記念とした研究設備の充実	「大学令」に伴う基本財産の供託金および予科新築・設備費の獲得
目標額	300,000円	1,500,000円	当初：300,000円 最終：500,000円以上	1,500,000円 実質：1,100,000円
申込額	262,722円【1909年】	994,378円【1919年】	632,861円【1919年】	1,019,280円【1920年】
実収額	228,258円【1909年】	750,811円【1919年】	575,386円【1919年】	—
申込者数	1,563人【1909年】	2,747人【1919年】	1,445人【1919年】	109人【1920年】
回収率	86.9%	75.5%	90.9%	—
達成率	76.1%	50.1%	115.1%	—

注１：申込額、実収額、申込者数はそれぞれ【　】時点での金額及び人数である。
注２：大学令の実収額は後述する会計制度の変更から把握することは困難である。
注３：御大典基金は途中、目標額が変更された。
注４：供託金募集では政府供託金900,000円を納める必要があったが、４分利公債での納付ならば500,000円程度で済んだ。
注５：申込者数は、著書が作成した寄附者名簿データベースから算出した数字である。
注６：回収率は申込額に対する実収額の割合であり、計算式は（実収額÷申込額×100）である。
注７：達成率は目標額に対する実収額の割合であり、計算式は（実収額÷目標額×100）である。
出典：『早稲田学報』所載「早稲田大学報告」各号及び著者作成寄附者名簿データベースより作成。

の条件、すなわち、機関全体で、広く不特定多数を対象に、全国規模で募集活動を行ったこと、寄附金を経常経費に流用せず、資本として早稲田の資産形成の原資となったことが貸借対照表から明示できること、といった条件を考慮した。その結果、分析対象を、**表6-1**に示した四つの寄附募集事業に限定した。これら四つの寄附募集事業は、それぞれ目的こそ異なる。だがどれも早稲田の資産形成に大きく寄与した事業であった。以下では、各事業の策定過程および概要を整理する。(2)

早稲田大学基本資金募集（以下、第一期基金）は、東京専門学校を早稲田大学と改称して大学部を開設するに際し、講堂建築、専任講師増聘、図書館拡張、海外留学生派遣等を目的に実施された寄附募集事業である。評議員会で大学部の設置が可決したのは、一九〇〇（明治三三）年二月七日であり、翌年一月一四日に大学部設置の願書が東京府知事に提出された（四月一日認可）。そして同月一七日の社員会で、募金額（趣意書には「基本金三〇万円」と記載）と申込方法が決定され、同月三〇日の春季校友大会で学監高田早苗によって上の募集金額が発表されたのであった。趣意書によれば、基本金三〇万円は、五万円を建築費に充て、残りの二五万円を基金化し、その利殖を校費の補助にするとあった。この第一期基金は早稲田にとって、初めて広く外部に寄附を求めた事業であり、評議員と校友会幹事が基金募集委員となって（委員長には前島密が就任）、全国で募集活動が展開された。こうして一九〇一（明治三四）年から募集が行われた第一期基金は、一九〇七（明治四〇）年から実施されていた早稲田大学第二期計画に未収金等を繰り越すために、一九〇九（明治四二）年に募集が打ち切られ、整理統合された。その際の決算によれば、一五六三人からの申込みがあり、申込額は二六万二七二二円、実収額は二二万八二五八円で、申込額に対する実収額の割合である回収率は、八六・九％であった。第三章でみた慶應と同様に、実収額が申込額を下回るのは、不払いやその他の理由によって当時よくみられた結果である。だが申込額は目標額の三〇万円に届かなかった。また目標額に対する実収額の割合を示す指標である達成率も、七六・一％に留まっていた。

早稲田大学第二期計画（第二期基金）は、早稲田大学の更なる発展を期して、理工科および医科の設置を目的に実施された寄附募集事業である。この計画は、一九〇七（明治四〇）年ごろから議論されたことが確認できる。[3]しかし正式には、大隈が同年一〇月二〇日に挙行された創立二十五年紀念祝典にて、理工科や医科の設置を望む旨を発表したことに端を発している。大隈は第一期基金の成功に満足しつつも、これを早稲田発展の第一期「計画」とすれば未だ欧米の諸大学はもちろん、国内の東京・京都の両帝国大学と比較しても学科構成が十分でないことを憂慮し、第二期の発展として、実学志向の強い理工科と医科の必要性を主張したのであった。[4]これを受けて一九〇八

（明治四一）年一月一三日の維持員会で第二期計画の大綱が決定し、同年二月に趣意書が発表された。趣意書によれば、目標額は一五〇万円とされ、その内訳は理工科新設費に三〇万円、医科新設費に八万円、病院建築費に一七万円、土地購入費に一五万円、大講堂建築費に二〇万円、固定基金に六〇万円とされた計画であった。また同時に発表された基金規定では、寄附金は経営基金と固定基金の二つに分けて管理すると規定されていた。経営基金は、校舎の建築、土地・器械・図書の購入など経営に関する元資にあてることを、固定基金は、元資の使用を禁止し、そこから発生する利子を以て経営の費用にあてるとされた。趣意書によれば、固定基金六〇万円は、理工科や医科の設置が、「経常の費用に於て収支相償はざる場合無きを保せざるを以て予め基金を備へて補填の途を講ずるを要す」として設置されていた。(5)

第二期基金の目標額は、一九〇七（明治四〇）年における早稲田の経常収入の約七・七倍に相当する巨額なものであった。したがって当初より理工科と医科の同時設置は困難とみており、実際のところでは、第二期基金の趣意書発表前、第二期計画の大綱を決定した時点で、経営陣は理工科優先（医科後回し）の方針をとっていた。そして一九〇九（明治四二）年七月二日に開催された維持員会で、その方針が明確に確認されたのであった（早稲田大学大学史編集所、一九八一、三九四頁）。以上の判断に至った背景には、上述の「カネ」の問題に加え、「ヒト」や「モノ」の問題があった。学長高田の述懐によると、理工科設置については、東京工業学校長の手島精一、高田の東京大学在籍時の学友阪田貞一、そして工業系人材の育成に務めた実業家竹内明太郎らにより、人材と知識の支援を仰ぐことはできた（高田、一九二七、四七〇-四七二頁）。だが医科設置については、後ろ盾であり、早稲田の医科および附属病院となることを見込んでいた同仁医薬学校と同仁医院が廃校および廃止となり、「ヒト」はもちろん「モノ」の見通しも立たなくなったという問題を有していた。（早稲田大学大学史編集所、一九八一、三四〇-三四九頁）。また当時、慶應で医科が設立されるとの風説があったのも、遠因であったと考えられる。(6)ここで第二期基金の結果を確認しておきたい。第二期基金は、一九一九（大正八）年度までは経過が報告されていた。それによると申込者数は二七四七名、申込額は九九万四三七八円、実収額は七五万八一一円で、回収率は七五・五％であった。これも第一期基金と同様に申込額が目標額に届かず、達成率は五〇・一％に留まっていた。

御即位大典紀念事業計画（御大典基金）は、大正天皇の即位を祝して、研究機関設備の新設及び増設を目的に実施された寄附募集事業である。御大典基金については、『早稲田大学百年史』（第三巻）（早稲田大学大学史編集所、一九八七、二三七-二四〇頁）に、事業策定までの経過が詳細に記載されている。したがってそれを援用すれば、一九一五（大正四）年九月二〇日に高田から天野為之へと学長が交代するに及んで、研究機関の充実が急務として、目標額を三〇万円とする寄附募集事業の実施が発表された。そして同月二二日に、市島謙吉を委員長とする資金募集委員制度が発足して、募集活動が開始された。趣旨書にある「資金募集規定」には研究機関の設備として、①各学科研究室の新設、②恩賜館内研究室の増設、③図書館閲覧室の改築及書庫の増築、が掲げられていた。工費予算は書庫増築及研究室等新築に一二万四〇〇〇円、恩賜紀念館増築に三万円、特殊研究室等増築に三万円、研究室内部設備、図書、標本等に八万六〇〇〇円であり、他に附帯工事に三万円が見積もられていた。こうした中、募集開始初期から申込が順調であったことから、さらなる経営拡張を期して、目標額が五〇万円以上へと改められたのであった。表6-1から一九一九（大正八）年度時点での募集状況を整理すると、申込者数は一四四五名、申込額は六三万二八六〇円、実収額は五七万五三八六円で、回収率は九〇・九％であった。この回収率の高さは、達成率一一五・一％という数字にも反映されており、御大典基金は、目標額が上方へ改定されたにもかかわらず、極めて多額の寄附金を獲得することに成功した事業であったといえよう。

最後は大学基金募集（供託金募集）である。これは一九一八（大正七）年に交付された大学令に伴う大学昇格の設置認可条件として課せられた政府へ納める供託金と、大学予科にあたる高等学院の新築および設備充実のための資金調達を目的に実施された寄附募集事業である。大学令は私立専門学校が私立大学へと昇格する場合、一大学（一学部）五〇万円を基本に、一学部増設するごとに一〇万円の追加供託金を求めた。早稲田では政経、法、文、商、理工の五学部体制を取っていたから、合計九〇万円の供託金を納める義務が生じていた。加えて大学予科の設置も義務付けられていたため、大学予科に相当する高等学院の施設設備の新築・更新を行わねばならず、さらに六〇万円の資金を必要とした。だが供託金は有価証券での納付も認められており、株券は時価の一〇分の八で算定され、政府が定めた有価証券の場合は額面で算定された(7)。仏貨公債など一部の有価証券は、額面より低額で購入することが可能であったため、早稲田をはじめ多くの私立専門学校は、有価証券で納付することで実質的には規定額以下で済ませていたようである(8)。供託金は六年間での分納が認められていたが、設立認可後、三週間以内に初回分の金額を納める必要があったため、早稲田では一九一九（大正八）年一月より田中穂積および松平頼寿両理事を中心に、急遽募集を開始した。この供託金募集に関する寄附者芳名録の記載は、一九二〇年五月一〇日に発刊された『早稲田学報』第三〇三号に確認できる(9)。これをまとめたのが表6-1であり、一九二〇（大正九）年の時点で、申込者数は一〇九名、申込額は一〇一万九二八〇円であった(10)。供託金募集は、実収額の把握が不可能であるため、回収率と達成率の算出ができない。だがこの報告は、募集開始後わずか四ヶ月足らずでの実績であり、申込額の状況だけで判断した場合、極めて短期間に多くの寄附申込者を得ることに成功した寄附募集事業であったということができよう。

以上が、合計四つの寄附募集事業の策定過程並びに概要である。供託金募集は、他の事業と若干性質が異なるが、四つの寄附募集事業はすべて、早稲田の資産形成に大きく寄与した財源であった。なお約一〇年周期で寄附募集事業を実施していた慶應に対し、早稲田では寄附募集事業の実施に一定の周期的な間隔を見出すことはできない。これは募集が常態化していたとも、または募集実績（実収額）が低調になると、新規の寄附募集事業を実施し、申込額および実収額の改善（テコ入れ）を図っていたとも考えられる。だが翻れば、やはり寄附金が資産形成の原資として必須であったことを示していたことに疑いようがない。また早稲田では、回収率や達成率のバラつきも大きいことが確認できた。とくに達成率が五〇・一％であった第二期基金と、一一五・一％であった御大典基金とでは、差異が顕著である。第二期基金は途中、医科の設置を後回しにする変更もされており、達成率の低さがどのように事業計画に影響したのかも検討する必要がある。そのためには最終年度のみの考察だけではなく、経年での資金繰り、つまりは収支バランスの実態を財務分析から検証する必要があり、それは第三節で行うことにする。

2　会計処理と寄附申込者の特定方法

（1）会計処理

ここでは財務分析の前提として、寄附金処理を行う上での注意点を整理する。ちなみに分析期間における早稲田の会計制度の変遷については、①財務史料の種類、②会計期間の変更という二点に限定して、第二章でその概略を説明した。①は収支決算表、貸借対照表の他に、複数の基金勘定と建築費勘定が存在したこと、②は一九二〇（大正九）年度より、それまでの期首九月・期末翌年八月から、期首四月・期末翌三月と変更されたことであった。だが寄附金分析を行うにあたり、①の点については、詳細な整理を必要とする。というのも寄附金を取り扱った財務史料は、基金勘定、建築費勘定、貸借対照表と複数にわたっており、それらの間でみられた寄附金の流れを正確に把握することが、早稲田の寄附金分析には求められるからである。早稲田の寄附金処理はやや複雑であり、初見での理解には困難が伴う。この点が、第四章で検討した慶應のそれと大きく異なる点であるといえよう。そこで以下では**表6-2**を参照しながら、基金勘定、建築費勘定、貸借対照表の順に、寄附金に関する勘定科目の特徴を確認

表6－2　各財務史料における寄附金の取り扱い：早稲田

【A　基金勘定（例　早稲田大学基金貸借対照表）】

借方		貸方	
第一期未収基金	○○	第一期基金	○○
第二期未収基金	○○	第二期基金	○○
土地購入費	○○	××	○○
理工科建築費	○○	××	○○
現金、定期預金…	○○	××	○○

【B　建築費勘定（第一期基金のみ）】

借方		貸方	
第一期建築費	○○	建築費元受金	○○
第二期建築費	○○	××	○○
第二期附属道場建設費	○○	××	○○
第二期寄宿舎増築費	○○	××	○○
××	○○	××	○○

【C　貸借対照表：1919（大正8）年度まで】

借方		貸方	
土地	○○	建築費元受金	○○
建物	○○	土地購入元受金	○○
××	○○	理工科建設費元受金	○○
××	○○	御大典建設費元受金	○○
××	○○	××	○○

【D　貸借対照表：1920（大正9）年度以降】

借方		貸方	
土地	○○	基金	○○
建物	○○	××	○○
未収基金	○○	××	○○
××	○○	××	○○
××	○○	××	○○

注：勘定科目の名称は年度毎に若干異なるが、そのすべてを表記することは難しいため、便宜上、上記のように表記した。
出典：財務史料より著者作成。

する。その上で各勘定間での寄附金処理の流れを整理する。[11]

基金勘定（表6-2のA）は、寄附募集事業によって獲得した寄附金を管理した会計である。基金勘定は寄附募集事業ごとに作成されたが[12]、一九二〇（大正九）年に貸借対照表へ一本化された。以後、基金勘定が年一度の会計報告である「早稲田大学報告」で掲載されたことはなかった。したがって寄附金分析に際しては、一本化前までにどのように処理されていたかを把握する必要がある。表6-2のAは、第一期基金が一九〇九（明治四二）年に決算を行った後、第二期基金勘定と一本化され、その第二期基金勘定が一九一〇（明治四三）年に早稲田大学基金貸借対照表と名称変更した際の概略である。貸方（右側）には、それぞれの寄附募集事業の寄附金申込額が計上された。一方で借方（左側）には、その寄附金によって獲得した固定資産に費やした金額（例：土地購入費、理工科建設費）、寄附募集事業の未収金（申込額と実収額の差額。例：第一期未収基金）、現金、定期預金、有価証券といった科目が計上された。

次に建築費勘定（表6-2のB）であるが、この表は第一期基金の使途を管理した表であり、第二期基金や御大典基金では同様の表を確認できない。[13] したがって表中の勘定科目の前に付された「第二期」という文言は、第二期基金のことではなく、第一期基金で計画された建設工程の順序を示しているに過ぎない。借方には建築費の詳細が計上され、貸方にはその建築費を基金勘定から「受けた」として、建築費元受金という勘定科目が計上されていた。

最後に貸借対照表（表6-2のCとD）である。貸借対照表は、分析期間において数回の名称変更が行われた。この表は、機関の資産および負債規模を表したものである。[14] なお以下では混乱を避けるため、名称は貸借対照表で統一する。貸借対照表も基金勘定と同様、一九二〇（大正九）年を境に、寄附金に関する勘定科目の名称および計上方法が大きく変更された。まずは一九一九（大正八）年までを確認すると（C）、第一期基金、第二期基金、御大典基金で獲得した寄附金を原資に、機関が土地や建物（固定資産）を取得した場合、貸方にその金額が「〇〇元受金」として計上された。そして借方には土地や建物といった勘定科目が計上された。しかし寄附募集事業によって取得した土地や建物と、それ以外の土地や建物とは区別されていなかった。一九二〇（大正九）年以降になると（D）、基金勘定と一本化され、すべての寄附金は「基金」と称されて、貸方に申込額の全額が計上された。借方にはそれ以前と異なり、現行複式簿記ではみられないものの、未収基金（申込額と実収額の差額）が、資産（機関の債権と認識）として計上されたのであった。

以上、勘定ごとに寄附金に関する勘定科目の特徴を整理したが、最後に一九二〇（大正九）年に貸借対照表に一本化されるまでの、勘定間の寄附金処理の流れを整理しておく。[15] 基金勘定では、貸方に寄附金申込額が計上された。他方で借方には寄附金を原資とした建築費と寄附金の未収金額が未収基金として計上された（A）。そして第一期基金に限定されるが、建築費勘定ではその建築費を、基金勘定を「元手」に「受けた」ものとして貸方に「元受金」として計上し、借方にはその寄附金を原資としたことが分かるように、「○○建築費」として処理された（B例：第一期建築費など）。こうした寄附金を原資に取得された土地および建築物の資産額が、貸借対照表の借方に計上され、貸方にはその金額が同様に「○○元受金」として計上されたのである（C　例：理工科建設費元受金など）。そして貸借対照表が一九二〇（大正九）年に大学全体の財政状態を示す貸借対照表へ改訂されると、すべての寄附申込額が基金の名称で右側に一本化され、未収分が未収基金として借方に計上されたのであった（D）。

次節では、この会計上の特徴を踏まえ分析を行う。だが元受金と支出額、そして「早稲田大学報告」に記載されていた申込額と実収額の推移の把握が可能であるのは、前述の通り、寄附募集事業ごとに基金勘定が存在した一九一九（大正八）年までである。供託金募集は、独立の勘定が設置されておらず、以上の会計上の特徴を踏まえた財務分析を実施することができない。そのため財務分析による募集実績の検証については、供託金募集を除外せざるをえないことを予め断っておく。

（2）寄附申込者の特定方法

次に寄附申込者の特定方法について説明する。早稲田でも、寄附募集事業について寄附申込者の氏名が、早稲田の広報誌である『早稲田学報』や、『早稲田大学創業録』などの周年誌に掲載されていた。一例として図6-1は、『早稲田学報』の誌面に御大典基金の寄附申込者が報告された記事である。第一期基金、第二期基金、御大典基金、供託金募集すべてにおいて、このように氏名・所在地・申込金額が掲載されていた。そこで早稲田の場合にも上記史料を可能な限り収集し、氏名・所在地・金額を表計算ソフトに入力することで、寄附者名簿データベースを作成した。これにより慶應と同様に、寄附募集事業ごとに寄附者個人の申込金額や継続性（リピート）、地域別にみた申込状況の実態把握が可能となる。データベースに収録した寄附者名簿の収集期間は、第一期基金が『早稲田大

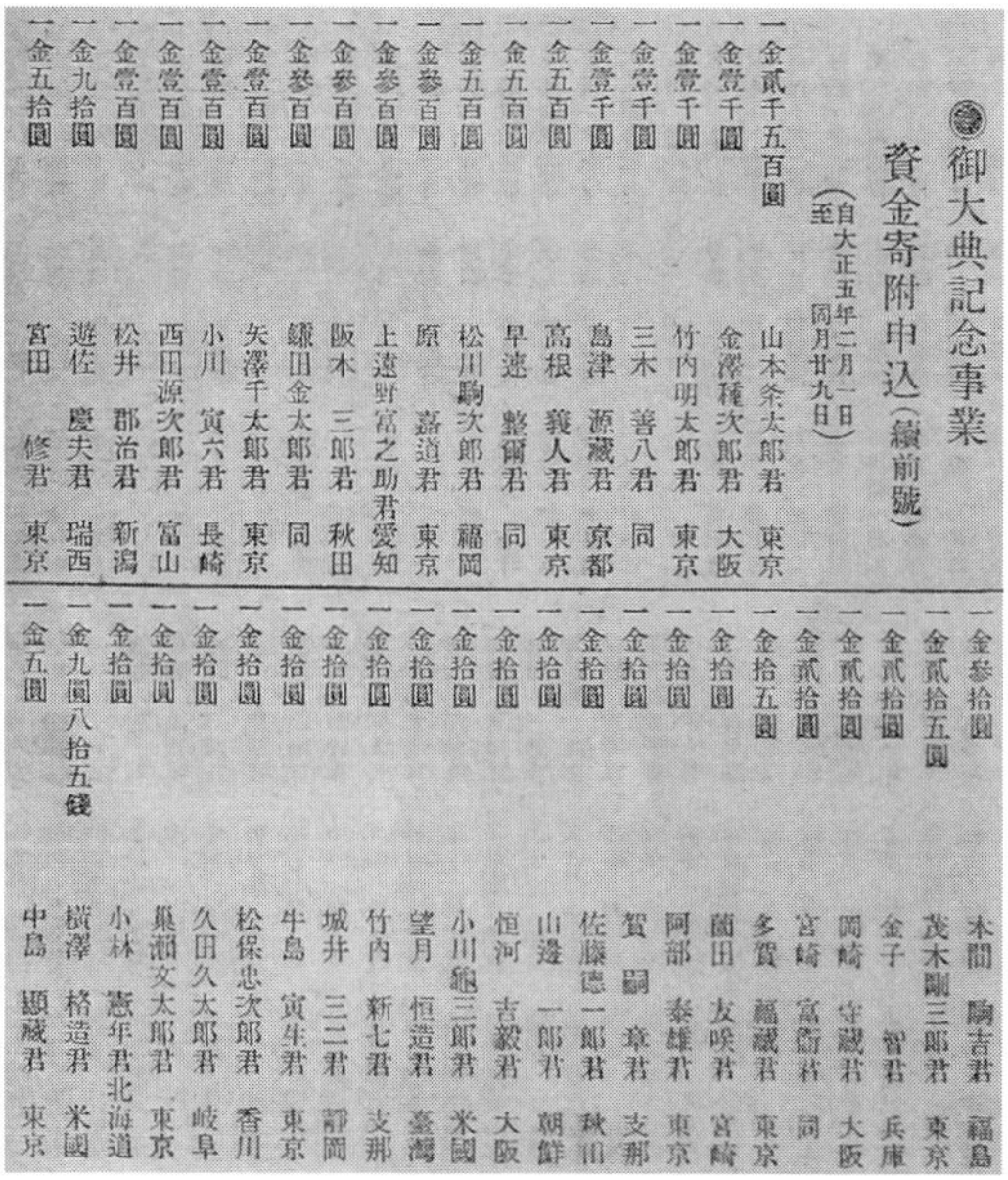

◉御大典記念事業
資金寄附申込（續前號）
（自大正五年二月一日 至同月廿九日）

一金貳千五百圓　山本条太郎君　東京
一金壹千圓　金澤種次郎君　大阪
一金壹千圓　竹内明太郎君　東京
一金壹千圓　三木善八君　同
一金壹千圓　島津源藏君　京都
一金五百圓　高根義人君　東京
一金五百圓　早速整爾君　同
一金五百圓　松川駒次郎君　福岡
一金參百圓　原嘉道君　東京
一金參百圓　上遠野富之助君　愛知
一金參百圓　阪木三郎君　秋田
一金參百圓　鎌田金太郎君　同
一金壹百圓　矢澤千太郎君　東京
一金壹百圓　小川寅六君　長崎
一金壹百圓　西田源次郎君　富山
一金壹百圓　松井郡治君　新潟
一金九拾圓　遊佐慶夫君　瑞西
一金五拾圓　宮田修君　東京
一金參拾圓　本間駒吉君　福島
一金貳拾五圓　茂木剛三郎君　東京
一金貳拾圓　金子智君　兵庫
一金貳拾圓　岡崎守藏君　大阪
一金貳拾圓　宮崎富衛君　同
一金拾五圓　多賀福藏君　東京
一金拾圓　薗田友咲君　宮崎
一金拾圓　阿部泰雄君　東京
一金拾圓　賀嗣章君　支那
一金拾圓　佐藤徳一郎君　秋田
一金拾圓　山邊一郎君　朝鮮
一金拾圓　恒河吉毅君　大阪
一金拾圓　小川龜三郎君　米國
一金拾圓　望月恒造君　臺灣
一金拾圓　竹内新七君　支那
一金拾圓　城井三二君　靜岡
一金拾圓　牛島寅生君　東京
一金拾圓　松保忠次郎君　香川
一金拾圓　久田久太郎君　岐阜
一金拾圓　巣瀬文太郎君　東京
一金拾圓　小林憲年君　北海道
一金九圓八拾五錢　横澤格造君　米國
一金五圓　中島顯藏君　東京

図6－1　御大典基金の寄附者名簿
出典：『早稲田学報』第253号（1916年３月、３頁）。

学創業録』掲載「第一期基金寄附者芳名録」（八三－一〇四頁）、第二期基金が『同』掲載「第二期計画基金寄附者芳名録」（四三－八二頁）および『早稲田学報』掲載「早稲田大学報告」（大正三〜五年度）にある「第二期基金寄附者氏名」[16]、御大典基金が『早稲田学報』第二四九号（一九一五年一一月一〇日）〜同二八〇号（一九一八年六月一〇日）、供託金募集が『早稲田学報』第三〇三号掲載「大学基金寄附者芳名」（一一五－一一八頁）である。

3　寄附金と資産形成

(1)　募集実績

それでは寄附募集事業ごとに、実際の過程を財務分析によって検証しよう[17]。はじめに第一期基金である。**表6-3**は第一期基金について、申込額、実収額、基金勘定より繰り入れられた元受金繰入額（A）、支出額（B）、当該会計年

表6－3　第一期基金の経年実績の試算

年度	申込額（円）	実収額（円）	元受金繰入額(A)（円）	支出額(B)（円）	残額(Σ(A-B))（円）	回収率（%）	達成率（%）
1901（明治34）	159,571	18,352	—	—	—	11.5	6.1
1902（明治35）	117,040	49,091	—	—	—	24.4	22.5
1903（明治36）	23,447	44,087	109,049	159,684	-50,634	37.2	37.2
1904（明治37）	7,881	35,811	33,154	12,469	-29,949	47.8	49.1
1905（明治38）	3,873	29,159	26,777	4,277	-7,449	56.6	58.8
1906（明治39）	2,680	25,605	25,265	33,176	-15,360	64.3	67.4
1907（明治40）	4,186	22,817	13,600	4,480	-6,240	70.6	75.0
1908（明治41）	336	1,415	8,546	2,307	0	70.9	75.4
1909（明治42）	0	1,922	2,796	2,796	0	71.6	76.1
	-56,291	←整理減額	—	—	—	—	—
合計	262,722	228,258	219,188	219,188	0	86.9	76.1

注1：申込額と実収額については「第27回早稲田大学報告」（明治41年9月～明治42年8月）にある「早稲田大学第一期基金寄附申込及実収金額表」（明治34年～明治42年）の金額とした。

注2：元受額は1903～1907年までは建築費勘定を、1908、1909年については資産負債表の元受金の差額を用いた（すべて基金勘定の建築費と同額）。

注3：支出額は1907年までは建築費勘定を、それ以降は基金勘定中の建築費の金額を用いたが、1903年は繰越金（365,639円）、1906～1907年は銀行預金及現金（1,640,203円、3,760,340円を）を第1期計画の支出額から差し引くことでバランスさせた。

注4：回収率の定義式は（実収額の累計／申込額の累計×100）である。

注5：達成率の定義式は（実収額の累計／目標額300,000円×100）である。

出典：『早稲田学報』所載「早稲田大学報告」各年度より著者作成。

度末までの元受金繰入額から支出額を引いた残額、表6－1と同定義の回収率及び達成率の推移を年度ごとに示したものである。これによると、最終的に第二期基金勘定と統合するために整理が為されたが、申込額合計は募集が開始された一九〇一（明治三四）年と翌年とで、二七万六六一一円となっていた。以後、申込額の伸びは鈍化しており、第一期基金では約九年間の募集期間が設定されていたが、その初期に申込者の大勢は決まっていたと理解できる。これに対して実収額は申込額の推移と異なり、年度ごとの金額差がそれほどなく、一九〇一（明治三四）年から一九〇七（明治四〇）年の約七年をかけて徐々に納められていた。そのため回収率及び達成率も徐々に上昇する傾向にあり、初年度の回収率は一一・五％、同じく達成率は六・一％であったのが、最終的には（整理減額後）、回収率が八六・九％、達成率が七六・一％となった。だが実収額の伸びが緩やかであったことは、早稲田の財務に大きな影響を及ぼした。それを示すのが表6-3中の残額である。この試算結果であるものの、一九〇三（明治三六）年の時点で五万円程度の赤字となった。この試算結果を裏付ける証拠として、一九〇三（明治三六）年一二月一六日付の建築費勘定によれば、赤字補填に相等する五万一〇〇〇円の借入金が計上されていた。最終的にその借入金は返済されたが、初期は年度ごとの収支バランスがとれず、寄附金のみで事業計画を遂行することが困難であったと考えられる。また「早稲田大学第二八回報告」によれば、第一期基金の工事計画は三段階に分かれており、第一は図書館書庫及び閲覧室の整備（一九〇二年一〇月竣工。総費用四万七一八八円。以下同じ）、第二は高等予科および大学部商科の校舎教室整備（前者は一九〇三年七月、後者は一九〇四年一二月竣工。合わせて一三万三〇五七円）、第三に講堂その他の整備（一九〇七年四月竣工。三万八九四二円）であった。第一節で指摘したように、当初の事業計画では五万円を建築費に、二五万円を基金化する予定であった。だが第一の整備ですでに当初の建築費予算は費消され、建築費（支出額）総額も二二万九一八八円にまで膨れ上がっていた。つまり基金化構想は、極めて難しかったといえよう。もちろん教育環境の整備は、最優先事項であるから、図書館書庫や閲覧室、高等予科や大学部商科の校舎教室の整備を達成し得た第一期基金は、「成功」に終わった寄附募集事業であったと評価できる。しかし事業計画そのものの評価という観点では、建築費の見積もりの難しさと、それに伴う基金化構想の実現可能性という点で、括弧付きの「成功」であったと評することもできる。

次に第二期基金である。第一期基金同様に試算結果を示したが（表6-4）、第二期基金は一九一九（大正八）年度時点で募集が締め切りとはなっていなかった。だが一九二〇（大正九）年に勘定が一本化されたことで、会計報告が「早稲田大学報告」誌上で確認できなくなる。そのため一九一九（大正八）年までに限って検討する。また支出

表6－4　第二期基金の経年実績の試算

年度	申込額（円）	実収額（円）	元受金繰入額(A)(円)	支出額(B)(円)	残額(Σ(A-B))(円)	回収率（%）	達成率（%）
1907(明治40)	650	—	—	—	—	—	0.0
1908(明治41)	100,516	—	—	—	—	—	0.0
1909(明治42)	304,887	110,460	60,346	71,981	-11,635	27.2	7.4
1910(明治43)	275,469	121,650	77,147	81,640	-16,128	34.1	15.5
1911(明治44)	64,138	88,335	147,188	86,771	44,289	43.0	21.4
1912(明治45)	126,590	139,663	104,692	79,595	69,387	52.7	30.7
1913(大正２)	82,437	72,700	75,991	138,287	7,091	55.8	35.5
1914(大正３)	14,276	72,255	46,864	33,320	20,635	62.4	40.3
1915(大正４)	6,425	44,170	96,578	102,578	14,635	66.6	43.3
1916(大正５)	18,320	44,639	39,604	41,604	12,635	69.8	46.3
1917(大正６)	650	30,062	28,358	—	—	72.8	48.3
1918(大正７)	50	16,555	26,121	—	—	74.5	49.4
1919(大正８)	-30	10,322	7,843	—	—	75.5	50.1
合計	994,378	750,811	710,734	—	—	75.5	50.1

注１：申込額は各年度の基金勘定の貸方（基金申込額）の前年度との差額である。なお1910年度以降には第一期基金繰越額を加算した上での差額である。ただし1907、1908年は基金勘定が存在しないため、『早稲田大学操業録』105頁に記載されている年度ごとの申込額を記載した。

注２：実収額は各年度の基金勘定の貸方（基金申込額）から借方（未収基金額）を減じ、さらにその金額から前年度実収額を減じることで、単年度の金額とした。

注３：元受金は基金勘定の「土地購入費」および「理工科建設費」の合計額である。大正９年より費目名が「基金」で一本化されるため、元受金額は不明。

注４：支出額は1909～1912年、1914～1916年は各年度の『早稲田学報』「早稲田大学報告」上で基金管理委員会が報告した支出額を記載した。1915年度については前掲書に同年度までの総支出額が記載されているのでその金額から、1909～1912年までの金額を減額した金額を表記した。なお1917年度以降は不明である。

注５：回収率の定義式は（実収額の累計／申込額の累計×100）である。

注６：達成率の定義式は（実収額の累計／目標額1,500,000円×100）である。

出典：『早稲田学報』所載「早稲田大学報告」各年度より著者作成。

額については、第一期基金と異なり、建築費勘定は存在しない。だが「早稲田大学報告」にて基金管理委員会より当該年度の支出額が報告されているため、その金額を採用した。まずは申込額であるが、第二期基金は、一九〇七（明治四〇）年一〇月より募集が開始された。当時の会計規定によると、当該年度はその前年九月を期首に、翌年八月を期末としていたから、募集開始時の申込額が反映されたのは、一九〇八（明治四一）年となる。これより表6-4をみると、募集開始後の二、三年の間にかなりの申込が集中していたことがわかる。そして一九一一（明治四四）年には、目標額の半額程度までに到達したのであった。しかし以後は足踏み状態が続いたようで、最終的に申込額は、一〇〇万円に到達できなかった。実収額をみると、第一期基金のそれと同様に、年度ごとに大きなバラつきもなく、徐々に納められていたようである。そのため回収率の伸び方も第一期基金の場合と似ており、毎年ゆるやかに上昇して、最終的には七五・五％となった。この回収率の数値は、整理減額前の第一期基金の数値（七一・六％）と大差ない。したがって早稲田の寄附募集事業では、申込額の概ね七〇％弱程度が回収される傾向にあったといえよう。一方で目標額を一五〇万円に設定したことで、達成率に関しては、第一期基金と大きく異なり、わずか五〇・一％に留まった。基金勘定より繰り入れられた元受金から、実際の支出額を差し引いた残額合計の試算結果をみると、初期こそ赤字がみられたが、一九一一（明治四四）年以降は黒字となっていた。第二期基金は、医科設置を先送りにして理工科設置を優先した事業であったが、一九〇九（明治四二）年七月に理工科高等予科の木造建教室が落成したのを皮切りに、同機械工学科実習工場や仮鋳物工場などの施設設備が順次落成された（早稲田大学編輯部、一九一三、一一一-一一七頁）。また「早稲田大学報告」にある寄附金の使途を報告した「基金管理委員会の決議」からは、設備費等の補充が毎年度行われていた事実を確認できる。[19]管見では、第二期基金の最終的な決算額は確認できない。そこで一九一九（大正八）年度の基金勘定（または貸借対照表）をみると、「土地購入費（元受金）」には二一一万二二五五円、「理工科建設費（元受金）」には四九万八四七九円が計上されていた。この金額はともに当初の計画である土地購入費一五万円、理工科新設費三〇万円を超過していた。したがって第二期基金では、趣意書にあった医科新設や固定基金設立の計画を断念し、より充実した理工科の設置へと方針を転換したのであった。こうした実績から事業計画そのものを検証すると、前述の通り募集開始時の趣意書には理工科と医科の設置を記載していたにも関わらず、実際は医科設置を延期する方向で進めたこと、かつ達成率を五〇・一％に留める結果となった要因でもある一五〇万円という金額を目標額に設定したことは、当初の計画およびその実現可能性に再考の余地があったと考えられなくもないのである。

最後に御大典基金である（**表6-5**）。申込額をみると一九一五（大正四）年九月に募集が開始されたわけだが、翌年度ですでに当初の目標額は超えて、修正後の目標額である五〇万円を超えていた。そして募集は継続中であったが、一九一九（大正八）年時点で実収額の伸びが好調な結果、回収率も年々改善して九〇・九％にまで達し、達成率は一〇〇％を超えた。したがって寄附金の獲得が極めて好調な事業であったと評価できよう。ここで実際の支出額の経年推移から事業計画の検証を行いたいが、第一期および第二期基金と異なり、「早稲田大学報告」に寄附金の使途が記載されていないため、収支バランスの検証が困難である。そこで計画工程を確認すると、御大典基金は研究設備の充実を目的とし、計画工程は全四期（一九一六〜一九二〇年）を予定していたが[20]、大学令による昇格準備や募集事業の好調さに伴う計画変更によって、実際の着工は遅れたようである（早稲田大学大学史編集所、一九八七、二二九—二三一頁）。**表6-6**は、当初の事業計画と、一九二五（大正一四）年時点での経過報告とを比べたものである。すべての使途項目が当初の予定金額を大幅に超過しており、合計額も目標額変更後の五〇万円を超えていた事実を確認できる。とくに図書館新築費は、募集を開始して約九年が経過した一九二四（大正一三）年二月八日開催の維持員会で、建築費概算三〇万円、設備費概算八万円で進めることが可決されたが（早稲田大学大学史編集所、一九八七、一二三二頁）、その金額すらも超過していた。これは御大典基金が好調であったことを受け、教育機能の充実

表6－5　御大典基金の経年実績の試算

年度	申込額(円)	実収額(円)	元受金繰入額(A)(円)	回収率(%)	達成率(%)
1916（大正５）	542,784	159,665		29.4	31.9
1917（大正６）	65,243	134,181	30,655	48.3	58.8
1918（大正７）	24,582	174,979	90,987	74.1	93.8
1919（大正８）	252	106,561	64,683	90.9	115.1
合計	632,861	575,386	186,325	90.9	115.1

注１：御大典基金の具体的な支出額は不明。
注２：元受金は貸借対照表中、「御大典○○元受金」とある勘定科目の他、「御大典記念寄贈土地代」も含めた。
注３：回収率の定義式は（実収額の累計／申込額の累計×100）である。
注４：達成率の定義式は（実収額の累計／目標額500,000円×100）である。
出典：『早稲田学報』所載「早稲田大学報告」各年度より著者作成。

表6－6　御大典基金の支出額の計画と実績の比較

当初計画		1925年時点での経過報告	
使　途	金額(円)	使　途	金額(円)
書庫増築及研究室等新築	124,000	図書館新築費	421,835
特殊研究室等増築	30,000	応用化学科実験実習室新築費	93,600
		機械工学科水力実験室新築費	50,121
研究室内部設備、図書、標本等	86,000	研究室要図書購入費	5,306
恩賜紀念館増築	30,000	恩賜紀念館及附属研究室増築費	46,459
		学生ホール新築資金	24,500
附帯工事	30,000	附帯工事	69,731
合　計	300,000	合　計	711,553

出典：御大典基金に関する「資金募集規定」及び『早稲田学報』第369号（1925年10月発行）より著者作成。

に向けて当初の計画を大幅に変更した施設設備の更新を実行したと考えられる。

以上、供託金募集を除く三つの寄附募集事業について、単年度ごとの収支バランスに考慮し検証してきた。これまでの大学史・高等教育史研究で寄附募集事業の「成功事例」と評されてきた早稲田であるが、回収率や達成率が低いケースが散見された。また最終的な回収率や達成率が高くても、経年推移でみるとゆるやかな伸びであったため、単年度では建築費の支出超過となり、借入金等に頼らざるを得ない場合も確認できた。しかし早稲田の寄附募集事業でみられた最も特徴的な点は、事業計画が当初と実際とで異なり、支出額も計画（見積もり）と実績とで大きく異なっていた点である。第一期並びに第二期基金の建築費は、当初の予定を大幅に超えていた。ゆえに第一期と第二期で構想されていた「基金」の設立は困難であり、計画と実績との間に乖離が見て取れるのである。もちろんどの寄附募集事業も、早稲田の施設設備を更新し、教育環境の充実に寄与したことは疑いようがない。とりわけ御大典基金における計画と実績との乖離は、第一期基金や第二期基金でみられたそれとは性質を異にする。したがって予見し難い寄附募集事業の性質に鑑みれば、これら三つの寄付募集事業はすべて「成功」に値する。また確証はないが敢えて大風呂敷を広げることで、より多くの寄附金を募る目論見であったのかもしれない。だが経営的視点に立って、事業計画の実現可能性という観点で判断すれば、趣意書との乖離は明らかであり、早稲田の事業計画の中には、いささか実現可能性の低い計画が含まれていたともいうことができよう。

(2)　資産の寄附金依存率

ここまで寄附募集事業ごとに収支バランスの観点から検討を行ってきた。次に早稲田大学の資産形成と寄附金との関係について、資産総額に占めた寄附金額の割合を示す寄附金依存率から検討する。だが検討の前に早稲田の場合は寄附金収入により発生した利子収入と、寄附金の回収にかかった募集費（コスト）の試算が可能なので、まずはそれらについて言及しておく。

利子収入は、第一期勘定ではその使途が明らかにされている。「早稲田大学第二七回報告」によると、年度ごとに差異はあるが、一九〇二(明治三五)～一九〇九(明治四二)年度にかけて合計二五六七円の利子収入があり、図書購入費や留学生費にあてられていた。また一九二〇(大正九)年度以降の貸借対照表には、基金収益金の費目があり、同年度は基金額二六四万四三五八円に対して、一九万二〇九六円(七・三%)、一九二五(大正一四)年では基金額二六八万二二四九円に対して、三四万六六七九円(一二・九%)と増加している。貸借対照表の資産項目に注意すると、銀行預金及現金の金額が小さい一方、有価証券等の金額が大きい傾向にあるから、払い込まれた寄附金を現金で管理せず、有価証券に転ずることで、一定程度の基金収益金を得ていたと推察する。

一方コストである募集費は、寄附金からの支出を認めず経常費から支出されていた。当時の帳簿によるとその内訳は、給料手当・旅費・器具費・通信費・印刷費・会議費・雑費等であった[21]。財務諸表において募集費の名称は年度ごとに若干異なるが、「基金募集費」などの名称で収支決算表に計上されていた。そこから基金募集費一円当たりの実収額を算出した。**図6-2**によると短期間で高額の寄附金を回収した供託金募集が実施された一九二〇(大正九)年度は例外として、初期は概ね一〇円前後を推移していた。そして第二期基金と御大典基金とが並行して進められた一九一六(大正五)年ごろから、急激に一円当たりの回収額が増加し、費用対効果が高まっていった。

それでは寄附金依存率から、資産総額の推移と寄附金の関係性を検討しよう。ここでも第四章の慶應の場合と同様に、資産総額に占めた寄附金の割合を数値化した寄附金依存率という分析指標を用いる。だが一九二〇(大正九)年に会計制度が変更されたため、寄附金依存率の算出のために用いた貸借対照表上の費目名称には変更が生じた。そこで寄附金依存率の定義式を次のように整理しておく。

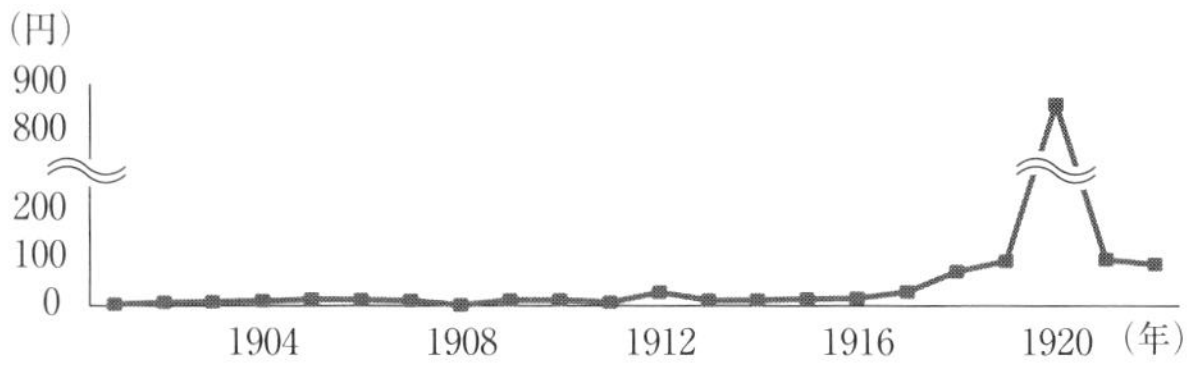

図6－2　募集費一円あたりの実収額

注：1920（大正９）年度は１円あたり856円。

出典：『早稲田学報』所載「早稲田大学報告」各年度および著者作成データベースより作成。

寄附金依存率＝四つの寄附募集事業による寄附金合計額／資産総額×一〇〇［%］

【寄附金合計額に用いた費目名称】

一九一九（大正八）年以前：貸方に計上された各寄附募集事業の「元受金」の合計

一九二〇（大正九）年以後：貸方に計上されたすべての寄附募集事業に拠る寄附金を一本化した「基金」の金額（一九二六年のみ「基金部受入金」）

これより一九一九（大正八）年度以前とそれ以降とで、若干の違いが生じる可能性を否定できない。というのも「元受金」は実収額であるが、「基金」は借方に「未収基金」が計上されたように、申込額であるからである。ただし当時の早稲田ではこの未収基金を機関が寄附者に請求できる債権と認識していた。沿革史もその考えを踏襲しているため（早稲田大学大学史編集所、一九九二、六〇六頁）、本章では上述の定義に従って寄附金依存率を算出することにした。なお第二章において、上述の寄附金依存率と類似した数値を示した（表2-7）。だがそれには上で定義した「基金」以外の寄附金も含まれているため、本章で示した寄附金依存率とは数値が若干異なる。

まず資産総額の推移を確認しよう。図6-3より資産総額は年々逓増したが、一九二〇（大正九）年と一九二五（大正一四）年に顕著な伸びがみられた。貸借対照表の資産科目によれば、一九二〇（大正九）年は銀行預金及現金が前年度一〇万二九

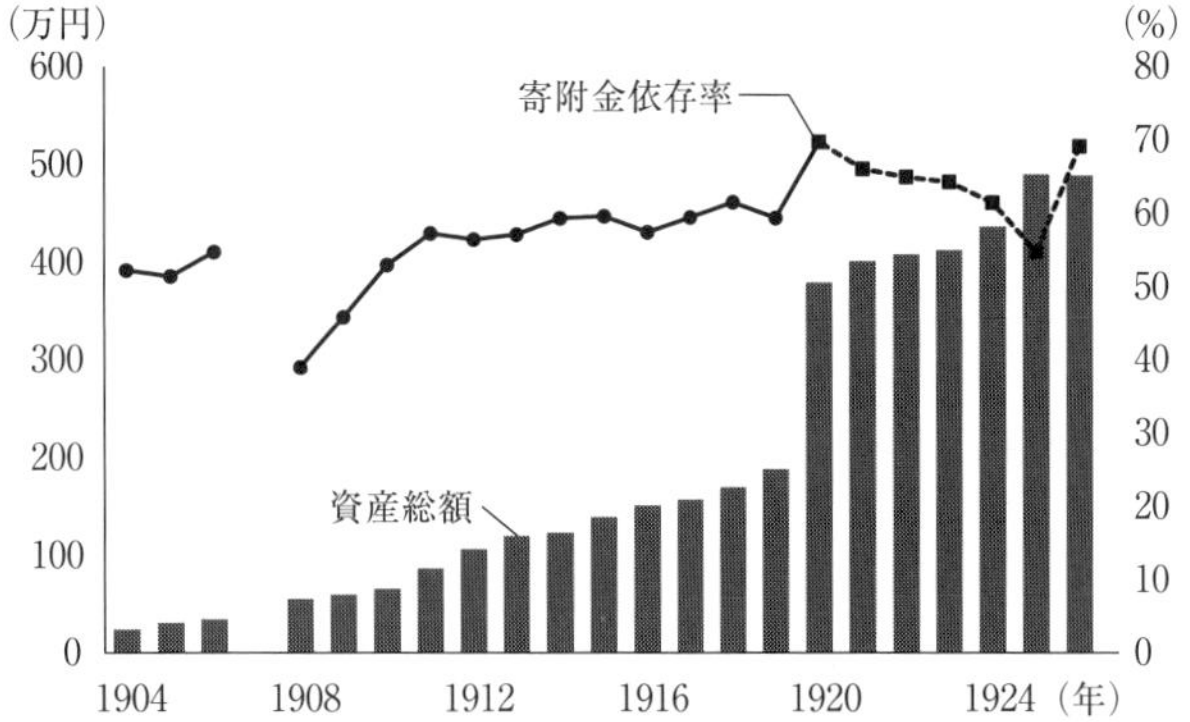

図6－3　資産総額と寄附金依存率の推移：早稲田

注1：資産負債表が作成されたのは1904年度からである。
注2：1907年度については管見の限り、財務史料が存在しない。
出典：「早稲田大学報告」各年度より著者作成。

四四円から三二万九八二三円へと拡大（三・二倍）していた。また有価証券も、前年度の有価証券三万円に、供託分を含めたそれが加算されたため、二九万一二四〇円にまで拡大した（九・七倍）。他に土地資産額が五五万一一三円から八六万九二五六円へと一・六倍、建物資産額が七〇万五九二円から一〇八万一二八九円へと一・五倍増え、他に基金勘定より未収基金五六万七八一五円が計上された。銀行預金及現金ならびに有価証券の増加は、間違いなく供託金募集が要因であり、土地や建物は、高等学院校舎や大学構内および運動場にある戸塚町有地の購入が要因だと推察される（和田、一九七七）。また一九二五（大正一四）年の急増は、建物が前年の一三八万一〇五七円から一九三万二六三円へと一・四倍増えたことが原因であった。これは表6-6に示したように、御大典基金によって図書館や各種実験室、学生ホール等が建設されたためであった。

そこで図6-3から寄附金依存率をみると、一九〇八（明治四一）年に三八・九％と最も低い値となった。だがそれ以降は上昇し、一九一九（大正八）年の会計制度変更前までは約六〇％前後で推移した。そして変更後の一九二〇（大正九）年には、六九・七％と分析期間において最も高い値を示した。一九二五（大正一四）年に借入金が増えて負債が増加したことで落ち込むものの、一九二六（大正一五）年には再び六九・一％にまで上昇した。このように年度ごとに変動はあったものの、寄附金依存率は平均して約六〇％を示していた。大正期に入ってもしばしば赤字経営に見舞われた早稲田にとって、寄附金は機関の資産形成や経営の維持発展に極めて重要な財源であったことが理解できるのである。

4　寄附募集事業の成功要因

（1）景気動向

前節では機関財務の観点から寄附金が早稲田の資産形成に寄与したことを確認した。そこで本節では早稲田が多額の寄附金を回収し得た要因を、機関内外の要因に分けて検証する。

第一に外部要因である景気動向だが、**図6-4**は第四章で用いたものと同一のものである。国民総生産の対前年増加率（三ヵ年移動平均値）を示したもので、図中に別途、四つの寄附募集事業開始時の西暦と増加率を示した。この間の日本経済の景気変動が激しかったことは第四章でも指摘したが、これによると第一期基金は、日清戦争後の第二次戦後恐慌（一九〇一～一九〇二年）時に募集が開始されたことが確認できる。第一期基金の申込額は最初の二年でかなりの部分を占めたことを前節で指摘したが、こうした景気後退の時期にありながら多くの寄附を募ることに成功したのであった。他方で実収額は七年かけて徐々に回収した事実を確認したが、それは図6-4によれば景気が上向く中で払い込まれたのだと考えられる。続く第二期基金は、日露戦争後の戦後恐慌（一九〇七～一九〇八年）が深刻化していく最中に募集が始まった。募集開始三年目の一九〇九（明治四二）年には、対前年増加率は一・六％にまで落ち込んでおり[22]、第二期基金は未曾有の不景気の中で巨額の目標額を設定した寄附募集事業であったと理解できる。したがって達成率五〇・一％という結果はやむを得ず、むしろ厳しい環境下で健闘したとも評するこ

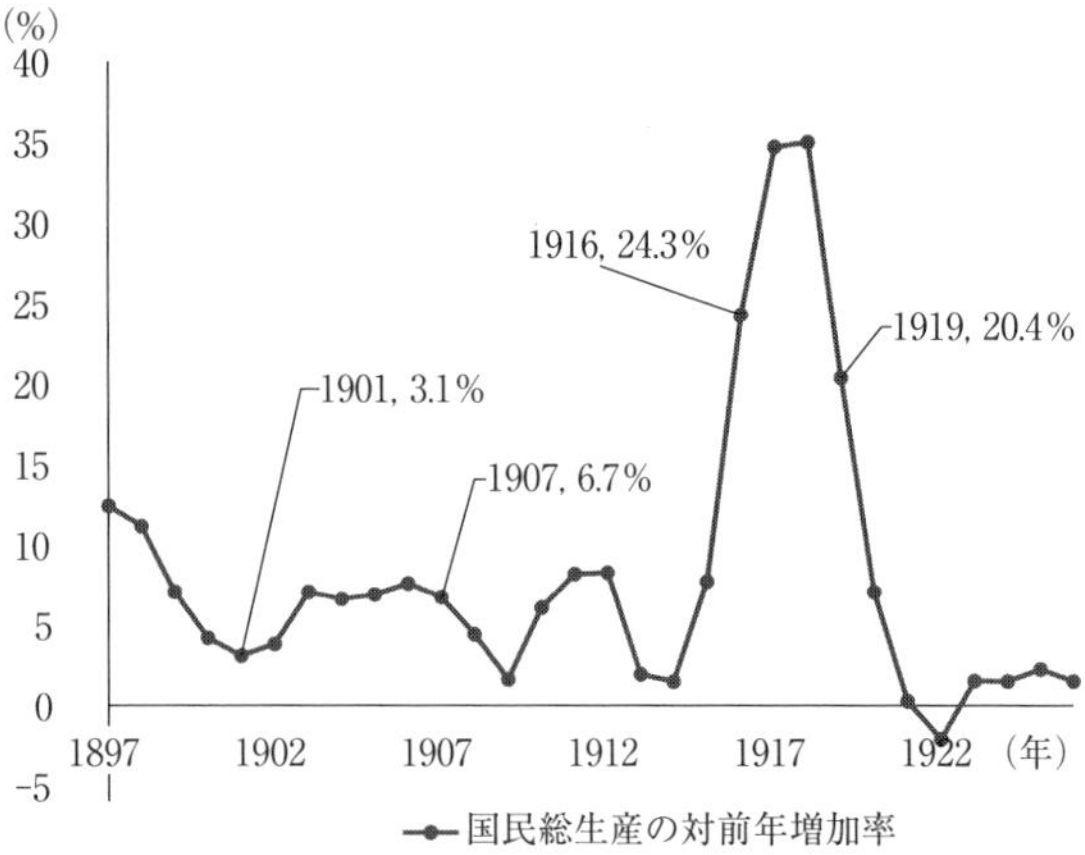

図6－4　国民総生産の対前年増加率

注：数値は国民総生産の三ヶ年移動平均値の対前年増加率である。
出典：『近代日本経済史要覧』２頁の主要経済指標より著者作成。

とができよう。

最後に御大典基金と供託金募集であるが、両者はともに大戦景気（一九一五～一九二〇年）の中で実施されており、募集開始時の国民総生産の対前年増加率は、御大典基金が二六・四％、供託金募集が二〇・四％であった。御大典基金は最良の景気動向の中で募集が行われ、供託金募集は大戦景気に陰りが見え始めた頃ではあったものの、景気が底となる前の短期間に、少数の寄附者から募っていたのであった。したがって両募集は、時宜にかなっていたと理解できるのである。

以上を踏まえると、御大典基金や供託金募集に対して、第二期基金は景気が減速していく中で実施された事実を確認でき、それが寄附金獲得に際してみられた困難の一つの要因であったと考えられるのである。

(2)　寄附者の特徴

次に内部要因の検討として、寄附者の特徴を検証する。寄附申込者個人を対象とする前に、まずは寄附申込者の全体的な特徴を把握するべく、著者が作成した寄附申込者データベースを用いて、申込金額の多い上位一〇の道府県を確認しておく。

表6-7より全体的な特徴を二つ挙げる。第一は、東京在住者の申込金額が、四つの寄附募集事業すべてにおいて、金額・人数ともに多くの部分を占めたことである。とくに短期間で募集を行った供託金募集では、申込額全体の七一・一%を占めており、その傾向が顕著であった。だが慶應の場合（表4-6）と比べると、東京が占めた割合はそれほど大きくはない。慶應では三つの寄附募集事業すべてで東京在住者の申込金額が申込額全体の六〇%を超えていたが、早稲田では供託金募集を除くと、御大典基金でかろうじて六〇・一%であり、第一期および第二期基金に関しては五〇%以下となっていた。また第二期基金では東京在住者の申込者数は全体の二一・一%と、人数比でも少数であったことがわかる。

第二は、東京に加えて、大阪、神奈川、兵庫の申込実績が常に良好であったことである。兵庫に多少の変動がみられたが、大阪、神奈川は常に四位以内に位置していた。東京を加えた四都市の金額と人数の割合を合算すると、第一期基金で七三・七%（人数は四三・二%、以下同様）、第二期基金で六六・五%（三七・五%）、御大典基金で八五・一%（六五・七%）、供託金募集で八九・二%（八〇・七%）であった。これより明治期に実施された第一期基金と第二期基金と比べて、大正期に実施された御大典基金や供託金募集では、広く全国から寄附金を集めつつも、これら四都市に金額、人数ともに、より強く依存していた実態が読み取れる。

以上、地域性から寄附申込者の全体的な特徴を概観したが、次に寄附者個人に注目して考察を行いたい。だが著者が作成した寄附申込者データベースから一度以上寄附を行った者を算出すると五〇一九名となり、その全員の詳細を検証することは不可能である。そこで、寄附申込者のリピート回数と寄附金額という観点から分析対象者を限定する。手順としてはまず対象を四つの寄附募集事業中、三つ以上の寄附募集事業で寄附を行った人物一四四名に限定する。次に一九〇〇（明治三三）年基準で物価調整して申込額の合計が一五〇〇円以上となる計五七名を抽出し、その五七名を大口寄附者として分析対象に設定した。(23) 表6-8はその五七名の大口寄附者を一覧にしたものであり、**表6-9**はその五七名を早稲田の卒業生であるか否か、そして学内での役職および職務（理事、維持員、評議員、教職員等）を有したか否かという点から整理したものである。これより複数回寄附を申し込んだ大口寄附者の特徴を三点述べる。

表6-7　申込金額上位10道府県の金額と人数

順位	第一期基金					第二期基金					御大典基金					供託金募集				
	地域	金額		人数		地域	金額		人数		地域	金額		人数		地域	金額		人数	
		円	%	人	%		円	%	人	%		円	%	人	%		円	%	人	%
1	東京	127,030	50.0	469	30.0	東京	435,773	45.4	579	21.1	東京	372,657	60.1	708	49.0	東京	725,050	71.1	57	52.3
2	神奈川	30,272	11.9	62	4.0	大阪	101,780	10.6	184	6.7	兵庫	76,106	12.3	55	3.8	神奈川	116,000	11.4	10	9.2
3	大阪	23,427	9.2	94	6.0	神奈川	58,205	6.1	80	2.9	大阪	48,930	7.9	158	10.9	大阪	55,000	5.4	12	11.0
4	新潟	15,638	6.2	123	7.9	兵庫	42,245	4.4	187	6.8	神奈川	30,193	4.9	29	2.0	佐賀	50,000	4.9	1	0.9
5	兵庫	6,460	2.5	50	3.2	新潟	32,729	3.4	230	8.4	石川	7,520	1.2	5	0.3	石川	20,000	2.0	2	1.8
6	富山	4,772	1.9	82	5.2	福岡	28,523	3.0	63	2.3	山梨	5,440	0.9	7	0.5	福岡	15,000	1.5	3	2.8
7	北海道	3,742	1.5	64	4.1	中国	25,708	2.7	110	4.0	長崎	5,385	0.9	21	1.5	兵庫	13,000	1.3	3	2.8
8	岡山	3,599	1.4	21	1.3	北海道	18,446	1.9	149	5.4	京都	2,030	0.3	7	0.5	岡山	10,000	1.0	1	0.9
9	京都	3,340	1.3	18	1.2	栃木	16,375	1.7	91	3.3	福岡	1,508	0.2	47	3.3	熊本	7,650	0.8	9	8.3
10	秋田	2,694	1.1	29	1.9	長崎	15,790	1.6	58	2.1	愛知	1,493	0.2	59	4.1	山口	5,000	0.5	1	0.9
上位10	小計	220,974	87.1	1,012	64.7	%	775,574	69.9	1,731	63.0	%	551,261	88.8	1,096	75.8	%	1,016,700	99.7	99	90.8
全体	合計	253,842	100	1,563	100	%	959,422	100	2,747	100	%	620,511	100	1,445	100	%	1,019,280	100	109	100

注：寄附者名簿より算出した数字であるため、第一期基金、第二期基金、御大典基金の全体合計額は、表6－3～6－5の申込額の数値と差異がある。
出典：寄附者名簿データベースより著者作成。

表6－8　三つ以上の寄附募集事業に申し込んだ大口寄附者の一覧

No	氏名	出身	役職	第一期基金	第二期基金	御大典基金	供託金募集	No	氏名	出身	役職	第一期基金	第二期基金	御大典基金
1	三井八郎右衛門	その他		15,000	50,000	30,000	100,000	30	福島浪蔵	その他		200	1,500	1,000
2	原富太郎	早稲田	有	3,500	20,000	5,000	50,000	31	渡辺福三郎	その他		200	500	1,500
3	村井吉兵衛	その他	有	1,000	12,000	15,000	30,000	32	砂川雄峻	その他	有	1,000	1,000	700
4	茂木惣兵衛	その他		1,500	10,000	5,000	30,000	33	伊藤長次郎	その他		300	1,000	1,000
5	渋澤栄一	その他	有	3,000	20,000	5,000	20,000	34	上遠野富之助	早稲田	有	300	2,000	300
6	小池国三	その他		200	1,500	27,500	10,000	35	八木与三郎	その他		500	1,500	500
7	増田義一	早稲田	有	300	10,000	5,000	20,000	36	早速整爾	早稲田	有	1,000	1,000	500
8	大橋新太郎	その他	有	2,000	10,000	5,000	10,000	37	市島謙吉	その他	有	1,000	1,000	500
9	前島密	その他	有	2,000	3,000	2,000	15,000	38	小川為次郎	その他	有	500	1,000	700
10	服部金太郎	その他		500	5,000	5,000	10,000	39	山澤俊夫	早稲田	有	1,000	1,000	300
11	浦辺襄夫	早稲田	有	150	1,000	3,000	10,000	40	大塚伝三郎	その他		700	1,200	100
12	内藤久寛	その他	有	500	1,000	2,000	10,000	41	田中唯一郎	早稲田	有	500	600	500
13	増田増蔵	その他		500	1,000	2,000	10,000	42	野村勘左衛門	その他		500	1,000	200
14	中村房次郎	その他		500	1,000	1,000	10,000	43	秋山忠直	その他		500	1,000	200
15	岡崎藤吉	その他		500	100	13,000		44	渡辺亨	早稲田	有	200	1,000	300
16	今西林三郎	その他		150	1,500	1,500	5,000	45	木村長七	その他		200	500	500
17	斉藤和太郎	早稲田	有	200	1,000	500	5,000	46	塩澤昌貞	早稲田	有	200	500	500
18	金澤種次郎	その他	有	500	2,000	1,000	2,000	47	浮田和民	その他	有	200	700	300
19	志村源太郎	その他		100	500	2,000	2,000	48	上原鹿造	早稲田	有	200	350	500
20	池田龍一	早稲田	有	200	1,500	500	2,000	49	小松林蔵	早稲田		120	380	500
21	高田早苗	その他	有	2,000	3,000	1,000		50	平田亀之助	その他		100	1,000	100
22	天野為之	その他	有	2,000	2,000	1,000		51	井上辰九郎	早稲田	有	300	500	300
23	木村清四郎	その他		100	500	200	2,000	52	中村進午	その他	有	300	500	300
24	大谷嘉兵衛	その他		1,000	1,000	2,000		53	大森慶次郎	その他		500	500	200
25	中野武営	その他	有	300	3,000	1,000		54	本山彦一	その他		100	300	500
26	石井政吉	早稲田		100	300	200	2,000	55	金子馬治	早稲田	有	200	500	300
27	坪内雄蔵	その他	有	2,000	2,000	500		56	宮川鉄次郎	早稲田	有	300	500	200
28	阿部彦太郎	その他		500	1,500	1,500		57	坪谷善四郎	早稲田	有	300	500	200
29	土居通夫	その他	有	500	1,500	1,500								

注１：出身欄の「その他」は、早稲田以外の教育機関を修了した人物や、高等教育を修了していないことを意味する。
注２：役職欄の「有」は、学内で教職員や役職に就いていることを意味する。
注３：中村房次郎（No.14）が維持員の職につくのは1933年からであり、寄附金申込時にはその職になかったので、役職はなしとした。
注４：小池国三（No.６）や服部金太郎（No.10）は早稲田に対する長年の功績を功績を讃えられ、「校賓」の称号を与えられたが、それについては役職とみなしていない。
注５：上記57人は三事業の申込額を物価調整し、その金額の合計が高い順に選定した。ただし表中では物価調整前の寄附者名簿に記載された申込金額を表示しているため、その金額を合算しても順番通りとはならない。
注６：No.30～57は供託金募集に寄附をおさめた様子がない。
出典：寄附者名簿データベースおよび『校賓名鑑』、『人事興信録』（第３、４、７版）等より著者作成。

表6-9　三つ以上の寄附募集事業に申し込んだ大口寄附者の分布

出身	学内役職	人数	第一期基金	第二期基金	御大典基金	供託金募集
早大卒業	あり	16人	8,850円 3.4%	41,950円 4.4%	17,900円 2.9%	87,000円 8.5%
	なし	2人	220円 0.1%	680円 0.1%	700円 0.1%	2,000円 0.2%
	小計（A）	18人	9,070円 3.5%	42,630円 4.4%	18,600円 3.0%	89,000円 8.7%
早大非卒	あり	16人	18,800円 7.3%	63,700円 6.6%	37,500円 6.0%	87,000円 8.5%
	なし	23人	24,350円 9.4%	83,600円 8.7%	96,500円 15.6%	179,000円 17.6%
	小計（B）	39人	43,150円 16.7%	147,300円 15.4%	134,000円 21.6%	266,000円 26.1%
57人合計（A+B）		57人	52,220円 20.2%	189,930円 19.8%	152,600円 24.6%	355,000円 34.8%
全体			258,842円 100% 1,563人	959,422円 100% 2,747人	620,511円 100% 1,445人	1,019,280円 100% 109人

注1：大学部に限らず早稲田で学んだ人物はすべて早稲田卒業とみなした（前身の東京専門学校時代も含む）。
注2：学内役職とは、学内で評議員、教職員等についた人物のことである。
注3：物価調整済金額は57名の選定に用いており、表中の金額は、調整前の数字である。
注4：全体集計値（金額と人数）は寄附者名簿データベースより算出された数値であり、表6-1の申込額と若干異なる。
出典：寄附者名簿データベースおよび『校賓名鑑』、『人事興信録』（第3、4、7版）等より著者作成。

第一点は、わずか五七名の寄附者で、申込総額の二〇～三〇%弱を占めたことである。第一期基金は全体比三・六%（五七人／一五六三人）の人数で申込総額の二〇・二%に達し、以下順に第二期基金は全体比二・一%（五七人／二七四七人）で一九・八%、御大典基金は全体比三・九%（五七人／一四四五人）で二四・六%、供託金募集に関しては表6-8より全体比一九・三%（二一人／一〇九人）で三四・八%に達していた。表6-8の大口寄附者一覧をみて分かるように、半分より上位にランクインした面々は、高額かつ四つの寄附募集事業すべてで寄附を申し込んだ事実が確認できる。早稲田では、こうしたリピーターとなる大口寄附者を募ることに成功していたと考えられるのである。

第二点は、その複数回寄附を納めた大口寄附者のうち、半数以上の三九名が、早稲田卒業者（以下、非早稲田卒）ではなかったことである。早稲田卒業生は一八名確認できた。だがその一八名の寄附申込額の合計（表6-9中の小計（A））より、非早稲田卒のそれ（小計（B））がすべての寄附募集事業において高額であった。

さらに第三点は、その非早稲田卒のうち、学内で理事、維持員、評議員、教職員等といった役職に就いていない者（以下、学内役職無）が、役職を持つ者（以下、学内役職有）を人数及び申込金額ともに上回ったことである。非早稲田卒をみると、学内役職有が一六名、学内役職無が二三名とわずか七名の差であったが、申込金額でも学内役職無の合計額が上回っていた。この事実は上の第二と合わせれば、第三章の慶應でみられた「卒業生かつ学内に役職や職務を持つ人物が大口寄附者の中心」という事実と、正反対の結果であった。

そこで表6-8から非早稲田卒の構成を確認すると、学内役職有には高田早苗（No.21：早大総長、教員、文部大臣）、天野為之（No.22：早大学長、教員）、坪内雄蔵（No.27：維持員、教員）、市島謙吉（No.37：維持員、職員）、浮田和民（No.47：維持員、教員）といった人物が名を連ねており、学内役職無には三井八郎右衛門（No.1：三井財閥）、茂木惣兵衛（No.4：実業家）、小池国三（No.6：小池合資会社）、服部金太郎（No.10：服部時計店、現在のセイコー）、中村房次郎（No.14：実業家）等が上位に名を連ねていた。彼らは母校でもない早稲田になぜ巨額の寄附を行ったのか。学内役職の有無から分けて考察すると、学内役職有の面々は強制的ではなかったにせよ、暗に寄附金を強いられていたと推察できなくもない。というのも学内役職有のうち、先に名前を挙げた高田早苗や天野為之といった面々は、役職者としても教員としても早稲田の「看板」ともいえる存在であり、各寄附募集事業の先頭に立って活動していた人物である。詳細は後述するが、彼らは各寄附募集事業の企画から実践までのすべてを計画し、全国遊説を積極的に行い、一般の人々にも寄附を呼びかけていた。とくに高田は「金の事で人に頭を下げる位ならば、所謂疏食を飯ひ水を飲む方が増しであるといふのが、私の性格だか心情だかである」[24]と述懐していた。これは翻せば、高田はもちろん彼ら自身が、まずは寄附を行う（身銭を切る）のは当然であった。また給与帳簿をみると、毎月一定額が月俸より天引きされていた事実も確認できる。[25]つまり彼らにとって相応の寄附を行うことは早稲田への想いも然ることながら、いわゆる義務でもあり、職責を果たす上でも当然であったのである。

他方で学内役職無の面々には、そのような義務は一切ない。そして彼らに関する自伝、言説等から判断する限り、別段、早稲田への寄附金申込理由を確認することはできない。そのため寄附募集事業への参加に際して、これら「部外者」に内発的な動機があるとは考えにくく、何らかの外発的な力が働いたと推察することが可能である。そこで注目されるのは、表6-8中にある渋澤栄一（No.5）の存在である。渋澤は第一期基金で三〇〇〇円の寄附を行ったが、第二期基金では大隈重信との親交から、基金管理委員会の委員長に就任した。近代日本における資本主義の父とも称された渋澤は、財界に広く太い人脈を有しており、委員長として多くの実業家を勧誘した。さらには各種会合の場で自ら寄附金額を申告し、他の実業家にその場で寄附金の納付を即決させたという逸話がある。[26]とくに第二期基金は、学理よりも応用を重視した理工科設置が目的であったから、国家にも実業界にも有益であり（高田、一九二七、四六九頁）[27]、渋澤の要請に賛同した人物も多かったと考えられる。こうした渋澤の行動が、「部外者」ともいえる大口寄附者の開拓に寄与したことを、実証することはできない。だが大口寄附者を一人開拓することは、リピート性や他の潜在的な寄附申込者を開拓するといった点で、寄附募集事業の実績に大きく影響をおよぼした可能性が高かった。その意味で渋澤の存在は、早稲田の寄附募集事業の遂行に欠かせなかったと推察できるのである。

(3) 募集体制と実践活動

最後に早稲田が、寄附募集事業に際して整えた募集体制と、さまざまな実践活動（取り組み）について検討する。それぞれの事業計画が、維持員会および評議員会の主導によって策定されていたことは、本章第一節で述べた。だが実際の募集活動は、役員、教職員、同窓会組織である校友会、早稲田を支持する財界人を組織化して実施されていた。第一期基金の趣意書とともに発表された「早稲田大学基本資金募集手続」および「募集委員規定」によれば、評議員と校友会幹事を基金募集委員に任命し、中央校友会の推薦から前島密を委員長として、募集委員会が設置された。この募集委員会は、資金募集に関する事務を早稲田本部から委託されており、別途、資金管理委員も任命され、資金の取扱（管理）に関する権限を有していた[28]。続く第二期基金では、その資金管理委員に相当すると推察される基金管理委員長に渋澤栄一が就任した。渋澤は同委員を務めた前島密、森村市左衛門（森村財閥）、安田善三郎（安田財閥）、村井吉兵衛（タバコ製造業）、中野武営（東京商業会議所会頭）、大橋新太郎（博文館創設者）といった財界のキーパーソンと協同して、政財界の要人を開拓する組織的な体制を作り上げた。この基金管理委員会は、若干の人員交代を経ながら御大典基金など以後の寄附募集事業にも大きく貢献し[29]、東京や地方都市に置かれた中央委員及び地方委員、さらには地方校友会と連携を図って募集活動を行っていたと考えられる。また校友会は、年に二度、東京で校友会大会を開催した他、地方での会合も頻繁に行っていた。組織化した卒業生集団が、寄附募集事業を後援していたのであった[30]。

次に具体的な実践活動を二点述べておく。第一点は、広報活動の充実である。これは慶應の場合と同様であり、早稲田でも広報誌である『早稲田学報』を媒体に、寄附募集事業について逐一情報を発信し、寄附者の開拓や意思疎通を図っていた。図6-1のように、金額の多寡に関係なく寄附申込者の氏名、所在地、金額が誌面に掲載された。また中央で行われた各種催しや、地方校友会の活動内容も報告された。『早稲田学報』は、明治後半には六〇〇〇人を超えていた校友全員に頒布されており、[31] こうした取り組みは、寄附募集事業の現状を広く関係者間に共有させ、寄附金を獲得する上で極めて有用であったと推察される。

第二点は、高田早苗を中心に早稲田を支えた中心人物が、日本全国に赴き募集活動を展開したことである。衆議院議員や貴族院議員、または企業家といったいわゆる「上層」の人物を対象とした募集活動を行う一方で、高田早苗、天野為之、市島謙吉（図書館長、基金部長、理事等を歴任）、田中唯一郎（幹事）らを中心に、地方遊説がかなりの回数で実施されていた。『早稲田大学創業録』（九一―一〇一頁）には上記の人物を中心とする募集委員が、六ヶ年にわたって歴訪した地域が報告されており、『早稲田大学百年史』第二巻（二八七―二九四頁）には総長大隈も東海・関西地方で遊説を行ったとある。早稲田では一八八六（明治一九）年に講義録を発行し、一八九三（明治二六）年からは教員が地方で校外教育（巡回講話）を行うといった「大学教育普及事業」の実績があり評価を得ていた。[32] 表6―7でみたように実際の申込金額は東京を中心に、大阪、神奈川、兵庫などいくつかの地方都市に集中していたが、地方校友会と連携しながら日本全国で早稲田の要人が遊説を行ったことは、早稲田の名を全国に浸透させるとともに、寄附金回収の点でも利点があったと推察される。[33]

以上、特筆すべき実践活動を二点挙げたが、他にも寄附募集事業成功のためのさまざまな工夫が確認できる。第一期基金および第二期基金と異なり御大典基金では、分割納付期限を五年から三年へと短縮して回収率を上げるとともに、学生にも寄附を求めて母校に対する寄附金納付の重要性を涵養した。また同じく御大典基金では、募集体制の箇所で指摘した地方の募集委員に対して、別途、早稲田大学学長の名で「募集内規」なるいわゆる「手引」を示していた。一部簡潔に述べれば、①地方校友会を開催すること、②賛助員、（既納）寄附者、在学生父兄の名簿を大学から送付するので、開催する校友会には漏れのないよう関係者を集合させること、③その校友会の席上で拠出額を定めること、④金額の多寡に関係なく、各自の事情に応じて全員から寄附を募ること、⑤校友会には大学教職員または中央校友会より委員を派遣するので、日程の打ち合わせを行うこと、といった内容であった[34]。こうした校友会を巻き込んだ実践活動が、実際の寄附金獲得に寄与した程度を検証することは難しい。だがこうした実態は、早稲田が広く一般から寄附を募ることを重視し、そのための募集体制および手段が組織の末端まで徹底されていたこと、そしてそれを実践する組織を有していたことを示しており、早稲田が事実上、寄附金獲得体制・組織なるものを有していたことを示している。

5　早稲田の寄附金と経営

本章では、早稲田が明治後期から大正期に行った寄附募集事業に着目し、寄附金分析によって分析期間における早稲田の経営実態について考察してきた。これまでの考察結果をまとめると、早稲田では資産総額に対する寄附金依存率が平均して約六〇％を推移しており、寄附金は、早稲田の資産形成や経営の維持発展に極めて重要な財源であったこと、一方で事業計画の実現可能性という観点で評価した場合、とりわけ第一期基金と第二期基金では計画と実績との間に乖離があり、当初の計画をすべて実現することは不可能であったことが、分析より明らかになった。また寄附募集事業の成功要因については、外部要因として景気動向が強く影響していたことは第二期基金の苦戦から明らかであり、他方で内部要因として各寄附募集事業で大口寄附を行った人物の特徴を調べたところ、早稲田では慶應と正反対である、非卒業生かつ学内で身分を持たなかった人物が多額の寄附金を納めていた事実を確認した。本章ではその背景に、基金管理委員長として財界の要人をつなぎとめた渋澤栄一の存在が無視できないことを仮説的に提示した。また同窓会組織である校友会と連携し、高田早苗や天野為之といった著名な教員を地方に派遣して、広く全国から寄附を募ったこと、さらにそうした募集体制および活動を広報活動や内規によって周知徹底させ、寄附金獲得の改善に努めていたことを明らかにした。

以上の検討結果を考慮すると、これまでの大学史・高等教育史研究で語られてきた「寄附募集事業の成功事例としての早稲田」という見解には、若干の注記が必要であることが分かる。たしかに寄附金依存率からも自明なとおり、寄附金は早稲田が専門学校令の下で大学を自称し、大学令によって正式な私立大学となる上で必須の財源であったことに疑いようはない。授業料収入とは異なる財源を調達し、それを教育インフラの充実を目的に適切に配分することで、機関の教育機能の向上を図ったのであった。だが供託金募集を除いて事業計画と実績の間には大きな乖離がみられたこと、非卒業生かつ学内に役職を持たない人物が大口寄附者であったことは、これまでの先行研究等でほとんど指摘されてこなかった事実であり、寄附募集事業からみた早稲田の経営実態に関する特徴的な点を示しているといえよう。

注

（1）序章でも指摘したが、早稲田の寄附募集事業については、沿革史および沿革史の該当部分を執筆した染谷（一九九二）による研究がある。本章の記述および見解は、史料の制約上からそれらを参考にした箇所も多く（注2参照）、同一見解となった箇所も多いことを予め断っておく。ただし本章の分析の中核である第三、四節は、染谷が用いていない分析指標や視点によって考察を行っており、当該時期における早稲田の経営実態をより詳細に把握することになる。

（2）早稲田大学の経営部門の管理運営機関であった維持員会および評議員会の議事録は、現在のところ外部に閲覧が許可されていない。したがって本章第一節の寄附募集事業の策定に関する既述の多くは、『早稲田大学百年史』（第一巻〜第三巻）および『同』（総索引・年表）の記述を参考にしている。ただし参考箇所を逐一注記するのは煩雑であるため、直接引用した箇所を除き注記を省略したことを予め断っておく。

（3）『早稲田大学百年史』第二巻（早稲田大学大学史編集所、一九八一、二六九頁）によれば、一九〇七（明治四〇）年四月六日に行われた校賓招待会の席上で学長の高田早苗が、理工科と医科の設置を望む第二期計画について言及している。

（4）趣意書の文面によると、大学経営には順序があり、政経、法、文、商といった学科構成をとったのは、比較的実行が容易であったからと書かれている。なお実学志向は大隈の強い意向であり、例えば理工科設置に際しても、「純正理学に関する学科は官立諸大学に於て既に完全なる設備あり、社会の需要を充たすに足るを以て吾大学に置くの理工科は専ら応用諸学科たらざるを得ず」と趣意書には明示されていた。

（5）ここでの「基金」という名称は、「寄附金」を意味し、利殖を図ることを目的とした「基金」とは意味合いが異なる。寄附金は基金勘定という別会計で管理していたため、このような名称であったと推察される。利殖を図る意味での「基金」は、基金規定の中にあった「固定基金」が該当する。

（6）これについては市島謙吉（春城）の自筆本である『背水録』（一九〇八–一九〇九）に記載がある。『背水録』の原本は早稲田大学図書館「古典籍総合データベース」にデジタル史料として所収されており、全八二カット中、四カット目の画像中左から三行目にその旨が記述されている。http://www.wul.waseda.ac.jp/kotenseki/html/i04/i04_01919_0776/index.html（二〇一四年四月二日）

（7）文部省令第一五号「私立ノ大学及高等学校ノ基本財産供託ニ関スル件」（『官報』第二〇一二号、一九一九年四月二一日、五〇一–五〇二）。

（8）各種公債や有価証券による供託金納入の詳細については、いくつかの私立大学の沿革史に記載されている。その中で最も詳細に記述されたものに、『中央大学百年史』（通史編上巻）（中央大学百年史編集委員会専門委員会、二〇〇一、三八〇–三八七頁）がある。

（9）これは途中計画報告の体裁であったが、これ以後、『早稲田学報』の誌面で、供託金募集に関する寄附者芳名録の記載は確認できない。

（10）『早稲田学報』に記載されている寄附者芳名録の申込者数、目標額をすべて集計しても、同誌面にて報告されている最終的な金額（合計額）とはならない。これは集計ミスによるものと思われる。本章では寄附者芳名録の申込者名および申込金額を著者が集計しなおした数値を採用したため、同誌面に記載された数字をそのまま記載したと思われる『早稲田大学百年史』（第三巻）（早稲田大学大学史編集所、一九八七、四三‐四四頁）の数値とは異なる。

(11) 第二章でも指摘したが、分析期間の早稲田の財務史料では、しばしば借方と貸方とが現行複式簿記とは逆になっていた（資産が貸方、負債が借方）。表6‐2ではそれを修正した。

(12) したがって本書が対象とした寄附募集事業では、第一期基金勘定、第二期基金勘定、御大典紀念事業資金貸借対照表の三表が存在していた。財務史料の変遷については、第二章の図2‐2を参照されたい。

(13) 管見では、分析期間において建築費勘定を広報誌上で確認できたのは、『廿五年紀年早稲田大学創業録』に掲載された一九〇七（明治四〇）年八月三一日現在のそれが最後である。なお建築費勘定の会計期間は定まっていなかったようである。

(14) 分析期間における貸借対照表の名称の変遷については、第二章の図2‐2を参照のこと。

(15) 寄附金処理に関する勘定科目の仕訳については、本書では割愛した。

(16) 『早稲田大学創業録』掲載「第二期計画基金寄附者芳名録」には一九一三（大正二）年七月一五日現在での①完納者、②継続納付者（分割払い選択者のこと）、③同七月一五日以降一〇月六日までに完納した者、④同七月一五日以降一〇月六日に寄附を申し込んだ者の一覧が掲載されている。②と③には重複者が確認できるので、データベース作成時にそれらを取り除いた。また『早稲田学報』掲載「早稲田大学報告」にある「第二期基金寄附者氏名」の所在は次のとおりである。「大正三年度」（自大正二年九月一日至同三年八月三一日）は『早稲田学報』第二三六号、一九一四年一〇月一五日発行、二二頁から、「大正四年度」（自大正三年九月一日至同四年八月三一日）は『早稲田学報』第二四八号、一九一五年一〇月一〇日発行、一九頁から、「大正五年度」（自大正四年九月一日至同五年八月三一日）は『早稲田学報』第二六〇号、一九一六年一〇月一〇日発行、一九頁である。なお先の④と「第二期基金寄附者氏名」の「大正三年度」には約一ヶ月の重複期間があり、その間に寄附を申し込んだ者の重複が確認できるため、それについてもデータベース作成時に除外した。なお一九一七（大正六）年度以降の「早稲田大学報告」では、第二期基金に対する新規寄附申込者の存在を確認できない（申込者数も増えていない）。

(17) 本項では各寄附募集事業で取得及び建設した土地・建物の詳細（工事期間、総費用等）を記載しているが、その記述は、沿革史の他に、和田（一九七七、一九七八）を参考にしている。だが煩雑となることを避けるため、特記事項を除き、逐一注記していないことを予め断っておく。

(18) 実収額は一九〇八（明治四一）年度にも計上されたはずだが、第二期基金に関する基金勘定は、一九〇九（明治四二）年度からしか存在を確認できないため、それ以前の実収額を算出することは不可能である。

(19) 一例を示せば「早稲田大学基金貸借対照表」（大正五年八月三一日）では「基金管理委員会の決議」として、「本年度に於て基金管理委員会の決議を経て第二期基金より支出したるもの左の如し」として、支出額四万一六〇四円余りの内訳に、「理工科各科設備補充費五九九〇円余」が計上されていた。他の年度についても、同様にして計上されていた。

(20) 『早稲田学報』第二五〇号（一九一五年一二月一〇日発行）三一四頁。

(21) 早稲田大学大学史資料センター所蔵「明治三五年　自三五年〔九月〕至三七年〔四月〕基金募集費内訳帳」による。

(22) 第二期基金が不況の中で実施されたことは当時から指摘されており、染谷（一九九二、二七頁）も「当時財界は不振の極にあり、世間一般に対して基金募集を発表することは、はばかれるような状態であった」と指摘している。

(23) 分析対象者の限定方法について、供託金募集は短期間に京浜地方の資産家、企業家に特化して募集活動を行ったこと、また申込人数も他の寄附募集事業に対して極端に少なかったことを考慮し、四つすべての寄附募集事業でなく、三つ以上の寄附募集事業で寄附を行った人物とした。物価調整に用いたデータは第四章と同様である。また一五〇〇円以上に限定したのも、慶應の場合と同様に、一五〇〇円未満の寄附申込者の個人情報が把握しにくいことによる。

(24) 「誤解された募集専門家」『半峰昔ばなし』（高田、一九二七、三七七-三七八）。

(25) 一例として、早稲田大学大学史資料センターが保有する「大正二年度講師俸給台帳」をみると、「キキン」として高田早苗（一九頁）、浮田和民（二七頁）、坪内雄蔵（三五頁）が一ヶ月につき一〇円、天野為之（五八頁）が一ヶ月につき五円を、月給から天引きされていた。

(26) こうした渋澤の勧誘方法については市島（一九三五、六九-七一頁、一九二一-一九四頁）を参照。なおこのエピソードについては、早稲田大学大学史編集所（一九八一、二七六頁）および早稲田大学校賓名鑑編集委員会（二〇〇二、三六-三九頁）でも引用されている。

(27) 総長大隈は「日本は世界の強大国となつたから、世界の国際競争場裡に立つて国の富を増すことが最大なる急務である」とし、そのためには「科学に寄らなければならぬ」と発言して、理工科を設置する第二期計画の重要性を説いている（早稲田大学編輯部、一九一三、八一頁）。

(28) 基金の管理を行う役職について「早稲田大学基本資金募集手続」第八条には「資金管理委員」とあり、「募集委員規定」には募集委員中の前島密、鳩山和夫、高田早苗（後年、三枝守富、天野為之、坪内雄蔵の三氏が追加）に託すとあって、「資金管理委員」の職名は使われていない。

(29) 前島の退任後の一九一二（明治四五）年からは原富太郎（製糸業・実業家）が、森村と中野の退任後の一九二〇（大正九）年からは、内藤久寛（新日本石油株式会社）と森村開作（森村財閥）が就任した。

(30) 明治、大正期における校友大会の開催日時、内容等については、『早稲田大学校友会一二五年小史』（早稲田大学校友会編、二〇一〇）を参照した。

(31) 当初は維持費（会費）拠出者に配布が限定されていたが、母校と校友会との意思疎通が遠のくことを憂慮したため、明治四〇年代より大学から年一〇〇〇円の経費補助を仰ぎ、誌面も縮小（コスト削減）させ、校友会事業として発行することにして、校友全体へ配布するようになった。

(32) 早稲田の校外教育については、『早稲田大学百年史』第一巻（早稲田大学大学史編集所、一九七八、八三〇-八五四頁）および『同』第二巻（早稲田大学大学史編集所、一九八一、四七九-五一七頁）を参照のこと。

(33) 『早稲田学報』第三〇二号、一五頁によれば、供託金募集は設立認可後、三週間以内に納付する必要から短期間で募集が行われており、早稲田当局としては田中穂積・松平頼寿両理事が募集活動を一手に引き受け、京浜地方の有力者の元へ勧誘に赴くなどしていたようである。

(34) 「地方委員に発したる募集内規」『早稲田学報』二四九号、一九一五年一一月一〇日発行、八-九頁。

第七章　早稲田・慶應の事務機構の発展と職員の処遇

早慶両校の教員給与については、第三章および第五章で検討した。だが職員給与については、第二章で総人件費の約二〜三割を占めていた事実を指摘したに留まる。明治後期から大正期にかけて、慶應では医学科や附属病院が、早稲田では商科や理工科が設置された。これにより両校の規模が拡張したため、職員業務は増加の一途であったと考えられる。こうした変化は、両校の事務機構や、職員数、さらには個々の教員の処遇にどのような影響を与えたのだろうか。事務機構は、創設当初の家塾的または家内的段階から整理・拡張される必要があったであろうし、職員数も業務量に応じて増えたに違いない。だが経営的観点に立てば、事務機構の整理・拡張とそれに伴う職員数の増加には、経済的なコストが伴う。したがって教員給与と同様に、職員給与にも適切な管理が求められたはずである。

こうした関心がある一方で、これまでの大学史・高等教育史研究において、事務機構や職員層を対象とした歴史的研究は、ほとんど行われていないのが現状である。ましてや私立高等教育機関の事務機構の変遷や、職員の給与にいたってはなおさらである。そこで本章では、基礎的な考察に留まるが、両校の事務機構の発展過程を明らかにした上で、両校職員の給与の実態を一次史料から明らかにする。

以下、本章の構成を示す。第一節では、これまでの大学史・高等教育史研究における大学職員研究の視点と到達点を概述する。続く第二節では、利用する諸史料から本章が分析対象とする職員の層を明示する。そして第三節では、分析期間における両校の事務機構の発展過程と職員数の推移を確認する。第四節では、分析対象とした職員の給与額を、慶應、早稲田の順に検討する。その際、東京帝国大学総長や同職員、他の官立高等教育機関の職員給与と比較することで、分析期間における両校職員の相対的な社会経済的地位も示したいと考える。最後に第五節では、前節までに得た知見を整理し、分析期間における両校の職員給与管理について考察を加えることとする。

1 高等教育機関の職員に関する歴史研究

羽田（二〇一〇、二四−二六頁）は、現代の大学職員論の前史として、東京帝国大学を事例に、戦前期官立大学職員について考察し、「移動官職と大学雇いとの構造的な格差が存在する国立大学事務職員の源流」の存在を指摘した。だが同時に同論文中で羽田は、伊藤（二〇〇六）と同様に、これまでの大学史・高等教育史研究において、官立、公立、私立といった分析対象機関の設置形態に関係なく、職員を対象とした歴史研究が少ないことを指摘している。[1]ではその少ない先行研究は、どのように整理することができるのか。以下、本節では二つに大別して、先行研究の視点と到達点を概述する。

一つは、特定の大学・高等教育機関を対象に、職員が所属する事務機構や、職制の変遷を明らかにした研究である。例えば大工原は（二〇〇六）は、戦前期日本大学の事務機構や職制の変遷を明らかにした。また小峰（一九七八、一九八〇）は、明治期・大正期の早稲田を対象に、当時の事務機構において最高職である幹事職を務めた田中唯一郎の足跡、各部各課の整備状況、職員互助制度の実態を明らかにした。こうした事務機構や職制については、各機関の沿革史通史の中で部分的に記述される場合が多いという特徴がある。とくに本書の分析対象である早慶両校の沿革史（百年史）では、他機関の沿革史と比較して、その傾向が顕著である。[2] というのも沿革史通史とは別に、慶應では塾監局小史編集委員会（一九六〇）が、早稲田では早稲田大学大学史編集所（一九九七、九五―一二四頁）が刊行されており、本部事務機構や管理運営体制の機能とその変遷が概述されている。

もう一つは、各機関の創立者や学長の大学観、または人物像を明らかにした研究である。本書の関連でいえば、早慶両校の創設者である福澤諭吉や大隈重信については、膨大な研究蓄積が存在することは論をまたない。[3] また塾長・学長職にあった慶應の鎌田栄吉、早稲田の高田早苗についても、研究蓄積が散見される。例えば大迫（二〇〇九）は、鎌田の残した各種記事（言説）を考察した。そして鎌田の大学観が、時代性ともあいまって、帝国主義的な様相を帯びていたとした。また早稲田大学大学史資料センター（二〇〇二）は、多方面で活躍した高田早苗の多面性、すなわち大学経営者、政治法学者、政治家、文芸評論家、ジャーナリストといった多面性を総合的に考察した。他にも金子（二〇〇二）は、高田が実業教育の重要性を訴えて、大学部に商科を設置した一方で、自らは日清生命保険株式会社や日清印刷株式会社を起業して、その業務に早稲田関係者や卒業生をあたらせたことを明らかにしている。この歴史的事実を受けて金子は、高田が実業教育の成果を、実際の会社業務および会社経営に発揮させることで、早稲田の発展を企図したと指摘した。他には佐々木（一九九二）が整理した、日本大学第三代総長山岡萬之助に関する報告がある。これには、大正末期から昭和初期における日本大学の教育と財務をめぐる経営方針のあり方が、克明に報告されている。[4] こうした個人史的研究は、今後、アーカイヴズの整備に伴い、さまざまな視点による深化が期待されるところである。

以上、大学史・高等教育史研究において、事務機構や職員層を対象とした先行研究の視点や到達点を概述した。だがこうした研究蓄積がある中で、先行研究のいくつかで部分的に指摘されつつも実態が明らかでない分析項目に、役職者を含めた職員個人の処遇の実態がある。戦後、戦前期に大学職員を経験した人物による回想録、座談会記録等が刊行されているが、そこでも十分には明らかとなっていない(5)。私立高等教育機関では、帝国大学や官立教育機関と異なり、専任教員と同様に、給与水準を定めた「給与体系表」(サラリースケール)が存在していなかったようである。回想録や座談会記録には、私立大学職員給与が薄給であり、待遇改善を求めたとあるが、実際はどの程度の処遇すなわち給与であり、どのように管理されていたのか。私立高等教育機関の経営実態を明らかにするには、事務機構の整備・発展や、職員数の増加を検証した上で、個々の職員の給与実態を史料から検証する必要がある。その際に機関内における職員間の給与差や、他機関とのそれとを比較することで、戦前期における大学職員の社会経済的地位についても明らかにすることができよう。

以上の点を考慮し、史料に一定の制約はあるものの、本節では明治後期から大正期における慶應と早稲田に所属した職員の給与について、事務機構の発展過程や職員数の推移を踏まえた上で考察することとする。

2　分析の前提

職員給与の分析を行う前提として、そもそも分析期間において両校では職員をどのように区分していたのか。当時の両校では、教員が職員を兼務した場合や、同じ職員であっても給与管理上、異なる区分で管理されていた場合が確認できる(後述)。そのため分析に際して、職員の役職や職務を特定し、分析対象とする職員を明らかにする必要がある。また分析には、本章でも教員給与分析と同様に、両校の広報誌『慶應義塾学報』・『三田評論』および『早稲田学報』所載の財務諸表(収支決算表)と学事報告、そして「給料帳簿」を主たる史料とする。以下では第一に収支決算表と「給料帳簿」にみられた給与管理上の職員区分の違いを言及し、第二に役職および職務の判別方法を確認することで、本章が分析対象とする職員を明示する。

第一に給与管理上の職員区分であるが、機関の財務状況を示す収支決算表においては、職員給与は雇用形態別に異なる費目で計上されていた。具体的には慶應では「事務員給料」と「雇人給料」とに、早稲田では「職員給」と「小使給仕職工給」とに区分して計上されていた。慶應の「事務員給料」と早稲田の「職員給」は、原則的に役職クラスあるいは常勤職員（専任職員）を対象としていた。そして慶應の「雇人」と早稲田の「小使給仕職工」は、原則的に非常勤職員を対象としていた。一方でとくに慶應の場合、職員個人の給与額を記載した「給料帳簿」では、雇用形態別に加えて所属部門の違いも考慮されて記録されていた。具体的には「職員給料」、「〇〇事務員給料」、「〇〇雇人給料」（〇〇には本塾、幼稚舎、商業学校といった職員の所属部門名が入る）の三つに区分され、「職員」は本部（塾監局）の常勤職員や役職者を、「事務員」は原則として一般の常勤職員を、「雇人」は原則として非常勤職員を意味しており、それらが所属部門ごとに記録されていた(6)。一方の早稲田では、一九二一（大正一〇）年以降、職員氏名と金額のみの記載となる場合が多く、雇用形態は給与の支払い実績（非常勤職員の場合は、休暇中は無給）から推定できるものの、所属部門の判別は難しいことが多かった。なお早慶両校とも職員を兼ねた教員が存在した。その場合の職員業務に対する給与は、基本的に教員給与とは別に「事務員給料」（慶應）または「職員給」（早稲田）として帳簿上、管理されていた。したがって教員給与と職員給与とに分けて把握することが可能である。

第二に職員個人の役職および職務等については、早慶ともに記載されていない場合が多い。そこで両校の広報誌の学事報告を参照する。すると慶應では、上述の「職員給料」や「事務員給料」に相当する職員は、年に一度の学事報告に、氏名とともに役職又は職務が併記されていた。一方の早稲田では、「職員給」に相当する職員のうち、学長をはじめとする役職者や、各科部の主任又は主事といった一定以上の職員のみ、氏名と職務が掲載されていた。したがって非常勤職員であった慶應の「雇人給料」に相当する職員や、早稲田の一部の「職員給」に相当する職員、そして「小使給仕職工給」に該当する職員については、具体的な担当職務を特定することが困難である。

以上から個人の役職や職務を明らかにした上で給与分析が可能な職員は、慶應では「事務員給料」、早稲田では一部の「職員給」に該当する職員に限定される。加えて分析期間は両校で異なる。慶應の「給料帳簿」は、教員給与分析の場合と同様に、一九〇三（明治三六）年から一九一二（明治四五）年までしか閲覧が許可されていない。一方の早稲田では、学監および学長職であった高田早苗を除き、明治期の職員給与が「給与帳簿」上に記載されていないため、一九一三（大正二）年から一九二五（大正一四）年までが分析期間となる。[7] そのため同一時期の機関間分析が難しい。だが早慶両校の経営実態を考察する上では有益であると考えられるため、機関ごとに分析を行うこととする。

3　早慶両校の事務機構の発展過程

本節では、沿革史の記述を援用しつつ、慶應では『慶應義塾学報』・『三田評論』所載の「慶應義塾学事及会計報告」を、早稲田では『早稲田学報』所載の「早稲田大学報告」でみられた職員に関する記載内容を用いて、分析期間における両校の事務機構の発展過程を検討する。具体的には慶應、早稲田の順に、事務機構の発展過程を概観し、それを踏まえて機関本部や大学部を中心に職員数の推移を明らかにする。[8]

（1）慶應の事務機構の変遷

慶應では大学部創設を契機に、一八八九（明治二二）年、「慶應義塾仮憲法」に代わって、運営方式の主体と責任を明確にした「慶應義塾規約」を制定した。これ以降、事務機構は大正期にかけて大別して三つの段階を経たと考

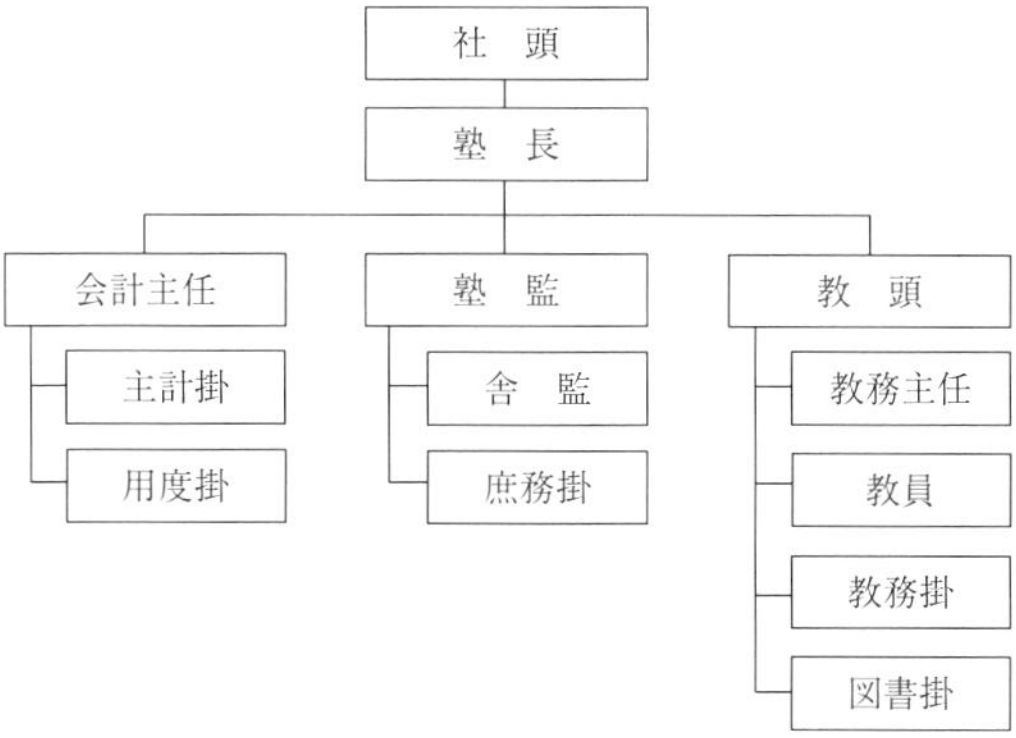

図7-1　慶應事務機構の組織図：1900年
出典：『塾監局小史』128頁所載「明治三十三年慶応義塾規則総覧」よりレイアウトを変更して転載。

えられる。最初は一八八九（明治二二）年一〇月一〇日開催第一期第一回評議員会で決議された、塾長（小幡篤次郎）の下に教務担当の教頭（門野幾之進）、庶務及び寄宿舎担当の塾監（益田英次）、会計担当の会計主任（浜野定四郎）を設置し、塾長・教頭・塾監による三頭政治を行った段階である。[9] この三頭政治は、しばしば教職員および学生による批判対象となり、一八九八（明治三一）年の塾長鎌田栄吉就任に伴う塾長中心体制への移行や、一八九九（明治三二）年の益田の塾監辞任によって、一時後退した。だが教頭門野と、益田の後任である北川礼弼が共に辞任する一九〇二（明治三五）年頃までは、程度の差はあれ、ある程度機能していたと推察される。[10] この間の事務機構は**図7-1**に示したとおりで、会計主任、塾監、教頭の下に各掛が置かれていた。なお業務内容について補足すると、主計掛は後の会計部であり、舎監は学生寄宿舎の監督業務（入舎退舎、取締、衛生掃除等）を担当するものであった。舎監が教頭の下ではなく、塾監の下にあるなど特異な感もあったが（塾監局小史編集委員会、一九六〇、一二七頁）、明治三〇年代には創設当初の家塾的体裁が薄まり、後々の事務機構の原型が整い始めていたといえよう。

次は一九〇八（明治四一）年に塾長の下に新たに幹事が置かれ、

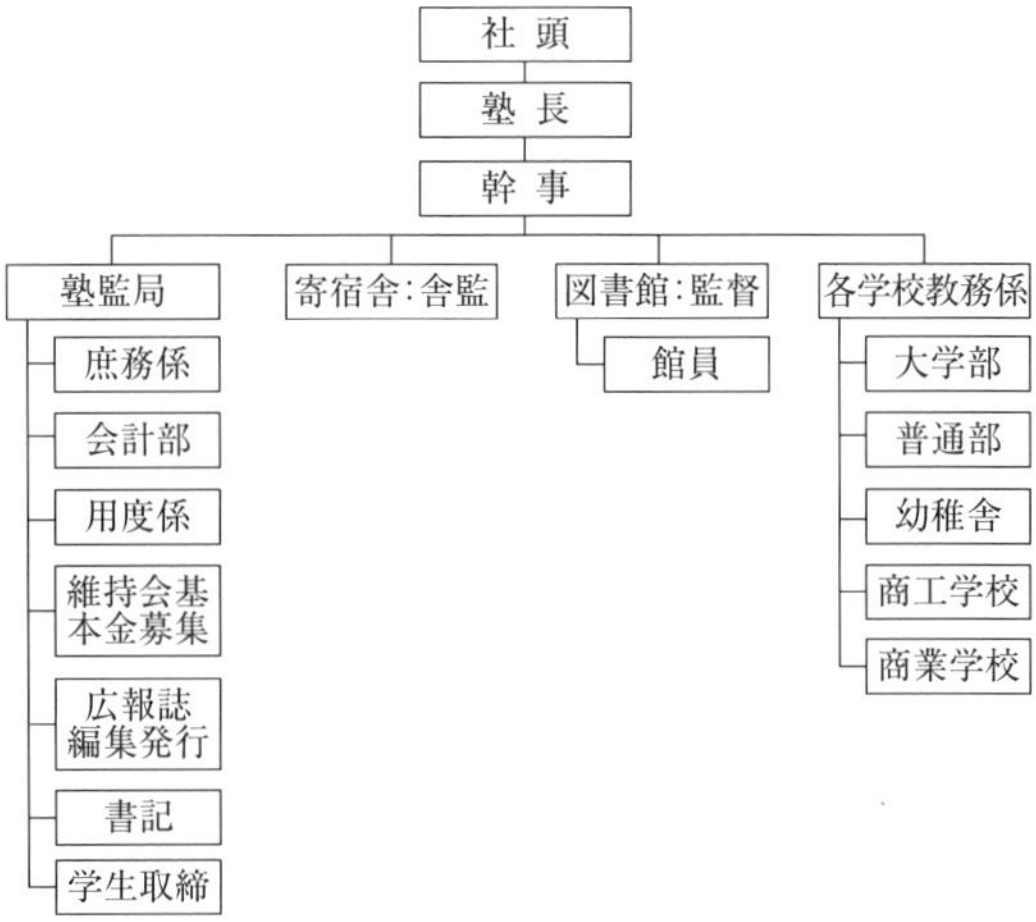

図7－2　史料から推察される慶應事務機構の組織図：1910年
出典：「明治四十三年度慶應義塾学事報告」を参考に著者作成。

塾長中心体制が完成した段階である。幹事の権限は「塾長ヲ補佐シテ一般ノ塾務ヲ処理シ塾長不在ノ時ハ其代理ヲ為ス」(11)とされ、事務機構の最高責任者として業務にあたった。このころの「慶應義塾学事及会計報告」によると、職員の氏名は、「慶應義塾職員」または「本部事務員」に区分されて公表されていた。だが一九一〇（明治四三）年からは、本部所属職員は「塾監局」という区分の下に、氏名が公表されるようになった(12)。塾監局とは慶應の事務行政全般を司る意味を含んでおり（慶応義塾史事典編集委員会、二〇〇八、三七五頁）、いわゆる事務行政の本部と考えてよい。**図7-2**は「明治四十三年度慶應義塾学事報告」における職員氏名の記載区分から推察される事務機構の組織図である。ここでは順に確認する。第一は塾監局である。図7-1によると、塾監局の下には、庶務係（掛）、会計部（主計掛）、用度係（掛）の他、小口の寄附金を回収する慶應義塾維持会や、寄附募集事業業務にあたる維持会基本金募集部員および同集金係、『慶應義塾学報』や、後継の『三田評論』の編集および発行係が置かれていた。これらは以後も一貫して塾監局に置かれていたことが、各年度の「慶應義塾学事及会計報告」から確認できる。

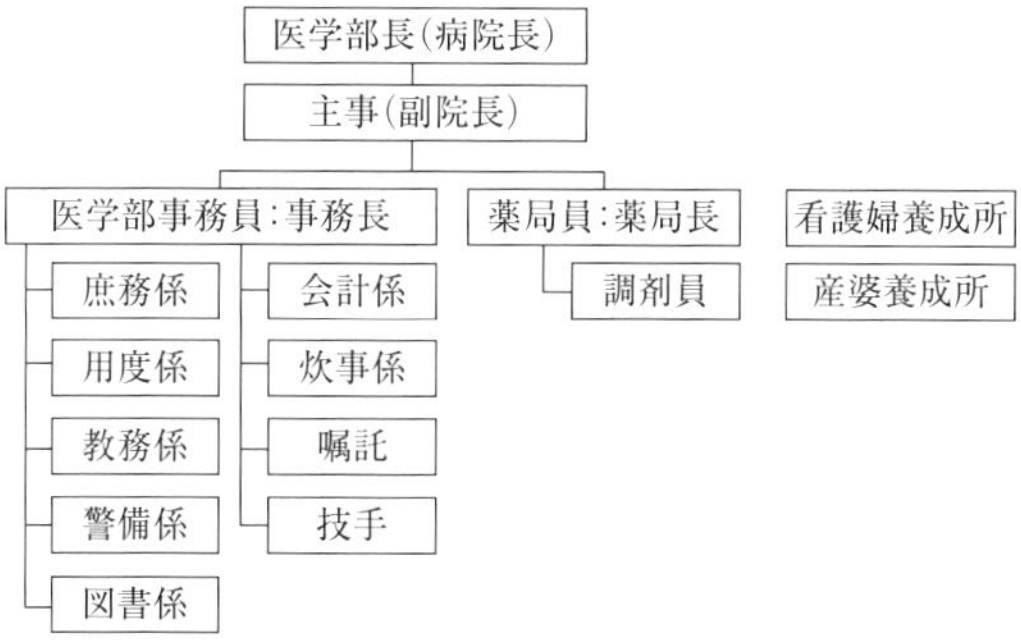

図7－3　史料から推察される慶應医学部事務機構の組織図：1926年
出典：「大正十五年度慶應義塾学事及会計報告」を参考に著者作成。

なお書記（具体的な業務は不明）は一九一〇（明治四三）年から一九一七（大正六）年まで、学生取締は一九一一（明治四四）年から一九一八（大正七）年まで本部に置かれており、学生取締は一九一九（大正八）年以降、学生監督として教務係に置かれたと推察される。第二は教務係である。教務係は、一九〇五（明治三八）年ころから学事報告にて本部事務員（塾監局）とは区別されて掲載されるようになった。そして「大学部事務員教務係」や「普通部事務教務係」の名称で、各学校別に教務係が置かれるようになった。第三は寄宿舎と図書館である。これらは学生数の増加や蔵書数の増加により、舎員と館員とも増加した（人数は後述）。こうして一九一〇年頃の慶應では、図7-2のような事務機構が取られていたと考えられる。この幹事が事務機構を統括する体制は、大正期に入っても大きな変更はなかった。慶應は一九〇七（明治四〇）年に財団法人化したが、その三年後には事務機構がほぼ完成した状態であったといえよう。

最後は医学科（部）および附属病院が設置され、病院経営が本格化した一九二一（大正一〇）年以降の段階である。大正期に入って体育会や三田演説会[13]に関する事務を請け負う部署が加えられたが、事務機構に大きな改編はなかった。だが医学部の設置と附属病院の開設、加えて看護婦養成所や産婆養成所といった附属機関の開設は、それまでの事務機構に部分的に追加されただけとはいえ、規模の面で大きな変容をもたらした。**図7-3**

は、大正末期の「大正十五年度慶応義塾学事及会計報告」の職員氏名の記載区分から推定される附属病院を含めた医学部事務機構の組織図である。医学部には医学部長（北里柴三郎）の下に、「部長を補佐し一般の事務を整理し部長不在の時は其代理をなす」として、主事（北島多一）が置かれた。そして附属病院には、「部長監督の下に病院に於ける一般の事務を監理す」として病院長や副院長を置く必要があった。とくに規定を確認できないが、大正期は医学部長が病院長を、主事が副院長を兼任していた。そうした中で事務機構の中心には「部長、主事、病院長を補佐して事務を処理す」として事務長が置かれた。図7-3にあるように事務長は、一九二六（大正一五）年の時点で庶務係や用度係、会計係をはじめとして多くの医学部事務員を統括していた。つまり医学部は、塾監局と同様な事務機構を、別途有していたと考えられるのである。なお事務長は病院長を補佐することが規定されていたから、推察ではあるが、薬局員や看護婦養成所及び産婆養成所等の事務も統括していた可能性が高いと考えられる。

(2) 慶應の職員数

分析期間における慶應の正確な職員数は、管見では、公表されていない。そこで本章では、『慶應義塾学報』及び『三田評論』所載の「慶應義塾学事及会計報告」にある職員氏名を集計することで職員数の試算値を算出した。なお同報告は、給仕や雇人といった非常勤扱いであったであろう職員の氏名を掲載していない。したがって、「事務員給料」（常勤職員）に相当するであろう職員のみの試算値となる。ゆえに全職員数を対象とした試算値とはならないが、慶應常勤職員の大まかな推移を捉えることを目的として検討する。

分析期間における慶應では、前述のように時代を経るごとに事務機構が整備及び拡大され、多くの部署に事務員が配置された。そこで**表7-1**では、全職員数の他は、機関の本部である塾監局と大学部門、そして学生生活の観点から図書館と寄宿舎とに限定して表示した。

表7－1　慶應職員数の推移（試算）

		1903 (明治36)	1910 (明治43)	1914 (大正3)	1918 (大正7)	1921 (大正10)	1924 (大正13)	1926 (大正15)
塾監局 (本部事務員)	幹事・塾長秘書	—	1	1	1	2	1	1
	庶務係	1	2	3	4	6	4	8
	用度係	1	2	2	2	2	2	2
	教務係	1	—	—	—	—	—	—
	会計部	4	4	3	2	9	6	10
	維持会基本金募集部	3	3	4	5	6	3	7
	学報評論編集発行	3	2	3	3	3	2	3
	書記	—	1	1	—	—	—	—
	学生取締	—	—	1	1	—	—	—
大学部	教務係	—	3	4	5	9	13	14
	研究室係	—	—	—	1	1	—	—
	学生監督・学生監	—	—	—	2	3	3	3
	病院長副院長	—	—	—	—	2	2	2
	医学部事務員	—	—	—	4	23	23	22
	薬局員	—	—	—	—	16	16	14
図書館		2	6	8	10	13	12	15
寄宿舎		3	3	2	5	3	4	5
全職員数(A)		23	42	53	69	128	121	138
学生数	大学部(予科含む)	682	2,209	2,565	3,948	6,098	5,785	6,010
	機関全体（B）	2,205	4,235	4,893	6,766	9,240	10,214	10,368
機関全体学生数／全職員数(B/A)		95.9	100.8	92.3	98.1	72.2	84.4	75.1

注1：当時の慶應職員の中には、異なる部署を兼任した職員もみられた。上記の表のうち全職員数（A）では重複者を除いたが、その他の箇所では部署ごとにそれぞれカウントした。なお集計の際は学期途中で辞任および死亡した職員数も判別可能であるため、それらを除外した。

注2：社頭の他、評議員より選出された塾長以外の理事、監事、主査委員、顧問は、役職者として職員と同様に氏名が広報誌に掲載されていたが、無報酬であると推察されるため（事実、1912年の理事には支給実績が見当たらない）、職員数から除外した。また体育会についても書記を除く役職者（会長、同理事、同部長）は、1908年までの「体育会規則」で無報酬である旨が規定されており、同様に除外した。

注3：職員の所属部署は多岐にわたるため、本部（塾監局）および大学部を中心とした部署に限定しており、上記表中の各部署の職員数をすべて足しあわせても全職員数とはならない。

注4：維持会基本金募集とは、同部員および集金係のことである。なお同部員および集金係の主任は、会計部主任が兼務する場合が多かった。

注5：大学部教務係には、1917年の学事報告より記載されている監督（教務監督）および医学部事務員の中に置かれた教務係も含まれる。

注6：医学部事務員には事務長以下、庶務、用度、教務、警備、図書、会計、炊事の各係と嘱託、技手が含まれる。

出典：「慶應義塾学事及会計報告」（各年度）より著者作成。

これによると全職員数は、一九〇三（明治三六）年の二三名から、一九二六（大正一五）年には一三八名と六倍となった。機関全体学生数との関連をみると、一九一八（大正七）年までは、職員一人あたり九二・三～一〇〇・八人程度の学生数であったが、一九二一（大正一〇）年以降は七二・二～八四・四人程度となった。これは明らかに附属病院の開院に伴う医学部事務員および薬局員に拠るところが大きい。そこで以下では部門ごとに職員数の推移を確認する。

第一は、本部である塾監局である。物品の購入や売却、建物の建築や修繕に関する業務を担当した用度係や、広報誌の編集および発行を行った学報評論編集発行職員数は、分析期間を通じて変動がない、またはその変動が小さかった。一方で、庶務係、会計部、維持会基本金募集等は、大正中期以降、職員数が増えていた。とくに会計部の増員が顕著であり、これは一九二〇（大正九）年の医学部開校と附属病院の開院、そしてそのための寄附募集事業も含めた業務拡大が原因と考えられる。各年度の「慶應義塾学事及会計報告」によると、会計部主任は、維持会基本金募集部の主任を兼務することが通例であった。さらに一九二三（大正一二）年に発生した関東大震災は、施設設備に甚大な被害をもたらしたため、復旧事業費捻出を目的とした塾債募集を実施させた(14)。こうした業務はすべて会計部の業務であると思われ、とくに会計部主任の業務量は相当のものであったと推察する。

第二は、大学部である。まず教務係だが、先述の通り「慶應義塾学事及会計報告」での記載区分から判断する限り、教務係は一九〇四（明治三七）年までは「塾長及職員」として上述の庶務係や会計部等と併記されており、本部（塾監局）扱いであった。だが一九〇五（明治三八）年からは「大学部事務員」、「普通部事務員」、「商工学校事務員」等といったように各学校単位で記載されており、以後、この形式は継続された。学生数の増加に伴う業務拡大とあいまって、教務係は本部（塾監局）から各学校単位に配置される方式へ移行したと推察される。実際、学生数や学部学科の整備に伴い大学部教務係は、一九〇三（明治三六）年には一名であったのが、一九二六（大正一五）年には一四名にまで拡大した。なお大学部には理財科主任、法学科主任といったように現行の学部長に相当する教員管理職が事務職として配置されていたが[15]、職員組織である教務係は、理財、法、文といった学科及び学部ごとには置かれていなかった。しかし医学部開校後は、医学部のみ医学部事務員として、同学部のみに従事する教務係が一～二名配置された。次に研究室係は、一九一七（大正六）年から一九二三（大正一二）年まで一名配置されていた。そして学生監督（学生監）は、一九一九（大正八）年以降、塾監局にみられなくなった、学生取締を引き継いだものと推察される。最後に医学部および附属病院関係だが、病院長に医学部長の北里柴三郎が、同副院長に医学部主事の北島多一が就任していた。事務機構を管轄する事務長は、初代の石川彦太が在任五ヶ月で退任した後、吉沢環、倉井忠が歴任した。そのうち一九二四（大正一三）年に就任した倉井は、塾監局の会計部主任との兼務であった（維持会基本金募集部主任も兼務）。医学部事務員の構成は図7-3に示した通りであり、とくに庶務係、用度係、会計係に多く職員が配置され、薬局員には薬局長一名のほか、一〇数名程度の調剤員が配置されていた。

第三は、寄宿舎と図書館である。寄宿舎は舎監として学生管理を行っていたが、学生数の増加に対して、それほど増員されていなかった。推察にすぎないが寄宿舎の規模は拡大していたであろうから、表7-1には集計上反映されていない、給仕や小使等の非常勤職員の増員があったものと考えられる。一方で図書館は、監督一名と多くの館員を抱えており、館員は年々増員された。一九〇三（明治三六）年には館員は二名であったが、一九二六（大正一五）年には一五名にまで増えた。図書館員の業務負担の目安として当時の外来者も含めた一日あたりの閲覧人数と貸付図書数をみる。すると一九一四（大正三）年では会館日数三二八日に対して、閲覧人数が一日あたり一五六人、貸付図書数が一日あたり三一六冊であった。一方で一九二六（大正一五）年では会館日数三二三日に対して、順に同一六一人、同二九〇冊であった[16]。数値に大きな変動は無かったが、蔵書数の増大や教育研究施設としての図書館の重要性から[17]、館員の増大が図られたものと推察できよう。

以上、分析期間における慶應の事務機構の変遷と職員数の推移について検討した。慶應では一九〇〇（明治三三）年頃には塾長中心の管理体制を構築すべく、創設当初の家塾的体裁を脱して事務機構が整理され、一九一〇（明治四三）年頃には戦前期における事務機構の原型がほぼ完成していた。その事務機構に大正中期以降、医学部と附属病院を管轄する事務機構が追加され、学生数の増大ともあいまって職員数は年々増大していったのであった。第二章でも指摘したが、職員給与が総人件費に占めた割合は一九二六（大正一五）年には、それまでの二〇％未満から二九・五％にまで拡大していた。ゆえに経営的には、事務機構の整備と職員数の増大に伴う職員の処遇の適切な管理が求められていたと考えられよう。

(3) 早稲田の事務機構の変遷

早稲田の事務機構は、大学部設置に伴い社団法人定款の改正を行った一九〇〇（明治三三）年頃を機に大きく変容した。そしてその事務機構を基本としつつ、総長制に一本化された一九二三（大正一二）年頃に、教務課の設置に関して変更がみられた。以下、これら三つの段階について考察する。

第一は、開校当初の揺籃を経た社団法人化前の東京専門学校時代で、一八八六（明治一九）年に機関全体の教務、庶務、会計等を管轄する幹事制を採用した段階である。幹事制は開校当初にも一度採用されたが、二年足らずで頓挫しており、一八八六（明治一九）年に再採用となった幹事制こそが、後の早稲田の事務機構のはじまりといえた。この間の機関の代表者は校長であったが、専任経営者として学校の経営と教学に関する実際の責任を負っていたのは、幹事であった。幹事の経営参画に伴い、一八九七（明治三〇）年には幹事を助け事務を監督する事務長が新設された（早稲田大学大学史編集所、一九九七、九九頁）。このように東京専門学校開設から社団法人化以前までに、幹事をトップとして、事務長が事務を監督する形態が整備されたが、係、課、部といった組織は確立していたとは言い難いようである。小峰（一九七八、一二六頁）は「一つの事務室で、会計・庶務・教務等すべての事務がおこなわれていたに違いない」と結論づけている。

第二は、大学部が開設された後、多くの課部が設置されて戦前期における事務機構の原型がほぼ完成した、明治四〇年代から大正初期にかけての段階である。一九一三（大正二）年に刊行された『創立三十年紀念早稲田大学創業録』によれば、日常業務を行う事務機構は、本部、高等予科、図書館、寄宿舎、基金部のいくつかに分かれていた。そして本部に幹事と副幹事とを置いて、庶務、会計、学生監督に関する事項を監督していたようである。この事務機構は、一九一三（大正二）年には、業務の繁閑等を理由に改編され、庶務課、教務課、会計課、学制監督課、学長秘書課の五課となったようである（早稲田大学編集部、一九一三、一七〇頁）。ただし「早稲田大学三一回報告」にある「早稲田大学職員現在表」によれば、事務機構は「二室四課七組織」で構成されていた。その内訳をみると、学長室（学長・理事・会計監督・学長秘書）、幹事室（幹事・副幹事）、庶務課、教務課、会計課、学生課(19)（主任各一名）、基金部（部長）、高等予科（科長・主事）、理工科（科長・経営主任）、図書館（館長・副長・事務主任）、寄宿舎（舎長）、工手学校（校長・主事）、出版部（部長・主幹・主事）であり、それぞれに専任職員扱いであった事務員と、非常勤職員扱いであった給仕や小使が配置されていた。幹事を中心に事務業務が遂行した点は従前と同様だが、組織構成上では、日常業務として本部で一括されていた業務を、「部課」として再編成した点が、それ以前と大きく変わった点である。この事務機構は部課の名称変更こそあったものの、一九二一（大正一一）年まで継続された。したがって早稲田では明治四〇年代には事務機構の原型がほぼ整い、一九一三（大正二）年になると本部の部課設置も確立して、戦前期における事務機構がほぼ完成したと考えられる。

最後の第三は、一九二三（大正一二）年に大学の各学部に教務課が新設された段階である。一九二四（大正一三）年に発刊された『早稲田学報』第三五八号所収「早稲田大学第四一回報告」（大正一二年度の報告）の「第一学年間の記事摘要：各部事務所分設」（二頁）によれば、「今や総合大学の実成り校務弥繁劇且複雑を来せるを以て事務組織も亦之れに適応せしむる為め、大正十三年新学年より各学部に主として教務庶務を分掌せしめ以て一層事務の敏活と周到とを図る」とある。文意通り私立大学昇格に伴う繁忙に際して、事務機構の整備が不可避となり、とりわけ学生業務担当の教務課が、各学部単位に独立して編成されたのであった。そこで同報告の「早稲田大学職員現在表」によると、前年度の集計・表示方法から変更され、学部ごとに職員数が表示されていた。部課の構成は、二室四課十六組織となっており、総長室、幹事室、教務課、庶務課、会計課、学生課、記念事業部、高等師範部、高等第一学院・同第二学院、専門学校、工手学校、図書館、大隈会館、臨時建築所、記録編纂部の他に、各学部（政治経済・法・文・商・理工）および専門部とあり、教務主任のほか、主事や書記、給仕・職工が配置された。職員数の詳細は後述するが、教務課の職員数が前年度より大幅に減少しており、各学部に分掌されたことを示していよう。

以上、早稲田の事務機構の変遷を確認した。分析期間における早稲田の事務機構は、社団法人化前までは、幹事や事務長による体制が整えられるも、部課はとくに区別されておらず、創設当初の家内的ともいえる体制であった。だが早稲田大学を「自称」した明治後期から大正初期にかけては、事務機構に部課が設置されて、組織として再編成された。そして大学令に伴う正規の大学となった時分には、名実ともにあるべき大学事務機構へと進展していたのであった。

(4) 早稲田の職員数

早稲田では、一九一四（大正三）年以降に限定されるものの、各年度の「早稲田大学報告」にて「早稲田大学職員現在表」が公表されており、職員数の正確な把握が可能である。「早稲田大学職員現在表」は所属する部課および職名ごとに集計されており、一九一四（大正三）年度から一九二二（大正一一）年度までは「職員、事務員、助手及工手、電話交換手、巡視（生徒監督）及夜警、職工、給仕、小使」の区分で、それ以降は「職員、嘱託、書記・書記補、工手・助手、夜警、運転手、電話交換手、傭員、給仕、職工、小使」の区分で集計されていた。区分中の「職員」は、総長や学長、理事、校長、幹事といったように主として役職者を意味し、この「職員」と「事務員」および「書記・書記補」が、常勤職員に該当するものと思われる。**表7-2**は、大正期における早稲田の職員数の推移を、慶應と同様の形式で全職員数の他、本部、大学、図書館、寄宿舎を中心に示したものである。さらに慶應が常勤職員のみの集計であったことを考慮し、前述の区分で集計した常勤職員数をA、非常勤職員も含めた職員数をBと表示した。これによると全職員数は、一九一四（大正三）年の二一八名から一九二六（大正一五）年の三六一名へと約一・七倍に拡大していた。常勤職員に限定した場合は、一〇九名から一四九名へと約一・四倍に拡大していた。常勤職員数は一九一四（大正三）年は全職員数の五〇％であったが、次第に割合を下げ、一九二六（大正一五）年に入ると四一・三％にまで低下しており、大正期における職員数の増加は、非常勤職員の増加によるところが大きかったといえる。なお注意を要するが、参考までに慶應の全職員数（表7-1）と早稲田の全職員数（A）とを比較すると、大正初期と異なり、一九二一（大正一〇）年以降は両校でそれほど差がなかった。慶應の職員数が大正後期に増えたのは、既述の通り医学部と附属病院の新設による増員が要因だが、早稲田では大正初期から比較的多くの職員を抱えていた。また機関全体学生数との関連をみると、年度によって変動したものの、大正初期こそ職員一人あたり六七・三人と相対的に小さいが、大正中期以降は九一・八〜一一九・四人と大きくなっていた。こうした全体的な傾向を念頭に、以下では部門ごとに三つの観点から職員数の推移を確認する。

第一に本部の全般的特徴である。学生課以外の室および部課では、配置された職員の多くが常勤職員であった。個別にみていくと、学長室（総長室・理事室）や幹事室に該当する役職は、学長や理事、幹事、監事であったが、そのうち理事は、一九二一（大正一〇）年で四名、一九二四（大正一三）年以降は七名と多くを占めていた。これは第

表7－2　早稲田職員数の推移（試算）

		1914（大正3）		1918（大正7）		1921（大正10）		1924（大正13）		1926（大正15）	
		A	B	A	B	A	B	A	B	A	B
本部	学長室･総長室･理事室及び幹事室	8	8	5	5	7	7	11	12	10	11
	庶務課	5	8	9	12	11	14	7	21	9	13
	教務課	8	11	8	11	11	14	6	6	6	9
	会計課	9	10	9	10	18	19	11	11	11	12
	学生課	6	40	12	46	10	56	4	39	7	45
	基金部･賛助会･記念事業部	3	3	1	1	2	2	7	7	6	6
	調度課	—	—	—	—	—	—	—	—	3	5
大学部（事務職）	政治経済学部	—	—	—	—	—	—	2	3	2	4
	法学部	—	—	—	—	—	—	2	3	3	6
	文学部	—	—	—	—	—	—	2	3	2	4
	商学部	—	—	—	—	—	—	3	4	3	4
	理工科・理工学部	2	38	2	41	3	54	4	53	6	53
	予科課程	6	12	7	14	15	27	10	37	12	43
図書館		22	28	16	25	15	25	15	26	22	43
寄宿舎		2	5	—	—	—	—	—	—	—	—
全職員数（C）		109	218	109	221	108	246	139	319	149	361
全職員数のうち常勤職員の割合（A/B）		50.0%		49.3%		43.9%		43.6%		41.3%	
学生数	大学部（予科課程含む）		4,772		6,606		6,633		5,876		6,367
	機関全体（D）		7,333		10,006		12,900		14,244		14,258
学生数機関全体／全職員数（D/C）		67.3	33.6	91.8	45.3	119.4	52.4	102.5	44.7	95.7	39.5

注1：職員の所属部署は多岐にわたるため、本部および大学部を中心とした部署に限定しており、表中の各部署の職員数をすべて足しあわせても全職員数とはならない。

注2：早稲田の職員数を示した史料は職名ごとに集計されている。上記表では常勤職員に相当すると考えられる「職員」及び「事務員」（「事務員」は1922年より「書記」と改称され、また1924年より「書記補」も追加された）の人数はAで、そのAに非常勤職員と想定される「職工」や「給仕」、「助手及び工手」や「電話交換手」等を合わせた職員数をBで示した。

注3：学長室は1923年から総長室と表記され、1925年からは理事室と表記された。なお表では便宜的に本部として表示した。

注4：慶應との比較の観点から、大学部各学部の職員数は、教員管理職である「部長」（いわゆる学部長）や教務主任等を除外して集計した。なお「主事」は多くの場合、職員が務めていたので人数に含めた。ただし全職員数にはそれらの教員管理職も慶應の場合と同様に含めている。

注5：予科課程は1918年までは高等予科の、1921年以降は第一および第二高等学院の職員数を合算した人数である。

出典：「早稲田大学報告」所載「早稲田大学職員現在表」（各年度）より著者作成。

一章で言及した、経営部門の管理運営組織における理事人数の増員が反映されている。早稲田の理事には報酬が支給されていたから、機関財務の観点からは、経費の増加が想定される。次に日常業務に従事した庶務課、教務課、会計課、学生課の四課は、大学令昇格時の一九二〇（大正九）年に最も職員数が多かった。とくに会計課の職員数は、三年前の約二倍にまで増員されていた。第五章で検討したが、大学昇格に際しては供託金をはじめとして通常とは異なる会計業務が発生しており、その影響によるものと推察する。また教務課についても旧来の大学部と昇格後の大学部が並置されたため、増員されたのであろう。なお一九二四（大正一三）年以降の本部教務課の職員数の減少は、前述の通り各学部に事務組織が設置されたためと考えられる（詳細は後述）。最後に学生課だが、全体的な傾向として責任者である主任・主事一名、事務員・書記が数名の他は、巡視および夜警が数名、小使が三〇名以上という実態であった[20]。学生課の業務は、学生の風紀取締、衛生事項の注意喚起、構内の警備防火であったが、学生数の増加に伴いこれらの職員が増加したと考えられる。

第二に一九二三（大正一二）より設置された学部別の事務組織である。教員管理職として、部長や教務主任等が設置されていたが、表7-2中の大学部（事務職）にはそれらを除外した人数を示した。すると政治経済、法、文、商学部には二～三名程度の常勤職員が配置されており、それまでの本部教務課の職員数に若干名増員した人数となる。他方で理工科には、私立大学に昇格して理工学部となる以前から、すでに多くの職員が配置されていた。これは事務員および書記などの一般事務員ではなく、助手及工手、職工や技手、給仕等が多数配置されていたことによる。なお予科課程にも理工科に進学する課程が準備されていたため、助手及工手、給仕や小使が多く配置されていた。

第三に寄宿舎と図書館である。早稲田において寄宿舎の職員数が集計されたのは、一九一七（大正六）年まででであり、舎長一名、事務員一名の他は、給仕と小使あわせて数名の職員が配置されていた。一方で図書館は、大正初期から事務員や書記が多く配置される傾向にあったが、大正後半になるにつれ、給仕や小使が増員される傾向にあった。ここで慶應と同様に業務負担の日安として一日あたりの閲覧人数と貸付図書数をみる。すると一九一四（大正三）年が会館日数三〇〇日に対して、閲覧人数が一日あたり二六九人、貸付図書数が一日あたり四六六冊であり、一九二六（大正一五）年が会館日数三〇八日に対して、順に同五四三人、同一〇〇〇冊であった[21]。これらより学生及び教員との対面業務が確実に増加しており、早稲田でも図書館の教育研究施設としての機能を重視していたから、職員の増員が図られたのだと推察する。

以上、分析期間における早稲田の事務機構の変遷と職員数の推移について検討した。早稲田では明治四〇年代以降、大正初期の一九一三（大正二）年ごろにかけて、戦前期における事務機構の原型がほぼ完成しており、大学昇格後の一九二三（大正一二）年には、大学学部別の事務機構が整備された。このような整備発展を遂げる中で、理事などの役職者から末端の事務員、給仕および小使に至るまで職員数が増加した。したがって経営的には慶應の場合と同様に、早稲田でも職員の処遇を適切に管理することが重要であったと考えられる。そこで次節では両校の職員給与の実態を検証する。

4　早慶両校の職員給与の実態

(1)　慶應の職員給与

それでは、職員個人の給与額を検証していこう。まずは慶應である。**表7-3**は一九〇三（明治三六）年から一九一二（明治四五）年にかけての塾監局（本部）、大学部教務係、図書館、寄宿舎に所属・配置された職員の月給（月俸）をまとめたものである。当時の「評議員会記録」によると慶應の場合、年俸契約はごく一部の外国人教員のみであり、多くの職員は月俸契約であった。日給または時給契約の雇人を除いて夏季休暇期間にも給与は支払われており、月給を一二倍すれば、基本的には各年度の年収（年俸）となると考えて良い。

第一に注目すべきは、役職者の厚遇である。役職者は塾長、幹事、嘱託が該当する。第一章で指摘したように、慶應では評議員はもちろん、社頭も名誉職であるため無給であった。したがって塾長が一九一二（明治四五）年には年四八〇〇円（月四〇〇円）と、一部の外国人教員を除けば、機関内で最も高給であり、また昇給幅も月五〇円ないしは一〇〇円と、他の職員と一線を画していた。「記録」によれば一九〇七（明治四〇）年の月三〇〇円から月四〇〇円への昇給は、評議員朝吹英二の発議によって可決されたとある。(22) 次いで幹事と嘱託だが、塾長の半額以下とはいえ両者の給与が高給であったことは変わりない。幹事職は一九〇八年六月二七日開催第七期臨時理事会で選出されたが、給料月一五〇円、手当月五〇円で合計月二〇〇円であった。石田は一九一〇（明治四三）年一〇月に朝鮮総教育制度調査嘱託（視学官）となって幹事職を一度辞したが（慶応義塾史事典編集委員会、二〇〇八、六一一頁）、その際は月俸二・五ヶ月相当の退職金五〇〇円が支給されていた。なお石田が復職するまでの期間は、独逸語や社会学の担当教員であり図書館館長も務めた田中一貞が臨時幹事となったが、その幹事業務に対する給料は、月三〇円と薄給であった。最後に嘱託だが、これは一九一一（明治四四）年六月より大学部卒業生の就職指導や斡旋、慶應義塾維持会の寄附金募集業務に従事するために設置された役職である。この職にあった山名次郎は、慶應卒業生であり、札幌師範学校長（二年間）、日本勧業銀行鑑定役、千代田生命監査役等を歴任した後、初代慶應義塾嘱託に就任した。就任後の山名は、大学部学生の就職斡旋を一手に引き受け、その奮闘ぶりは内外に知られていたから、月一五〇円の厚遇は妥当であるのかもしれない。(23)

第二に注目すべきは役職者を除く職員の給与が、月一〇円前後から最大で月一〇〇円と広範に分布する中、会計、庶務、用度の主任職員や、教務担当の一部職員らを中心に、当時の専任教員給与を上回る職員が存在したこと

表7－3　慶應職員の年度別月額給与一覧

役職・部署		氏名	出身	1903	1904	1905	1906	1907	1908	1909	1910	1911	1912	備考
塾長		鎌田栄吉	○	200	250	250	300	400	400	400	400	400	400	
幹事		石田新太郎	○	—	—	—	—	—	200	200	200	—	200	1910年に一度辞任。退職金500円
		田中一貞	○	—	—	—	—	—	—	—	30	30	—	
嘱託		山名次郎	○	—	—	—	—	—	—	—	—	150	150	
会計	主任	菅友輔		60	70	80	80	100	—	—	—	—	—	維持会、基本金募集部も兼務
		三岡丈夫		—	—	—	—	—	—	70	70	70	80	
	一般	松田甚三郎	○	35	42	45	45	45	55	55	60	65	65	
		福井雅三		17	17	19	21	25	27	27	30	30	33	1912年度に別途退職金400円
		平沼真太郎		13	15	17	19	22	24	24	27	27	30	1912年度に別途退職金350円
		長崎久太郎		—	—	—	※	12	—	—	—	—	—	
		仁木武雄		—	—	—	—	—	—	—	—	—	35	
庶務	主任	板倉順治	○	—	—	—	—	—	—	70	75	80	80	主任設置は1912年度から
	一般	山道梅太郎		50	—	—	—	—	—	—	—	—	—	出兵中
		石川藤太郎		—	40	60	60	80	100	—	—	—	—	
		赤羽俊良		45	50	—	—	—	—	—	—	—	—	
		今井一郎	○	—	—	—	—	—	15	15	15	15	15	
		鹿倉吉次		—	—	—	—	—	—	—	—	—	30	
用度	主任	木坂三五六	○	—	—	—	—	—	35	40	45	50	50	主任設置は1912年度から
	一般	今井実三郎		45	50	55	55	65	75	75	—	—	—	
		山道梅太郎		—	25	—	—	—	—	—	—	—	—	出兵中
		杉山太市郎		—	—	—	—	—	—	—	15	15	18	
学報編集係	主任	林毅陸	○	—	—	15	15	15	15	15	—	15	—	主任設置は1911年度から
	一般	板倉卓造	○	—	—	—	—	—	—	—	—	—	15	
		占部百太郎	○	15	15	20	60	30	50	50	50	50		
		田中萃一郎	○	15	15	—	—	—	—	—	—	—	—	
		菅学應		—	—	—	80	40	—	—	—	—	—	
		小林澄兄	○	—	—	—	—	—	—	—	—	25	—	
		中野凞治		—	—	—	—	—	—	—	—	—	20	
学報発行係		坂田成心		12	—	—	—	—	—	—	—	—	—	
		山田国太郎		6	6	6	—	—	—	—	—	—	—	
		伊東春吉		—	—	※	※	—	—	—	—	—	—	
		安倍季雄		—	—	17	20	23	—	—	—	—	—	
		木坂三五六	○	—	—	—	—	20	—	—	—	—	—	
		滝川重太郎		—	—	—	—	—	20	20	—	—	—	
		加藤庁太郎		—	—	—	—	—	※	※	—	—	—	支払い実績なし
		小林澄兄	○	—	—	—	—	—	—	—	25	※	—	
		岩崎寛	○	—	—	—	—	—	—	—	—	20	20	
維持会・基本金募集	募集部員	坂田成心		6.5	—	—	—	—	—	—	—	—	—	
		小澤悦四郎		17	22	—	—	—	—	—	—	—	—	
		山田国太郎		11	11	11	—	—	—	—	—	—	—	
		鈴木意介		—	—	12	12	—	—	—	—	—	—	
		伊東春吉		—	—	12	12	—	—	—	—	—	—	
		石川彦太		—	—	30	45	30	—	—	—	—	—	
		友好法眼		—	—	—	15	15	—	—	—	—	—	
		関恵二郎	○	—	—	—	—	12.5	25	25	30	—	—	
		加藤庁太郎		—	—	—	—	—	15	18	—	—	—	
		岩崎寛	○	—	—	—	—	—	—	—	20	20	—	
		松本惣市		—	—	—	—	—	—	—	—	33	36	
		堀内虎友	○	—	—	—	—	—	—	—	—	?	?	毎月変動するため不明とした

集金		加藤庁太郎		—	—	—	—	—	—	—	20	20	22	
		斎藤由久		—	—	—	—	—	—	—	—	—	15	
大学部幹事		名取和作	○	—	—	—	52	20	—	—	—	—	—	
教務係		占部百太郎	○	30	35	40	—	—	—	—	—	—	—	
		松見得聞		—	27	27	—	—	—	—	—	—	—	04年度は普通部、05年度は予科
		板倉順治	○	—	—	35	50	60	70	70	—	—	—	
		名取和作	○	—	—	—	33	25	—	—	—	—	—	大学部幹事本塾事務員給料
		今井一郎	○	—	—	—	—	—	15	15	20	23	23	
		滝川重太郎		—	—	—	—	—	※	40	—	—	—	
		増田正輔		—	—	—	—	—	—	40	—	—	—	
		林敏	○	—	—	—	—	—	—	—	50	55	60	本塾事務員給料
				—	—	—	—	—	—	—	5	5	5	職員給料
		岩崎寛		—	—	—	—	—	—	—	20	20	23	
図書館	主任	平山幹次		35	45	—	—	—	—	—	—	—	—	
	監督	田中一貞	○	—	10	20	20	20	20	20	20	20	20	
		臼井文造		12	—	—	—	—	—	—	—	—	—	
		波多野鍋吉		12	12	—	—	—	—	—	—	—	—	
		志賀正光		—	15	—	—	—	—	—	—	—	—	
		東野利孝		—	15	17	20	25	30	30	35	35	40	
		堀三孝		—	3.5	15	7.5	—	—	—	—	—	—	
		安食高吉	○	—	—	10	10	12	14	14	14	25	—	
		山県繁三		—	—	—	15	15	—	—	—	—	—	
		西本辰之助		—	—	—	—	15	—	—	—	—	—	
		竹内忠一	○	—	—	—	—	25	30	35	35	35	38	
		佐々木良太郎	○	—	—	—	—	—	—	—	22	25	25	
		甲斐吉蔵		—	—	—	—	—	—	—	13	13	15	
		笠原嘉次郎	○	—	—	—	—	—	—	—	—	25	30	
寄宿舎	舎監又は書記	葦原雅亮	○	25	30	—	40	45	45	45	50	55	55	
		金澤冬三郎	○	25	30	—	—	—	—	—	—	—	—	
		里見純吉	○	25	25	5	15	—	—	—	—	—	—	
		堀内輝美	○	30	—	—	50	—	—	—	—	—	60	
		杉山敦麿	○	—	15	15	15	15	20	20	20	—	—	
		宮原清		—	—	25	—	—	—	—	—	—	—	
		荒井武衛		—	—	15	15	15	—	—	—	—	—	
		林毅陸	○	—	—	—	25	—	—	—	—	—	—	
		伊澤道暉	○	—	—	—	20	20	20	20	20	20	20	
		松岡正男	○	—	—	—	—	20	20	20	20	—	—	
		須藤注連吉		—	—	—	—	—	—	—	—	15	15	

注１：金額は月額（月俸）
注２：出身欄の「○」は慶應卒業者（大学部に限らない）を意味する。
注３：※は「慶應義塾学事報告」に職員として名称が掲載されるも、「給料帳」では支払実績が確認できないことを意味する。
注４：学生取締（有泉義理作）、本部書記（小川金平）は除外した。
出典：慶應義塾福澤研究センター編『慶応義塾関係資料（K）』「K 補遺」所載「給料帳」（1903～1912年）及び『慶應義塾学報』所載「慶應義塾収支勘定決算報告」より著者作成。

である。第二章で言及したが、慶應の専任教員給与の中央値は、一九〇六（明治三九）年が年七六八円（月六四円）、一九一二（明治四五）年が年八〇四円（月六七円）であった。庶務および用度に主任が設置されたのは一九一二（明治四五）年度からである。だがそれ以前も庶務では石川藤太郎が、用度では今井実三郎が実質的には主任業務を行っていたと考えられる。表7-3から分かるように、会計、庶務、用度、教務といった一般業務を担当した常勤職員は、年々増員されたものの少数であったから、多忙であったと想定される。そのような環境で会計主任の菅友輔は、一九〇七（明治四〇）年に月一〇〇円、同三岡丈夫と庶務主任の板倉順治は、一九一二（明治四五）年に月八〇円の給与を得ていた。第三章の表3-8にある大学部教員の給与と比較すると、教職員の中では、相対的に高待遇であったといえる。昇給は必ずしも毎年実施されてはおらず、また昇給幅にも個人差があり、月五～一〇円程度の昇給であった。他方で同じ塾監局に所属する職員であっても、学報発行係（広報誌の編集業務）、維持会基本金募集部員や、図書館、寄宿舎の職員は、総体的に薄給であった。推測の域を出ないが、これは職員個人の資質、年齢、業務内容も反映されていたであろうが、教員でいう負担時間にあたる業務量や、拘束時間が関係していた可能性がある。一九〇二（明治四五）年でみると、給与分布は月一五～六五円と広く分布しており、昇給幅は月二～一〇円程度で分布していた。なお支給基準は不明だが、会計担当の福井雅三や平沼真太郎のように、主任でない職員にも二～一〇円程度の退職金が支給されたケースも確認できた(24)。

以上、慶應職員給与の特徴を二つあげた。慶應職員の給与、役職者、主任職員、その他の職員との間で相当な格差が存在したことが史料から明らかになった。教員給与と同様、職員給与においても明確な差が存在していたのである。

(2) 早稲田の職員給与

次に早稲田の職員給与を検討する。表7-4は一九一三（大正二）年から一九二五（大正一四）年にかけての「職員給」に分類されていた職員の月給（月俸）をまとめたものである。早稲田では「職員給」に分類された職員の多くが年俸契約であり、一二等分した金額が月俸として支給されていた。[25] 本章では慶應の職員と表記を統一するために、月俸で表記した。以下では、役職者と一般業務担当職員とに分けて整理する。

それでは第一として役職者に注目する。役職者は学長、[26] 理事、幹事・会計監督、名誉教職員（詳細は後述）が該当する。以下、役職ごとに検討していく。

まずは学長である。学長の給与額の推移を確認すると、一九一三（大正二）年の高田早苗が年三〇〇〇円（月二五〇円）であり、以後、天野為之が年三五〇〇円（月二九二円）、平沼淑郎[27]が年四五〇〇円（月三七五円）から年五五〇〇円（月四五八円）へと昇給し、塩澤昌貞がそれを踏襲した。そして再任した高田早苗は年六〇〇〇円（月五〇〇円）から年七〇〇〇円（月五八三円）へと昇給した。塩澤昌貞のみ前任者と同一金額であったが、それを除けば学長個人の資質とはおそらく無関係に、前任者より年五〇〇～一〇〇〇円程度加増されるのが常態化していた。ただし学長給与は他の職員と比較すれば高額であったが、慶應の塾長ほどではなかったと想定される。大正期の慶應塾長の給与は不明であるが、表7-3より一九一二（明治四五）年時点で月四〇〇円の月俸を得ていた。早稲田の学長が月四〇〇円を超えたのは、一九二〇（大正九）年度からである。第二章でみたように、慶應は早稲田より収支状況が良好であったから、大正期も順調に給与が上昇していったと考えられ、早稲田の学長が慶應の塾長ほど給与を得ていたとは考えにくいのである。なお第二節で言及したように、高田早苗に限っては校長・学監体制の下で学監職にあった一九〇四（明治三七）年から一九〇六（明治三九）年、そして総長・学長体制の下で学長職にあった一九〇七（明治四〇）年と一九〇九（明治四二）年の給与が把握できる。「給料帳簿」によると、学監職にあった三年間の

役職・部署		氏名	1913	1914	1915	1916	1917	1918	1919	1920	1921	1922	1923	1924	1925
理工科	経営主任	中村康之助	※	※	—	—	—	—	—	—	—	—	—	—	—
	事務主任	木村三郎	—	—	—	—	—	—	—	92	※	117	—	—	—
庶務課	主任・主事	川口潔	45	45	50	60	60	70	—	—	—	—	—	—	—
		蠣崎敏雄	—	—	—	—	—	—	65	108	150	150	150	—	—
		大島正一	—	—	—	—	—	—	—	—	—	—	—	150	175
	副主事	大久保清志	—	—	—	—	—	—	—	—	—	—	105	—	—
調度課	主事	柏木潤三	—	—	—	—	—	—	—	—	—	—	—	—	158
	副主事	先光孝	—	—	—	—	—	—	—	—	—	—	—	—	110
教務課	主任・主事	中村芳雄	45	45	50	60	60	70	100	142	179	179	179	179	217
会計課	主任・主事	高橋三郎	—	50	60	70	70	—	—	—	—	—	—	—	—
		土屋啓造	—	—	—	—	—	82	117	167	208	—	—	—	—
		溝口直枝	—	—	—	—	—	—	—	—	—	120	120	120	—
		難波理一郎	—	—	—	—	—	—	—	—	—	—	250	—	—
		角田敬義	—	—	—	—	—	—	—	—	—	—	—	—	158
	副主事	先光孝	—	—	—	—	—	—	—	—	—	—	—	120	—
		中村宇一	—	—	—	—	—	—	—	—	—	—	—	—	90
学生課	主任・主事	望月嘉三郎	—	40	45	55	55	65	92	125	154	154	154	154	183
教務	副主事(政経)	七五三野仁一郎	—	—	—	—	—	—	—	—	—	—	70	90	—
	副主事(政経)	西義顕	—	—	—	—	—	—	—	—	—	—	—	—	※
	副主事(法)	佐藤隆治	—	—	—	—	—	—	—	—	—	—	80	90	—
	主事(法)	油井昇造	—	—	—	—	—	—	—	—	—	—	—	—	117
	(副)主事(文)	岸畑久吉	—	—	—	—	—	—	—	—	—	—	※	—	—
	主事(文)	岸畑久吉	—	—	—	—	—	—	—	—	—	—	—	100	121
	副主事(商)	丹尾磯之助	—	—	—	—	—	—	—	—	—	—	100	100	120
	主事(理工)	木村三郎	—	—	—	—	—	—	—	—	—	—	117	117	142
	主事(専門)	大久保清志	—	—	—	—	—	—	—	—	—	—	—	—	150
	副主事(高師)	津田亀之助	—	—	—	—	—	—	—	—	—	—	—	—	90
図書館	館長	市島謙吉	※	※	※	※	—	—	—	—	—	—	—	—	—
		安部磯雄	—	—	—	—	—	—	※	※	※	42	—	—	—
		林癸未夫	—	—	—	—	—	—	—	—	—	—	58	83	83
	館長事務取扱	平沼淑郎	—	—	—	—	—	※	—	—	—	—	—	—	—
	副長	山崎直三	※	※	—	—	—	—	—	—	—	—	—	—	—
	顧問	湯浅吉郎	—	—	—	※	※	※	—	—	—	—	—	—	—
	事務主任	小林堅三	※	※	※	※	※	※	※	※	※	167	—	—	—
	主事	小林堅三	—	—	—	—	—	—	—	—	—	—	167	167	200
寄宿舎	舎長	矢澤千太郎	50	55	55	65	—	—	—	—	—	—	—	—	—
編集及講演部	部長	内ヶ崎作三郎	—	—	—	—	—	—	21	25	25	25	33	33	33
	主事	片山利久	—	—	—	—	—	—	75	—	—	—	—	—	—
賛助会	幹事	難波理一郎	—	—	—	—	—	—	140	192	—	—	—	—	—
	主事	片山利久	—	—	—	—	—	—	—	117	—	150	—	—	—
大隈会館	主事	深澤政介	—	—	—	—	—	—	—	—	—	※	※	175	200

注1：金額は月額（月俸）。ただし円以下は四捨五入している。
注2：※は「早稲田大学報告」に職員として名称が掲載されるも、「給料帳簿」では支払実績が確認できないことを意味する。
注3：1922年の片山利久（150円）は臨時人事係、記念事業部合わせての月俸である。
出典：早稲田大学大学史史料センター所蔵職員給与史料および『早稲田学報』所載「早稲田大学報告」（各年度）より著者作成。

表7－4　早稲田職員の年度別月額給与一覧

役職・部署		氏名	1913	1914	1915	1916	1917	1918	1919	1920	1921	1922	1923	1924	1925
学長		高田早苗	250	250	250	—	—	—	—	—	—	—	—	—	—
		天野為之	—	—	—	292	292	—	—	—	—	—	—	—	—
代表者理事(1918)、学長		平沼淑郎	—	—	—	—	—	100	375	458	—	—	—	—	—
学長→総長		塩澤昌貞	—	—	—	—	—	—	—	—	458	458	—	—	—
総長		高田早苗	—	—	—	—	—	—	—	—	—	—	500	500	583
理事		天野為之	42	42	—	—	—	—	—	—	—	—	—	—	—
		市島謙吉	150	150	150	※	—	—	—	—	—	—	—	—	—
		田中唯一郎	—	—	117	167	167	—	—	—	—	—	—	—	—
		田中穂積	—	—	※	58	58	—	67	100	100	100	142	142	200
		塩澤昌貞	—	—	※	58	58	—	67	100	—	—	100	100	117
		徳永重康	—	—	—	—	—	42	—	—	—	—	—	—	—
		内ヶ崎作三郎	—	—	—	—	—	42	—	—	—	—	—	—	—
		宮田脩	—	—	—	—	—	42	—	—	—	—	—	—	—
		浅野應輔	—	—	—	—	—	—	67	100	100	100	100	100	—
		松平頼寿	—	—	—	—	—	—	67	100	100	100	100	100	117
		平沼淑郎	—	—	—	—	—	—	—	—	142	142	100	100	117
		金子馬治	—	—	—	—	—	—	—	—	—	—	—	100	117
		山本忠興	—	—	—	—	—	—	—	—	—	—	—	100	117
幹事		田中唯一郎	100	117	—	—	—	—	—	—	—	—	—	—	—
		前田多蔵	—	—	80	100	100	115	150	200	242	242	—	—	—
		中村康之助	—	—	※	83	83	—	—	—	—	—	—	—	—
		難波理一郎	—	—	—	—	—	—	—	—		233	250	250	292
副幹事		前田多蔵	70	70	—	—	—	—	—	—	—	—	—	—	—
		土屋啓造	—	—	—	—	—	82	117	167	208	—	—	—	—
会計監督 ↓ 監事(1923～)		田原栄	20	20	—	—	—	—	—	—	—	—	—	—	—
		三枝守富	20	20	20	20	20	20	20	—	—	—	—	—	—
		増子喜一郎	—	—	—	20	—	—	—	—	—	—	—	—	—
		宮川鉄次郎	—	—	—	—	—	20	—	—	—	—	—	—	—
		宮田脩	—	—	—	—	—	—	20	20	20	30	67	67	83
		上原鹿造	—	—	—	—	—	—	—	20	—	—	—	—	—
		坂本三郎	—	—	—	—	—	—	—	—	30	30	67	67	83
嘱託		前田多蔵	—	—	—	—	—	—	—	—	—	—	200	200	213
		坪谷善四郎	—	—	—	—	—	—	—	—	—	—	※	※	※
名誉教職員		高田早苗	—	—	250	208	208	208	208	208	208	208	—	—	—
		坪内雄蔵	—	—	※	167	167	167	167	167	167	167	167	167	—
		市島謙吉	—	—	150	200	200	167	117	117	117	117	117	117	—
		田中唯一郎	—	—	—	—	—	100	100	100	—	—	—	—	—
		天野為之	—	—	—	—	—	—	167	—	—	—	—	—	—
臨時人事係		片山利久	—	—	—	—	—	—	—	—	150	150	—	—	—
人事課	主事	蠣崎敏雄	—	—	—	—	—	—	—	—	—	—	—	150	183
学長秘書		橘静二	35	40	—	—	—	—	—	—	—	—	—	—	—
		佐藤正	—	—	—	50	50	—	—	—	—	—	—	—	—
記念事業部	主事	片山利久	—	—	—	—	—	—	—	—	—	150	150	150	183
	副主事	上村鉄雄	—	—	—	—	—	—	—	—	—	—	130	130	150

給与は年二八〇〇円であり、その内訳は、講師給が年二〇〇〇円、学監給が年八〇〇円であった。そして学長職にあった一九〇七（明治四〇）年および一九〇九（明治四二）年は年三〇〇〇円であり、内訳は講師給年二〇〇〇円、学長給年一〇〇〇円であった。なお一九〇九（明治四二）年は、「学科配当表」と「時間負担表」のどちらで確認しても、授業を担当した形跡をみつけることができない。だが講師給も含めて年三〇〇〇円が支給された可能性が極めて高く、一九〇九（明治四二）年の学長給は、同金額であったと考えられる。この金額は同年の慶應塾長と月額にして一五〇円、年間にして一八〇〇円の差があった。先に指摘したことをふまえれば、早慶両校の塾長および学長の給与格差は、大正期だけでなく明治期から継続されていたと考えられるのである。

次に理事である。早稲田では維持員から選出された理事に対して、定額の給与（手当）が支給されていた。その金額は一九一三（大正二）年には年五〇〇円（月四二円）であったが次第に上昇し、一九二五（大正一四）年には年一四〇〇円（月一一七円）まで昇給した。一九一三（大正二）年に天野為之と市島謙吉との間で差額があるのは、市島が基金部長を兼任していたからである。また一九二三（大正一二）年からは新たに常務理事が置かれ、その任に就いた田中穂積には、別途年五〇〇円（一九二三年）ないしは年一〇〇〇円（一九二五年）の手当が加算されていた。理事への支給額は、後述する職員事務の最高責任者である幹事よりも低額であったが、支給対象者も増員されたから、その総額は職員人件費増加の一つの要因であったと考えられる。

続いて幹事と会計監督（監事）である。幹事と会計監督（監事）の給与の特徴だが、幹事は一九二〇（大正九）年前後より増給され、学長の半額程度であった。幹事は田中唯一郎から前田多蔵（理工科担当幹事の中村康之助と二人体制の時期もある）、そして難波理一郎と続き、早稲田出身者が歴任した。幹事はあくまでも職員事務の最高責任者であったため、経営や教学に関して別段、権限を有していたわけではない。だが一九二五（大正一四）年に専任教員の中でもかなりの高給取りであった安部磯雄や浮田和民が、年三八〇〇円（月三一七円）の給与であったことを考慮すると、難波の給与年三五〇〇円（月二九二円）は、破格の待遇であったということができよう。なお概ね二人体制であった会計監督は、一九二一（大正一〇）年度を除き常に同額であり、一九二五（大正一四）年時点で、年一〇〇〇円（月八三円）であった。

最後は名誉教職員である。最後は名誉教職員の給与の高さである。名誉教職員規定は、一九一五（大正四）年に、高田早苗が第二次大隈内閣文相就任に伴い学長を辞任する際に制定された（早稲田大学大学史編集所、一九八一、九七二–九七四頁）。同規定第三条では、名誉教職員には在職中と同一の礼遇を為すと規定された。最も該当者が多かった一九一九（大正八）年において、高田早苗が年二五〇〇円（月二〇八円）、天野為之と坪内雄蔵が年二〇〇〇円（月一六七円）、市島謙吉が年一四〇〇円（月一一七円）、田中唯一郎が年一二〇〇円（月一〇〇円）と、現職理事の手当を超えた金額が支給されていた。つまり早稲田では、創立当初より経営に携わった「ブレーン・トラスト」（早稲田大学大学史編集所、一九七八、九六七頁）といった面々が、名誉教職員かつ維持員として経営に深く参画し、かなりの待遇を得ていたのであった。

以上が役職者の給与であるが、ここからは第二として、庶務、調度、教務、会計、学生、人事[28]といった本部一般業務を担当した主任および主事の給与に着目する。一般業務を担当した職員の給与は、一九一九（大正八）年ごろを機に大きく増加した。それ以前は月五〜一〇円程度の昇給であったが、一挙に月三〇〜五〇円程度増加した。教務課の中村芳雄、学生課の望月嘉三郎は勤続年数が長く、一九二五（大正一四）年度には順に年二六〇〇円（月二一七円）、年二二〇〇円（月一八三円）と学長給与の三分の一ほどとなった。第五章でみたように、専任教員の中には年二〇〇〇円（月一六七円）を下回る教員も少なくなかったから、これらの職員は相応の待遇を得ていたといえる。

なお第三節で指摘したが、一九二三（大正一二）年より事務組織が大学学部別に置かれ、主事または副主事が設置された。慶應でも大学部に教務係が置かれていたが、学部ごとには置かれておらず、両校の大きな違いであった。

給与をみると月一一七～一四二円を範囲に分布しており、先に言及した本部一般業務担当の主任および主事よりは低額だが、年一四〇〇～一七〇〇円程度の給与を得ており、専任教員を超える場合もあった。

以上、早稲田職員給与の特徴を二点列記した。早稲田職員の給与も役職者と一般職員との間で相当な格差があること、そして名誉教職員にまで高額な給与が支払われていたことが明らかとなった。また役職者に加えて一般業務を担当した職員の中にも、専任教員と同等以上の給与を得ていた職員が存在することを確認した。

(3) 社会経済的地位

前項までで早慶両校の職員給与の実態の一端が明らかになったが、最後に他の高等教育機関の職員と比較することで、両校職員の社会経済的地位を考察しておく。

表7-5は早慶両校の職員のうち、塾長及び学長と、事務職員の最高責任者である幹事職それぞれに対応する東京帝国大学、東京高等師範学校（以下、東京高師）、第一高等学校職員の俸給額を示したものである。一八九七（明治三〇）年六月二二日公布「東京帝国大学官制」（勅令二一〇）第三条では「総長ノ命ヲ承ケ庶務会計ヲ掌理ス」として書記官（奏任官）を、また同五条で「上官ノ命ヲ承ケ庶務会計ニ従事ス」として書記（判任官）を置いていた。したがって書記官は事務機構を掌握するポジションにあり、早慶両校の幹事との比較対象として設定した。書記についてはは書記官との格差を明らかにするため、参考までに掲載した。

まず塾長および学長から検討すると、一九〇三（明治三六）年時点では慶應塾長の給与は、帝大総長と大きな差があり、東京高師や第一高等学校の学校長よりも低額であった。しかし一九〇七（明治四〇）年には、帝大総長を年間で三〇〇円ほど超過した。一九一二（明治四五）年の『日本帝国文部省年報』には、帝大総長の俸給額が未掲載であった。だが慶應の経常収支が黒字であったことを考慮すると、慶應塾長の給与は、確実に帝大総長以上で

表7－5　官立高等教育機関所属職員との給与比較

	慶應		早稲田		東京帝国大学			東京高等師範学校		第一高等学校	
	塾長	幹事	学長	幹事	総長（勅任官）	書記官（奏任官）	書記（判任官）	学校長（勅任官）	書記（判任官）	学校長（勅任官）	書記（判任官）
1903（明治36）年	2,400	—	—	—	4,000	1,600	456	3,000	438	2,500	460
1907（明治40）年	4,800	—	3,000	—	4,500	1,800	518	3,000	389	3,000	463
1912（明治45）年	4,800	2,400	—	—	—	2,500	643	3,700	540	3,700	598
1916（大正５）年	—	—	3,500	1,200	5,500	2,400	640	3,700	406	3,700	670
1920（大正９）年	—	—	5,500	2,400	7,000	3,569	1,233	5,200	831	4,800	1,219
1924（大正13）年	—	—	6,000	3,500	7,000	3,400	1,179	5,200	1,170	4,800	1,210

注１：金額は全て年俸。
注２：早慶両校の幹事の給与は、複数の職員が配置されていた場合は、金額の高い職員の給与を採用した。
注３：帝国大学、東京高等師範学校、第一高等学校の書記（判任官）の給与は、俸給年額の総額を、人員で割った金額である。
出典：早慶両校については「給与帳簿」より作成。帝国大学、東京高等師範学校、第一高等学校については、『日本帝国文部省年報』各年度より著者作成。

あったと想定される。一方で早稲田学長の給与は、一九一六（大正五）年時点で東京高師および第一高等学校の学校長よりも低額であった。一九二〇（大正九）年には、帝大総長には及ばないものの、他の学校長を超えた。ただし一九二四（大正一三）年になっても帝大総長未満であることは変わりなく、早稲田では大正中期以降、学長給与は改善されたものの、帝大総長と同程度の待遇とはならなかったようである。

次に幹事をみると、慶應の場合は、一九一二（明治四五）年のみの比較だが、帝大書記官と年間で一〇〇円ほどの差であった。他方で早稲田の場合は、一九一六（大正五）年で帝大書記官の半額であり、待遇が同等となるのは一九二四（大正一三）年になってからであった。

以上、限定的な比較だが、慶應では明治四〇年代に、早稲田では大正後期に、職員給与が官立高等教育機関、とくに東京帝国大学の水準に近づいた歴史的事実を確認した。厳しい財政状況にありながらも職員の待遇改善を行わなければならなかった両校において、職員給与の管理上帝国大学の給与水準は、一つのメルクマールであった可能性がある。役職者と一般職員との間に相当の格差はあったものの、早慶両校の職員の経済的地位は、時代が進むに連れて改善されていった節がみてとれるのである。

5　早慶両校の職員給与管理

本章では、総人件費の約二〜三割を占めていた早慶両校の職員の処遇について、事務機構の発展過程を確認した上で、職員の役職や職務に焦点をあてて、処遇の実態を明らかにした。これまでの知見をまとめると、まず事務機構について慶應では、一九一〇（明治四三）年ころには塾長を中心とした戦前期における事務機構の原型がほぼ完成し、大正中期以降、附属病院を含めた医学部事務組織が整備された。一方の早稲田では、明治四〇年代から大正初期にかけて戦前期における事務機構の原型がほぼ完成し、大正後期には大学学部別の事務機構が整備された。そして職員の処遇については、早慶両校ともに塾長や学長といったトップの給与は高額であり、他の職員と比較して大きな格差が存在していた。ただし慶應塾長は、一九〇九（明治四二）年の時点で年四八〇〇円の給与を得ており、それは同年の早稲田の学長給与年三〇〇〇円の一・六倍もの給与であった。また両校とも主任クラスの職員には専任教員給与を超える者が存在したことも確認した。他方で早稲田特有の特徴として、理事や名誉教職員に対する厚遇があった。早稲田では、創立当初から経営と教学に尽力し、「早稲田四尊」[29]と称された面々に対して一定以上の待遇を施していたのであった。なお両校の役職者の処遇は、東京帝国大学の役職者のそれに、慶應では明治四〇年代に追いつき、早稲田では大正後期以降に及ぼなかったものの伍するまでに改善されていた。一般の専任職員の処遇も後年になるにつれ、改善されていったと考えられる。

史料上の制約により断片的な考察に留まったが、以上が明治後期から大正期における早慶両校の職員給与の実態であった。数多くの「雇人」（慶應）や「小使給仕職工」（早稲田）が低額で雇用されていたことを考慮すれば、専任職員の給与には早慶両校ともに塾長および学長をトップとして、鋭い序列があったと考えられる。早慶両校では、明治後期から大正期にみられた機関規模の拡張によって職員数が増大した。また長くキャリアを重ねた職員には、相応の処遇が必要であったと推察する。それでも両校ともに、職員給与は総人件費の約二〜三割を維持していた。したがって両校では、職員給与をその枠内に留めるため、序列（階層性）を伴った職員の給与管理を行っていたと推察できるのである。

注

（1）他にも羽田（二〇〇八）は、専門職員養成の観点から、大正末期に文部省が設置した会計官吏養成所である経理事務講習所の存在についても明らかにしている。

（2）代表的な記述箇所を列記すれば、慶應の場合は、『慶應義塾百年史』（上巻）（慶應義塾、一九五八、三三七–三五五頁）が、一八六八（慶應四）年に三田へ移転した際の社中の職務分担を、『同』（中巻：前）（慶應義塾、一九六〇、五三八–五四四頁、六六四頁）が、一九〇〇（明治三三）年ごろの職制と三頭政治批判後の塾監、教頭辞任に伴う塾長体制の確立を、『同』（中巻：後）（慶應義塾、一九六四、六三七–六五四頁）が、明治期から昭和初期までの変遷を整理している。他方、早稲田の場合は、『早稲田大学百年史』（第二巻）（早稲田大学大学史編集所、一九八一、四二〇–四二二頁、九七二–九七八頁）が、明治及び大正期の職制の概要及び変遷を説明している。また『早稲田大学創業録』（早稲田大学編輯部、一九一三、一六九–一七〇頁）では、明治期から大正初期の幹部職員の変遷がまとめられている。

（3）近年では、別府（一九九九）によって、明治大学創設者の一人である岸本辰雄の研究が進められた。

（4）この口述記録（佐々木、一九九二、三七–一〇九頁）には総長山岡の大学経営論が記録されている。山岡は授業料収入を増やすためには、「先生をよくして教育内容を立派にすることが大事」であり、また「共通科目をつくり経費の節約を図ること」、そして「学科目を世間の状態とにらみ合せて世間の要望する学科を増設する」ことが重要だと述べている（同、五三頁）。

（5）一例を挙げれば『塾監局小史』（塾監局小史編集委員会、一九六〇、一七七–二一四頁）には、大正期以降の職員業務に従事した面々が、当時の職員事務機構について回想した様子が収録されている。

（6）慶應の「給料帳簿」にみられた「職員給料」という区分は、そこに記載された職員氏名を考慮すれば、収支決算書上では「事務員給料」に含まれた職員層であったと考えられる。

（7）早稲田の明治期の「給料帳簿」には職員給与は記載されていない。だが高田早苗は教員を兼務したため、「給料帳簿」の摘要欄に年俸の内訳が記載されており、そこに講師給の金額と学監給および学長給の金額が併記されていた。

（8）沿革史については注（2）に記載した各ページの内容を元に記述している。

（9）革新派学生の批判もあり、一九〇一（明治三四）年に三頭政治は廃止された。以後は塾長中心の体制となる。三頭政治の成立から廃止までの詳細な経緯は、慶応義塾史事典編集委員会（二〇〇八、七〇頁）に詳しい。

（10）益田の塾監辞任後、北川が後任となる一九〇二（明治三五）年まで塾監は不在であり、三頭政治は行われていなかった。だが一九〇一（明治三四）年に、社頭に小幡が、副社頭（新設）に門野が就任した。門野は教頭としては塾長鎌田の下に位置するも、副社頭としては塾長鎌田の上に位置していたため、塾長中心体制は十分に達成できていなかったと考えられる。なお門野は一九〇二（明治三五）年の教頭辞任後も副社頭職を継続しており、一九〇五（明治三八）年に社頭小幡が死去すると、規定により社頭を代理した。副社頭が廃止されるのは一九〇七（明治四〇）年の財団法人化時であり、この頃から幹事職の新設と相まって塾長中心体制が実質化したと考えられる。

（11）一九〇八（明治四一）年六月二七日開催第七期臨時評議員会議事録による。

（12）沿革史には「大正八年、本部事務は塾監局の名称の下に統一された」（慶應義塾職員会編、一九六〇、九二頁）とあるが、本章では「慶應義塾学事及会計報告」の記載に基づき、上記のように一九一〇（明治四三）年ころから、塾監局の名称の下に統一されたものとみなした。

（13）三田演説会とは、演説と討論の方法の開拓と実践のために、慶應内に一八七四（明治七）年に発足した組織のことである（慶応義塾史事典編集委員会、二〇〇八、二八頁）

（14）塾債とは関東大震災による復興資金調達のために、一九二三（大正一二）年に発行した債権のことである。一口五〇円（利息は年五分）で三〇万円が募集され、応募は八五一六口、振込金額は四一万六二七五円であった。一九五六（昭和三一）年に償還が完了した（慶応義塾史事典編集委員会、二〇〇八、八八頁）。

（15）教員管理職の名称は一九一六（大正一一）年までが主任、一九一七（大正六）年から一九一九（大正八）年までは学長、一九二〇（大正九）年以降は部長という名称であった。

（16）『慶應義塾学報』第二一七号所載「大正三年度慶應義塾学事及会計報告」三六頁及び『三田評論』第三六〇号所載「大正一五年度慶應義塾学事及会計報告」一〇六頁より算出した。

（17）本書第四章で引用した図書館建設を目的に実施された寄附募集事業の趣意書を参照されたい。

（18）ここでの幹事とは単なる事務職員としての区分であり、一八八六（明治一九）に再採用された際に幹事が有した、経営と教学に対する事実上の最高責任者として大きな権限を有した幹事ではない。

（19）学生課は、一九一四（大正三）年一月一二日にそれまでの学生監督部から学生課へと改称された。主な業務は、学生の風紀取締、衛生事項の注意喚起、構内の警備防火であり、風紀取締としては制服制帽の着用励行、毎日の出席点呼、長期欠席者の父兄及び保証人への注意報告、本人への訓戒であった（『早稲田学報』第二三六号所載「早稲田大学第三一回報告」二四頁）。

（20）分析期間において学生課の小使は、一九二三（大正一二）年のみ二四名となっており、三〇名に満たなかった。

（21）『早稲田学報』第二三六号所載「早稲田大学第三一回報告」一三頁および同号所載「学事報告（第四四回）」（七〇頁）より算出した。

（22）ちなみに一九〇七（明治四〇）年当時の慶應大学部の授業料は年間四五円である。したがって一ヶ月あたり授業料二年分以上の昇給幅であり、現在の感覚では、非現実的な昇給であるといえよう。

（23）山名次郎の就職指導、就職斡旋については、戸村（二〇〇九、一七〇頁）を参照されたい。

(24) その他の特徴として、一九一〇(明治四三)年以降、大学部各科の主任教員には、手当月一五円が支給された。

(25) 給料帳簿には円以下、銭単位までの金額が記載されている。

(26) 一九一七(大正六)年に端を発す早稲田騒動を受けて、天野学長辞任後しばらくは平沼を代表理事とし、後任の学長を置かないことが維持員会で決定された。再び学長が置かれたのは一九一八(大正七)年一〇月からである。なお一九二三(大正一〇)年より、学長は総長へと名称変更するが、本文中では学長で表記を統一した。

(27) 早稲田騒動により学長を置かずに代表理事となった表7-4中の一九一七年は、理事給年五〇〇円に加えて、交際費年七〇〇円であり、合計年一二〇〇円であった。

(28) 人事課の前身は、学生の就職斡旋を目的に一九二一(大正一〇)年に設置された臨時人事係である。臨時人事係は一九二三(大正一二)年に人事係として常設化され、一九二五(大正一四)年に人事課へ昇格した(早稲田大学大学史編集所、一九九七、二五二-二五七頁)。

(29) 早稲田四尊とは、東京専門学校時代から早稲田大学の経営と教学に尽力した四人の人物のことである。その四人は高田早苗、市島謙吉、坪内雄蔵(逍遙)、天野為之のことである。

終章　大学経営の萌芽

本書の目的は、明治後期から大正期における我が国私立高等教育機関の経営構造を、教育と財務の関係性に着目し、教育機能の発展に不可欠であった資金の調達と配分という観点から、歴史的に考察することにあった。そこで本研究では、我が国私立高等教育機関の代表事例ともいえる慶應と早稲田を分析対象に、主として数量的分析を行った。見方によれば本書は、早慶両校の比較経営史ともいうことができよう。終章では、ひとまずこれまでの分析結果の整理を行うこととする。その上で本書の目的である教育機能の発展と、資金の調達と配分からみた戦前期日本における私立高等教育機関の経営について考察を行いたい。

1　明治後期から大正期における早慶両校の経営

本書では、三つの分析課題を設定した。第一の分析課題は、分析期間における早慶両校の機関レベルでの経営構造全体の実態把握を行うことであった。詳細には、機関の規模と構造を基底する最も根本的な枠組みである学部学科構成や学生数の変遷を確認した上で、管理運営組織と財務構造の発展過程を明らかにすることであった（第一章及び第二章）。早慶両校とも創設当初より複数学部を設置し、総合大学を志向して自然科学系学部を設置する等、積極的に規模の拡大を成し遂げたという共通性を有していた。しかしながら慶應では、幼稚舎から大学部までの一貫教育体制という「タテ」の整備を徹底し、とくに同体制の最後に位置する大学部、しかも予科よりも本科の学生数の伸びが、機関の規模拡大を牽引していた。それに対して早稲田では、大学部の学生数の伸び以上に、教育内容上は大学部の「ヨコ」に位置するものの、あくまでも大学部とは異なる部門であった専門部、さらには系列する中等後教育機関の伸びが、機関の規模拡大を牽引していた。さらに大学部のみに限定しても、分析期間を通して慶應では特定学部の学生数の伸びが顕著であったが、早稲田では学部間の学生数の格差が縮小され、均等化されていく過程が明らかになった。経営上、学生数の管理は授業料収入に直結するわけだが、早慶両校の授業料収入を拡大する方策は、大きく異なっていたのであった。

次は管理運営組織についてであり、まず経営部門を検証した。慶應では、塾長を中心とした理事会が執行機関としての機能を有し、卒業生集団から構成される評議員会は、理事会の権限強化に対して、後年になるに連れ権限が相対的に縮小し、議決機関および理事会の監督機関としての機能を有した。また組織の整備が進む中、財団法人化前の一九〇二（明治三五）年の時点で、社頭、塾長、教職員の評議員就任が禁じられ、経営と教学の分離が徹底された。一方の早稲田では、法人形態が社団法人から財団法人へと移行する中で、管理運営組織は維持員会と評議員会による体制となった。だが慶應との最大の違いは、現職教員が維持員および評議員を兼務する権限を認めたことだった。つまり分析期間の早稲田では、経営と教学は未分離であり、教員の経営参画が顕著であったのである。

一方で管理運営組織のうち教学部門については、名称こそ様々であったが、専任教員を中心に教授会が学事に関する広範な権限を有していた点は共通する。だが一点、大きく異なった点があった。それは教員人事における経営部門と教学部門との関係性である。慶應では一九一七（大正六）年以降、大学部予科には認めなかったが、大学部本科に限って、教授会に教員人事権を有すことを認めた。一方の早稲田では、大正期に入り教授会選出の評議員が経営に参画するなど、教授会の権限は拡大した。だが明治・大正期を通じて、教員人事権は学長および維持員会が有しており、教授会は一九二七（昭和二）年になるまで教員人事権を有していなかった。ただし慶應の教授会構成員は、塾長が任命していた。したがって塾長の介入の余地がまったくなかったわけではない。その意味で教授会は塾長の間接統治下にあり、限定的な自治権であったともいえる。だがそれでもなお慶應の教授会は、教員人事に関する自治権を大正初期には有していたといえるのであり、それを大学部本科に限定したこと、そして塾長の間接統治下としたことは、経営が拡大・発展していく中で経営および教学部門双方の管理運営組織が、過渡的段階にあったことを示していよう。

このような規模拡大、管理運営組織の変容の中で財務も大きく拡大した。だが経常収支をみると、本書の分析期間である一九〇三（明治三六）年から一九二六（大正一五）年において、慶應は一貫して黒字経営であったが、早稲田ではしばしば赤字経営となる場合があった。収入についてともに学納金収入が最大の収入費目であり、学生数の増加により増収となった点は共通する。だが慶應では病院経営により、大正中期の時点で財源の多様化を成し得ていたが、早稲田では学納金収入が総収入の八〇～九〇％を占めており、依然として学納金に強く依存する経営体質であった。医学部設置とそれに伴う病院経営は、慶應の財務規模に大きな変容をもたらしたのであった。支出については、両校とも人件費が最大の支出費目であった。総人件費に占めた教員給与、職員給与、諸手当等の金額構成比は、概ね七：二：一の割合であり、大正後半になるにつれ、職員給与や諸手当等が割合を高めていた。

資産は病院建設の影響もあり、その規模は異なるが、早慶両校とも拡大の一途であった。慶應の資産規模は一九〇四（明治三七）年に三二万七四八三円、一九二六（大正一五）年には八六〇万九九五三円となり、早稲田では一九〇四（明治三七）年に二四万三九六円、一九二六（大正一五）年には四八八万七三二八円へ拡大した。なお資産に対して負債は、慶應では附属病院の設置に伴う借入から大正後期になると、資産規模の一五～二〇％を占めるまでに拡大した。一方の早稲田では私立大学昇格後には、数％にまで減少していた。一般に「早慶」と一括りに評される両校であったが、学科構成、学生数、管理運営組織、財務構造それぞれにおいて、その経営実態は大きく異なるものであったのである。

第二の分析課題は、最大の支出項目である人件費の分析であった。人件費は教員と職員とに大別できる。教員給与では教育課程、機関財務、処遇と負担を考察して、専任教員の階層性つまりは教員管理の実態を明らかにした（第三章及び第五章）。また機関の支出項目としては、職員給与も見過ごせないことから、職員給与についても役職や職務別に給与金額の実態を検討した（第七章）。まず教員給与に関して、本書の分析から明らかになったことを整理する。教育課程との関係をみると、早慶両校が、専任教員を多数雇用していた事実は共通する。だが慶應では大学部予科に、一方の早稲田では大学部本科に相当する課程に、相対的に多くの専任教員を配置するといった違いが確認できた。さらに慶應では専任教員の配置に、理財科偏重、法律科軽視という明確な学科間格差が存在していたが、早稲田では少なくとも明治後期以降は、学科間で格差が大きくならないよう万遍なく専任教員を配置する傾向にあったことが確認できた。そのような状況にあって、機関財務の観点から予科課程を含む大学部教員給与を検討すると、早慶両校とも概ね、大学部教員給与が機関全体の教員人件費（含附属部門）の約七〇％を占めていた。その約七〇％のうち、約九〇％は、専任教員の給与であった。ゆえに大学部専任教員の給与を適切に管理することが、経営上最も重要であったことは疑いようがなかった。そこで教員給与について時間負担を考慮すると、両校ともに専任教員間に一定の階層性を見出すことができた。それは所属機関において、平均的な給与と時間負担であった多くの専任教員とは一線を画した、「高給かつ低負担」の専任教員と、その対極にある「薄給かつ高負担」の専任教員の存在が確認できたことである。この待遇差には複数の要因が影響したであろうが、教育と財務の関係性という視点に立てば、担当授業科目の専門性や難易度と関係していた。つまり、「高給かつ低負担」の専任教員は大学部の授業科目を、「薄給かつ高負担」の専任教員は予科課程の授業科目を担当する傾向にあった。このことから専門性や難易度と表裏の関係にある、専任教員個人の資質に応じた給与管理が行われていたと考えることができたのであった。さらに時間負担を巧みに管理することで、早慶両校は財政的な余裕がないなかでも、教員人件費総額の大幅なコスト増を抑制して経営上のリスクを回避しながら、効果的かつ効率的な教員管理を行った可能性が高いことを指摘した。

次に職員給与であるが、これも明確な階層性が存在した。そもそも職員は職掌から一定の階層性があったことは容易に想定される。そこで改めて実際の給与額をみると、学長等の役職者と一般職員との間では、極めて大きな金額差が存在した。そして庶務や会計といった一般業務担当の職員であっても、主任職にあった職員には、専任教員をも上回る給与が支給されていた場合も確認された。そうした中、職員給与に関して特筆すべきは、早稲田において、創設期より教職員として経営に携わった面々が、理事や名誉教職員として高額な給与を得ていたことであった。なお帝国大学に対して財政難が顕著な私立高等教育機関であったが、慶應の塾長給与は、明治四〇年代には東京帝国大学総長に伍するまでになっていた。一方で早稲田の学長給与は、分析期間を通じてそれに及ぶことはなかったが、次第に格差を縮小させていた。

第三の分析課題は、早慶両校の資産形成に大きく寄与した寄附金の分析であった。早慶両校が明治後期から大正期にかけて数回実施した寄附募集事業に焦点をあて、事業計画と実績の整合性、寄附金が教育機能の向上に資する資産形成および財務に与えた影響、そして寄附募集事業の成功要因について考察した（第四章及び第六章）。分析対象としたのは、慶應では計三回、早稲田では計四回実施した寄附募集事業である。事業計画の達成度をみると、慶應では、医学科募集で借入金に頼る事態となったが、計画はほぼ実現した。一方の早稲田では、当初の計画と実績との間に乖離があり、当初の計画がすべて実現することは不可能であったことが財務分析から示された。ただし資産総額に占めた寄附金額の割合は、慶應が約六〇～九〇％、早稲田で約五四～七〇％を推移しており、程度の差はあれ、寄附金が資産形成に必須の財源であったことは、両校ともに共通していた。そして寄附募集事業の成功要因を検討した結果、景気動向に影響されたことは勿論だが、東京を中心としつつ大阪、神奈川、兵庫といった地方都市や海外からも一定額の寄附金を獲得していた点が共通していた。ただし寄附申込者のプロフィールを検討した結果、慶應では、卒業生であり、かつ学内で教職員や評議員等の役職にあった人物が複数回にわたって大口の寄附金を申し込む傾向があった。それに対して早稲田では、非卒業生であり、かつ学内で教職員や評議員等の役職になかった人物が大口の寄附金を申し込む傾向にあった。先行研究は、早慶両校の寄附募集事業の成功を、創立者のカリスマ性と卒業生集団の貢献に根拠を求めていた。だが本書でみた早稲田の大口寄附申込者のプロフィールを検討した限り、必ずしも卒業生集団の貢献だけによらない結果となった。慶應と比べ早稲田では、実業界で活躍する卒業生が少なかったと思われる。そのためそれを補う目的でも基金管理委員長に渋澤栄一を始めとする外部人材を積極的に採用した傾向があり、渋澤が有す財界のネットワークを利用することで、早稲田とは直接関係のない要人からも寄附金を獲得することに成功したのであった。これは慶應と異なり早稲田が、寄附金募集における機関特有の困難を経験的に認識し、適切な手段を取っていた結果であるともいえなくもなかった。

2　大学経営の原初的段階

以上が、本書で明らかにしてきた、教育と財務の両者を射程とした分析視角の下、教育機能の発展に不可欠であった資金の調達と配分からみた、分析期間における早慶両校の経営構造の実態である。分析結果を整理すると、早慶両校の経営構造における共通性はもちろんだが、それ以上に差異性に注目がおよぶ。だが例えば自然科学系学部の設置をめぐって、慶應は医学科を、早稲田は理工科を設置した。これは必要となる資源（ヒト・モノ・カネ）の調達可能性を考慮した結果であり、早慶両校が有した経営資源は同一でないから、経営判断が異なるのは当然であるともいえよう。これまでの大学史・高等教育史研究では、専門学校令、大学令と高等教育制度が整備されていく中で、私立高等教育機関が国家の定める設置認可要件をクリアし大学へと昇格するものの、財務における公的援助をほとんど得ることのないまま国家の統制に包摂され（no support, but control）、均質化されていく大学史・高等教育史像が強調されてきた。しかし本書の知見から再解釈すれば、創設当初の危機的な経営難を脱していた早慶両校では、実質的な意味での「大学」となるべく、高等教育制度の整備に先行して、最適な経営行動を自助努力によって能動的に展開していたと首肯することが可能ではないか。管理運営体制を整備し、外部から積極的に資金を調達して、それを機関の経営方針のもとで戦略的に配分することで、教育機能の発展と機関財務の安定との両立に努めていたのである。

このような資金の調達と配分をめぐる経営上の歴史的事実から考えるべくは、早慶両校では「私立大学を経営する（manage）」ということに関して、どのような方向を見据えていたかである。当時より早慶両校の広報誌として刊行され、本書でも多く利用した『慶應義塾学報』・『三田評論』や『早稲田学報』の誌面、さらには実際に経営を担った鎌田栄吉慶應塾長や高田早苗早稲田学長等が他誌に寄せた文面では、大学を「経営」することの困難が語られていた。管見では、鎌田や高田といった「経営」担当者からは、大学を「運営」するという文言を見つけることはできなかった。例えば鎌田は、第四章で述べたが、広報誌で「学校の経営」としており、高田が『実業之日本』（第二八巻第一二号）に寄稿した論稿では、「早稲田学園苦心経営の五十年」（傍点は著者。一九二六年、四二-四五頁）とある。彼の回想録である『半峰昔ばなし』にも、早稲田の資金調達を巡る私学経営の困難が描かれている。公的助成の恩恵を享受する帝国大学や官立高等教育機関と異なり、私立高等教育機関における一番の懸念は資金（財務）であり、資金なくして「私立大学経営」は立ちゆかなかったのである。

しかしそれは、「私立大学経営」にとって当然のことである。それでは公的財政支援を欠く私立高等教育機関、とくに早慶両校は、資金の調達と配分に関して、どのような方向性、いいかれば「モデル」を見据えていたのだろうか。まずその一つを挙げれば、当然ながらそれは「非官立大学モデル」であったといえる。早稲田大学で長期にわたり経営上の要職にあった市島謙吉は「私学経営の要訣」の中で、「要訣はある方面の不足を或る方面の余を以つて補ふといふに在る」とし、「経費の流用は已むを得ない。否な寧ろ大切である」（傍点は筆者）とした。そして「官設学校の当事者が動もすれば早稲田の如き私学の経済の取り方を理解せず、或は余り拡張に過ぎると難じ、どうして収支が償ふかと不審がるものもあるが、会計法の縛られてゐる官立学校経営家に、分らないのも実は無理らぬこと」として、「多般の学科設備が無ければ、互ひに相扶けて経済の料理が出来兼ねる経営上の必要がある」と述べている（市島、一九三五、六八－六九頁）。これは市島個人の見解に過ぎないとの意見もあろう。だが本書が明らかにしてきた教員給与の分析結果による大学部本科と予科、そして大学部における学部間での教育条件や教員配置の差異という経営実態に鑑みれば、市島の発言は個人の見解を超えて、私学経営に共通する要訣であったと考えられる。公的助成を期待できないからこそ、官立大学、とくに帝国大学とは異なり、限られた資源を機関特性に応じて効率的に配分し、それを効果的に利用することで、有為な人材を輩出し続ける経営モデルが想定されていたのであり、またそうせざるを得なかったのである。

ではその「非官立大学モデル」を前提としていたとするならば、具体的にどのような大学を見据えていたのであろうか。そのモデルのすべてを明らかにすることが困難だが、その一つに英米の私立大学があったと考えられる。慶應では経営の中枢にいた塾長の鎌田や教頭の門野、早稲田では学長としても教員としても中枢にいた高田は、欧米の大学を周遊した経験を有していた。そうした中、彼らは欧州の大陸の大学ではなく、自分たちと同じように政府の公的助成でなく民間資金に頼る英米の大学、とくにハーバード大学などを一つの「モデル」として捉えていた節がある。「モデル」というのはいいすぎかもしれない。だが目指すべき私立大学の一つであったことは疑うべくもない事実である。鎌田は米国の私立大学を例に、「金を作る機関（Money making institution）＝企業」から「金を貰ふ機関（Money receiving institution）＝大学」への資金流入の必要性を積極的に提唱していた。最後にとくに興味深い史料として、ハーバード大学の経営を詳細に報告した、一九一九年一〇月号から『三田評論』誌上で連載された一連の記事の内容をみてみたい[1]。

連載の内容は、ハーバード大学長エリオット（Charles William Eliot: 在任期間1869-1909）の後任であるローウェル学長（Abbott Lawrence Lowell: 在任期間1909-1933）が、一九一九年から実施した大規模資金募集計画について、その趣意書の文面を訳出したものである。まず一〇月号ではその計画の目的が紹介された。ハーバードの財務の現状が語られ、①教員の俸給の増加、②増加する経営費や設備維持費の支弁に充てる無指定の追加収入を得る、といったことを目的に、その原資となる寄附金を増やす必要が説かれていた。続く一一月号以降では具体的に募集計画の趣意書に付記された各カレッジの沿革、教員数、教員給与総額、予算、これまでの社会的業績、そして喫緊に必要とする資金額とその名目が訳出されていた。

重要なことは、慶應が単にハーバードの大規模資金募集計画の概要を把握していたことではない。またハーバード大学の寄附金を原資とした、永続的発展を志向する大学経営の考え方を学び取っていたことだけでもない。注目すべきは、資金の調達と配分を、機関の意思決定の下で自律かつ自立して行うことで、永続的発展を実現する大学経営の在り方を理解していたことである。誌面では、「寄附は寄附ではない」とある。それは上記②に関して、ハーバード大学では設備維持費が増大し経常経費を増大させたため、「大学に寄与せられたる建築物或は大学によりて建設せられたる建築物の多くは、寄附にして寄附ではない」と認識した。日本の私学は、周年事業で寄附金を集め、校舎や建物を建築することに重きをおいていた。もちろん設備維持費を全く想定していなかったわけではないが、趣意書の文面に記載するほど配慮してはいなかった。これに対しハーバード大学は、寄附金を募るだけでは不十分で、いかにして使途制限のない自由な資金を確保するかに重点を置いていた。ローウェル学長は、寄附金から生じる収入とは、ある学部またはある目的のために指定されない「流通資金（mobile-fund）」であると定義した。そしてその流通資金があれば、大学が新規事業を企画した際や、突如として有為な人材を雇用する機会に恵まれた際に、欠員や教員枠（定員枠・予算枠）を考慮せずに、自立して該当者を雇用することができるとした。その流通資金を含めた、使途自由な無指定資金（自由資金）こそ、大学が自分たちの自由な発想・判断で教育研究活動を進め、有為な人材を確保する上で、最も重要な財源となると考えていたのである。誌面では、エリオットの「米国の大学間に於ける競争に於て、将た米国の大学と外国の大学との間に於ける競争に於て、自由資金を最も多く所有する大学が、必ず勝利を得るであろう」とした言葉が訳出されている。寄附募集の第一の目的を①教員の俸給の増加としたことに鑑みれば、ハーバード大学が私立大学の経営において、「ヒト」が教育研究機能の優劣を決定する最大の資産であると認識していたこと、そして「ヒト」を獲得し、経営体として大学間の競争を生き抜くためには、大学が主体的に、つまりは自由に使える資金を調達し、それをいかに適切に配分するかが重要であるということに最大の関心を払っていたことが理解できよう。もちろん以上のことは、ハーバード大学においてですら、十分に実現できたわけではない。だが当時の慶應にとってみれば、同じ私立大学として公的助成に依存することのないハーバード大学が、固定資産の取得を目的とした使途制限のある寄附金だけでなく、使途制限のない自由な資金を調達し、それを大学の経営方針と意思決定により効果的に配分することで、経営体としての永続的発展を目指し、かつ実現しようとしていた大学経営の実態を確認したことは、極めて有益なことであったと推察される。「非官立大学モデル」とは明らかに異なる大学経営の在り方を認識していたと考えられるのである。もちろんこうした内容は、慶應のみの特殊事情であって、早稲田には直接関係しないという見解もあろう。しかし第六章の寄附募集事業で言及したように、早稲田では、頓挫したとはいえ、原資の使用を禁じた固定基金の利子収入による経営を模索していた。また先の市島の「私学経営の要訣」をも加味すれば、やはり同様に、以上のような自律的かつ自立的な資金の調達と配分による大学経営を目指していたと推察されるのである。

こうした資金の調達と配分によって永続的発展を志向する大学経営の在り方を直接的または間接的に知り得たとはいえ、分析期間における早慶両校が、「非官立大学モデル」を常に意識し、「アメリカの私立大学経営」を明確な目標に掲げて、実際の経営を行っていたと断言することはできない。米英の私立大学に対する見識はもちろん、国内の帝国大学に対する意識にも両校では違いがあった。また当時の私立高等教育機関において比較的優位にあった両校でさえ、授業料収入や寄附金を含め、調達した資金にそれほどの余裕がなかったのは事実である。したがって配分した資金も戦略的というよりは、他の選択肢を考える余裕がなく、機関の経営維持を第一として配分した結果にすぎないとも考えられる。そもそも大学令以前は括弧つきの「大学」であり、私立大学経営というには、量的にも質的にも極めて不十分であったことは否めない。しかし分析期間の両校では、実質的な「私立大学」となるべく、終始一貫して機関特性に応じた積極経営を展開し、必要とあれば資金を調達・配分することで、厳しい経営環境下にあっても教育と財務の調整を図り、機関の発展的経営を成し得ていた。これは創設期の家塾および家内的経営段階を脱した両校が、分析期間において、大学経営体として発展する過渡的状態にあったことを示している。そういった意味で、この段階にこそ近代日本私立高等教育機関の経営構造における「大学経営の原初的段階」が見て取れるのではないだろうか。これは機関の特性を考慮した上で教育と財務の相克を調整し、適切な経営行動を展開するという従前とは異なる段階へ移行した実態を示していよう。高等教育機関は、私学であっても営利機関ではない。しかしながら高等教育機関が有す機能は、常に拡張し続ける「性」にある。とりわけ本書が対象とした分析期間では研究機能はまだ十分ではなく教育機能が中心であったが、それでも常に拡張し続ける「性」にあった。教育機能の拡張にも少なからず財源が求められるのであって、本書でみた両校の経営体としての性格および資金の調達と配分をめぐる経営行動は、まさにその「性」に対処した歴史的実態であった。後年、大学令に伴う私立大学昇格において、他の私立高等教育機関もこうした経営行動を経験するのであり、さらには時代が進み、教育機能に加えて大学の研究機能が発展するにしたがって、資金の調達と配分をめぐる経営行動は、より厳しい選択をせまられるようになる。それは結果として、大学経営固有の解決困難な永続的問題を生み出したのである。つまり大学経営における問題の淵源は、他校に先駆けて私立高等教育機関が専門学校から私立大学へと発展する過程において展開された一連の経営行動の中に、「大学経営の原初的段階」として、明確に確認できるのであった。

3　今後の研究課題

以上、教育機能の資金の調達と配分という観点から、早慶両校の経営構造の実態を歴史的に明らかにしてきた。だが本書で明らかになった知見は限定的であり、解決すべき課題が多いことは言うまでもない。そこで最後に、著者の研究関心及び今後の研究計画との関係から、本書の延長線上にある研究課題を三点付して結びとしたい。

第一は、分析対象の拡大及び分析期間の延長をすることで、本書で扱った各種の分析項目・問題群をより横断的かつ長期的に考察することである。本書は、序章で指摘したように、日本型私立高等教育機関の「原型事例」として早慶両校に注目し、比較事例分析を行った。だが当然ながら、近代日本において私立高等教育機関は数多く存在していた。したがって早慶両校だけの分析では、戦前期日本の高等教育システムを形成した私立高等教育機関の動態的な経営群像を、十分に描いたことにならない。一方で視点を変え、その各機関における動態的な経営群像が、総体としてどのような高等教育システムを形成したのかという視点に立てば、「私立」という限定を外し、帝国大学を始めとする官公立の各機関にまで研究対象を拡張する必要がある。幸いにして各機関では文書館や史料館をはじめとするアーカイヴス機能が充実し始めており、経営に関する諸史料の入手が全く不可能であるわけではない。それならば分析対象とする機関を拡張し、分析を積み重ね、その知見を総合するといった試みが求められよう。また昭和初期以降は、研究機能も本格化する。したがって、量的拡大に加えて質的変容が顕著になる昭和初期から戦時期、さらには戦後改革期にまで分析期間を延長することで、戦後日本の大学を中心とする高等教育の大衆化を可能にした、各機関レベルでの経営構造の発展の様相を示すことができると思われる。その際、本書で扱った分析項目・問題群である経営と教学をめぐる管理運営組織の構造と機能、財務、教育課程や、学問体系・研究体制などについて、本研究では不十分であった定性的な史料も用いることで、その実態を歴史的に明らかにすることが求められる。

第二は、近代における我が国私立高等教育機関の経営構造の発展の諸相を、国際比較の観点から再考し、比較大学史・高等教育史研究の文脈に位置付け、従来とは異なる大学史・高等教育史像の構築を目指すことである。早慶両校は、帝国大学と異なり租税に頼らない私立大学こそ大学経営の理想であるとした。そして当時から海外私立高等教育機関の経営構造、とりわけ米国私立大学の経営に関心を寄せていた。それは本章でも指摘したとおりである。米国大学史研究の第一人者であるGeiger（二〇一一）によれば、折しも米国高等教育において、一八九〇年から第一次世界大戦の期間は、「成長と標準化の時代」であり、続く戦間期・戦時期は「階層的差異化の時代」であったという。つまり本研究が分析期間に設定した明治後期から大正期は、米国ではいわゆるユニバーシティが支配的となって、現在の高等教育の潮流である「アメリカ的大学」が誕生した時代であった。日本の私立高等教育機関の先駆である早慶両校は、まさにその時期の米国私立大学から多くを学んでいたわけである。ゆえに本書の知見を国際的文脈に位置付ける、または米国を中心とした私立高等教育機関の経営実態の解明から日本の私立高等教育機関の経営実態を再解釈するといった双方向からの考察を行うことで、経営的観点に立った従来とは異なる大学史・高等教育史像を構築することを試みたい。

第三は、戦後日本において大学進学者数が持続的に増大した一九六〇～七〇年代を分析期間として、その間における我が国大学システムの変動を、国際比較を交えて経営的視点から考察することである。この第三の研究課題は、上述の第一、第二の課題の延長線上にあると言えなくはない。だが分析期間ひとつにしても、やや性質を異にする研究課題である。したがってこの第三の課題は、著者の研究関心が先行するものであり、まだ具体的な分析枠組み、構図を十分に定めることが出来ていない。しかしながら本書の分析から明らかなように、著者の大学研究・高等教育研究における立ち位置は、大学経営をめぐる現代的課題を歴史的課題として考察することにある。ここでは四六答申に代表される一連の教育政策に言及することは控える。だが進学率の急増と大学紛争というインパクトの裏で、今日的な意味での大学経営上の諸課題は、この期間に全体とは言わないまでも、断片的に現れ始めていた。そしてそれは当時の史資料から確認できるところである。このような大学経営上の諸課題は諸外国にも共通して見られた現象であり、とりわけいち早くマス化し、ユニバーサル化も成し遂げたアメリカでは、その対応が諸外国に比して先んじていた。著者にはこの間に噴出した諸問題に対するレスポンスの差が、今日の我が国における大学経営上の諸課題を深刻なものにしたように思えてならない。第一、第二の課題とあわせて、我が国大学システムの変動を、戦前と戦後および国際比較という視座のもと、教育研究機能と財務の相克という経営的視点から、その連続性と非連続性を考慮して検証したいと考える。

注

（1）利用した史料は以下のとおりである。「ハアヴァード大学の資金募集計画」『三田評論』第二六七号、一九一九年一〇月、四五-四九頁、「ハアヴァード大学の資金募集」同第二六八号、一九一九年一一月、六九-七九頁、「ハァヴァアド大学資金募集運動」同第二六九号、一九一九年一二月、五八-七二頁、「ハァヴァアド大学資金募集運動（三）」同第二七〇号、一九二〇年一月、四〇-五五頁。

あとがき

本書は大学経営というテーマについて、歴史的な視点から考察したものである。こうして書籍としてまとめたことで、とりあえず一つの区切りを迎えたといえよう。だが始まりに終わりがある一方で、終わりは次の始まりを意味する。本書で迎えることができた区切りは、極めて不十分なもので、それは著者が最も強く認識している。引き続き大学史・高等教育史研究に取り組み、少しでも有為な研究成果を出すことができればと考えている。

ところで著者は、学士課程の当初から大学史・高等教育史研究に興味を持ったわけではなかった。そもそも現況の教育行政に関心を持ち、教育学や教育社会学を学び始めた。しかしながら自分の在籍する大学が、国立大学法人という新たな組織形態となったこと、そしてそれは明治時代における大学の誕生、戦後の大学改革に次ぐ、日本の大学・高等教育の一大変革であったこと、そうしたことを認識すればするほど、「大学とは一体何なのだろうか」と思わずにはいられなかった。目まぐるしく変わる大学・高等教育行政にあって、どのような姿勢でいれば、目の前の事柄を「落ち着いて」みることができるのか。この想いにひとつの答えを与えてくれたのが、歴史的視点で物事を捉えるということであった。それを教えてくださったのが、卒業論文の指導教員であった船寄俊雄先生である。同時に船寄先生は、寺﨑昌男先生、天野郁夫先生、潮木守一先生、竹内洋先生らの高等教育に関する著作を薦めてくださった。日本において大学史・高等教育史研究を切り拓いた先達の著作に魅了された（されてしまった）著者は、当初の教育行政への関心はどこへやら、大学・高等教育を専門とする大学院への進学を、将来の見通しを立てることもなく決めてしまった。そして大学院進学後、現代の日本の高等教育、世界の高等教育の変革の潮流を学べば学ぶほど、著者の関心は、現在ではなく過去に下っていった。なぜならその世界共通の変革の潮流の中に、各国固有の歴史的経緯が今もってなお、底流を為していることに興味を持たずにはいられなかったからである。そうした中で現代の高等教育・大学経営にとって最も頭を悩ます問題の一つである、教育研究と財務の問題、そしてそれと不可分である資金の調達と配分という問題について、過去はどうであったかという漠然とした関心を持つに至った。しかし関心を持つだけでは研究にはならない。修士論文で途方に暮れ、かろうじて進学を許された博士課程で、論文執筆に向けて苦闘するさなか、各機関の沿革史を読みふける生活を送る中で、教職員給与や寄附募集に関する史料があることに気づき、分析を始めたというのが本書の研究の出発点であった。

想いが先行する形で選択した大学院生活は、迷うことの連続であった。だが幸いにも後悔することはなかった。それはひとえに先生方をはじめ、周囲の方々に助けていただけたからであって、その成果として、今こうして一つの研究成果をまとめることができたことに心底、感謝している。

本書は、二〇一三年十月に東京大学大学院教育学研究科から博士（教育学）の学位を授与されるに至った学位論文「近代日本における私立高等教育機関の経営と財務――明治後期から大正期における慶應義塾大学と早稲田大学の比較分析」に大幅な加筆・補訂を加えたものである。本書をまとめるにあたって、多くの方々のご助力を賜った。ここに記して感謝申し上げる次第である。

何よりもまず指導教員である山本清先生に心よりお礼を申し上げたい。先生には学位論文の計画から執筆、そして審査に至るまで微に入り細にわたってご指導いただいた。著者は経営的観点から高等教育の歴史研究を進めたわけだが、こうした研究に取り組むことができたのは、兎にも角にも山本先生が指導教員を引き受けてくださったたからである。先生との論文指導の時間は何事にも代えがたい貴重な時間であった。ここに改めてお礼申し上げる。

小方直幸先生には学位論文全体の構成についてご指導いただいた。また小方先生には、学位論文作成の前段階であり、本書の核となる学会誌への投稿論文作成に際して、細部にわたりご指導いただいた。指導は先生の研究室で二時間を超える場合もしばしばであった。その光景が今もなお、鮮明に蘇る。心よりお礼申し上げる。

学位論文審査に際して、副査を担当してくださった福留東土先生、小林雅之先生、小国喜弘先生、また著者の大学院生活において丁寧にご指導くださった両角亜希子先生にも、同様の感謝を申し上げたい。福留先生には高等教育の歴史研究の重要性を、小林先生には大学史・高等教育史研究の面白さと先達の先生方の視点とエピソードを、小国先生からは教育学における歴史研究の在り方を、そして両角先生には教育社会学のアプローチ法を丁寧にご指導いただいた。心よりお礼申し上げる。また論文テーマを明確に設定できていないにも関わらず、歴史研究を貫きたいとだけは主張する著者に、博士課程への進学を許してくださった金子元久先生にも、心よりお礼申し上げる次第である。

神戸大学の船寄俊雄先生にも心より感謝申し上げる。著者は大学院に進学後、歴史研究そのものについての指導を受けていない。著者に教育史研究の重要性を教授し、フォーマルな指導をしてくださったのは、船寄先生のみである。先生との出会いが無ければ、著者が大学史・高等教育史研究に興味を持つことも、大学院に進学することもなかった。心よりお礼申し上げる。

他にも多くの先生方から、有益なコメントを頂戴した。また著者が在籍した大学経営・政策コース大学院生の皆様にも常に温かい言葉をかけて頂いた。とりわけ大学院生活を通して知り合った学友とは、現在も同分野の研究仲間または同僚として懇意にさせてもらっている。その方々一人ひとりのお名前をあげることは控えるが、同様に感謝申し上げる。

本書は分析に際して、多くの史資料を利用している。この史資料のほとんどは、慶應義塾大学、早稲田大学のアーカイヴスで提供していただいたものである。慶應義塾福澤研究センター、同図書館、早稲田大学大学史資料センターの関係者の方々には、大変お世話になった。海の物とも山の物ともつかない他大学の大学院生の研究に対して、これ以上無い対応をしていただいた。史資料なくして本書を執筆することは不可能であり、両校のアーカイヴス機能、そしてその機能を支えてくださっている関係者の方々に敬意を表し、感謝申し上げる。なお本書は、両校関係者の個人的な経済情報を取り扱っている。学術目的であるとはいえ、遺族の方々の中には不快に思われた方もいらっしゃるのではと推察する。著者としては誠意を持って史料と向きあったつもりである。すべての責任は著者にあることを明らかにした上で、改めて心より感謝申し上げる。

本書を刊行するにあたり、編集を引き受けてくださったミネルヴァ書房東寿浩氏にも心より感謝申し上げる。氏は出版の企画を持ちかけてくださり、編集作業に入ってからもお骨折りくださった。最後までご迷惑をかけ続けてしまったが、それでも氏はその都度丁寧かつ暖かく対応してくださった。すべての責任は著者にあるが、今、ここに本書が形となって日の目を見ることができたのは氏のおかげである。心よりお礼申し上げる。

私事となるが、最後はやはり両親に感謝の気持ちを伝えたい。両親の目に著者の大学院生活はどのように映っていたのだろうか。出口の見えない長期戦にあって、三十過ぎても定職につかない長男に、父・進はひどく不安を感じていたのではないか。もちろんそれは母・ゆりかも同様であったと思うが、母は最後まで著者にそのような素振りをみせたことはなかった。学位取得までに時間がかかり心配をかけてしまったが、無条件に著者を支え続けてくれた両親と家族には心からの感謝を伝えたい。

なお本書の内容は、著者が日本学術振興会特別研究員の採択を受けて実施した研究成果が多くを占めている。平

成二四～二五年度科学研究費補助金特別研究員奨励費「明治中期・大正期私立高等教育機関の経営と財務――早稲田・慶應義塾の比較分析」。

また本書の刊行に際して、平成二八年度國學院大學出版助成（甲）の補助を受けることができた。あらためて関係各位に深く感謝の念を捧げる。

平成二八年一二月

戸村　理

昭和思想史としての小泉信三　楠　茂樹／楠美佐子 著　四六判三九二頁 本体四〇〇〇円

アジア独立論者 福沢諭吉　平山 洋 著　A5判四四〇頁 本体七〇〇〇円

明治の〈青年〉　和崎光太郎 著　四六判三三〇頁 本体三〇〇〇円

日本国民をつくった教育　沖田行司 著　四六判二五二頁 本体二五〇〇円

人物で見る日本の教育［第2版］　沖田行司 編著　A5判三一六頁 本体二八〇〇円

近代東京の私立中学校　武石典史 著　A5判三七六頁 本体六〇〇〇円

教育の制度と歴史　広岡義之 編著　A5判二一六頁 本体二四〇〇円

ミネルヴァ日本評伝選

福澤諭吉――文明の政治には六つの要訣あり　平山 洋 著　四六判四六四頁 本体三〇〇〇円

渡邉洪基――衆智を集むるを第一とす　瀧井一博 著　四六判三七六頁 本体三五〇〇円

新島 襄――良心之全身ニ充満シタル丈夫　太田雄三 著　四六判四二四頁 本体二五〇〇円

澤柳政太郎――随時随所楽シマザルナシ　新田義之 著　四六判三六八頁 本体三〇〇〇円

《著者紹介》

戸村　理（とむら・おさむ）

1981年　千葉県生まれ。

2007年　神戸大学発達科学部卒業。

2014年　東京大学大学院教育学研究科博士後期課程修了。博士（教育学）。

現　在　國學院大學教育開発推進機構助教。

専　攻　高等教育論，大学経営史，教育学・教育社会学。

主　著　「明治中期～大正期慶應義塾の寄附募集事業から見た経営実態に関する実証分析」『教育学研究』第78巻第2号，2011年。

「明治中期から大正期早稲田大学の寄附募集事業に関する基礎的考察——財務史料および寄附者名簿の分析を中心に」『大学経営政策研究』第1号，2011年。

「明治期慶應義塾の教育課程と教員給与に関する経営的考察」『教育社会学研究』第92集，2013年。

MINERVA 人文・社会科学叢書㉑⑤

戦前期早稲田・慶應の経営

——近代日本私立高等教育機関における教育と財務の相克——

2017年３月30日　初版第１刷発行　〈検印省略〉

定価はカバーに
表示しています

著　者　戸　村　　理

発行者　杉　田　啓　三

印刷者　藤　森　英　夫

発行所　株式会社　ミネルヴァ書房

607-3494 京都市山科区日ノ岡堤谷町1

電話代表　(075)581-5191

振替口座　01020-0-8076

亜細亜印刷・新生製本

ISBN978-4-623-07907-0

Printed in Japan

人名索引

あ　行

か　行

さ　行

た　行

な　行

は　行

ま　行

や　行

ら　行

わ　行

事項索引

あ　行

か　行

さ　行

た　行

な　行

は　行

ま　行

や　行

ら　行

わ　行

参考資料

財務諸表原本の一部転載：1912（明治45）年度・1920（大正９）年度

慶應義塾大学

決算表 （自明治45年４月１日　至大正２年３月31日）			
収入之部		支出之部	
維持会醵金	29,374.500	教師給料	112,563.100
利息	17,994.090	事務員給料	26,508.500
貸地料	76.200	雇人給料	7,083.340
学報収入金	1,279.810	年末補給	10,261.000
体育会収入金	12,182.950	教職員退職手当	2,833.000
入学金	6,928.000	学報支出金	4,247.730
試験料	3,216.000	体育会支出金	12,182.950
授業料	189,381.600	三田学会雑誌補助	700.000
寄宿料（幼稚舎分）	9,308.000	募集費	2,503.120
舎費	9,660.000	諸税	3,920.520
実験料	251.500	修繕費	7,146.325
雑収入	1,834.430	土工費	1,152.480
		火災保険料	1,567.940
		諸集会費	519.430
		外国留学生費	8,408.000
		旅費及講演費	1,643.835
		請願巡査料	684.000
		什器費	2,183.990
		図書費	4,498.955
		教授用器具器械薬品及標本	2,240.675
		商業実践費	122.350
		兵式体操費	493.480
		給与品費（幼稚舎分）	1,497.845
		賄料支出金（幼稚舎分）	4,117.920
		印刷帳簿費	1,291.490
		広告費	2,827.050
		通信費	1,231.370
		電燈費	2,752.030
		燃料費	5,142.180
		卒業式費	212.285
		雑費	7,126.185
		家屋減価	7,000.000
		計	246,663.075
		収支差引残金積立金ニ繰込ム	34,824.005
合計	281,487.080	合計	281,487.080

貸借対照表 大正元年3月31日現在			
資産之部		負債之部	
定期預金	236,767.330	基本金	666,724.216
当座預金	39,011.315	指定寄附金	41,902.060
水道予納金	182.630	雑預り金	4,419.368
仮出金	639.610	学資預金	1,579.716
図書館建築費	236,044.030	図書館建設寄附金	309,915.500
有価証券	74,978.000	図書購入準備金	4,354.420
建物	100,980.803	積立金	90,157.915
土地	425,603.220		
出版局勘定	4,000.000		
三田文学勘定	815.146		
現金	31.111		
合計	1,119,053.195	合計	1,119,053.195

出典：『慶應義塾学報』第192号所載「明治45年度大正元年度慶應義塾学事及会計報告」pp.28-30.

大正九年度決算報告
（自大正９年４月１日　至大正10年３月31日）

収入ノ部		支出ノ部	
利息	18,795.250	教師給料	328,172.360
貸地料	299.160	事務員給料	54,378.120
三田評論収入金	1,994.170	雇人給料	28,120.320
体育会収入金	40,522.800	年末給与	40,940.890
入学金	13,072.000	退職手当	9,656.400
試験料	50,681.000	体育会支出金	40,522.800
授業料	577,699.550	三田評論支出金	2,901.730
幼稚舎寄宿料	19,077.700	三田学会補助	1,680.000
実験料	1,081.500	三田文学補助	1,820.000
寄宿舎費	17,106.000	図書費	7,000.000
雑収入	4,301.830	諸刊行物及製本費	1,498.620
中上川奨学金受入	600.000	海外留学費	12,200.000
森村理科奨学金受入	300.000	研究室用費	1,588.880
図書購入費受入	7,000.000	学生会補助	507.500
什器購入費受入	136.000	旅費及講演費	3,237.040
医学部総収入	373,169.110	授業用器具薬品標本費	5,432.150
医学部建設勘定より補充	200,295.665	兵式体操費	971.390
		商業実践費	476.870
		諸税	1,752.460
		修繕費	18,647.600
		土工費	3,979.160
		火災保険料	4,161.440
		諸集会費	1,725.660
		幼稚舎給与品費	2,256.450
		幼稚舎賄料支出金	9,703.010
		印刷帳簿費	7,306.210
		通信費	1,694.905
		広告費	2,120.460
		瓦斯及電燈費	3,402.790
		燃料費	12,893.690
		卒業式費	831.940
		什器費	2,028.340
		水道費	357.610
		雑費	17,238.895
		中上川奨学金	600.000
		医学部総支出	573,464.775
		小計	1,205,270.465
		建物備品減損填補積立金	15,500.000
		積立金	105,361.270
計	1,326,131.735	計	1,326,131.735

財団法人慶應義塾資産負債表 （医学部並化学科建設資金ノ分モ含ム） （大正10年3月31日現在）			
資産ノ部		負債ノ部	
定期預金	22,226.170	基本金	1,783,325.218
当座預金	7,761.290	恩賜金	30,000.000
有価証券	244,698.550	医学部並化学科建設資金	2,433,542.750
水道予納金	450.410	指定寄付金	163,078.075
仮支出金	93,532.850	図書館建設寄附金	310,176.500
出版局	6,000.000	ホール建設寄付金	70,000.000
体育会へ貸	2,200.000	維持会預金残高 （前年度残高 128,398.925円）	181,868.295
土地	2,145,701.925	諸預り金	23,076.658
建物	421,424.775	学資預金	12,377.861
図書館建物	222,307.030	借入金	1,425,000.000
ホール建物	86,059.070	図書購入準備金	11.970
備品	41,679.545	建物備品減損填補積立金	47,000.500
図書館備品	19,108.770	積立金	264,651.103
図書	149,426.000		
大学予科新教室建築費	316,752.740		
医学部建設費	2,557,447.340		
建設勘定収支不足額補充	368,284.705		
稲垣記念図書費	10,000.000		
藤原留学費	8,370.000		
鈴木留学費	4,943.380		
久原病理細菌研究費	13,000.000		
藤原伝染病研究費	2,500.000		
現金	234.380		
計	6,744,108.930	計	6,744,108.930

出典：『三田評論』第288号所載「大正９年度慶應義塾学事及会計報告」pp.45-46.

早稲田大学

明治45年度 収支決算書 （自明治44年９月１日　至大正元年８月31日）			
収入之部		支出之部	
科目	金額	科目	金額
学費	186,051.400	講師給	117,523.610
入学金	5,165.000	職員給	21,356.600
試験料	2,491.000	小使給仕職工給	4,692.790
雑収入	1,673.705	雑給	1,301.060
竹内氏寄附金	6,915.000	慰労手当	4,767.535
本校出版部納付金	4,576.400	営繕費	1,058.620
借入金	4,889.155	機械及器具費	367.590
		教授用消耗品費	7,433.515
		広告費	5,443.440
		点火費	812.645
		筆墨紙費	714.860
		薪炭費	1,397.530
		印刷費	1,500.785
		通信費	1,113.030
		乗車費	670.580
		給与被服費	493.500
		集会費	1,014.270
		得業式費	1,025.030
		火災保険料	1,953.360
		敷地料	129.730
		衛生費	597.810
		教職員年金積立金	1,953.810
		雑費	1,505.495
		図書館費	9,025.445
		体育部費	7,008.535
		基金募集費旅費	5,000.000
		海外留学生費	3,500.000
		学会補助費	1,462.000
		支払利息	5,814.260
		臨時費	1,124.225
合計	211,761.660	合計	211,761.660

早稲田大学資産負債対照表 （大正元年８月31日現在）			
資産之部		負債之部	
科目	金額	科目	金額
土地	330,944.053	繰越剰余金	76,282.752
新諸建物	421,502.343	大隈侯爵寄贈土地代	103,140.000
旧諸建物	64,750.750	積立金	15,350.917
教授用機械器具	93,265.427	教職員年金積立金	13,661.690
教授用博物商品標本	14,801.908	図書館公衆寄贈金	15,300.910
ボート及体育部器具	4,536.100	校友会寄贈大隈伯爵銅像建設費	5,166.506
図書間什器用具	3,271.856	建設費元受金	219,187.503
旧諸器具	2,798.855	土地購入元受金	67,677.953
図書	81,128.704	理工科建設費元受金	314,703.330
旧図書	23,319.860	土地購入費借入金	160,126.100
銅像之台	6,766.506	借入金	75,443.000
年金積立銀行預金	13,661.690		
立替金	1,131.400		
銀行預金	4,161.209		
合計	1,066,040.661	合計	1,066,040.661

備考

一、本表は便宜上財団法人早稲田大学の資産負債と旧社団法人早稲田大学資産負債とを合併表示す。

一、本大学財産目録は本表資産の部と同一なるを以て之を略す。

出典：『早稲田学報』第212号所載「早稲田大学39回報告」pp.21-22.

二次大正9年度経常部収支計算表 （自大正９年４月１日　至大正10年３月31日）			
収入之部		支出之部	
科目	金額	科目	金額
学費	686,014.230	教員給	339,418.940
入学金	28,953.000	職員給	110,556.920
試験料	41,160.000	小使給仕職工給	24,358.900
実験実習料	16,947.780	雑給	9,748.650
株式配当金	6,000.000	慰労手当	52,054.630
受入利子	14,881.600	旅費	3,886.280
海外留学費寄附金	13,182.050	給与被服費	2,351.900
雑収入	2,259.285	実験実習費	36,526.245
前年度繰越金	880.220	消耗品費	23,550.750
		点燈費	4,697.170
		薪炭費	16,645.290
		通信費	3,985.835
		乗車費	1,990.140
		図書費	19,920.070
		機械器具費	6,119.540
		火災保険料	8,359.270
		敷地料	280.670
		衛生費	1,889.730
		諸税	407.060
		営繕費	21,672.390
		広告費	6,022.090
		集会費	5,302.080
		得業式費	3,344.200
		体育部費	12,433.365
		学会補助費	1,285.030
		校友会補助費	4,615.940
		永楽倶楽部補助費	1,200.000
		基金募集費	876.440
		海外留学生費	35,982.550
		教職員年金積立費	8,102.780
		雑費	10,921.520
		予備金	3,217.145
		臨時費	13,707.330
合計	810,278.165	合計	795,430.850
		差引剰余金	14,847.315

二次大正９年度貸借対照表 （大正10年３月31日現在）			
借方（単位：円）		貸方（単位：円）	
科目	金額	科目	金額
未収基金	567,814.720	基金	2,644,358.419
土地	651,497.398	基金収益金	192,096.315
建物	1,081,289.364	経常資金	393,136.826
機械工具及標本	164,709.054	特定寄贈資金	161,068.031
什器	139,597.485	賛助会残高	75,927.545
図書	224,987.939	寄贈有価証券資金	30,000.000
寄贈有価証券	30,000.000	教職員年金基金	61,354.550
年金積立定期預金	56,354.550	土地購入借入金	70,000.000
年金積立有価証券	5,000.000	見経過収入	117,464.800
購買組合出資金	213.500	預り金	30,363.950
供託有価証券	131,961.941	未払金	3,704.370
未経過支出	14,472.220	本年度剰余金	14,847.315
仮支出金	47,872.030		
投資土地	217,758.830		
有価証券	129,277.939		
振替貯金	1,691.707		
銀行預金及現金	329,823.444		
合計	3,794,322.121	合計	3,794,322.121

出典：『早稲田学報』第334号所載「早稲田大学第39回報告」pp.23-24.

史料・参考文献

史料一覧（※以下では本書の執筆に際して蒐集・整理した史資料を、機関別に列記する。）

慶應義塾大学　学生数及び機関財務に関する史料

「明治36年度　慶應義塾学事報告」（自明治36年5月1日　至明治37年4月30日）『慶應義塾学報』第78号，1904年6月号，pp.103-113.

「明治36年度　慶應義塾収支勘定決算報告」（自明治36年5月1日　至明治37年4月30日）『慶應義塾学報』第78号，1904年6月号，pp.114-118.

「明治37年度　慶應義塾学事報告」（自明治37年5月1日　至明治38年4月30日）『慶應義塾学報』第91号，1905年6月号，pp.109-121.

「明治37年度　慶應義塾収支勘定決算報告」（自明治37年5月1日　至明治38年4月30日）『慶應義塾学報』第91号，1905年6月号，pp.122-125.

「明治38年度　慶應義塾学事報告」（自明治38年5月1日　至明治39年3月31日）『慶應義塾学報』第104号，1906年6月号，pp.115-128.

「明治38年度　慶應義塾収支勘定決算報告」（自明治38年5月1日　至明治39年3月31日）『慶應義塾学報』第104号，1906年6月号，pp.129-133.

「明治39年度　慶應義塾学事報告」（自明治39年4月1日　至明治40年3月31日）『慶應義塾学報』第118号，1907年6月号，pp.1-15.

「明治39年度　慶應義塾収支勘定決算報告」（自明治39年4月1日　至明治40年3月31日）『慶應義塾学報』第118号，1907年6月号，pp.15-19.

「明治40年度　慶應義塾学事報告」（自明治40年4月1日　至明治41年3月31日）『慶應義塾学報』第131号，1908年6月号，pp.1-15.

「明治40年度　慶應義塾収支勘定決算報告」（自明治40年4月1日　至明治41年3月31日）『慶應義塾学報』第131号，1908年6月号，pp.16-20.

「明治41年度　慶應義塾学事報告」（自明治41年4月1日　至明治42年3月31日）『慶應義塾学報』第143号，1909年6月号，pp.1-18.

「明治41年度　慶應義塾収支勘定決算報告」（自明治41年4月1日　至明治42年3月31日）『慶應義塾学報』第143号，1909年6月号，pp.19-24.
「明治42年度　慶應義塾学事報告」（自明治42年4月1日　至明治43年3月31日）『慶應義塾学報』第155号，1910年6月号，pp.1-20.
「明治42年度　慶應義塾収支勘定決算報告」（自明治42年4月1日　至明治43年3月31日）『慶應義塾学報』第155号，1910年6月号，pp.21-25.
「明治43年度　慶應義塾学事報告」（自明治43年4月1日　至明治44年3月31日）『慶應義塾学報』第167号，1911年6月号，pp.1-22.
「明治43年度　慶應義塾収支勘定決算報告」（自明治43年4月1日　至明治44年3月31日）『慶應義塾学報』第167号，1911年6月号，pp.22-27.
「明治44年度　慶應義塾学事報告」（自明治44年4月1日　至明治45年3月31日）『慶應義塾学報』第179号，1912年6月号，pp.1-22.
「明治44年度　慶應義塾収支勘定決算報告」（自明治44年4月1日　至明治45年3月31日）『慶應義塾学報』第179号，1912年6月号，pp.23-24.
「明治45年度　慶應義塾学事及会計報告」（自明治45年4月1日　至大正2年3月31日）『慶應義塾学報』第192号，1913年7月号，pp.1-35.
「大正2年度　慶應義塾学事及会計報告」（自大正2年4月1日　至大正2年3月31日）『慶應義塾学報』第204号，1914年7月号，pp.1-38.
「大正3年度　慶應義塾学事及会計報告」（自大正3年4月1日　至大正4年3月31日）『三田評論』第217号，1915年8月号，pp.1-38.
「大正4年度　慶應義塾学事及会計報告」（自大正4年4月1日　至大正5年3月31日）『三田評論』第229号，1916年8月号，pp.1-36.
「大正5年度　慶應義塾学事及会計報告」（自大正5年4月1日　至大正6年3月31日）『三田評論』第241号，1917年8月号，pp.1-37.
「大正6年度　慶應義塾学事及会計報告」（自大正6年4月1日　至大正7年3月31日）『三田評論』第252号，1918年7月号，pp.1-39.
「大正7年度　慶應義塾学事及会計報告」（自大正7年4月1日　至大正8年3月31日）『三田評論』第264号，1919年7月号，pp.71-110.
「大正8年度　慶應義塾学事及会計報告」（自大正8年4月1日　至大正9年3月31日）『三田評論』第276号，1920年7月号，pp.93-129.
「大正9年度　慶應義塾学事及会計報告」（自大正9年4月1日　至大正10年3月31日）『三田評論』第288号，1921年7月号，pp.1-56.

「大正10年度　慶應義塾学事及会計報告」（自大正10年4月1日　至大正11年3月31日）『三田評論』第300号，1922年7月号，pp.1–49.
「大正11年度　慶應義塾学事及会計報告」（自大正11年4月1日　至大正12年3月31日）『三田評論』第312号，1923年7月号，pp.1–53.
「大正12年度　慶應義塾学事及会計報告」（自大正12年4月1日　至大正13年3月31日）『三田評論』第324号，1924年8月特別号，pp.41–101.
「大正13年度　慶應義塾学事及会計報告」（自大正13年4月1日　至大正14年3月31日）『三田評論』第336号，1925年8月特別号，pp.45–108.
「大正14年度　慶應義塾学事及会計報告」（自大正14年4月1日　至大正15年3月31日）『三田評論』第348号，1926年8月特別号，pp.47–117.
「大正15年度　慶應義塾学事及会計報告」（自大正15年4月1日　至昭和2年3月31日）『三田評論』第360号，1927年8月特別号，pp.55–108.

教職員給料帳簿（※すべて慶應義塾福澤研究センター編，1989，『慶應義塾関係資料』「K 補遺」，雄松堂フィルム出版）

「明治36年5月　給料帳　会計部」。

「明治37年5月　給料帳　会計部」。

「明治38年5月　給料帳」。

「明治39年度　給料帳」。

「明治40年度　給料帳」。

「明治41年4月　給料帳」。

「明治42年4月　給料帳」。

「明治43年4月　給料帳」。

「明治44年4月　給料帳」。

「明治45年　給料帳」。

教育課程（※以下に掲げる大学部教育課程の他，必要に応じて該当箇所を適宜利用した）
慶應義塾学報発行所，1903年4月，『慶應義塾便覧』（慶應義塾学報号外），pp.33–40.
——，1904年7月，『慶應義塾総覧』（慶應義塾学報　臨時増刊第79号），pp.9–17.
——，1905年11月，『慶應義塾総覧』（慶應義塾学報　臨時増刊第97号），pp.18–

26.
――，1906年6月，『慶應義塾総覧』（慶應義塾学報　臨時増刊第105号），pp.18-27.
――，1907年10月，『慶應義塾総覧』（慶應義塾学報　臨時増刊第123号），pp.22-30.
――，1908年11月，『慶應義塾総覧』，pp.21-30.
――，1909年8月，『慶應義塾総覧』，pp.18-34.
――，1910年9月，『慶應義塾総覧』，pp.18-34.
――，1911年7月，『慶應義塾総覧』，pp.18-34.
――，1912年10月，『慶應義塾総覧』，pp.18-34.

その他

慶應義塾福澤研究センター編1989,「慶應義塾創立五十年紀念図書館建設資金募集委員会報告」『慶應義塾関係資料』（募金関係（K11）F. 図書館建設02-01所載），雄松堂フィルム出版。
――，「評議員会記録」

早稲田大学　学生数及び機関財務に関する史料

「早稲田大学第21回報告」（自明治35年9月　至明治36年8月）早稲田大学中央図書館所蔵『早稲田大学報告：第21回 - 第24回・第26回 - 第27回』1904年，pp.50-52.
「早稲田大学第22回報告」（自明治36年9月　至明治37年8月）早稲田大学中央図書館所蔵『早稲田大学報告：第21回 - 第24回・第26回 - 第27回』1904年，pp.54-57.
「早稲田大学第23回報告」（自明治37年9月　至明治37年8月）早稲田大学中央図書館所蔵『早稲田大学報告：第21回 - 第24回・第26回 - 第27回』1904年，pp.60-65.
「早稲田大学第24回報告」（自明治38年9月　至明治40年8月）早稲田大学中央図書館所蔵『早稲田大学報告：第21回 - 第24回・第26回 - 第27回』1904年，pp.83-87.
「明治40年度収支決算表」（自明治39年9月　至明治40年8月）早稲田大学編輯部『廿五年紀念　早稲田大学創業録』1907年，pp.116-118.

「早稲田大学第26回報告」（自明治40年9月　至明治41年8月）早稲田大学中央図書館所蔵『早稲田大学報告：第21回 - 第24回・第26回 - 第27回』1904年，pp.74–77.
「早稲田大学第27回報告」（自明治41年9月　至明治42年8月）早稲田大学中央図書館所蔵『早稲田大学報告：第21回 - 第24回・第26回 - 第27回』1904年，pp.46–49.
「早稲田大学第28回報告」（自明治42年9月　至明治43年8月）『早稲田学報』第188号，1910年10月，pp.1–23.
「早稲田大学第29回報告」（自明治43年9月　至明治44年8月）『早稲田学報』第200号，1911年10月，pp.1–27.　※第28回と印刷されているが、正しくは第29回である。
「早稲田大学第30回報告」（自明治44年9月　至明治45年8月）『早稲田学報』第212号，1912年10月，pp.1–23.
「早稲田大学第31回報告」（自明治45年9月　至大正2年8月）『早稲田学報』第227号，1914年1月，pp.45–46.
「早稲田大学第31回報告」（自大正2年9月1日　至同3年8月31日）『早稲田学報』第236号，1914年10月，pp.1–23.
「早稲田大学第32回報告」（自大正3年9月1日　至同4年8月31日）『早稲田学報』第248号，1915年10月，pp.1–25.
「早稲田大学第33回報告」（自大正4年9月1日　至同5年8月31日）『早稲田学報』第260号，1916年10月，pp.1–23.
「早稲田大学第34回報告」（自大正5年9月1日　至同6年8月31日）『早稲田学報』第272号，1917年10月，pp.1–27.
「早稲田大学第35回報告」（自大正6年9月1日　至同7年8月31日）『早稲田学報』第284号，1918年10月，pp.1–21.
「早稲田大学第36回報告」（自大正7年9月1日　至同8年8月31日）『早稲田学報』第297号，1919年11月，pp.1–28.
「早稲田大学第38回報告」（二次大正9年度）（自大正9年9月1日　至同10年8月31日）ただし会計報告は（自大正9年4月1日　至同10年3月31日）『早稲田学報』第322号，1921年12月，pp.1–25.
「早稲田大学第39回報告」（自大正10年9月1日　至同11年3月31日）『早稲田学報』第334号，1922年12月，pp.1–36.

「早稲田大学第40回報告」(自大正11年4月1日　至同12年3月31日)『早稲田学報』第346号，1923年12月，pp.1-26.
「早稲田大学第41回報告」(自大正12年4月1日　至同13年3月31日)『早稲田学報』第358号，1924年12月，p.1-27.
「早稲田大学第42回報告」(自大正13年4月1日　至同14年3月31日)『早稲田学報』第371号，1925年12月，p.1-23.
「早稲田大学第43回報告」(自大正14年4月1日　至同15年3月31日)『早稲田学報』第376号，1926年6月，pp.1-30.
「第44回学事報告」(自大正15年4月1日　至昭和2年3月31日)『早稲田学報』第389号，1927年7月，p62-72.

教職員給料帳簿（※すべて早稲田大学大学史資料センター所蔵「M　会計帳簿類」であり、史料目録上の名称とした。）

60-0303　自明治36年9月〔至同37年5月〕講師給定額。
60-0336　明治37年9月以降　講師給定額。
60-0401　明治39年2月　講師俸給台帳。
60-0473　明治41年〔9月〕講師俸給台帳。
60-0543　明治43年自9月至12月　講師〔俸給〕差引簿。
60-0566〔明治〕44年1月ヨリ〔3月マデ〕講師俸給差引帳（第2号）。
60-0567〔明治〕44年自4月〔至6月〕講師〔俸給〕差引帳（第3号）。
60-0568〔明治〕44〔年〕7月ヨリ〔8月マデ〕講師〔俸給〕差引帳。
60-0588〔明治〕44年〔自9月分至11月分〕講師〔俸給〕差引帳。
60-0589〔明治〕44年12月ヨリ〔同45年1月マデ〕講師〔俸給〕差引帳　第2号。
60-0633　大正2年度〔大正2年自4月至8月〕講師俸給台帳。
60-0658　大正3年度〔自大正2年9月至同3年8月〕教職員俸給台帳。
60-0704　大正4年度　教職員俸給台帳。
60-0740　大正5年度　講教（ママ）俸給台帳。
60-0741　大正5年度　職員・給仕・小使俸給台帳。
60-0789　大正6年度　講師俸給台帳。
60-0790　大正6年度　職員・小使・給仕俸給台帳。
60-0837　大正7年度　職員・小使・給仕俸給台帳。
60-0838　大正7年度　講師俸給台帳　本部。

60−0839　大正7年度　講師俸給台帳　理工科。

60−0867　大正8年度（自7年8月至8年8月）　講師給（年俸・時間給・主任給　本部・理工科）　会計課。

60−0868　大正8年度（自7年9月至8年8月）　職員給台帳　会計課。

60−0887　大正9年度（自8年9月至9年3月）　講師給（年俸・時間給・専任給　本部・理工科）　会計課。

60−0888　大正9年度〔自8年9月至9年3月〕職員給台帳　会計課。

60−0889　大正9年度　自8年9月至9年〔3月〕講師給差引帳。

60−0890　大正9年度〔自大正8年9月至同9年3月〕職員給差引帳。

60−0909　二次大正9年度（自9年4月至10年3月）　教員給台帳　会計課。

60−0910　二次大正9年度　職員給台帳。

60−0924　大正10年度（自大正10年4月至同11年3月）　教員俸給台帳　会計課。

60−0925　大正10年度（自大正10年4月至同11年3月）　職員俸給台帳　会計課。

60−0936　大正11年度　俸給原簿。

60−0937　大正11年度　俸給原簿。

60−0953　大正12年度　教員俸給原簿　会計課。

60−0954　大正12年度　教員時間給原簿　会計課。

60−0955　大正12年度　職員俸給原簿　会計課。

60−0968　大正13年度　教員俸給原簿（年俸）。

60−0969　大正13年度　教員時間給原簿　会計課。

60−0970　大正13年度　職員俸給原簿　会計課。

60−0985　大正14年度　教員授業給原簿（本俸）会計課。

60−0986　大正14年度　教員俸給台帳（授業給）会計課。

60−0987　大正14年度　教員俸給原簿（時間給）会計課。

60−0988　大正14年度　職員俸給原簿〔台帳〕会計課。

60−1015　大正15年度　教員俸給台帳（年俸）会計課。

60−1016　大正15年度　教員俸給台帳（授業給）会計課。

60−1017　大正15年度　教員俸給台帳（時間給）会計課。

60−1018　大正15年度　職員俸給台帳　会計課。

教員時間負担（※すべて早稲田大学大学史資料センター所蔵早稲田大学本部書

類目録）
37年度　自37年9月至38年　各講師分担学科時間表　早稲田大学。
37年度　自37年9月至38年7月　学科配当表　早稲田大学。
明治38年度　自38年9月39年7月　講師別学科配当表　早稲田大学。
38年度　自38年9月至39年7月　学科配当表　早稲田大学。
39年9月実施　講師別時間　原稿。
明治40年　講師別時間表　早稲田大学。
40年度　自39年9月至40年7月　学科配当表　本部。
明治41年9月　学科配当表　本部。
明治40年度　明治39年9月ヨリ40年7月マデ　講師別時間表　早稲田大学。
40年9月実施　講師別時間　原稿。
41年9月　講師別時間　原稿。
明治41年9月　講師別時間表　早稲田大学。
明治41年度　学科配当表　早稲田大学。
42年9月　講師別時間表　原稿。
明治43年度　講師別時間表　早稲田大学本部。
43年度　学科配当表　原簿。
明治44年度　講師別時間表　原稿。
明治45年度　講師別時間表　早稲田大学。
大正2年度　講師別受持時間簿　早稲田大学。
大正3年度　講師別受持時間簿　早稲田大学。
自大正3年度至大正10年度　講師別受持学科調　教務課。
大正13年度　教員受持学科等調　教務課主事。
大正14年度　教員受持学科調　教務課主事。
大正15年度　教員受持学科調　教務課主事。

教育課程（※すべて早稲田大学大学史資料センター所蔵）
明治42年度　学科配当表　早稲田大学。
明治45年度　学科配当表　早稲田大学。
大正3年度　学科配当表　早稲田大学。
大正7年度　学科配当表　早稲田大学。
大正13年度　学科配当表　早稲田大学。

参考文献

Burke, Peter, 2005, *History and Social Theory second edition*,（=2009, 佐藤公彦訳,『歴史学と社会理論』（第2版）慶應義塾大学出版会).

Foster, Margery, Somers, 1962, "*OUT OF SMALLE BEGININGS…,* " *An Economic History of Harvard College in the Puritan Period: 1636 to 1712*, The Belknap Press of Harvard University Press.

Gary King, Robert O. Keohane, Sidney Verba, 1994, *Designing Social Inquiry*,（=2004, 真渕勝監訳,『社会科学のリサーチ・デザイン——定性的研究における科学的推論』勁草書房 .

Geiger, Roger, 2011, "The Ten Generations of American Higher Education," Philip G. Altbach, Patricia J. Gumport, and Robert O. Berdahl eds., *American Higher Education in the Twenty-First Century*, Johns Hopkins University Press, pp.37–68.

J. P. D. DUNBABIN, 1975, "Oxford and Cambridge College Finances 1871–1913," *The Economic History Review*, 28（4), pp.631–647.

Lester F. Goodchild & Irene Pancner Huk, 1990, "The American College History:A Survey of Its Historiographic Schools and Analytic Approaches from the Mid-Nineteenth Century to the Present," John C. Smart ed., *Higher Educaiton: Handbook of theory & research*, vol.6, pp.201–290.

Neild, Robert, 2008, *Riches and Responsibility: The Financial History of Trinity College, Cambridge*, Granta Editions.

——, 2012, *The Financial History of Cambridge University*, Thames River Press.

Nelson K. Joannette, 1997,「大学教員の年金制度」『アメリカ・カナダ研究』（14), pp.43–62.

相原総一郎, 2004,「アメリカ高等教育におけるテニュアと契約大学教員」『大学論集』第34集, pp.77–92.

——, 2006,「アメリカ大学教員のサラリー研究」『大学論集』第37集, pp.97–113.

秋谷紀男, 1992,「大学令と大学昇格基金問題——私学の大学昇格基金調達過程の検討」『明治大学史紀要』第10号, pp.113–129.

浅沼薫奈, 2005,「私立専門学校の「大学」名称獲得に関する一考察——早稲

田・同志社を事例として」『大学史研究』第21号，pp.50–63.
阿部重孝，1937，『教育改革論』岩波書店。
天野郁夫，1972，「大正7年の「大学令」と私立大学」『大学史研究通信』第5号，評論社，pp.12–18.
——，1977，「日本のアカデミック・プロフェッション——帝国大学における教授集団の形成と講座制」『大学研究ノート』第30号，pp.1–45.
——，1986，『高等教育の日本的構造』玉川大学出版部。
——，1989，『近代日本高等教育研究』玉川大学出版部。
——，1993a，『旧制専門学校論』玉川大学出版部。
——，1993b，「コメント：大学史と高等教育史」『大学史研究』第9号，pp.37–40.
——，2003，「国立大学の財政制度——歴史的展望」『国立大学の財政・財務に関する総合的研究』国立学校財務センター，pp.3–25.
——，2006，「大学のファンドレイジング——日本の経験，」『IDE　現代の高等教育』No.484，pp.4–11.
——，2009a，『大学の誕生（上）帝国大学の時代』中央公論新社。
——，2009b，『大学の誕生（下）大学への挑戦』中央公論新社。
——，2013a，『高等教育の時代（上）戦間期日本の大学』中央公論新社。
——，2013b，『高等教育の時代（下）大衆化大学の原像』中央公論新社。
——，2013c，「教育研究組織の変遷」『IDE　現代の高等教育』No.550，pp.12–19.
——，2013d，「コメント：高等教育研究としての歴史研究」『高等教育研究の未来を考える——RIHEへの期待と今後のあり方』，pp.145–148.
天野郁夫・新井郁男，1971，「高等教育に関する文献解題」『教育社会学研究』第26集，pp.122–136.
天野智水，2008，「一〇章　給与・収入」『変貌する日本の大学教授職』，有本章編，玉川大学出版部，pp.222–234.
天野智水，2011，「10章　給与」『変貌する世界の大学教授職』，有本章編，玉川大学出版部，pp.201–213.
有本章・金子元久・伊藤彰浩，1989，「高等教育研究の動向」『教育社会学研究』第45集，pp.67–106.
伊丹敬之，2001，『創造的論文の書き方』有斐閣。

市川昭午，2008，「高等教育財政研究の課題と方法」塚原修一（研究代表者）『高等教育の現代的変容と多面的展開——高等教育財政の課題と方向性に関する調査研究』。
市島謙吉，1908-1909，『背水録』早稲田大学図書館（市島春城資料）。
市島春城，1935，『随筆早稲田』翰墨同好會。
伊藤彰浩，1991，「第5章　帝国大学と学術研究——戦前戦中期の研究環境についての一試論」，有本章編『学術研究の改善に関する調査研究——全国高等教育教員調査報告書』，pp.105-125.
——，1993，「高等教育史研究の回顧と展望」『大学論集』第22集，pp.145-161.
——，1999，『戦間期日本の高等教育』玉川大学出版部。
——，2006，「近代日本の高等教育の歴史研究の展開」『大学論集』第36集，pp.149-168.
——，2008，「戦時期私立大学の経営と財務——「苦難の日」だったのか？」『名古屋大学大学院教育発達科学研究科紀要』（教育科学）第55巻第2号，pp.47-66.
——，2013，「戦争と私立大学——戦時期・戦後改革期の私大財政を中心に」『大学論集』第44集，pp.97-113.
伊藤彰浩・岩田弘三・中野実，1990，『近代日本高等教育における助手制度の研究』広島大学大学教育研究センター。
岩田弘三，2011，『近代日本の大学教授職——アカデミック・プロフェッションのキャリア形成』玉川大学出版部。
ウイリアム・K・カミングス，1971，「変動する大学教官市場」『教育社会学研究』第26集，pp.68-84.
潮木守一，1984，『京都帝國大學の挑戦——帝国大学史のひとこま』名古屋大学出版会。
内池慶四郎，1991，「神戸寅次郎先生講述民法講義ノートについて——義塾民法学の伝統とその承継」（慶應義塾における知的伝統）『近代日本研究』第8巻，pp.1-17.
内山秀夫，1992，「板倉卓造の初期政治論」（慶應義塾における知的伝統）『近代日本研究』第9巻，pp.81-110.
馬越徹，1993，「比較高等教育研究の回顧と展望」『大学論集』第22集　pp.111-122.

大久保利謙，1943，『日本の大学』創元社。

大﨑仁，1998，「高等教育研究の視点」『高等教育研究』第1集，pp.47–62.

大迫章史，2003，「1911（明治44）年私立学校令改正と私学制度」『教育制度学研究』第10号，pp.189–203.

——，2004，「私立高等教育機関の民法による法人化過程——同志社と慶應義塾の比較分析」『東北大学大学院教育学研究科研究年報』第52集，pp.87–104.

——，2009，「近代日本における私立学校の法人種別選択行動に関する研究——関西学院の民法による法人化を事例に」『近代日本における私立高等教育機関の量的拡大の基盤形成に関する研究』平成18年度〜平成20年度　科学研究費補助金研究成果報告書。

——，2012，「戦前私立高等教育機関の設置形態」，私学高等教育研究所『学校法人の在り方を考える』，pp.38–40.

大森正仁，1991，「板倉卓造の国際法観（明治期）」（慶應義塾における知的伝統）『近代日本研究』第8巻，pp.19–40.

大坪恭子，2009，「私立大学における評議員会制度の機能の変遷について——早稲田大学を事例として」東京大学大学院教育学研究科大学経営・政策コース修士論文。

尾形憲，1978，『教育経済論序説』東洋経済新報社。

小川佳万，2006，「比較教育からみた高等教育研究の回顧と展望」『大学論集』第36集，pp.169–184.

大西巧，2008，「大学新設と寄附金問題——東北・九州帝国大学設立過程の一考察」『教育科学セミナリー』第39号，pp.1–10.

小野修三，1990，「林毅陸の政治的思考」（慶應義塾における知的伝統）『近代日本研究』第7巻，pp.89–119.

学校沿革史研究会，2008，『学校沿革史の研究　総説』（野間教育研究所紀要　第47集），野間教育研究所。

門野幾之進，1899，「慶應義塾の学制改革」『慶應義塾学報』第20号，pp.1–8.

——，1901，「欧米の大学と寄附金」『慶應義塾学報』第38号，pp.1–5.

金子宏二，2002，「高田早苗の起業活動」『高田早苗の総合的研究』早稲田大学大学史資料センター，pp.335–358.

金子元久，1988，「受益者負担主義と「育英」主義——国立大学授業料の思想史」『大学論集』第17集，pp.67–88.

――，1998,「高等教育研究のパースペクティブ」『高等教育研究』，pp.63–79.
鎌田栄吉，1907,「鎌田塾長開会の辞」『慶應義塾学報』第117号，pp.1–4.
――，1920,「慶應義塾大学医学科完く成る」『三田評論』第280号，pp.1–12.
鎌田栄吉先生伝記及全集刊行会，1934a,『鎌田榮吉全集』(第一巻)，鎌田榮吉先生傳記及全集刊行會。
――，1934b,『鎌田榮吉全集』(第二巻)，鎌田榮吉先生傳記及全集刊行會。
――，1934c,『鎌田榮吉全集』(第三巻)，鎌田榮吉先生傳記及全集刊行會。
川合隆男，1990,「慶應義塾初代社会学教授　田中一貞」(慶應義塾における知的伝統)『近代日本研究』第7巻，pp.1–44.
河野昭昌，1976,「早稲田騒動」『早稲田大学史記要』第9巻，pp.121–143.
神戸正雄，1931,「特別会計の整理」『経済論叢』第33巻第2号，pp.205–225.
喜多貞吉，1926,『和田豊治伝』和田豊治伝編纂所。
京都大学百年史編集委員会，1998,『京都大学百年史』(総説編)，京都大学後援会。
――，2001,『京都大学百年史』(資料編3)，京都大学教育研究振興財団。
工藤潤，2007,「講座制の歴史的変遷とその功罪」『大学教育学会誌』第29巻第1号，pp.119–123.
倉沢剛，1973,『学制の研究』講談社。
――，1975,『教育令の研究』講談社。
――，1978,『学校令の研究』講談社。
――，1980,『続学校令の研究』講談社。
蔵原清人，1997,「戦前期私立学校法制の研究――私立学校の設立・組織を中心に」『工学院大学共通課程研究論叢』第35-(1)号，pp.139–153.
慶應義塾，1958,『慶應義塾百年史』(上巻)，慶應義塾。
――，1960,『慶應義塾百年史』(中巻：前)，慶應義塾。
――，1962,『慶應義塾百年史』(別巻：大学編)，慶應義塾。
――，1964,『慶應義塾百年史』(中巻：後)，慶應義塾。
――，1969,『慶應義塾百年史』(付録)，慶應義塾。
慶應義塾大学三田情報センター，1972,『慶應義塾図書館史』，慶應義塾大学三田情報センター。
慶応義塾史事典編集委員会，2008,『慶応義塾史事典』，慶応義塾。
慶應義塾職員会編，1960,『塾監局小史』慶應義塾職員会。

江津和也，2003，「大学令による私立大学予科の設立意義とその性格をめぐる一考察——慶応義塾大学，早稲田大学の事例を中心として」『関東教育学会紀要』第30号，pp.39–51.
——，2009，「専門学校令にもとづく「大学」予科から大学令にもとづく大学予科への改編について——慶応義塾大学及び早稲田大学の事例」『清和大学短期大学部紀要』(38)，pp.53–58.
国立教育研究所編，1974，『日本近代教育百年史』第三巻　学校教育（1)，教育研究振興会。
国立学校特別会計研究会編，1976，『国立学校特別会計制度のあゆみ』第一法規出版。
小松芳喬，1982，「逍遥の授業負担と処遇」『早稲田大学史記要』第15巻，pp.1–28.
小峰寛，1978，「早稲田大学職員史研究ノート——明治期における職員」『早稲田大学史記要』，第11巻，pp.123–140.
小峰寛，1980，「早稲田大学職員史研究ノート（承前）——大正期の職員」『早稲田大学史記要』第13巻，pp.204–223.
斎藤修，2010，「数量経済史と近代日本経済史研究——方法的多様性を求めて」石井寛治・原朗・武田晴人編『日本経済史研究入門』，pp.69–90，東京大学出版会。
佐藤憲三，1964，『国立大学財政制度史考』第一法規出版。
佐々木聖使，1992，「「日本大学署史」——山岡萬之助の大学教育と経営論」『日本大学精神文化研究所紀要』第23集，pp.37–109.
佐藤正幸，1990，「歴史学家としての田中萃一郎」(慶應義塾における知的伝統)『近代日本研究』第7巻，pp.63–88.
佐藤能丸，2003，『大学文化史——理念・学生・街』芙蓉書房出版。
島一則編，2011，『大学とマネー』(リーディングス　日本の高等教育8）玉川大学出版部。
島恭彦，1964a，「国立大学特別会計の史的考察」『経済論叢』第93巻第4号，pp.219–232.
——，1964b，「帝国大学特別会計と演習林」『経済論叢』第94巻第5号，pp.287–305.
島田裕巳，2010，『慶應三田会』アスキー・メディアワークス。

人事興信所編，1911，『人事興信録』（第三版）人事興信所。

――，1915，『人事興信録』（第四版）人事興信所。

――，1925，『人事興信録』（第七版）人事興信所。

新堀通也，1965，『日本の大学教授市場――学閥の研究』東洋館出版社。

新堀通也編，1984，『大学教授職の総合的研究――アカデミック・プロフェッションの社会学』多賀出版。

菅真城，2013，『大学アーカイブズの世界』大阪大学出版会。

須川義弘，1956，『講座白書』（私家版）。

菅原国香，1972，「旧帝大工科，理科大学の理化学教育（明治－大正7年）――カリキュラムからみた化学を中心に」『物理学史研究』8（3），pp.43-66.

――，1973，「第Ⅱ次大戦前の私立大学工学系学部の創立意図と教育体制の史的考察――早稲田，慶応義塾の場合」『東洋大学工学部教養課程研究報告』通号9，pp.33-43.

鈴木秀幸，2010，『大学史および大学史活動の研究』日本経済評論社。

関正夫，1982，「戦前期大学教育のカリキュラムに関する史的考察――帝国大学における法学・医学教育を中心として」『大学論集』第11集，pp.123-151.

――，1988，『日本の大学教育改革――歴史・現状・展望』玉川大学出版部。

全国大学史資料協議会編，2005，『日本の大学アーカイヴス』京都大学学術出版会。

専修大学，1981，『専修大学百年史』（上巻）専修大学出版局。

――，1981，『専修大学百年史』（下巻）専修大学出版局。

染谷恭次郎，1992，『財政から見た早稲田大学――明治・大正・昭和』早稲田大学出版部。

大工原孝，2006，「大学事務組織の研究――序説・その必要性」『大学行政管理学会誌』第10号，pp.79-85.

高木雅史，1996，「戦時体制下における帝国大学財政――名古屋帝国大学の創設と財政事情の分析から」『名古屋大学史紀要』第4号，pp.49-81.

高田早苗，1927，『半峰昔ばなし』早稲田大学出版部。

高橋清四郎，1989，「中央大学と大学令」『中央大学史紀要』第1号，pp.1-89.

高根正昭，1979，『創造の方法学』講談社。

谷本宗生，2002，「大学史・高等教育史研究の課題と展望」『日本教育史研究』第21号，pp.67-84.

――，2007，「高等教育史（第2節）――日本高等教育史研究の展開」『教育史研究の最前線』日本図書センター，pp.84-90.
玉置紀夫，1990，「堀江帰一のロンドン」（慶應義塾における知的伝統）『近代日本研究』第7巻，pp.45-61.
田村正紀，2006，『リサーチ・デザイン――経営知識創造の基本技術』白桃書房。
中央大学百年史編集委員会専門委員会，2001，『中央大学百年史』（通史編：上巻）中央大学出版部。
寺﨑昌男，1965，「大学史文献目録（日本の部）」『教育学研究』第32巻第2・3号，pp.148-176.
――，1980，「日本における大学史研究の戦前・戦後」『松山商大論集』第31巻第4号，pp，79-96.
――，1986a，「大学史・高等教育史研究の課題と展望」『日本教育史研究』第5号，pp.113-122.
――，1986b，「日本における大学史研究の動向と課題――大学沿革史編纂を中心にして」『東洋大学史紀要』第4号，pp.1-34.
――，1999，「大学史編纂事業の現状と課題について」『広島大学史紀要』第1号，pp.3-25.
――，2000，『増補版　日本における大学自治制度の成立』評論社。
寺﨑昌男・成田克矢編，1979，『学校の歴史』（第四巻　大学の歴史）第一法規出版。
寺﨑昌男・別府昭郎・中野実，1999，『大学史をつくる――沿革史編纂必携』東信堂。
寺﨑昌男・西山伸・湯川次義，2013，『学校沿革史の研究　大学編1――テーマ別比較分析』（野間教育研究所紀要　第53集）野間教育研究所。
東京大学百年史編集委員会，1984，『東京大学百年史』（通史一）東京大学出版会。
――，1985，『東京大学百年史』（通史二）東京大学出版会。
――，1986，『東京大学百年史』（通史三）東京大学出版会。
――，1984，『東京大学百年史』（資料一）東京大学出版会。
――，1986，『東京大学百年史』（資料三）東京大学出版会。
同志社五十年史編纂委員会編，1930，『同志社五十年史』同志社校友会。
同志社社史史料編集所編，1979，『同志社百年史』（通史編一）同志社。

東北大学百年史編集委員会，2009，『東北大学百年史』（十）（資料三）東北大学出版会。
戸村理，2009，「大正・昭和初期における大学・学生観——雑誌『実業之日本』における言説分析を中心に」『東京大学大学院教育学研究科紀要』第49巻，pp.161-172.
——，2010，「明治中期から大正期早稲田大学の寄附募集事業に関する基礎的考察——財務史料および寄附者名簿の分析を中心に」『大学経営政策研究』第1号，pp.87-101.
——，2011，「明治中期〜大正期慶應義塾の寄附募集事業から見た経営実態に関する実証分析」『教育学研究』第78巻第2号，pp.187-198.
——，2013，「明治期慶應義塾の教育課程と教員給与に関する経営的考察」『教育社会学研究』第92集，pp.219-240.
鳥居朋子，2008，『戦後初期における大学改革構想の研究』多賀出版。
永井道雄，1971，『日本の大学』（第19版）中央公論社。
中野実，2003a，『近代日本大学制度の成立』吉川弘文館。
——，2003b，『大学史編纂と大学アーカイヴズ』（野間教育研究所紀要　第45集）野間教育研究所。
長峰毅，1985，『学校法人と私立学校』日本評論社。
西山伸，2007，「大学沿革史の課題と展望」『日本教育史研究』第26号，pp.39-55.
——，2012，「大学史と教育史研究——沿革史を手がかりに」『日本の教育史学』第55集，pp.128-132.
——，1991，「統計学——福澤諭吉から横山雅男へ」（慶應義塾における知的伝統）『近代日本研究』第8巻，pp.41-80.
西川俊作，1999，「明治十年後における慶應義塾の財政難——その数量的分析」『近代日本研究』第16巻，pp.163-187.
日本大学大学史編纂室，1992，『日本大学大学史資料集』（第一集）日本大学大学史編纂室。
——，1992，『日本大学大学史資料集』（第二集）日本大学大学史編纂室。
——，1993，『日本大学大学史資料集』（第三集）日本大学大学史編纂室。
日本大学百年史編纂委員会，1997，『日本大学百年史』（第一巻）日本大学。
——，2000，『日本大学百年史』（第二巻）日本大学。
羽田貴史，1978，「帝国大学財政制度の理念と構造」『北海道大学教育学部紀要』

第32号，pp.189-198.
——，1979，「初期議会における帝国大学財政」『北海道大学教育学部紀要』第33号，pp.211-253.
——，1980，「帝国大学財政制度史考——官立学校及図書館会計法の成立」『福大史学』第30号，pp.43-54.
——，1981，「帝国大学特別会計の予算科目について」『福大史学』第32号，pp.57-68.
——，1982，「明治前期の官立学校財政政策——『公文録』を中心に」『福大史学』第34号，pp.25-39.
——，1983，「大正末期の帝国大学財政制度改革——講座研究費成立の意義」『日本の教育史学』第26集，pp.4-25.
——，1996a，「明治憲法体制成立期の帝国大学財政政策」『大学論集』第25集，pp.45-65.
——，1996b，「明治前期官立学校財政政策の展開」『日本の教育史学』第39集，pp.27-45.
——，1998，「明治国家の形成と大学・社会——初期議会の予算論争と帝国大学独立問題」『大学論集』第27集，pp.21-46.
——，2000，「授業料の100年」『IDE　現代の高等教育』No.424，pp.58-63.
——，2001，「国立学校特別会計制度の歴史的考察（戦前）」『私立大学の経営と国立学校特別会計』国立学校財務センター，pp.164-195.
——，2008，「東京商科大学経理事務講習所と文経会」『東北大学史料館だより』No.8，pp.2-5.
——，2010，「高等教育研究と大学職員論の課題」『高等教育研究』第13集，pp.23-42.
羽田貴史・大塚豊・安原義仁，2007，「大学史・高等教育史研究の10年」『高等教育研究』第10集，pp.31-50.
花井信，2000，『論文の手法』川島書店。
樋口純平，2010，「アメリカの大学教員の評価・処遇システム——州立大学と私立大学の事例」『和歌山大学経済学会研究年報』第14号，pp.307-323.
廣重徹，2002，『科学の社会史（上）』岩波書店。
——，2003，『科学の社会史（下）』岩波書店。
広田照幸，2006，「教育の歴史社会学——その展開と課題」『社會科學研究』第57

巻第3·4合併号，pp.137-155.
福井憲彦，2006，『歴史学入門』，岩波書店。
福留東土，2012，「米国大学のガバナンス構造とその歴史的経緯」『IDE　現代の高等教育』No.545，pp.55-61.
藤井啓吾，2006a，「戦前の日本における私立学校制度とその法的枠組みの成立過程——私立学校とその設置者との関係をめぐって」『流通科学大学論集（人間・社会・自然編)』第18巻第3号，pp.51-64.
——，2006b，「大学令における私立大学とその設置者との関係——旧制私立大学設置法人の寄附行為の分析」『流通科学大学論集（人間・社会・自然編)』第19巻第1号，pp.53-66.
——，2006c，「大学令下の私立大学政策の一断面——私立大学とその設置者との関係について」『流通科学大学論集（人間・社会・自然編)』第19巻第2号，pp.79-92.
藤井信幸，1990，「大学令下早稲田大学の統計的分析——学生・生徒数及び卒業生数を中心に」，『早稲田大学史記要』第22巻，pp.131-164.
藤村正司，2002，「大学教員の所得関数の計測と昇格——国際比較研究」『大学論集』第32集，pp.117-130.
藤原政行，1990，「「大学令」と私立大学——とくに「大学」への昇格対策について」『日本大学教育制度研究所紀要』第21号，pp.125-143.
——，1994，「大学令と私立大学——特に日本大学の大学昇格基金問題について」『日本大学教育制度研究所紀要』第25集，pp.37-61.
——，1995，「「大学令」と私立大学——日本大学の認可申請・開設準備・寄付行為変更・大学財政事情を中心に」『日本大学精神文化研究所紀要』第26集，pp.25-78.
——，1996，「「大学令」と予科教育」『日本大学史紀要』第2号，pp.77-115.
二見剛史，1978，「私立大学予科に関する一考察」『日本大学精神文化研究所・教育制度研究所紀要』第9集，pp.131-165.
別府昭郎，1998，『ドイツにおける大学教授の誕生』創文社。
——，1999，『明治大学の誕生——創設の志と岸本辰雄』学文社。
法政大学，1961，『法政大学八十年史』法政大学。
法政大学百年史編纂委員会，1980，『法政大学百年史』法政大学。
堀之内敏恵，2012，「1930年代の東京帝国大学——高等試験臨時委員への任命状

況」『東京大学史史料室ニュース』第49号，pp.2-3.
増田冨壽，1983，「浮田，煙山両先生の大正はじめの処遇」『早稲田大学史記要』第16巻，pp.23-30.
松本康正，1985，「旧制早稲田大学学科編成年譜」『早稲田大学史記要』第17巻，pp.127-177.
——，1990，「自称「大学」期の早稲田大学学科編成年譜」『早稲田大学史記要』第22巻，pp.99-130.
——，2007，「東京専門学校の財政」『早稲田大学史記要』第38巻，pp.1-29.
真辺将之，2010，『東京専門学校の研究——「学問の独立」の具体相と「早稲田憲法草案」』早稲田大学出版部。
間渕泰尚，2003，「第16章　国立大学の教職員人件費に関する分析——私立大学との比較から」『国立大学の財政・財務に関する総合的研究』pp.339-358.
丸山文裕，2002，『私立大学の経営と教育』東信堂。
南亮進，1996，『日本の経済発展と所得分布』岩波書店。
三和良一，2012，『概説日本経済史　近現代』（第三版）東京大学出版会。
三　良一，原朗，2007，『近現代日本経済史要覧』東京大学出版会。
村田昇司・門野幾之進先生懐舊録及論集刊行会，1939，『門野幾之進先生事蹟文集』門野幾之進先生懐舊録及論集刊行会。
村松玄太，2008，「私立大学予科制度とその実態に関する予備的考察」『大学史活動』第30集，pp.29-40.
——，2010，「近代日本の大学における周年事業の発生と展開——明治初年から第二次大戦以前まで」『大学史活動』第31集，pp.6-18.
明治大学百年史編纂委員会，1986，『明治大学百年史』（第一巻　史料編Ⅰ）明治大学。
——，1988，『明治大学百年史』（第二巻　史料編Ⅱ）明治大学。
——，1992，『明治大学百年史』（第三巻　通史編Ⅰ）明治大学。
——，1994，『明治大学百年史』（第四巻　通史編Ⅱ）明治大学。
森川泉，2008a，「戦前の「私立学校用地免租ニ関スル法律」制定の過程と目的（1）——帝国議会衆議院審議を中心に」『広島修大論集（人文編）』第48巻第2号，pp.257-287.
——，2008b，「戦前の「私立學校用地免租ニ關スル法律」制定の過程と目的（2）——帝国議会貴族院審議を中心に」『広島修大論集』第49巻第1号，pp.1

-27.

両角亜希子，2010，『私立大学の経営と拡大・再編――1980年代後半以降の動態』東信堂。

文部省編，1979，『資料臨時教育会議』（第1集～第5集）文部省。

谷沢弘毅，2004，『近代日本の所得分布と家族経済――高格差社会の個人計量経済史学』日本図書センター。

山内乾史・南部広孝，2013，「比較教育研究と高等教育研究」『高等教育研究』第16集，pp.9-25.

山田浩之，1990，「計量的歴史社会学の試み」，片岡徳雄・山崎博敏編，『広島高師文理大の社会的軌跡』，pp.213-228，広島地域社会研究センター。

――，2002，『教師の歴史社会学――戦前における中等教員の階層構造』晃洋書房。

山名次郎，1937，『偉人秘話』実業之日本社。

山中千尋，2012，「櫻井錠二と日本近代における学術振興の展開」『科学史研究』第51巻（No.263），pp.138-147.

山本利喜雄，1903，『早稲田大学開校東京専門学校創立廿十年紀念録』（四版）早稲田学会。

山本潔，1968，「大学における教育・研究体制の現状――国立大学の講座単位としての「講座制」について（東京大学の事例）」『日本の科学者』Vol.2，No.4（通巻10号），pp.30-37.

横尾壮英，1999，『大学の誕生と変貌――ヨーロッパ大学史断章』東信堂。

吉川卓治，2010，『公立大学の誕生』名古屋大学出版会。

立命館百年史編纂委員会，1999，『立命館百年史』（通史一）立命館。

早稲田大学校賓名鑑編集委員会，2002，『早稲田大学　校賓名鑑――早稲田を支えた人々』早稲田大学（非売品）。

早稲田大学校友会編，2010，『早稲田大学校友会125年小史』，早稲田大学校友会。

早稲田大学大学史資料センター，2002，『高田早苗の総合的研究』早稲田大学大学史資料センター。

早稲田大学大学史編集所，1978，『早稲田大学百年史』（第一巻）早稲田大学出版部。

――，1981，『早稲田大学百年史』（第二巻）早稲田大学出版部。

――，1987，『早稲田大学百年史』（第三巻）早稲田大学出版部。

――，1992，『早稲田大学百年史』（第四巻）早稲田大学出版部。

――，1997，『早稲田大学百年史』（総索引・年表）早稲田大学出版部。

早稲田大学編輯部，1907，『廿五年紀念早稲田大学創業録』早稲田大学出版部。

――，1913，『創立三十年紀念早稲田大学創業録』早稲田大学出版部。

和田穣，1977，「早稲田大学建物の変遷」『早稲田大学史記要』第10巻，pp.115-152.

――，1978，「早稲田大学建物の変遷（二）」『早稲田大学史記要』第11巻，pp.159-196.